博物馆学刊 第八辑

四川博物院 编

巴蜀书社

图书在版编目（CIP）数据

博物馆学刊. 第八辑 / 四川博物院编. —成都：巴蜀书社，2022.1
ISBN 978-7-5531-1657-0

Ⅰ. ①博… Ⅱ. ①四… Ⅲ. ①博物馆学—丛刊 Ⅳ. ①G260－55

中国版本图书馆 CIP 数据核字（2022）第 021658 号

BOWUGUAN XUEKAN DIBAJI

博物馆学刊　第八辑　　　　　　　　　　　　　　　四川博物院　编

责任编辑	童际鹏
特约编辑	张　琴　陶俊竹
封面设计	原创动力
出　　版	巴蜀书社
	四川省成都市锦江区三色路 266 号新华之星 A 座 36 楼
	邮编：610023
	总编室电话：(028)86361843
网　　址	www.bsbook.com
发　　行	巴蜀书社
	发行科电话：(028)86361856
经　　销	新华书店
照　　排	四川胜翔数码印务设计有限公司
印　　刷	四川华龙印务有限公司
	电话：(028) 61778225
版　　次	2022 年 6 月第 1 版
印　　次	2022 年 6 月第 1 次印刷
成品尺寸	210mm×285mm
印　　张	14.5
插　　页	12
字　　数	300 千
书　　号	ISBN 978-7-5531-1657-0
定　　价	168.00 元

本书若有印装质量问题，请与工厂调换

《博物馆学刊》编委会

编辑委员会：（以姓氏笔画为序）

马文斗　　王建华　韦　江　韦　荃　朱章义　任　舸　刘　洪

米玛卓玛　李　飞　李　琳　张孜江　张　彦　钟　玲　侯世新

唐　飞　　梁　永　盛建武　彭代群　彭建平　程武彦　谢　丹

谢志成　　谢　辉　颜劲松　霍　巍　魏学峰

主　　　管：四川省文物局

主　　　办：四川博物院

主　　　编：韦　荃

副　主　编：侯世新

编辑部

主　　任：张丽华

副主任：郭军涛

编　　辑：张　琴　陶俊竹　杨　咏

编　　务：林勤艺

四川文物精品系列
——泸州宋代花卉石刻

在中国传统装饰图案中，花卉植物是一个重要的类别，自古以来广受欢迎。

宋朝时，人们对花卉植物的青睐达到前所未有的高度，花卉植物图案装饰也体现在日常生活的很多方面。受世俗观念影响，宋代墓葬中也广泛流行花卉植物图案装饰。

在四川地区的宋墓中，石刻花卉植物图案颇具代表性，尤以泸州地区最为突出。在泸州宋墓石刻中，花卉植物品类繁多，可见牡丹、莲花、芙蓉、水仙、月季、梅花、桂花、秋葵、葡萄、桃实、松、竹、蜀葵、荔枝、龙眼等，其中蜀葵、荔枝、龙眼独具地域特色。

泸州宋墓石刻花卉植物图案，通常装饰于过梁、横梁、壁基、门、屏风等建筑构件之上，起点缀、衬托作用，表现形式有折枝花卉、缠枝花卉、瓶插花卉等。

文/邹西丹（泸州市博物馆）

线图/赵佳倪（陕西省城固县张骞纪念馆）

花卉石刻
长79厘米，宽58厘米，厚13厘米
泸县宋代石刻博物馆藏

荷花石刻
长97厘米,宽54厘米,厚20厘米
合江县汉代画像石棺博物馆藏

菊花石刻
长100厘米,宽50厘米,厚20厘米
合江县汉代画像石棺博物馆藏

茶花石刻
长99厘米，宽56厘米，厚20厘米
合江县汉代画像石棺博物馆藏

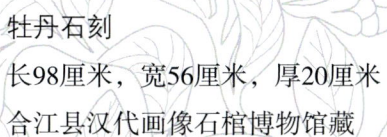

牡丹石刻
长98厘米，宽56厘米，厚20厘米
合江县汉代画像石棺博物馆藏

牡丹石刻
长80厘米,宽60厘米
泸州市博物馆藏

花卉石刻
长85厘米,宽70厘米
泸州市博物馆藏

花卉石刻
长87厘米,宽57厘米,厚9厘米
泸县宋代石刻博物馆藏

花卉石刻
长73厘米,宽65厘米,厚9厘米
泸县宋代石刻博物馆藏

牡丹石刻

长164厘米，宽42厘米，厚17厘米

泸州市博物馆藏

花卉石刻
长144厘米，宽78厘米，厚14厘米
泸县宋代石刻博物馆藏

花卉石刻

长140厘米,宽54厘米,厚16.5厘米

泸县宋代石刻博物馆藏

莲花石刻
长86厘米，宽63厘米，厚13厘米
泸州市博物馆藏

花卉石刻
长97厘米，宽44厘米，厚14厘米
泸县宋代石刻博物馆藏

花卉石刻
长90.5厘米，宽28厘米，厚9厘米
泸州市博物馆藏

花卉石刻
长86厘米，宽56厘米，厚13厘米
泸县宋代石刻博物馆藏

花卉石刻
长91厘米，宽69厘米，厚11厘米
泸县宋代石刻博物馆藏

花卉石刻
长120厘米，宽56厘米，厚14厘米
泸县宋代石刻博物馆藏

牡丹石刻
长109厘米,宽65厘米,厚25厘米
合江县汉代画像石棺博物馆藏

牡丹石刻
长101厘米,宽50厘米,厚23厘米
泸州市博物馆藏

莲花石刻
长100厘米,宽49厘米,厚18厘米
泸州市博物馆藏

花卉石刻
长99厘米,宽46厘米,厚15.5厘米
泸州市博物馆藏

花卉石刻
长101厘米,宽50厘米,厚23厘米
泸州市博物馆藏

目 录

历史文化研究

长江流域的青铜文明 ………………………………………………………… 孙　华（3）
三星堆祭祀文化研究 ………………………………………………………… 赵殿增（18）
长江文明的青铜资源开发与流通初探 ……………………………………… 方　勤（29）
青州博物馆藏隋《张崇训墓志》补释 ……………………………………… 张　卉（33）
《王树楠墓志铭》考释 ……………………………………………………… 林宏磊（36）
《羌族释比图经》生肖图像研究
　　——与六十甲子纳音法的联系 ………………………………………… 余卓然（40）

考古与文物

再醒惊天下
　　——三星堆遗址祭祀区的考古新发现 ………………………………… 雷　雨（53）
英伦寻金
　　——苏格兰的中国古代青铜器收藏 …………………………………… 胡嘉麟（58）
郑州经开区盛和社区新莽 M1 发掘简报 ……………………… 郑州市文物考古研究院（65）
简阳市张飞营唐代摩崖造像调查与研究 ………………………… 雷玉华　刘　莎（70）
四川彭山区大坟包墓地 2020 年度宋代石室墓发掘简报
　　　　　　　　　　四川省文物考古研究院　眉山市彭山区文物保护研究所（78）
会理县大坪遗址清代墓葬发掘简报 ……………………………… 高　寒　童兴茂（101）
从馆藏"平口硬刮一斗"木斗看民国政府度量衡划一历史 ……………… 唐云梅（114）

博物馆学研究

当博物馆遇到"接诉即办"
　　——关于开放管理与观众关系的新思考 ················· 黄雪寅（123）
甘孜州博物馆建设情况调查 ················· 梁　永　冯萍莉（132）
以课程为核心的特展教育活动设计与思考
　　——以上海博物馆《丹青宝筏——董其昌书画艺术大展》为例 ················· 曹　媛（138）
省级博物馆抖音账号发展思路探析
　　——以湖南省博物馆为例 ················· 杨梨姗（143）
全国博物馆陶瓷展陈述评
　　——以历年获十大精品奖古陶瓷陈列展览为中心 ················· 赵桂玲（152）
自贡井盐深钻汲制技艺的保护现状与传承探析
　　——基于非遗传承人的口述调研 ················· 宋珂欣（157）

纪念与致敬

四川彭县出土的铜器 ················· 冯汉骥（169）
悼念冯汉骥先生 ················· 童恩正（179）
冯汉骥先生与我国图书馆学 ················· 黄家祥（181）
一代名流谢无量
　　——生平志业、学术成就与蜀学因缘 ················· 彭　华（186）
谢无量与四川博物院文物保护工作 ················· 刘振宇（200）
殷人服象及象之南迁 ················· 徐中舒（209）
高山仰止
　　——徐中舒先生百年诞辰纪念 ················· 彭裕商（219）
征稿启事 ················· （226）

历史文化研究

长江流域的青铜文明

北京大学考古文博学院　孙　华

导言：源远流长的长江文明

长江是我国的第一大河流，它发源于青海的格拉丹冬山下的沱沱河，沿着青藏高原东部奔腾而下，在四川盆地南部接纳了以岷江、嘉陵江为主的川江水系后，水量大增，切开四川盆地东缘而出，又先后接纳了澧、沅、湘、资诸水组成的洞庭湖水系，汉水以及以赣江为主的鄱阳湖水系等，形成了中国流域面积最宽广的自然地理区域。长江从西向东跨越了中国三级阶地，上游经过的青藏高原东缘高耸入云，是长江和黄河两大河流的发源地，也是多条并列的南北向大河流经地，被称作中国古代人群南下迁徙的走廊，是长江与黄河文化联系的纽带。当长江进入四川盆地以后，随着海拔高程的骤然降低、地势的逐渐开阔、河流带来的泥沙沉积形成了成都平原、长江中下游平原以及平原与山丘交错的资源富集地带，适合古代人类的生息和文化的发展，故人类很早就开始生息在长江流域。云南的元谋人，湖北的长阳人、郧县人，安徽的和县人，江苏南京的汤山人，以及分布在这一带的大量旧石器时代遗址和具有区域性文化特征的旧石器工业，就充分地说明了这一问题[1]。

长江流域是远古时期一系列创造发明产生的区域，制陶技术、稻作农业、抽象艺术等，都在长江流域可以找到源头。

早在旧石器时代向新石器时代过渡阶段，长江中游地区的人们就发明了制陶技术，用泥片贴塑法制作并烧造出了陶器。江西万年县仙人洞遗址发现的陶片，其测年可早到公元前18000年，是目前世界所知的最早的陶器，故被美国《考古》杂志评选为2012年度世界十大考古发现[2]。陶器发明后，制陶技术就逐渐向周围传播，首先的传播区域就是同在长江中游的湖南地区。湖南道县白石寨村玉蟾岩洞穴遗址，测年结果是公元前16000—前12000年，出土遗物中也包括少量陶片，说明使用不普遍；可复原的两件陶器都是尖

---

[1] 张森水：《中国旧石器考古学中的几个问题》，《长江中游史前文化暨第二届亚洲文明学术讨论会文集》，岳麓书社，1996年，第16—19页；王幼平：《中国南方旧石器时代考古：进展与问题》，《南方文物》2021年第1期。

[2] 吴小红等：《江西仙人洞遗址两万年前陶器的年代研究》，《南方文物》2012年第3期。

圜底的釜形器，为泥片贴筑法制成，制作粗糙，陶质疏松，烧成温度还很低①。稍后一点，制陶术已经传播到了苗岭以南地区，广西桂林地区的庙岩、甑皮岩和大岩洞穴遗址都发现了距今一万年以上的陶器，其中雁山区庙岩遗址下部的第5层出土了5块陶片，其年代可以早至公元前15000年；桂林甑皮岩遗址最早一期的年代在公元前10000－前9000年之间，该期遗物中也有陶釜、陶罐；临桂县大岩遗址第三期出土了3件圜底陶容器，其年代据说也不晚于公元前8000年②。制陶术传到长江下游及其以南地区应该稍晚，浙江金华市浦江县的上山遗址早期前段的层位中出土了多种陶器，其年代为公元前8000－6500年；浙江绍兴市嵊州县小黄山遗址第一期也出土了较多陶器，其年代也在公元前8000－6000年③。长江流域及其以南的这些早期陶器，数量很少，制作简单，"表现出了很强的原始性"④。但需要指出的是，最早阶段的仙人洞、吊桶环遗址那时还没有发展到稻作农业的阶段；桂林地区的这些早期使用陶器的遗址也都没有发现同时期的水稻痕迹，其经济生活仍以采集和渔猎为主；年代较晚的浙江地区出现早期陶器的遗址已经有同时期的稻作农业，这些都为旧石器时代向新石器时代转变过程提供了多样化的样本。

长江流域也是世界稻作文明的源头，是中国最重要的早期稻作农区，水稻栽培同样发生在较早出现定居人群的长江中游地区。很早就出现陶器的湖南道县玉蟾岩遗址发现了4颗水稻壳，据农业考古专家研究，1993年发现的稻谷为普通野生稻，但具有人类初期干预的痕迹；1995年出土的是栽培稻，属于从普通野生稻向栽培稻演化的最原始的栽培稻类型。该遗址的硅酸体的分析也发现了稻属硅酸体，从而把人类栽培水稻的历史推进到公元前8000年以前⑤。大约与玉蟾岩的稻谷遗存同时，在江西万年县仙人洞和吊桶环遗址，也发现了属于稻谷的植硅石遗存，其年代也超过了公元前8000年⑥。从那以后，稻作农业技术以长江中游为中心，开始向周围地区传播，除了扩散到整个长江上下游和华南地区外，还北传至淮河流域和黄河下游地区。公元前7000－前5000年，在全新世大暖期逐步开始的背景下，出现了稻作农业的第一次大扩张，北至山东半岛的原先粟作农业区的人们也开始种植水稻和吃大米。大约在公元前4000－前2000年间的仰韶文化时期，长江中下游的稻作农业发生了第二次大扩张，这次扩张有两个传播中心，一个中心就是第一次扩张的中心长江中游地区，稻作的技术和吃大米的饮食习惯随着这一地区族群的迁徙，一支逆汉水及其支流而上，逐步扩展到汉水上游、关中地区和甘肃东部地区；一支逆长江而上，先到达四川盆地东部的平行岭谷，在公元前3000年后又逐渐延伸至成都平原，进而推进至云贵高原地区。另一个中心则是长江下游地区，该地区的稻作农业技术扩张比长江中游略晚，大致在公元前3000年前后的良渚文化阶段，稻作农业渐次传播至东南沿海的闽粤地区，并进一步跨海扩展到台湾地区和东南亚地区⑦。

长江流域还是中国早期宇宙观念、神话传说和艺术形式的重要发祥地。我们熟悉的中国文化遗产的标

---

① Elisabetta E., Wu X. H., Yuan J. R., et al., *Radiocarbon Dating of Charcoal and Bone Collagen Associated with Early Pottery at Yuchanyan Cave, Hunan Province, China*, PNAS, 24, pp. 9595-9600, 2009；袁家荣：《湖南道县玉蟾岩一万年以前的稻谷和陶器》，《稻作、陶器和都市的起源》，文物出版社，2000年。

② Elisabetta E., Wu X. H., Yuan J. R., et al., *Radiocarbon Dating of Charcoal and Bone Collagen Associated with Early Pottery at Yuchanyan Cave, Hunan Province, China*, PNAS, 24, pp. 9595-9600, 2009；袁家荣：《湖南道县玉蟾岩一万年以前的稻谷和陶器》，《稻作、陶器和都市的起源》，文物出版社，2000年。

③ 浙江省文物考古研究所、浦江博物馆：《浙江浦江县上山遗址发掘简报》，《考古》2007年第9期；张恒等：《浙江嵊州小黄山遗址发现新石器时代早期遗存》，《中国文物报》2005年9月30日第1版。

④ 陈宥成、曲彤丽：《中国早期陶器的起源及相关问题》，《考古》2017年第6期。

⑤ 袁家荣：《湖南道县玉蟾岩一万年前的稻谷和陶器》，《稻作、陶器和都市的起源》，文物出版社，2000年。

⑥ Zhao Zhijun. *The middle Yangtze region in China is one place where rice was domesticated: Phytolith evidence from the Diaotonghuan cave, northern Jiangxi*. Antiquity 278: 885-897. 1998.

⑦ 秦岭：《中国农业起源的植物考古研究与展望》，《考古学研究（九）·庆祝严文明先生八十寿辰论文集》，文物出版社，2012年，第260-315页。

志"四鸟绕日"（或称"太阳神鸟"），就是以长江上游的十二桥文化金沙村遗址出土的金饰件为基础设计的。公元前1000年左右的十二桥文化的太阳神鸟崇拜的观念，来自更早的三星堆文化之中。在三星堆遗址出土的文物中，有两棵大铜神树，这两棵铜树的枝叶形态不同，其中一棵铜树枝条上扬，另一棵铜树的枝条下垂，前者比较像桑树，后者比较像柳树。研究者已经指出，枝叶类似桑树的铜树应该是中国神话传说中的东方扶木（扶桑），枝叶类似柳树的是中国神话传说中的西方若木（细柳），两棵神树是中国上古天如穹庐、上有十日、日形如鸟、序行周天等宇宙观念和神话世界的反映。长江上游商周时期的这种宇宙观念又辗转来自更早的长江下游地区，美国弗里尔艺术馆藏良渚文化玉璧，其外缘所刻的左右对称峙立的双树和上下环绕飞翔的双鸟，表现的就是与三星堆相同的宇宙观念。这种起源并形成于长江流域的宇宙观念，战国秦汉时期被记录于《山海经》《淮南子》等文献中，成为中国古代根深蒂固的一种观念。长江流域很早就出现了具有对称和韵律的抽象艺术表达，早在汤家岗文化（前4800—前4500年）时期的长江中游地区的西南部，就开始流行在陶器表面使用各种图形单元模具模印组成的形同浮雕的繁复图案，这些图案是神物、人物、动物和场域的几何化、抽象化和图案化的产物，应该具有某种象征意义[①]。这种图案的陶器向西传播至贵州高原前缘，向南则翻越苗岭沿着珠江水系顺流东下，一直影响到珠江口一带。深圳咸头岭遗址和深圳大湾遗址出土的模印纹陶器，其器形和纹样与大溪文化高庙类型的基本相同，无疑是长江流域传播影响的产物。以后玉器上的神面和鸟纹，铜鼓上的羽人、船纹等，也都有汤家岗文化陶器纹样的影子。

长江流域史前文化对长江流域和中国的古代文明的形成和发展，无疑做出了巨大的贡献。

一、长江流域青铜文明的产生背景

长江流域从四川盆地起，一直东到海滨，都是适宜人类栖息和繁衍的区域。该地区绝大部分区域地处湿润的亚热带，气候温和，雨量充沛，湖泊众多，江河纵横，森林广阔，给人们提供了舟楫的便利和丰富的水产品，常绿阔叶林区也给人们提供了大量的可供采集的食物和可供狩猎的野兽。平原的土地肥沃，适宜于水稻的生长，因而自新石器时代以来，这里就出现了中国最早的稻作农业，到了新石器时代晚期的龙山时代前夕，相继产生了一系列高度发达的新石器文化，出现了多个早期文明的区域中心。

在长江上游的四川盆地，早在公元前5000年前，来自长江中游地区的城背溪文化的社群就沿着长江三峡这个缺口进入了四川盆地，在重庆沿江一带形成了玉溪文化。之后长江中游地区的大溪文化（前4500—前3300年）和屈家岭文化（前3400—前2500年），对长江上游的四川盆地南部也有或多或少的影响。大约在屈家岭文化晚期至石家河文化早期（前2800—前2400年），来自长江中游的一些族群进入成都平原，他们带来了稻作农业、建筑技术、玉器工艺和某些思想观念。也是在公元前3000年前夕，在马家窑文化的鼎盛时期，来自中国西北甘青地区马家窑文化的社群也开始沿着四川盆地西北山区的河谷渐次南下，逐渐丢掉了原先的彩陶因素，在四川盆地周边形成了范围广大的哨棚嘴文化。该文化带来了粟作农业、土木技术以及某些思想观念。在公元前2800年前后，该文化的一支从四川盆地的西北山区进入成都平原，留下了桂圆桥文化（前2800—前2500年）这种遗存。桂圆桥文化的社群与屈家岭-石家河文化的社群在成都平原开始了交流和碰撞，形成了具有两者文化因素的新文化——宝墩村文化（前2500—前1900年）。

---

① 尹检顺：《汤家岗文化初论》，《南方文物》2007年第2期。

成都平原本是河流密布、乔木灌木茂密、虫蛇猛兽出没的区域。从公元前 3000 年以后，随着气候变得稍微干冷，早先就来到周围山地的族群先后进入成都平原。他们砍伐森林，猎捕野兽，开渠排水，种植谷物，平原上很快就出现了星罗棋布的村落。成都平原范围不是很大，来自南北的族群汇聚在这里，不久就出现了因人口增加而带来的资源争夺现象，聚落内或聚落群之间出现了冲突甚至战争。为了保卫自己，在原先的一些中心村落周围用土修筑起了厚厚的围墙，出现了若干初期的城邑。已经发现的宝墩村文化城邑达到了 8 个，它们是新津县的宝墩村古城[1]、都江堰市的芒城寺古城[2]、温江县的鱼凫村古城[3]、崇州市的双河村古城和紫竹村古城[4]、郫县的古城村古城[5]、大邑县的高山古城和马王坟古城（盐店古城）[6]。此外广汉市的三星堆遗址，虽然目前还没有确认属于这一时期的城墙，但从该遗址的宝墩村文化遗存范围广大，如青关山下层存在宝墩村文化时期的大型建筑基址，仁胜村分布有高规格的大型墓葬的墓地，以及青铜时代四川盆地的中心都邑三星堆古城在该遗址基础上兴起等迹象来看，它也是一个极其值得重视的早期聚邑。

宝墩村文化的城邑规模都比较大，最大的宝墩村古城，城址有内、外两重城，内城平面呈长方形，长约 1100 米、宽约 600 米；外城呈不甚规整的圆角长方形，城墙周长近 6200 米。土筑城垣现存最宽处约 30 米，高约 4 米。外城周围还有城壕，其中南城壕应当为利用当时的一条自然河。内城有大型公共建筑三组，分别位于"鼓墩子""田角林"和"蒋林"地点。鼓墩子三座建筑基址呈一字排开，田角林两座建筑基址方向也相同，蒋林三座建筑更呈品字形分布。这些建筑基址规模较大，柱网清晰，单体面积均在 200 平方米以上，应当为统一规划的大型公共建筑群[7]。较小的如郫县古城村遗址，该城周围绕以土筑城垣，城垣呈东南、西北走向的长方形，长约 620 米、宽约 490 米。城墙迄今仍耸立地表，现存城垣最宽处约 40 米，最高处约 3.8 米。在城的东垣北段有一个缺口，尚不能确定是否是城门。城内房屋基址均为地面木骨泥墙的建筑，比较特殊的是位于城中央、与城方向基本一致的 5 号建筑基址。该基址平面呈窄长的长方形，面阔 51.5 米、进深 10.7 米。房屋的四周是宽近 1 米的卵石墙基槽，槽内立木柱，室内中央排列着五个以卵石为基础的台子。该房屋位置正好在城的中央，规模相当宏阔，内部设施又奇特，当然不会是一般生活起居的住房，很像是一座具有祭祀性质的原始宗教建筑。在这座大型建筑基址的周围还分布有许多小型的长方形房屋，房屋门道的方向都朝向居中的大型建筑基址[8]。这样的建筑基址当然不会是普通人居住的房屋，而应当是举行重大祭祀等公共活动的场所。宝墩村文化的这种遗存状况表明，当时这一地区的社会发展状况已经不再是一种简单社会，一个个相对独立对峙的"酋邦"已经在四川盆地出现。

在长江中游的江汉平原和洞庭湖地区，这里的新石器文化素来发达。早在仰韶时代，分布于这一地区的大溪文化（前 4500－前 3300 年）就甚为繁荣，出现了湖南澧县城头山遗址这样的带有防御性质堆土城圈的聚落，文化分布区域也颇为广大，分布范围西抵瞿塘峡，东至武汉，南包洞庭湖，北至荆山和大洪山南麓，文化影响一直远播到珠江三角洲。澧县城头山遗址地处一处小山丘上，城址呈圆形，内径 314－324

---

[1] 成都市文物考古工作队、四川联合大学考古教研室、新津县文管所：《四川新津宝墩遗址的调查与试掘》，《考古》1997 年第 1 期；中日联合考古队：《四川新津宝墩遗址 1996 年发掘报告》，《考古》1998 年第 1 期。

[2] 成都市文物考古工作队、都江堰市文物局：《四川省都江堰市芒城遗址的调查与试掘》，《考古》1999 年第 7 期。

[3] 成都市文物考古工作队、四川联合大学历史系考古教研室：《四川省温江鱼凫村遗址调查试掘报告》，《文物》1998 年第 12 期。

[4] 《成都史前城址发掘又获重大收获》，《中国文物报》1997 年 1 月 19 日（第 3 期）第 1 版。

[5] 成都市文物考古工作队、郫县博物馆：《四川郫县古城遗址的调查与试掘》，《文物》1999 年第 1 期。

[6] 成都文物考古研究所、大邑县文物管理所：《大邑县盐店古城遗址 2002～2003 年发掘简报》，《成都考古发现（2014）》，科学出版社，2016 年。

[7] 成都文物考古研究所：《新津宝墩遗址调查与试掘简报（2009－2010 年）》，《成都考古发现（2009）》，科学出版社，2011 年；成都文物考古研究所、新津县文物管理所：《新津宝墩遗址鼓墩子 2010 年发掘报告》，《成都考古发现（2012）》，科学出版社，2014 年。

[8] 王毅、蒋成：《成都平原早期城址的发现与初步研究》，《稻作、陶器和都市的起源》，文物出版社，2000 年，第 143－166 页。

米，面积约 8 万平方米。堆土城墙的墙基宽 25—37 米，现存最高处 5 米以上，城外还有 30—50 米的护城河，城壕中发现有船舫和船桨。城内中心是一座呈曲尺形分布的大型建筑，另有祭坛、房址、制陶作坊和墓葬等，还发现古稻田、道路等遗迹。城头山古城始建于大溪文化早期，是中国目前所见最早的古城址，比黄河流域最早的郑州西山古城还早一些，尽管郑州西山古城比澧县城头山古城规模更大，结构也更复杂。

中国最早的防御性城邑出现在长江中游的大溪文化区以后，随着社会的发展，一方面一些聚落掌握的剩余物品增多，保护自己聚落内物品的心理需求增强，使得一些聚落会仿效城头山古城在自己聚落周围修建防御性城墙。另一方面，资源争夺导致的族群间冲突，会增加族群间的紧张关系和防御心理，不少族群也就纷纷在位于自己生息区域中心的聚落周围修筑城墙，当族群间出现冲突和战争时，无防御设施聚落的人们可以携带财物逃入有城墙防卫的中心聚落获得保护，从而形成了中心城邑与附属村落之间的层级差别。大概就是这样的一些原因，堆土筑城的做法发明不久，就传播到了长江中游北部区域，大约在公元前 3400—前 2500 年前后的屈家岭文化时期，该地区的许多族群的中心聚落竞相修筑城墙，留下了许多屈家岭文化的古城。这些古城在以后的石家河文化（前 2500—前 2000 年）早期仍在继续强化和使用，并且产生了像石家河古城聚落群和门板湾古城聚落群这样的聚集现象显著的中心城邑。已经发现并公布过考古材料的屈家岭-石家河文化的古城，除沿袭大溪文化时期古城的湖南澧县城头山古城外[1]，由西南至东北，在山前平原地势较高处分布的城址还有湖南澧县复兴村的鸡叫城古城[2]、湖北石首市走马岭村的走马岭古城[3]、公安县龙船嘴村的鸡鸣古城[4]、江陵县阳城村的阴湘古城[5]、荆门市显灵村马家垸古城[6]、天门市石河镇的石家河古城[7]、应城县门板湾古城[8]和陶家湖古城[9]。这些古城的平面有方形、长方形、圆形、梯形和不规则形多种，一般都同时兼有城墙和环壕，面积在 8 万—67 万平方米不等，最大的石家河城址面积超过 120 万平方米。在一个不很长的时间跨度里，一个个的古城在江汉平原和洞庭湖周边地带同时耸立，反映了这样一个事实，即在屈家岭文化晚期到石家河文化早期，该地区已经形成了以一个或数个古城为中心，周围集合了若干没有城墙围绕小聚落的复杂社会，这些相互对峙的小区域中心开始崛起。在这些小区域中心的中心城邑里，已经有了大型夯土台基的建筑，以及墓穴大小和随葬品丰俭明显不同的等级墓葬，其玉石工业也颇为发达，与普通村落有了显著的差别。有学者甚至认为，当时长江中游的聚落可以划分出四个以上等级，其社会形态已经可以视为原始国家[10]。

在长江下游的江苏、上海及浙江一带，公元前 3300—前 2000 年间是良渚文化的分布区[11]。该文化以环

---

[1] 湖南省文物考古研究所、湖南澧县文物管理所：《澧县城头山屈家岭文化城址调查与试掘》，《文物》1993 年第 12 期。
[2] 湖南省文物考古研究所：《澧县鸡叫城古城址试掘简报》，《文物》2002 年第 5 期。
[3] 张绪球：《屈家岭文化古城的发现和初步研究》，《考古》1994 年第 7 期。
[4] 贾汉清：《湖北公安鸡鸣城遗址的调查》，《文物》1998 年第 6 期。
[5] 江陵县文物局：《江陵阴湘城的调查与探索》，《江汉考古》1986 年第 1 期；荆州博物馆：《湖北荆州市阴湘城遗址 1995 年发掘简报》，《考古》1998 年第 1 期；荆州博物馆等：《湖北荆州市阴湘城遗址东城墙发掘简报》，《考古》1997 年第 5 期。
[6] 湖北省荆门市博物馆：《荆门马家垸屈家岭文化城址调查》，《文物》1997 年第 7 期。
[7] 北京大学考古系、湖北省文物考古研究所、湖北省荆州地区博物馆：《石家河遗址群调查报告》，《南方民族考古》（第 5 辑），科学出版社，1992 年。
[8] 湖北省文物考古研究所：《湖北应城门板湾新石器时代遗址》，《中国重要考古发现》，文物出版社，2001 年。
[9] 李桃元、夏丰：《湖北应城陶家湖古城址调查》，《文物》2001 年第 4 期。
[10] 中村慎一：《石家河遗迹をめぐる诸问题》，《日本中国考古学会会报》第 7 号，1997 年。
[11] 良渚文化的年代范围目前研究者的认识还不一致。一些学者根据碳 14 测年数据等材料将良渚文化的年代范围确定在公元前 3300 年至前 2000 年间，一些学者则根据良渚文化与山东大汶口文化和龙山文化的交叉断代，将其年代下限定在公元前 2600 年左右。诚然，交叉断代的可靠性当然要强于碳 14 数据的可靠性，不过良渚文化与马桥文化之间还存在相当大缺环的情况下，我们并不能否定良渚文化衰落后，它的衰落期遗存可以延续到公元前 2000 年前后的推测。关于良渚文化年代的各家意见，可以参看秦岭：《良渚文化的研究现状及相关问题》，《考古学研究》（四），科学出版社，2001 年，第 81 页。

太湖地区为中心，向周围地区辐射，到了良渚文化强盛的中晚期，其交互作用区延伸到了江苏北部、浙江南部和宁镇地区，形成了一个影响范围广阔的文化区。良渚文化的文明程度已经发展到了一个相当的水平，就生产技术这个层面来说，它的农业开始使用石犁和耘田器这样一些新型工具，来翻耕土地和平整水田，稻作农业已经相当发达；它的陶器工业普遍采用了快轮制陶技术，其中一些黑陶也相当考究；它的玉石器工业大量运用了定位、切割、钻孔和打磨技术，制作了大量精美的玉器；它的纺织工业、漆木器工业继承了先前的传统而发扬光大，繁复的嵌玉漆器可能就是良渚的创造①。它的建筑工业更为引人注目，卵石为基的夯土城墙和高台建筑、土石构成的水坝和防护系统、木板驳岸的渠道和码头等，无不体现良渚人的高超智慧。就社会结构这个层面来讲，它已经具有中心都城、普通城邑和一般村落等多级聚落形态，具有庞大的祭祀夯土高台、宏伟的宫室建筑、等级鲜明的贵族墓地、发达的玉石漆木等礼仪用器，代表了同一时期长江流域社会和文化发展的最高水平。

在良渚文化乃至于在长江流域的史前聚落中，良渚古城遗址无疑最为引人瞩目。城址位于浙西丘陵山地与平原的过渡地带，由外围水利设施、外郭、内城、宫城以及四个等级墓地构成的体系，是良渚文化的权力和信仰中心，其使用时间大约为公元前3300—前2300年。良渚古城最清楚和保存完好的是内城墙，城呈圆角长方形，南北长1910米、东西宽1770米，总面积近300万平方米，是中国同时期规模最大的一座古城址。古城规划巧妙利用了西南角和东北角两个自然山体——凤山、雉山分别为角位，统一规划和营建。目前一共发现了八处水门，四边各有两处，另外在南城墙中部有一座由三个夯土台基构成的陆城门。除南城墙无护城河外，其他三面城墙均是内外有河，形成夹河筑城的形式。城址中心的宫殿区主要包括莫角山土台及其南侧的池中寺、皇坟山台地，莫角山土台是良渚古城的宫城，宫城堆筑黄土形成东西长约630米、南北宽约450米、高约9米的土台，土台上分布有大莫角山、小莫角山和乌龟山三个独立的宫殿台基，大莫角山台基东西长约175米、宽约88米、高6米，台上呈南北两排分布着7个面积300—900平方米的周围有檐廊的高台式建筑。在内城之外，分布着被称之为"山"或被村落占压的人工堆筑的长条形高地，这些高地断续相接成围绕内城的外郭，郭内面积达8平方公里。外围水利系统位于良渚古城的西北侧，由"高坝""低坝""塘山长堤"构成了兼具了防洪蓄水、灌溉、运输及调节水系等功能的规模庞大的系统。良渚古城规模宏大，结构复杂，内涵丰富，工程极为浩大，古城规划和营建是良渚先民适应并改造湿地环境、发展早期城市文明的典范②。

新石器时代末期长江流域的社会经济、技术水平和艺术创造绝不低于中原，有的方面还超过了中原。不过，尽管长江流域的这些早期文明辉煌，但却没能像中原地区和甘青地区那样发展出最为重要的青铜冶铸工艺，并且由于水网山岭的分隔，使得古族之间统一事业的进行远不如中原地区和北方地区那样顺利。到了龙山时代末期，这些曾经有过璀璨古文明的区域，有的还在缓慢发展（如宝墩村文化），有的逐渐走向衰落（如屈家岭、石家河文化），有的甚至文明进程突然中断（如良渚文化）。这些文化现象背后的原因，当然还需要作进一步探究，但其中一个很重要的原因，应该就是黄河流域青铜文化的崛起以及与之关联的早期中央王朝即夏商王朝的扩张。随着夏王朝建立前后的族群异动的连锁反应，以及一些中原族群的南下，使得长江流域一些地区原有的酋邦或国家土崩瓦解，文化传统发生了中断和变异，开始了一个新时代。

---

① 浙江省文物考古研究所：《瑶山》，文物出版社，2003年，第129页；浙江省文物考古研究所：《反山》，文物出版社，2005年，第88—350页。

② 浙江省文物考古研究所：《良渚古城综合研究》，文物出版社，2019年。

二、长江流域青铜文明的发生和形成

史前时期的长江流域社会复杂、经济发达、艺术超前,原始宗教思想也相当活跃。不过,尽管长江流域是中国铜矿资源最为富集的区域,但那时的人们在青铜冶铸技术上似乎缺乏作为,无论是长江上游的宝墩村文化,还是长江下游的良渚文化,都没有冶铸青铜或使用铜器的迹象。只是在最靠近中原地区的长江中游地区天门市石家河遗址群,在石家河城外的罗家柏岭作坊遗址出土了5件残铜片①,并在肖家屋脊遗址发现有铜渣和炼铜原料孔雀石②,由此可以推断石家河文化晚期的中心城邑可能已经初步掌握了冶铜技术。只是这种冶铜规模可能还很小,技术水平也不高,铜器也难以在当时的生产和生活中发挥作用,因而也没有传播影响至长江流域上下游的其他地区③。长江流域青铜文明的产生,应该与黄河中游地区中心王朝的建立及其向长江流域的扩展有着密切的关联。

长江流域繁荣的史前文化,到了新石器时代末期的龙山时代晚期,就开始走下坡路。在长江中游地区,石家河文化到了中期(在公元前2300年左右)已走向衰落,原石家河文化分布区出现了大量属于以中原龙山时代晚期的王湾文化因素为主体的遗址,有学者已经将这种文化现象与古史传说联系起来,提出了如下推论:屈家岭文化晚期到石家河文化早期,江汉地区的"三苗集团"势力强盛,该族群所属的屈家岭-石家河文化遗址出现在中原地区南部的伏牛山一带,就是这种历史背景的反映④。由于三苗集团的持续北渐,让中原地区"华夏集团"的有虞氏和夏后氏感到了威胁,逐渐强大的华夏集团于是对三苗集团进行了反击,导致三苗集团的溃败,使属于华夏集团的王湾文化遗址切入至原石家河文化分布的江汉地区,石家河文化衰变为"后石家河文化",这些都是华夏集团的有虞氏和夏后氏"窜三苗于三危"的结果⑤。无论这种文化现象的历史解释是否就是历史事实,但中原王湾文化以及随后二里头文化曾经南下江汉地区,这却是一个不争的事实。二里头文化是一个已经掌握了比较复杂青铜冶铸技术的文化,长江中游地区进入青铜时代,应该是二里头文化向南传播的结果。

到了夏代晚期,随着黄河流域早期中心王朝的崛起,二里头文化的因素开始向长江流域传播,伴随着文化传播,中原地区的先进的青铜冶铸工艺也被传播到了长江以北地区,长江流域因此进入了青铜时代⑥。长江流域各地进入青铜器时代的时间差距是相当大的:在长江中游的湖北江汉地区,如前所述,红铜冶铸技术可能在龙山时代末期就已经从中原王湾文化中传来;到了二里头文化晚期,又有一批来自中原地区的人们来到了江汉平原,他们中的一些人集中生息在湖北武汉黄陂区的盘龙城遗址一带,带来了二里头文化的青铜冶铸工艺和艺术风格。黄陂盘龙城遗址王家嘴地点M6,其年代尽管已经到了商文化二里岗时期,

---

① 湖北省文物考古研究所、中国社会科学院考古研究所:《湖北石家河罗家柏岭新石器时代遗址》,《考古学报》1994年第2期。
② 湖北省文物考古研究所、北京大学考古学系石家河考古队、湖北省荆州博物馆:《邓家湾——天门石家河考古发掘报告之二》,文物出版社,2003年,第243页。
③ 关于长江流域青铜冶铸技术的起源,有学者认为是长江流域独自发生、自我发展,并影响到黄河流域,恐怕未必。参看郭静云等:《中国冶炼技术本土起源:从长江中游冶炼遗存直接证据谈起》,《南方文物》2018年第3期;郭静云、邱诗萤、郭立新:《石家河文化:中国自创的青铜文明》,《南方文物》2019年第4期。
④ 樊力:《豫西南地区新石器文化的发展序列及其与邻近地区的关系》,《考古学报》2000年第2期。
⑤ 杨建芳:《"窜三苗于三危"的考古学研究》,《东南文化》1998年第6期;王劲:《后石家河文化定名的思考》,《江汉考古》2007年第1期;靳松安:《王湾三期文化的南渐及其相关问题》,《中原文物》2010年第1期。
⑥ 高至喜:《论中国南方出土的商代青铜器》,《中国考古学会第七次年会论文集》,文物出版社,1992年,第76—88页;李学勤:《非中原地区青铜器研究的几个问题》,《东南文化》1988年第5期。

但铜器还保持着二里头文化铜器的风格，可能就是这种历史背景的反映。在江西地区和湖南地区，目前尚未发现有相当于二里头文化阶段的青铜器，其青铜冶铸工艺应该是后来在二里岗期商文化的影响下才逐渐发展起来的。

长江上游的四川盆地，在相当于二里头文化前期的鱼凫村文化（前2000－前1600年）时期，还没有铜器使用的证据。不过，在属于鱼凫村文化较晚阶段的三星堆遗址仁胜村墓地中，随葬品与二里头遗址墓葬很相似的白石卷云形伞状器，可以推知，在公元前1700－前1600年之间，可能已有掌握了青铜冶铸工艺的二里头文化的人群进入了成都平原，不排除中原的青铜冶铸工业已经影响到这里，使得这一地区也就有了结束石器时代而进入青铜时代的可能性。只是由于二里头文化时期长江上游地区的铜器数量还很稀少，铜器使用还不普遍，所以还没有遗留下的铜器被我们发现。长江上游地区年代最早的青铜器是三星堆文化中的镶嵌绿松石铜饰牌和铜虎形饰，这是典型的二里头文化式样的铜饰件，目前仅二里头遗址出土3件，甘肃天水市出土1件，四川广汉三星堆遗址仓包包出土2件，广汉高骈镇龙潭村出土1件。如果我们将二里头文化铜饰牌、甘肃天水出土的铜饰牌、三星堆文化铜饰牌放在一起进行类型对比，我们不难看出，甘肃天水出土的铜饰牌与二里头文化晚期偏早阶段的铜饰牌几乎完全相同，其后是二里头文化晚期晚段的铜饰牌，而三星堆文化的铜饰牌应该排在二里头文化铜饰牌之后，且与二里头文化最晚的铜饰牌之间已经有了一定的距离，其年代很可能已经到了商代前期偏晚阶段即二里岗晚期[1]。长江上游的四川盆地已经发现的铜器年代不早，但从三星堆文化乃至于更早的鱼凫村文化与二里头文化的关系看，这一地区在夏代已经有铜器存在，也是有可能的。

在四川盆地以南的云贵高原地区，大约在商代也辗转通过青藏高原东麓的"半月形传播带"等途径掌握了青铜器制作技术。滇东黔西的以贵州威宁县鸡公山遗址为代表的鸡公山文化，已经发现的早期铜器主要有耳饰、有段锛和凿等小件铜器[2]。鸡公山文化是年代跨度和分布范围都较大的青铜文化，有学者认为四川西南部的西昌地区的高坡遗存也属于鸡公山文化的范畴[3]。关于鸡公山文化的年代，目前的推定在公元前1300－前700年，其年代上限可以到商代中晚期之际[4]。滇中的滇池及其周边地区，以云南通海县兴义村贝丘遗址第二期为代表的"兴义二期类型"，也发现了铜鱼钩和铸铜镞的石范，以及孔雀石、炼渣等铜器冶铸遗存，其年代的碳十四数据为公元前1456－前1389年，也就是商代中期前后[5]。滇西的洱海及其周边地区，是以大理银梭岛遗址第三、四期为代表的"银梭岛文化"，该文化早期即第三期就有铜鱼钩、镞、锥、镯（残件）及铜渣等发现。根据碳十四测年数据，第三期的年代是公元前1200－前900年[6]，也就是商代晚期至西周前期。银梭岛考古发掘简报没有公布第二期的铜器材料，但在结语中有银梭岛"第二、三、

---

[1] 关于已经发现的镶嵌松石铜饰牌的来源和演变，近年来有陈小三、陈国梁、王青诸先生作了很好的研究。他们都认同刘学堂等先生镶嵌松石铜饰牌与新疆哈密天山北路地区的同类相似器物有关的观点，但对二里头、天水、三星堆镶嵌松石铜饰牌之间的关系又有不同的认识。陈小三先生推论哈密铜饰牌早于三星堆铜饰牌，三星堆铜饰牌又早于二里头铜饰牌（陈小三：《试论镶嵌绿松石铜饰的起源》，《考古与文物》2013年第5期）；王青和陈国梁先生则都认为二里头文化铜饰牌的产生尽管受到新疆的间接影响，但更多的是受到山东、晋南、陕北等相邻地区的交互作用，三星堆铜饰牌是受到二里头文化影响产生的（王青：《试论镶嵌牌饰的起源和传布——从日照两城镇遗址的新发现说起》；陈国梁：《二里头文化嵌绿松石牌饰的来源》，《三代考古》第7辑，科学出版社，2017年）。笔者认同王青、陈国梁先生的观点。
[2] 贵州省文物考古研究所、四川大学历史文化学院考古系、威宁县文物保护管理所：《贵州威宁县鸡公山遗址2004年发掘简报》，《考古》2006年第8期。
[3] 江章华：《试论高坡遗存》，《南方民族考古》（第九辑），科学出版社，2013年。
[4] 张合荣、罗二虎：《试论鸡公山文化》，《考古》2006年第8期。
[5] 朱忠华、杨杰：《云南通海兴义贝丘遗址》，《2016年中国重要考古发现》，文物出版社，2017年。
[6] 云南省文物考古研究所、大理市博物馆、大理市文物管理所、大理州文物管理所：《云南大理市海东银梭岛遗址发掘简报》，《考古》2009年第8期。

四期出铜器,为云南青铜时代的早期和中晚期"的表述,第二期的年代是公元前1500—前1200年,这时期云南高原其他地方也已经有青铜器,洱海地区的人们这时掌握了小件青铜器的冶铸技术,也并不奇怪。

综合上述讨论,可以推断,长江上游地区普遍进入青铜时代,是在公元前1500年以后的商代。四川盆地进入青铜时代或许可以早到二里头文化时期的夏代,但现在还没有出土铜器和冶铸遗存的证据。

长江下游的江浙地区,这里在仰韶时代后期和龙山时代前期,曾经是中国史前文化最发达的地区,形成了超常发展的良渚文化。良渚文化的中心遗址在浙江余杭县。良渚古城规模宏大,结构复杂,内涵丰富,工程浩大,玉器精彩,堪称早期城市文明的典范[①]。不过,良渚文化缺少了划时代意义的青铜冶铸技术,因而有学者称之为依靠宗教力量畸形发展而导致崩溃的史前文明[②]。在良渚文化以后,长江下游主要是继承良渚文化传统,并吸收了闽北文化因素和黄河流域文化因素的马桥文化,其年代上限可至二里头文化早期,下限则延续到商代晚期之初,绝对年代为公元前1700—前1200年。该文化有学者将其划分为太湖流域的马桥类型和浙南闽北的肩头弄类型,称之为"马桥—肩头弄文化"[③];也有学者将其划分为环太湖地区的马桥类型和浙东北地区的塔山类型,而认为肩头弄类型遗存是否属于马桥文化还有待更多的资料[④]。无论马桥文化的范围如何,马桥文化已有铜器,在上海马桥遗址出土的铜器种类就有刀、凿、斤、镞等[⑤]。马桥文化的铜器尽管简单,但马桥文化所在的长江下游地区先前并没有铜器冶铸技术的基础,马桥文化又与中原地区的二里头文化和二里岗文化有这样或那样的关联[⑥],所以认为马桥文化的青铜冶铸技术来源于黄河中游地区的夏商文化,应该是有根据的推测。由于马桥文化发现铜器不多,铜器种类都是简单的小件工具,经过检测的一件铜刀,属于含铜73.5%、硅2.29%,其余都是微量元素杂质较多的铜器。故宋建先生认为,"马桥文化的炼铜技术只达到我国北方地区公元前三千纪的水平,甚至更低";曹峻先生认为"马桥铜刀只含微量的锡、铅,说明与中原有意识地加入锡、铅元素铸造青铜不同,马桥文化还没有掌握铸造青铜的合金技术"。这当然是基于现有材料的一种合理推断。不过,如果考虑到青铜时代早期人们很难抛弃自己珍贵铜制器具的情况,以及长江上游三星堆埋藏坑发现导致的人们对三星堆文化文明程度认识的转变,认为以马桥文化为代表的长江下游青铜文化是在中原青铜文化刺激和影响产生,恐怕也不会距离事实太远。

在长江流域以南的岭南地区,也就是珠江流域的广西、广东和福建南部,那里进入青铜时代的时间较晚。虽然有学者认为春秋时期随着岭北湖南地区越人的南下,才形成了遍及湖南两广的越人青铜文化,这种观点有将岭南地区青铜时代年代上限推定过晚之嫌[⑦],并已有学者针对此观点进行了专门的讨论,认为早在商代晚期至西周前期的浮滨文化时期就已经能够铸造青铜器,这些青铜冶铸技术是中原商文化通过江西吴城文化这个中介传播到岭南地区的[⑧]。已经有多位学者从岭南地区考古材料的分期断代、青铜器和石范的出土情况,以及不同区域青铜文化与岭北地区即长江流域青铜文化的关系等方面,论证了岭南地区大致在商代晚期已经从岭北地区引入了青铜冶铸工艺,最早进入青铜时代的地区是闽南粤北的浮滨文化,也

---

① 浙江省文物考古研究所主编:《良渚古城综合研究》,文物出版社,2019年。
② 赵辉:《良渚文化的若干特殊性——论一处中国史前文明的衰落原因》,《良渚文化研究:纪念良渚文化发现六十周年国际学术讨论会文集》,科学出版社,1996年。
③ 陆建方:《初论马桥—肩头弄文化》,《东南文化》1990年第1、2期。
④ 宋建:《马桥文化的类型与分期》,《东南文化》1999年第6期。
⑤ 上海市文物保管委员会:《上海马桥遗址第一、二次发掘》,《考古学报》1978年第1期;上海市文物管理委员会编著:《马桥:1993—1997年发掘报告》,上海书画出版社,2002年,第290页。
⑥ 曹峻:《试论马桥文化与中原夏商文化的关系》,《中原文物》2006年第2期。
⑦ 李龙章:《湖南两广地区青铜时代越墓研究》,《考古学报》1995年第3期。
⑧ 李伯谦:《关于岭南地区何时铸造青铜器的再讨论》,《考古》2008年第8期。

论证了在商末周初环珠江口地区也认识和开始使用小件青铜器①。还有学者把未掌握青铜冶铸技术或未使用青铜器的文化也纳入青铜文化的范畴，认为岭南地区青铜文化经历了三个发展阶段，早期是未见青铜制品的时期，中期是舶来青铜器的时期，晚期是土著青铜器的时期，岭南地区青铜时代的到来在早、中期之际即早商时期以后②；有学者基于岭南地区武器从石到铜再到铁的演变情况，也得出了大致相同的结论，即岭南地区"商代早中期兵器主要是石质的戈和镞，商代晚期开始出现青铜材质的矛和戈，从石范可知应有青铜钺"③。因此，认为岭南地区约在商代晚期通过长江流域的青铜文化掌握了青铜冶铸技术，西周至春秋前期青铜文化普遍出现，春秋后期至战国时期已有比较发达的冶铜工业，才形成了具有自身特色的青铜文化，青铜文化也才发展到高峰这一观点应该基本符合实际情况。

从中国长江流域及其以南地区青铜文化和青铜器出现的早晚状况来观察，我们不难看出，中国南方青铜时代开始的时间呈现着北早南晚的倾向，即愈靠近黄河流域（尤其是中原地区），进入青铜时代的时间就愈早；离黄河流域越远，进入青铜时代的时间也就愈迟。这种现象似乎告诉人们，整个长江流域及其以南地区的青铜冶铸工艺都是在黄河流域青铜工艺的影响下产生的，也是文化传播导致了这种文化现象。

三、长江流域青铜文明的发展进程

自夏代晚期长江流域某些地方出现青铜器以来，经过商代前期在技术和艺术上的积累，到了商代前后期之际，青铜器开始出现自己的艺术特色，出现了像四川广汉市三星堆青铜器群④、江西新干县大洋州青铜器群⑤这样的数量多、品级高、特征鲜明的青铜艺术品，长江流域青铜文化步入了自己的兴盛时期。西周王朝建立以后，周人曾一度重视对南土的经营，长江流域各地区都与周文化产生了密切的联系，其铜器风格也打上浓厚的周文化的烙印。远在四川彭州市的竹瓦街铜器窖藏⑥、广西贺州市平桂区的马东村墓葬（M1）⑦、浙江黄岩市小人尖土墩墓中，我们都可以见到具有西周早期周文化铜器风格的青铜器。不过，周王朝对南方的控制似乎是短暂的，只在西周中期以前的一段不很长的时期。西周中晚期以后，在长江上游地区，四川盆地的青铜文化中断了与周文化的往来，长江下游地区也由于淮夷叛周，东南地区与周王朝的联系因此被隔断，周文化对东南地区的文化辐射和影响随之骤减。由于新的中原青铜铸造工艺、新的铜器种类和纹饰风格自西周中期就难以传播到长江以南，这使得这一地区的铜器长期模仿西周早期的铜器种类、形制和纹饰，或者在这些铜器的基础上再做进一步的改造和创新，从而使西周中期以后东南地区的铜器带上明显的守旧和复古的色彩。正是由于这种守旧风格的影响，考古学界对于长江下游土墩墓年代的判断产生了很大歧义，同样一个墓地或一座墓葬（如安徽屯溪奕旗墓地），有认为年代可以早到商周之际前后⑧，

---

① 卜工：《广东青铜时代初论》，《华南考古》（1），文物出版社，2004年，第53—62页；卜工：《环珠江口商时期考古学研究的几个问题》，《考古》2002年第2期。
② 卜工：《广东青铜时代的分期与文化格局》，《中国文物报》2001年11月16日第7版。
③ 许永杰：《不忘初心，致力前行——为杨建军〈岭南地区商周时期墓葬研究〉序》，《岭南地区商周时期墓葬研究》，科学出版社，2019年。
④ 四川省文物考古研究所编：《三星堆祭祀坑》，文物出版社，1999年。
⑤ 江西省博物馆：《新干商代大墓》，文物出版社，1997年。
⑥ 王家祐：《记四川彭县竹瓦街出土的铜器》，《文物》1961年第11期；四川省博物馆、彭县文化馆：《四川彭县西周窖藏铜器》，《考古》1981年第6期。
⑦ 贺州市博物馆：《广西贺州市马东村周代墓地》，《考古》2001年第11期。
⑧ 肖梦龙：《试论江南吴国青铜器》，《东南文化》1986年第2期。

有认为年代可以晚到战国早期①。春秋中期，随着中原青铜文化体系中楚文化的兴起，精美繁复的楚文化青铜艺术风格，给整个长江流域青铜文化的发展以新的推动力，铜器风格也逐步摆脱了先前脱离中原影响后所形成的特有的保守状况，发展到了一个新的阶段②。随着楚文化的南下、西渐和东进，长江上游的巴蜀文化、长江中游的楚文化和长江下游的吴越文化都形成了自己鲜明的区域特色，青铜器数量之多、分布之广、工艺之精，是先前任何一个时期都不能企及的，长江流域青铜文化进入了最为辉煌的时期，发展到该地区青铜文明的顶峰。据此，长江流域青铜文化的发展演变大致可以划分为夏代后期至商代前期偏早阶段的初始期、商代中期至西周前期的繁荣期、西周后期至春秋中期的保守期，以及春秋晚期至战国晚期以后高峰期四个时期。

长江流域青铜文化第一期（公元前1700—前1300年）　从夏代后期至商代前期，相当于中国古代中心地区的二里头文化时期至二里岗期商文化时期。这时期的长江上游地区主要是三星堆文化分布区，长江中游地区主要是二里岗期商文化分布区，而在长江下游则是马桥文化的一统天下。这些文化都在黄河中游地区的二里头文化和二里岗期商文化的影响下，陆续发展为青铜文化。古代中国中心地区青铜冶铸技术的传播，与早期中央王朝资源控制和疆土扩张的行为密不可分，伴随着来自中心地区人群的播迁，青铜技术和艺术也就逐渐影响到了长江流域。长江流域青铜文化的普遍出现，是中心地区分批次、多方向持续文化传播的结果。大的传播高潮至少有两次，一次是在二里头文化中期（第二、三期），另一次是在二里岗商文化晚期。主要的传播路线有三条，一条是逆黄河-渭河而上，从甘肃东部进入了四川盆地；一条从中原地区向南以武汉黄陂区盘龙城遗址为据点，文化影响推进到长江中游以南的湖北东南部、江西北部和湖南东北部；还有一条向东南则顺着西北至东南向的河流（如颍河、汝河）进入江淮之间，在那里跨过长江进入了江苏和安徽南部地区③。随着掌握了青铜冶铸技术的古代中国中心地区人们南下长江流域，长江流域也相继进入了青铜时代。

不过，这时期长江上下游的人们似乎刚刚认识或掌握青铜冶铸工艺不久，铜器的使用和发现还相当有限，大多数地区的遗留至今被发现的只有简单的小件铜工具，缺乏地域特色。只有在靠近黄河中游地区的湖北东北部，发现有相当于这一时期偏晚阶段的铜容器群（相当于二里岗早期以前的铜器也只有盘龙城杨家湾M6)④。这些铜器的器类组合、器物造型和装饰做法，与同时期二里岗商文化铜器完全相同，属于文化传播、人群移动甚至早期地方建设过程中的产物。从青铜器的总体特征来看，长江流域青铜文化的地域风格在这个时期尚未形成。

长江流域青铜文化第二期（公元前1300—前900年）　从商代中期至西周前期，相当于中国古代中心地区的白家庄期商文化、殷墟文化和丰镐文化前期。长江上游四川盆地上的三星堆文化在此期之初发展到高峰，突然出现了大量的青铜器（也就是著名的三星堆埋藏坑的铜器），随后就发生了从三星堆文化向十二桥文化的转变，区域中心也从四川广汉市的三星堆迁移到了成都市青羊区的金沙村。长江中游地区的湖北、江西和湖南一带，随着商文化的全面退缩，商代后期已经没有盘龙城这个中心城邑，原先的中心区显得虚

---

① 李国梁：《屯溪土墩墓发掘报告》，安徽人民出版社，2006年，第124—131页。
② 高至喜：《楚文化的南渐》（楚学文库），湖北教育出版社，1996年；刘和惠：《楚文化的东渐》（楚学文库），湖北教育出版社，1995年；朱萍：《楚文化的西渐：楚国经营西部的考古学观察》（三峡考古研究丛书），巴蜀书社，2010年。
③ 关于二里头文化向南影响长江流域的三条路线，有一种观点认为只有后面的两条（见向桃初：《二里头文化向南方的传播》，《考古》2010年第10期），实际上，越来越多的资料说明，二里头文化沿着黄河和渭河向西与齐家文化发生联系，又从齐家文化分布区传入到四川盆地的三星堆文化区，应该是二里头文化进入长江上游四川盆地的主要途径。
④ 湖北省文物考古研究所：《盘龙城：1963—1994年考古发掘报告》，文物出版社，2001年。

化，商文化聚落分布区整体北移了上百公里，被称之为"大路铺类型"的、具有商文化和江淮间文化因素的人们填补了原先是商人分布的区域①，他们主要占据着包括湖北大冶和江西瑞昌这样的早期铜矿资源地区，显然他们是商代晚期至西周前期铜矿采冶乃至于铸造的主要群体。而在长江以南邻近商文化区域，本土青铜文化却陡然兴起：在江西赣江下游及鄱阳湖地区，本就已经萌生的吴城文化发展到高峰。现已发现的新干县大洋洲大墓和绝大多数吴城文化铜器都属于殷墟中晚期，到了殷墟晚期以后就走向衰落②；在湖南洞庭湖及其相邻的四条大河下游，尤其是湘江下游地区，则兴起了炭河里文化，出现了像宁乡这样的青铜器群集中出土地点③。

在这一时期，随着上一时期二里岗期商文化（尤其是二里岗晚期）强有力的扩张，长江流域与黄河流域的联系已经非常密切，文化传播的通道相对畅通，青铜技术和艺术的发展演变因此不仅能够紧跟中心地区的发展步伐，而且还逐渐开始了自己独立的创造。在这一时期，中心地区的新技术、新器类、新器型、新纹饰一出现，长江流域各地区和文化的人们就能够很快得到信息，只要当地的人们喜爱这些新样式，就立即可以仿制出类似的青铜器。由于长江中游地区是铜矿资源的集中区域，也是铅矿得到早期开采的区域④，因而在长江中游地区很可能出现了青铜冶铸工匠聚集，形成一些青铜冶铸工业中心。这些青铜工业中心，除了为一些地区定制或销售青铜器外，其工匠还可能会被一些地区的古国或族群引入，帮助他们铸造铜器。长江中游大量具有地方特色的铜尊等铜器出现在长江上游地区，甚至临近长江中游的安徽阜南月儿河遗址那样的精美龙虎纹铜尊和兽面纹铜尊等，也在三星堆文化中可以见到，或许就是这个历史背景下的产物。也正由于既掌握了较高水平的青铜冶铸工艺，又与中心地区的商周文化具有广泛联系的缘故，这时期长江流域模仿的中原系青铜器往往比较逼真，仅在某些器物的个别部位具有自身的文化特色。如三星堆文化的铜尊往往体态瘦高，口部大且略内勾；江西地区吴城文化的铜鼎，鼎耳上往往饰以立体的虎形装饰等。具有浓烈地方特色的青铜艺术往往表现在与原始宗教和祭祀礼仪相关的铜器上，如长江上游地区的青铜神像和人像、长江中游地区的铜神面和虎的造型、长江中下游的铜铙等。

长江流域青铜文化第三期（公元前900—前600年）　　西周后期至春秋中期，中国古代的中心地区这时已经完成了从商文化向周文化的过渡，形成了影响范围很大的周文化青铜礼器系统。由于南夷与北狄连续入侵周王朝的中心地区，周王室的影响力降低，以及周王室"南土"陷于持续的动乱状态，处在中心地区周王朝或地处长江流域的古国，主动或被动地切断了彼此间的联系。得不到中心地区青铜技术和艺术新信息补充的长江流域的制铜工匠们，他们只有继续采用先前传入的青铜铸造技术，继续模仿先前传入的青铜艺术样式，在此基础上进行一些工艺改进或独立创作，从而出现了所谓的"文化滞后"现象。这种现象反映在青铜器上，就是西周中期以前在中原地区流行的一些铜器种类、形态和花纹却在长江流域长期沿用，例如圆肩圈足罍、三段式尊和两段式尊、提梁壶等器类，变体夔龙纹、简化兽面纹等纹饰。这一时期在长江中下游及其以南地区，还出现了器壁轻薄且多素面无纹的越式鼎，铜器花纹中构图单元变得很小，单元纹样交错复杂，装饰显得朴素和简约。

在这一时期，长江流域上游四川盆地的青铜文化也进入了一个低迷的阶段，十二桥文化的后续新一村

---

① 湖北省文物考古研究所、湖北省黄石市博物馆、湖北省阳新县博物馆编著：《阳新大路铺》，文物出版社，2013年。
② 吴城文化是既有浓厚的商文化因素，又有强烈的东南青铜文化因素，还有一些本地传统文化的地方文化，该文化的年代范围在商文化白家庄期至殷墟晚期，繁盛期却在殷墟早、中期。参看江西省文物考古研究所：《吴城：1973—2002年考古发掘报告》，科学出版社，2005年；彭明瀚：《吴城文化研究》，文物出版社，2005年。
③ 炭河里遗址管理处、宁乡县文物管理局、湖南大学岳麓书院编：《宁乡青铜器》第一部分，岳麓书社，2014年。
④ 李延祥、逄硕、马鹏等：《湖北阳新炼铅遗址群调查与初步研究》，《江汉考古》2021年第2期。

文化①的遗址发现不多，铜器也很少出土。长江流域中游除了属于周文化系统的曾国等还在发展昌盛，地方文化如大路铺类型、炭河里文化等都已衰落，文化传统中断，铜器制作一蹶不振。只有长江下游地区的以土墩墓为代表的青铜文化还在发展，不少土墩墓都出土过不少青铜器，并不乏像温岭龙首铜盘、汤家山蟠龙盖盉、母子墩鸟形铜尊等造型和装饰都称上乘的作品。不过，总的说来，这一时期少见中原地区的庄严厚重和纹饰严谨的重器，铜器多轻薄灵秀。带耳高连裆小蹄足的铜鬲，腹浅耳小或无耳的铜簋，三段式的觚形铜尊和依照原始瓷的折肩尊，盘壁和圈足较直、双耳紧贴腹壁的铜盘，茎旁出双翼的无格矛形剑等，都是这时江浙一带很有特色的铜器形制。具有地方特色的纹饰主要有三类：一是仿中原系铜器纹饰但又仿得较为随意的凤鸟纹、夔龙纹等动物纹样，以及方格乳钉纹、连珠纹、云雷纹等几何纹样。仿效这些纹样的铜器很少刻意追求形似，多数都模仿得变了形，远不如中原系铜器同类花纹布局和构图严整。二是在中原系铜器纹样基础上简单化、细小化和图案化，如变形连鸟纹、变形夔龙纹等。这些纹饰有的变形非常厉害，单元组合又有单个纹饰、单层连续、多层连续、格形排列等多种组合方式，其形态有点类似中原系铜器的蟠螭纹、蟠虺纹，但构图略显松散，意趣迥然不同。三是该文化自身的纹类，如锯齿纹、连点纹、网格勾连纹、网格棘刺纹等。锯齿及连点纹是用作其他主体纹样边栏的附属纹样；网格勾连纹是以勾曲的线条组成细密的小方格形状，棘刺纹是在每个格形排列的图案单元内突起一根铜芒刺，这两种纹样一般作为主体纹样饰于铜尊或提梁铜壶（卣）的腹部，并一直沿用到这一地区的吴越文化之中②。

长江流域青铜文化第四期（公元前600－前200年） 春秋晚期至战国晚期。在这一时期，中国古代的中心地区先后出现了几个"挟天子以令诸侯"的霸主，原先一统的周王朝分裂成以若干个诸侯大国为中心的地域集团，一统的周文化也分化成了几个具有相当地域差异的亚文化。在这些亚文化中，长江流域的楚文化分布范围最广，影响也最大，最为特殊。楚是有着悠久历史和古老文化的古族和古国，至迟在商代后期，楚人就已开始兴起，成为商王朝南方劲敌（《诗经·商颂·长发》）。周文王时，楚与周建立了联系（周原甲骨文），楚先祖熊绎甚至还曾入仕周王室（《左传》昭公十二年）。在此以后，周、楚关系恶化，周王室时有征伐楚国之举。不过在整个西周时期，楚还是周王朝羁縻之下的一个不大听话的属国。随着周王室的衰落，春秋初年，楚君熊通自立为武王，与周王室公开决裂。这时的楚国，国力仍然有限，所以后来的楚沈尹戌追述这段历史时说："至于武、文，土不过同（方百里为同）。"（《左传》昭公二十三年）楚国的强大是在楚文王启濮地、灭卢罗以后，尤其是楚庄王灭掉西南古国之首庸国以后（《左传》文公十六年，公元前611年）③。与楚的发展历史相对应，楚文化铜器就与中原诸文化铜器风格渐异，富有特色的楚系铜器开始出现。随着楚国的强大，江汉之间乃至于江淮一带的众多小国被楚国兼并，或臣服于楚，或远走他方。长江上游的四川盆地在春秋中期以后，大量的楚文化因素涌现，结合文献记载的"荆人鳖灵"的传说，认为四川地区包括铜器在内的楚文化因素的大量涌现与开明氏来源于长江中游地区有关，应该是具有合理性的

---

① 新一村文化是四川青铜文化发展的一个低谷，且与先前的十二桥文化具有很强的延续性，故有学者将其归入十二桥文化，作为十二桥文化的后段。参看江章华：《成都十二桥遗址的文化性质及分期研究》，《四川大学考古专业创建三十五周年纪念文集》，四川大学出版社，1998年，第146－154页。

② 参看马承源：《长江下游土墩墓出土青铜器的研究》，《上海博物馆集刊》第四期，上海古籍出版社，1987年。

③ 《左传》文公十六年："楚大饥，戎伐其西南，至于阜山，师于大林。又伐其东南，至于阳丘，以侵訾枝。庸人帅群蛮以叛楚，麇人率百濮聚于选，将伐楚。于是申、息之北门不启，楚人谋徙于阪高。蒍贾曰：'不可。我能往，寇亦能往。不如伐庸。夫麇与百濮，谓我饥不能师，故伐我也。若我出师，必惧而归。百濮离居，将各走其邑，谁暇谋人？'乃出师。旬有五日，百濮乃罢。自庐以往，振廪同食，次于句澨。使庐戢黎侵庸，及庸方城。庸人逐之，囚子扬窗，三宿而逸，曰：'庸师众，群蛮聚焉，不如复大师，且起王卒，合而后进。'师叔曰：'不可。姑又与之遇以骄之。彼骄我怒，而后可克。先君蚡冒所以服陉隰也。'又与之遇，七遇皆北，唯裨、鯈、鱼人实逐之。庸人曰：'楚不足与战矣。'遂不设备。楚子乘驲会师于临品，分为二队：子越自石溪，子贝自仞，以伐庸。秦人、巴人从楚师，群蛮从楚子盟，遂灭庸。"

推测。到了春秋战国之际，楚国打败了江汉地区西部的巴国，巴国西迁四川盆地东部，楚文化在长江上游的影响更加强烈。在整个东周时期，楚国的战略发展重点始终是与齐国和吴越争夺长江下游及江淮地区，从楚成王到楚昭王，经过几代楚王的连续经营，楚国灭掉了江淮之间徐、舒等小国。战国中期，楚威王破越[①]，楚文化从江汉地区扩展到长江下游吴越的区域。在楚文化进入长江下游之前，那里是吴国和越国的统治区域，相继出现了颇为繁荣的吴越文化，其青铜器也体现了很高的工艺水平。

在长江流域青铜文化发展进程的最后阶段，青铜工艺开始得到进步，具有中原新风气的铜器在长江流域重新出现并开始流行，铜器制作专精，纹饰变得细腻。铜器受到楚文化的强烈影响，铜器中的鼎、壶、缶、盘等具有浓厚的楚风，技艺高超的吴越式铜剑在这时定形并广泛流行，有纹铜器与素面铜器同时并行。具有鲜明地方特色的岭南百越文化青铜器在这一时期发展到了高锋，越式铜鼎、旧式铜尊和提梁壶，以及各种扁茎短剑和细柄铜矛等兵器，呈现了该文化铜器的地方特色。这一时期形成了三个既各具特色，又相互联系的铜器分布区。巴蜀文化区的铜礼器造型和纹饰多仿自同时期楚文化铜礼器，但铜罍等却基本保持了西周中期周文化铜罍的旧制，表现出了浓厚的保守性；日常生活用铜器如釜、鍪、釜甑、尖底盒等，形态与巴蜀文化陶器大致相同，属于本地固有的器形；铜兵器如柳叶剑、烟荷包式钺、蜀式戈等，也很有特色。铜器纹饰除中原系铜器外，巴蜀式日用铜容器基本为素面，巴蜀式兵器却一般都有装饰。这些装饰主要分两种情况：最常见的是通常的铸纹，纹样有虎、鸟、螳螂、蜥蜴等类，多与一些"巴蜀符号"相配；另一种是采用表面特殊处理工艺铸成的"虎皮斑纹"。这些纹饰罕见于其他文化中，赋予了巴蜀文化铜器浓郁的乡土气息。江浙一带的吴越文化铜器，其容器、乐器和兵器都很有地方特点。铜容器除了南方地区共有的越式鼎外，具有地方特色的还有矮足束腰桶形铜瓿、三段式觚形铜尊等；铜乐器的句鑃是吴越地区特有的乐器，其形似倒置的素面细长柄的甬钟，大小相次成编；铜兵器和铜工具制作精良，很有吴越地方传统和特点。吴越铜器的纹饰除了楚文化铜器流行的纹饰外，具有一定特点的纹饰有铸纹镶嵌相结合的棘刺纹，刻镂而成的宴乐、狩猎纹，以及可能用特殊物理化学方法处理出来的暗花菱形纹。在这些纹饰中，流行于兵器上的暗花菱形纹，严谨规整，是吴越文化特有的纹饰，体现了很高的技术水平。铜器上的铭文一般都很考究，字体修长，笔画宛曲，颇为美观。尤其是鸟虫书，更具装饰性。百越地区铜器最有特点的是越式铜鼎，它们有敞口、敛口、盘口三类，鼎耳多上宽下窄，足多外撇或外侈。尊均为西周中期两段式垂腹铜尊样式，但花纹布局和纹类却完全是百越系的（如衡山蛇纹铜尊），多数口沿内还有纹饰，非常别致。提梁壶如湖南岳阳莲塘村对蛇纹提梁壶等，其形态和纹饰与尊的情况类似。具有地方特色的兵器有剑、矛、钺三类，越式剑有扁茎无格剑、椭圆茎弓形格剑、人形茎有格剑三类，其中以扁茎无格剑最流行。工具中值得一提的是刮刀，它是一种形近似草叶、叶脉处有折脊的可能用作剥取兽皮的工具，是百越系铜器最富特征的工具之一。铜器多素面，纹饰以蚕形蛇纹、燕尾纹、王字纹、连续三角纹、列虺纹、简化神面纹等最有区域特点。纹饰布局除去呈带状外，满布器身的蚕形蛇纹等一般按四对八只的构图排列，极具百越青铜艺术的特点。

---

① 关于楚灭越的年代，学术界有不同的说法。有学者认为楚威王在徐州破齐之时就已经灭越（李学勤：《关于楚灭越的年代》，《江汉论坛》1985年第7期），有学者认为楚怀王时才灭越设江东郡（杨宽：《关于越国灭亡年代的再商讨》，《江汉论坛》1991年第5期），还有学者认为楚威王破越，楚怀王败越，楚考烈王灭越，秦始皇才彻底灭越（如陈伟：《关于楚越战争的几个问题——与杨宽等先生商榷》，《江汉论坛》1993年第4期）。本文从楚威王破越之说，认为越国在楚威王时已经被楚国残破，以后尽管有余孽存在，并未绝嗣，但已经国将不国。

结语：长江流域青铜文明的尾声

　　战国中期偏晚阶段，随着秦国变法后国力逐渐强大，秦国也启动了统一六国的军事进程。为了消除后方的隐患且以建瓴之势控扼长江中下游地区的楚国，公元前316年，秦国利用巴、蜀两国战争的有利时机，出兵越过秦岭和巴山，灭掉了蜀国和巴国，占据了整个四川盆地。秦国在四川地区推行怀柔政策，除了三封蜀侯利用这个傀儡进行间接统治外，还制定政策，在流民与土著发生冲突的时候，偏袒巴蜀土著，这就是所谓"秦犯夷输黄龙一双，夷犯秦输清酒一钟"的政策[1]。这些恰当的措施，使得四川成为秦国统一六国过程中的稳定后方。秦统一六国之后，秦王朝也启动了征服岭南地区和云贵高原地区的大规模军事行动。为了便于军队和给养输送到前方，秦王朝在除开凿通往岭南地区的道路外，还兴建了沟通长江水系和珠江水系的灵渠，另在四川盆地与云贵高原之间开凿了通往巴蜀徼外西南夷地区的五尺道。只是岭南地区的西瓯雒越还没有完全平息、大量军队还滞留于岭南地区、五尺道还没有修通、秦王朝的势力范围还没有延伸到云贵高原的时候，秦王朝就已覆灭。西南地区的长江流域与珠江流域及其他江河之间的云贵高原地区，保持了原有青铜文化的继续发展，并在长江上游的巴蜀文化之后陡然兴起，成为长江流域青铜文明的最后辉煌。

---

[1] （晋）常璩：《华阳国志·巴志》语。

三星堆祭祀文化研究

四川省文物考古研究院　赵殿增

"祭祀作为一种文化形态，是社会发展到一定历史阶段的必然产物"，"上古社会的祭祀，无疑是当时精神文化的主流部分"，"他们在娱神的过程中，也使自身的精神生活得到充实、满足"。"研究历史上任何一种文化的早期形态，都离不开对当时祭祀现象的介入"，"作为上古社会精神文化主流的祭祀活动，其内容涉及今天进行分类的社会学科的各个领域"，这是有的学者从"中国上古祭祀文化"的研究中得出的简要概括和总结[1]。看起来这样的说法似乎有些过头，但从"三星堆文化"越来越丰富的考古新发现来看，这些观点也有一定的道理。"三星堆文化"可以说是"中国上古祭祀文化"中的一朵奇葩，为我们研究上古社会的精神文化和社会观念，提供了一个丰富多彩、特色鲜明而又有完整形象的典型标本。

三星堆遗址位于四川省广汉市城区西面6公里处，是一个延续发展了两千多年的大型古文化遗址，距今4800－2600年，分为四期，三个文化（即"三星堆一期文化""三星堆文化""十二桥文化"）[2]。各期各阶段的文化，均有丰富多彩的社会内涵，其中距今4000－3200年的"三星堆文化"，是其核心部分，特别是距今3600－3200年左右的三星堆遗址第三期，发展到了古蜀文明的最高峰，建成了一个繁荣而奇特的"三星堆神权古国"[3]。其重要的标志，就是出现了一整套以"原始宗教"为核心的神圣的信仰崇拜观念，和一种系统而奇特的祭祀活动形态。三星堆文明主要通过大量的大型造型艺术崇拜物的形式把"原始宗教"信仰表现得更加形象生动，更具有表现力和感染力，使其成为一个举世瞩目的古代文明中心，也为我们研究"三星堆祭祀文化"及其社会状况，提供了典型的标本。

三星堆祭祀文化的基本情况和构架特征，可以从祭祀的内容与用具、祭祀的人员与组织、祭祀的形式与场所、祭祀活动的结果等方面体现出来。这些内容本来就已经形成了一个前后连贯的"三星堆祭祀文化"构架体系，但从考古发现与研究的过程来看，则是从祭祀坑的发现和定名开始逐步深入的。本文准备按照研究工作进展的顺序，先谈谈祭祀坑的定名问题，再逐步展开，最后探讨一下"三星堆祭祀文化"的特点、原因、价值和意义。

---

[1] 傅亚庶：《中国上古祭祀文化》，高等教育出版社，2005年，第1－4页。
[2] 赵殿增：《三星堆考古新发现与古蜀文明新认识》，《四川文物》2017年第1期；并收于《三星堆研究》第五辑，巴蜀书社，2017年。
[3] 赵殿增：《三星堆神权古国研究》，《四川文物》2019年第1期。

一、祭祀坑的发现、定名与类型

三星堆遗址经过九十多年的发掘与研究，已经取得了多方面的重要成果，包括一个 12 平方公里的大型遗址群，一座 3.6 平方公里的古城，众多的居住遗址和生活器具，以及一些中小型的墓葬。其中最引人瞩目的，则是一大批进行祭祀活动后存留下来的祭祀坑（图一）。1986 年发现的一、二号大型祭祀坑，出土了立人像、人头像、神树等近千件青铜器，金杖、金面罩等众多金器，璋、戈、琮、瑗等大量玉石器，均为宗教祭祀用品①。近年又在同一区域发现了六座形状大小方向相仿的祭祀坑，正在进行大规模的发掘，已经出土大金面具、铜方尊、象牙等数千件珍贵文物。除了这八座之外，三星堆遗址还有一大批各时期各类型的大中小型祭祀坑，使我们对三星堆祭祀文化有一个较为全面的认识。不少学者经研究认为 1929 年在燕家院子发现的出土有四百余件玉石礼器的器物坑，也应是具有祭祀性质的土坑②。1997 年在城西仁胜村发掘的早期墓地中，有一些是只埋藏象牙或牛骨架的祭祀坑③。2000 年四川省考古所在月亮湾也曾发掘了八座祭祀坑，包括出土璧、琮、瑗等玉石器的红烧土坑，还有埋藏以陶器为主的圆形浅坑、长方形坑等④。同类的灰坑在 1980 至 1986 年的遗址发掘中也曾都发现过，有些也应该是祭祀坑⑤。此外 1987 年在仓包包也曾发现过埋藏玉石礼器的祭祀坑⑥，2015 年在青关山发掘的 H105 号坑，出土金箔片、玉璋、绿松石珠

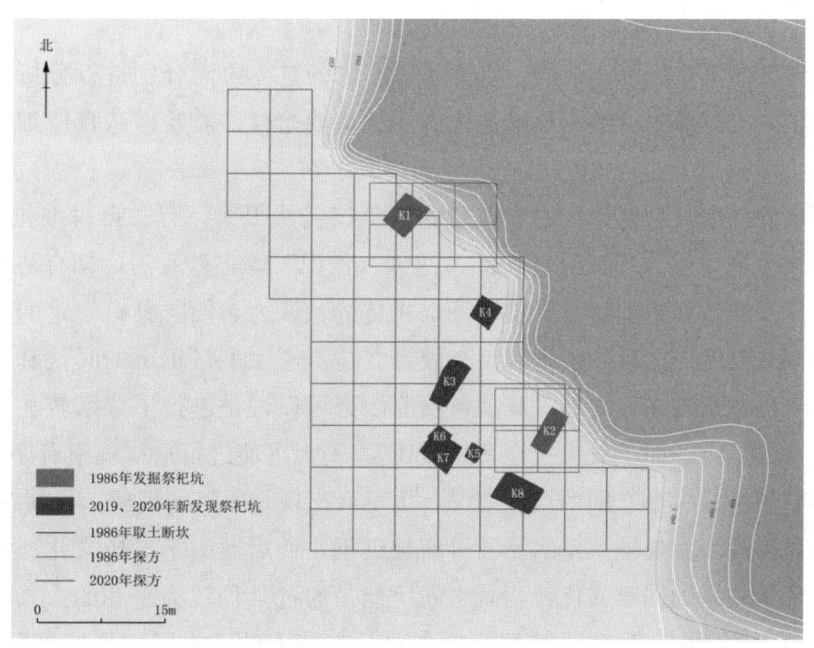

图一　三星堆遗址祭祀坑分布图

---

① 四川省文管会等：《广汉三星堆遗址》，《考古学报》1987 年第 2 期。四川省文物考古研究所编著：《三星堆祭祀坑》，文物出版社，1999 年。
② 冯汉骥、童恩正：《记广汉出土的玉石器》，《文物》1979 年第 2 期。赵殿增：《三星堆祭祀形态研究》，《四川文物》2018 年 2 期。
③ 陈德安、雷雨：《四川广汉市三星堆遗址仁胜村土坑墓》，《考古》2004 年第 10 期。
④ 资料存四川省文物考古研究院三星堆工作站。
⑤ 四川省文物管理委员会等：《广汉三星堆遗址》，《考古学报》1987 年第 2 期。
⑥ 四川省文物考古研究所三星堆工作站等：《三星堆遗址真武仓包包祭祀坑调查简报》，《四川省考古报告集》，文物出版社，1998 年。

等器物，简报称之为"掩埋祭祀器物的灰坑"，实际上也就是"祭祀坑"[①]。到目前为止，三星堆遗址内绝大多数珍贵的文物都出土于这些祭祀坑之中，使它成为三星堆文化最为代表性的文化遗存。笔者在1992年发表的《三星堆考古发现与巴蜀古史研究》一文中，就曾指出一、二号大型祭祀坑等"应是祭祀活动之后埋藏所用器物的土坑"，"将祭祀活动最后的状态存留了下来"，这就是我们所说的"三星堆祭祀坑"的本意[②]。

关于三星堆祭祀坑的定名，我们认为主要有三条理由：

第一，坑内器物基本上都是用于祭祀的神像和礼器祭品。包括被祭祀的青铜面具、神山神树、各种灵怪、天神地祇、祖先图腾等，也有主持祭祀的群巫之长、巫师祭司、各种参加祭祀人员，具有通神能力的各种祭器，献给神灵的各种祭品，用于祭祀的各种器具用品等。即使是一些生活用具，在被埋入祭祀坑前，也是曾作为祭祀用具加以使用过。这个现象在各个祭祀坑中已经得到充分的证明，也为大家所广泛认同。

第二，在瘗埋前曾举行过各种各样的祭祀仪式活动，都具有特定宗教祭祀内容和含义。这些被祭祀的神像和礼器祭品，平时可能主要是被放置于神庙、宗庙等经常举行宗教祭祀仪式的场所，被人们用于供奉和祭拜；在举行特定的祭祀活动时，也可能被搬到祭坛、祭台等祭祀场地中，在进行祭祀仪式之时或之后，被焚燎与瘗埋，以达到祭祀活动的最终目的。

第三，祭祀坑是宗教礼仪活动最终形成的结果。这一点从祭祀坑的方向和形状、挖掘得规整细致、放置时整齐有序、掩埋后平整干净等情况，可以得到证实，除此以外，其他中小型祭祀坑也各有自己的埋藏方式。其中有不少器物埋入前多有被打碎和火烧的情况，应属于上古祭祀仪式所常见的燎祭或瘗埋，表示最终把它们送到了天上和神界[③]。

至于实施燎祭或瘗埋的具体原因和目的，则要从每座坑的具体内涵分别进行分析和研究，这是一个需要细致考察的研究课题，也是深入了解三星堆文化内涵的重要途径，需要做认真仔细的工作，才能解析神奇的三星堆文明的独特面貌。

目前对三星堆西南侧几座大型祭祀坑的形成原因，争议仍然很大，有"自身祭祀说""失灵法器掩埋说""灾难毁灭说""权力争夺说""改朝换代说""敌人入侵说"等多种看法，都有待进一步的发掘研究和验证。我们一直是从广义的祭祀来理解三星堆各种祭祀坑的，认为它们既具有一定的普遍性，也有其各自的特殊性，不能用商周礼制形成之后的祭祀制度来硬套。这八座大型祭祀坑的时代和成因，也可能有所不同。不过除了"敌人入侵恶意破坏"之外，其他各项原因都可以说是进行了"宗教礼仪活动最终形成的结果"，都应该称之为"祭祀坑"。而"敌人入侵恶意破坏"，不大可能进行这样规整有序的焚燎和瘗埋，也不会形成方向一致、形状相仿、大小有别的规整情况，更不会出现叠压打破现象，目前在已有的考古资料中，也尚未发现当时盆地以外敌人大规模入侵的武器等实物证据。而后起的十二桥文化，大量继承了三星堆文化的传统，应是有着承继关系的同类文化，两者之间可能是通过某种较为平和的方式，实现了祭祀与统治中心的转移。笔者目前仍然倾向于这些大型祭祀坑主要是本族人的"失灵法器掩埋"所致[④]，而不是敌人

[①] 四川省文物考古研究院：《四川广汉市三星堆遗址青关山H105的发掘》，《考古》2020年第9期。

[②] 赵殿增：《三星堆考古发现与巴蜀古史研究》，《四川文物·三星堆古蜀文化研究专辑》，1989年。

[③] 关于我们对三星堆祭祀坑的定名问题，可参见：陈显丹、陈德安：《试析三星堆遗址商代一号祭祀坑的性质及有关问题》，《四川文物》1987年5期；陈显丹：《广汉三星堆一、二号祭祀坑两个问题的探讨》，《文物》1989年5期；陈显丹：《广汉三星堆一、二号坑的时代、性质的再讨论》，《四川文物》1997年4期；赵殿增：《三星堆祭祀坑文物研究》，《三星堆与巴蜀文化》，巴蜀书社，1993年；赵殿增：《人神交往的途径——三星堆文物研究》，《四川考古论文集》，文物出版社，1999年；赵殿增：《早期中国文明丛书·三星堆文化与巴蜀文明》第五章第一节"四、祭祀坑性质的认定"，江苏教育出版社，2005年；赵殿增：《三星堆祭祀形态研究》，《四川文物》2018年2期等文，本文又做了简要的归纳。

[④] 赵殿增：《三星堆考古新发现与古蜀文明新认识》，《四川文物》2017年1期；并刊于《三星堆研究》第五辑，巴蜀书社，2017年。

入侵后"犁庭扫穴"进行恶意破坏的结果。由于各种祭祀坑的发现逐渐增多,每座坑具体形成的时代、原因与目的,都需要根据发掘与检测的详细情况,分别进行必要的分析和论证。

总之,在三星堆遗址中曾经举行各种各样的祭祀活动,最后大多以祭祀坑的形式保存了下来,形成不同形式、内容、时代、等级的祭祀坑。三星堆遗址内绝大多数珍贵的文物都出土于这些祭祀坑之中,使它成为三星堆文明最典型的文化遗存,成为三星堆文化存留至今最主要的实物见证,具有鲜明的个性和特征。三星堆祭祀坑的形制,大致可分为大型长方坑、中型长方坑、红烧土坑、不规则浅坑、小型圆坑等几个类型,在三星堆遗址各期文化中均有存在,以第三期最多最大[①]。它们既是各次祭祀活动的最终结果,也是"三星堆神权古国"神奇文化面貌的具体反映。它以独具一格的文化面貌出现于世界古代文明之林,值得人们更加深入细致地进行观察研究与鉴赏。

二、祭祀的内容与用具

从祭祀坑中已经发现的大量文物可以看出,三星堆文化盛行以"万物有灵观"为中心的原始宗教,包括自然崇拜、图腾崇拜、祖先崇拜三个主要部分[②]。三星堆古国先民通过造型艺术品的形式把这种观念具体表现出来,通过这些祭祀用具,可以使我们能从中去分析探讨"三星堆祭祀文化"的丰富文化内涵。

(一)以青铜神树、太阳形器为代表的自然崇拜

三星堆二号祭祀坑中出土了六棵青铜神树,其中三件已经基本修复,展现出极为丰富神奇的文化内涵。其中一号大神树高达3.96米,全部复原要达4米多,是三千年前世界上最高大的一件青铜器,造型极为复杂优美:在三叉状山形树座之上,矗立起笔直粗壮的主干,在三层树节处,长出九根枝条,挂着果实和饰物,上面各有一只立鸟,有一条巨龙从树干盘旋而下,有一种上天下地的气势。(图二)研究者多认为它是一棵通天的神树,上面有代表太阳的立鸟、能通天地的神龙和表示生命的树冠等,使其成为原始宗教中自然崇拜的综合载体。如此巨大的青铜神树,很可能就是古蜀先民心目中的一棵"宇宙树"和"天梯",它曾被放置于大型祭祀场所的中央,人们围绕着它来进行重大的祭祀活动。其他几棵青铜神树之上,还有人首鸟身像(图三)、飞鸟、铜璧等神灵、祭品和跪祭人像等祭祀人员,这些都是自然崇拜、神灵崇拜观念的重要实物载体。它们可能是传说的中的建木、扶桑,或作为土地神与社稷神的社树。总之,

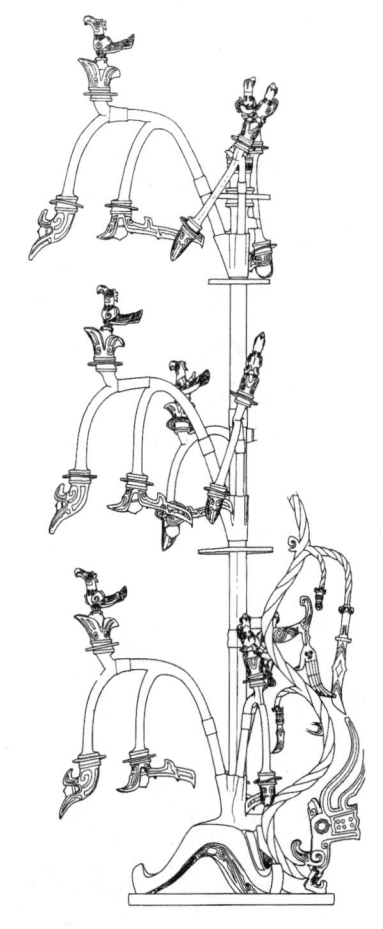

图二 青铜神树线图

---

① 赵殿增:《三星堆祭祀坑文物研究》,《三星堆与巴蜀文化》,巴蜀书社,1993年;赵殿增《人神交往的途径——三星堆文物研究》,《四川考古论文集》,文物出版社1999年。

② 泰勒:《原始公社》,上海文艺出版社,1992年;苗启明、温意群:《原始社会的精神历史构架》,云南人民出版社,1993年;赵殿增《三星堆文明原始宗教的构架特征》,《中华文化论坛》1998年1期。

三星堆的树崇拜,是各种自然的崇拜观念的升华和结晶,是以一种独特的方式表达出对自然万物进行崇拜的原始宗教观念[①]。

三星堆祭祀坑中还出土有众多青铜太阳形器(图四)、星形器等崇拜物,也有山、水、云气等自然现象的画像或图案,反映出当时盛行着广泛的自然崇拜观念。

图三　人首鸟身青铜像　　　　　　　　　图四　青铜太阳形器

(二) 以鱼鸟龙蛇为代表的"图腾崇拜"

图腾崇拜是原始人类对自身和本族的"亲根探寻",他们曾把某种动植物或自然现象当作本族的根源,奉为崇拜物和标志物。三星堆青铜器群中众多动物造型,都可能是图腾崇拜的标志,反映出曾有多个氏族部落汇集于此的情况。其中出现最多、最突出的是鸟和鱼的图腾,它们应有其特殊的社会意义。如一号祭祀坑中出土的金杖上部,錾刻有将四组鱼和鸟用箭羽串在一起的图案,高居于戴着高冠的"国王"头顶之上,显然是本族奉为崇拜物的图腾。(图五)它出现在代表最高权力的金杖之上,说明鱼和鸟的结合已经成为整个国家标志的"中心图腾",所代表的可能是当时在古蜀国居于统治地位的"鱼凫族"蜀人,他们可能正是三星堆古国繁荣时期蜀国的统治者。而众多不同图腾的出现,则表现出三星堆文明是由众多民族部落汇聚而成的历史情景。

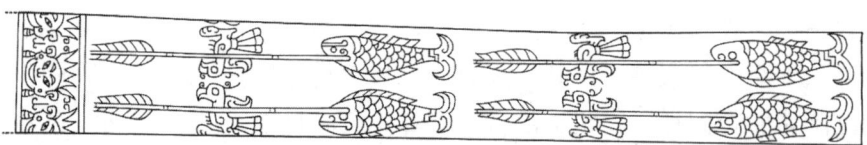

图五　金杖及纹饰线图

---

① 赵殿增:《三星堆青铜神树——早期文明的"自然崇拜"》,《文史知识》2017年6期。

(三) 以凸目面具为代表的祖先崇拜

祖先崇拜是原始宗教发展到一定阶段的产物，也是原始宗教的重要组成部分。他们已经开始认识到自己是从祖先发展而来的，但仍然认为这些祖先一定具有特殊的神奇之处，他们是神的使者、神的化身，或者他们本身就是"神"，于是把很多神奇的能力和形象集中到这些开创者的身上，形成了一种神圣的"祖先崇拜"。三星堆最典型的"祖先崇拜"物，就是一组长着奇特大眼睛的青铜大面具。在1986年发掘的二号大型祭祀坑中，发现青铜大面具23件，在2021年新发掘的五号大型祭祀坑中，又发现一件同样形状的大型金面具。这些大面具均呈半圆形人面状，宽达30至80厘米，重达数十公斤，远远大于人的头部，均无法由真人来佩戴使用。面具上的眼、耳、口、鼻等所有器官，均用夸张变形方法，塑造得硕大怪异、威严神圣。其中最明显的特征，是都有一双向外凸出的硕大眼睛。有些瞳孔部分还呈柱状外凸，额头正中装饰有勾云形（龙形）饰物，其中最大的一件"青铜凸目大面具"，宽134厘米，高65厘米，瞳孔柱状外凸部分长达16.5厘米。（图六）每个人面具的耳侧，都开有四个方形榫孔，说明它们可能是用以安装在立柱或树干之上，被人们用来顶礼膜拜。目前大多数研究者认为它们正是将"纵目之神"蜀祖"蚕丛"作为"祖先崇拜"的神像。史书记载"蜀侯蚕丛，其目纵，始称王"[①]。三星堆出土的以青铜凸目大面具为代表的"纵目之神"即为蜀国始祖神蚕丛的看法，已为大多数研究者所认同。笔者认为包括各种大面具、众多单独的"眼形饰件"，以及各种图案中的大眼形主题纹饰，都可能是用来代表蜀祖蚕丛的，是三星堆蜀人眼睛崇拜的一种方式，是祖先崇拜观念的实物见证。

图六 青铜纵目面具

三、祭祀的人员与组织

三星堆祭祀坑出土的一件2.62米高的青铜立人像，是世界罕见的3000年前的大型青铜雕像。立人像头戴华冠，身穿法衣，笔直挺立，赤脚站在由四个象头支撑的云纹方座上，象头支座下面还有一个四方形的高台。大多数学者认为它可能是个大巫师，从它身体巨大、立于高台之上等情况看，更可能是群巫之长，其两只环形大手平举在胸前，高举着法器，正在指挥重大的祭祀仪式。在"神权古国"时代，这种群巫之

---

① （晋）常璩：《华阳国志·蜀志》，巴蜀书社，1984年。

长，也就是国王①。

祭祀坑中一同出土的还有 57 件与真人大小相仿的青铜人头像，这些头像的颈部均呈倒三角形，可能曾安放在木质或泥质的身躯之上。青铜人头像的头饰冠带和发型多种多样，但面容则大多相同，除了脸颊消瘦、颧骨突出之外，最突出的特征是都有一对呈橄榄形的立眼，威严神圣。有些人想通过面容去寻找这些人的来源和族属，但未能如愿。我们认为，这些人像不完全是写实的作品，而是被变异夸张了的结果，因为这些青铜人头像，都是能通神通天的巫师，具有半人半神的灵性，所以他们才被做出一双与大多数面具相似的眼睛，表示只有他们才具有与"神"相通的能力。有的学者认为这些头像是戴着面具的巫师，是作法时的形象，也有一定的道理。祭祀坑中还出土一组小型人像，也都具有一对立眼，通过跪在神树座上、支撑在神坛中部、顶尊跪于云团之上（图七）等形式，参与到相应的祭祀活动之中。这个由青铜立人像（图八）、青铜人头像（图九）、小型人像共同构成的庞大而有序的巫祭集团，正是当时三星堆神权古国的实际统治者。

图七　顶尊跪坐人青铜像

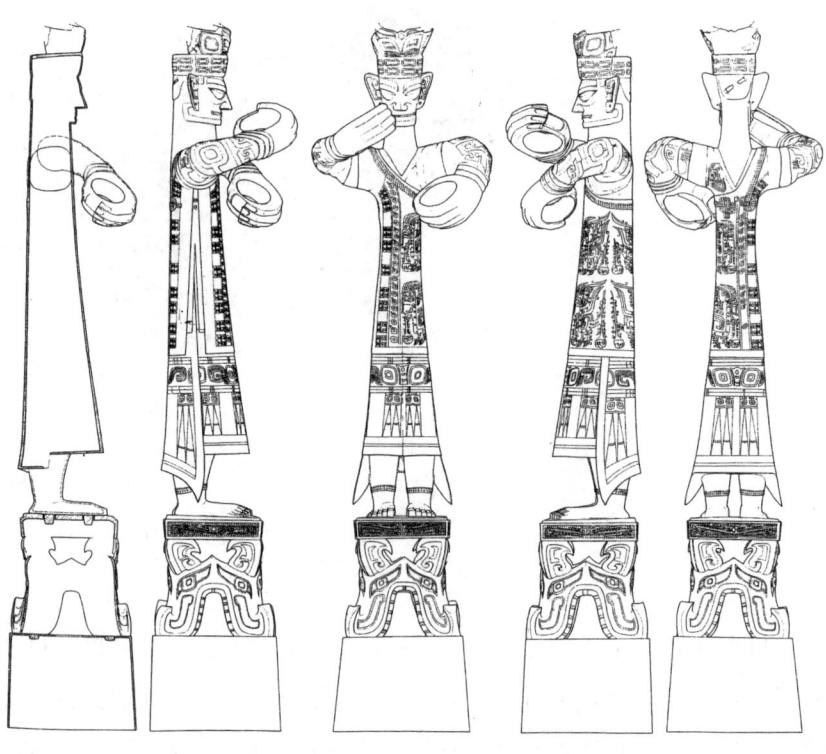

图八　青铜立人像及线图

---

①　沈仲常：《三星堆祭祀坑出土青铜立人像初记》，《文物》1987 年 10 期。

我们认为所有这些人像，都属于三星堆神权古国的"巫祭集团"。青铜人头像头饰冠带和发型姿态的复杂差异，以及众多小型人像在祭祀活动中位置姿态的差别，只是说明是在这个"巫祭集团"之中，既有着不同等级和功能的区分，也还有不同地域和族群差别。当时可能有众多地区和民族的人们前来参加，共同组成了一个神圣的三星堆祭祀活动中心，其中数量占四分之三的平顶冠独辫式人头像，可能代表的是三星堆神权古国时期的主体人群。有几个身份更为特殊的高贵者，面部装上了黄金的面具。

三星堆一号祭祀坑出土的长142厘米的金杖，是用黄金做的，包在杖上的金皮，上面刻有四组用箭相连的鱼纹和鸟纹，下方有两个戴冠的人头像。大多学者认为这组鱼鸟纹就是"鱼凫族"象征，是图腾，是族徽；戴冠的人头像是"国王"。金杖可能代表着古蜀国的"鱼凫王"的权杖，它是群巫之长和国王双重身份的标志物，进而表明三星堆文化繁荣时期这个神权古国的统治者，可能就是以鱼凫王为首的联盟集团。他们把自己看作是蚕丛氏蜀王的继承者和传人，用眼睛崇拜的方式创造出了蜀人的主神与祖神，并以巫祭集团的形式，统治着繁荣的三星堆神权古国。

图九　青铜人头像

四、祭祀的形式与场所

三星堆遗址中经常举行祭祀活动，除了"祭祀坑"外，也留下了一些举行祭祀活动的器物图像和遗迹现象，生动地反映了当时祭祀活动的具体形态，这里做一些初步的分析研究。

（一）祭祀活动场景的图像

三星堆二号祭祀坑中出土的一件"祭祀图"的玉璋（编号K2③：201-4），共有四组内容完全相同的线刻图像，每幅图的中部有一云纹带，把整个图像分为"天上"和"地上"两个部分，"天上"站着三个人，是天神，是祖先，是神灵。上面还有两座山，山中间有条船，经过两山之间进入天上，可能表示为"天门"。祭祀图的下半部分也有三个人，是跪着的，装束也要差一点。下面也有两座小山，小山上插着玉璋、象牙之类的祭祀品，是祭祀的场所，巫师正跪在上面进行祭祀（图十）。天上站着的天神，和地上跪着的巫师一样，做的是同样的手势，就好像是现代所说的"调频共振"似的，可以用一样的手势，表达同样的信息，上面能传达到下面，下面也能传达到上面。地面上的人也能用这个手势把自己的愿望传达给天上，上面用同样的手势把天上的意见传达地上，这样就达到了天地相通的祭祀目的。这个图非常重要，可以说是最清楚准确地反映了三星堆文化的祭祀活动场面和祭祀过程。这个图像一连画了四组，并且画得非常熟练，线条非常纤细，非常准确，是有意把祭祀的场面刻画上去的，是一幅幅完整而典型的三星堆文化"祭祀图"[①]。

（二）"青铜神坛"与"神庙"

三星堆二号坑出土的"青铜神坛"（K2③：296）也非常重要，反映了三星堆人完整的世界观和宗教祭

---

① 陈德安：《浅释三星堆二号祭祀坑中出土的玉璋图案》，《南方民族考古》第三辑，科学出版社，1990年；赵殿增：《三星堆"祭祀图"玉璋再研究——兼谈古蜀人的"天门"观》，《夏商时期玉文化国际学术研讨会论文集》，科学出版社，2018年。

祀活动场面。它有三层，下面一层代表地下，以两只怪兽驮着圆盘，代表大地。圆盘上有四个作法的巫师立像，他们头顶着天，脚踩着大地，代表人间。巫师的额头上"灵魂出壳"式的，各长出一个东西来，最上端是一个"面具"，是他们的主神和祖先神。在他们祭祀的时候，就这样和他的祖先"灵魂相通"了。巫师头顶的四座山表示"天"。天上面有一座四方形的"神庙"，是他们主要祭祀的场所，他们的神灵，他们的祖先，他们的归宿，都在那个神庙上。"神庙"正面有"人首鸟身像"，四角饰"神鸟"，可能是三星堆人所崇拜的"图腾"。"神庙"四面还有20个人，每面5个，面朝外，手持祭品，正在跪着进行祭祀活动。（图十一）"青铜神坛"表明三星堆文化时期已经有了对"天、地、人"三界的观念，也表现出"神庙"在整个祭祀活动中，具有至高无上的地位，因为"神庙"不仅位置高贵突出，而且在它四周有20个双手平举的跪拜人像，正在此进行虔诚的祭祀仪式，从而"神庙"也就成为整个祭祀活动场所中的最高境地①。

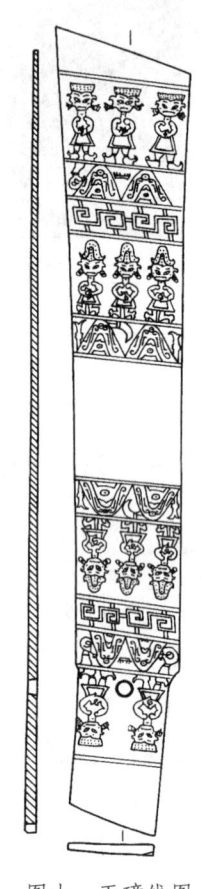

图十　玉璋线图

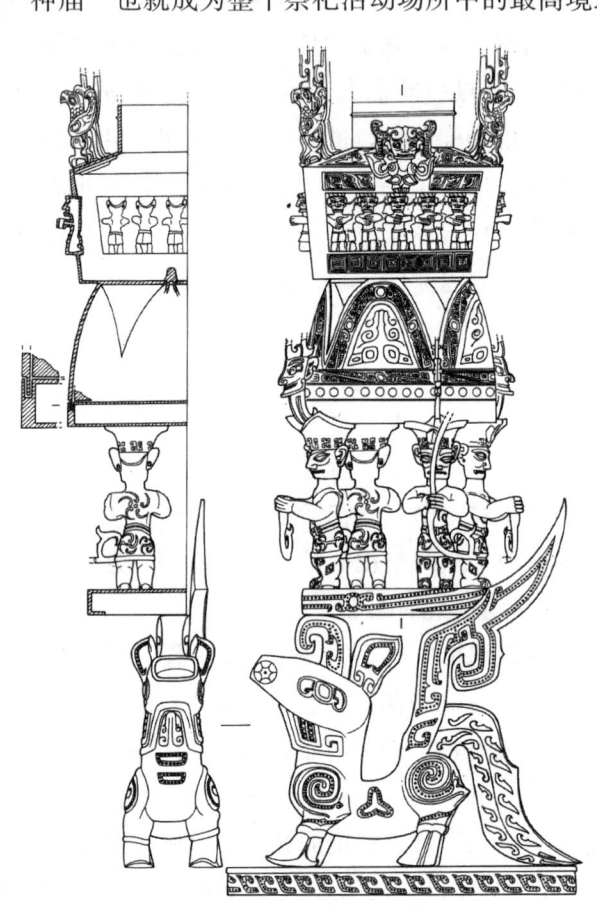

图十一　青铜神坛线图

（三）青关山大房子与神庙

近年来在三星堆遗址西北部最高点——青关山高地上，发掘出一座一千多平方米的"青关山一号大房子"，长64.6米，宽15.17米，面积1015平方米，建在16000平方米的夯土台基之上（图十二）。有的说它是宫殿，有的说是神庙，有的说是仓库，也有的说是干栏式建筑。《四川文物》2020年第5期刊发了《四川广汉市三星堆遗址一号建筑基址的发掘》报告②，同时刊发了杜金鹏先生的《三星堆遗址青关山一号

---

① 四川省文物考古研究所：《三星堆祭祀坑》，文物出版社，1998年；赵殿增：《三星堆青铜神坛赏析》，《三星堆考古研究》，四川人民出版社，2004年。

② 四川省文物考古研究院：《四川广汉市三星堆遗址一号建筑基址的发掘》，《四川文物》2020年5期。

建筑基址初探》，得出了这"是一座具有上下两层建筑的楼阁式建筑物，属于商代最高规格的宫殿建筑，可能是当地最高统治者处理政务和举行重大典礼的礼仪建筑"的结论①。（图十三）我对它是否"是一座具有上下两层建筑的楼阁式建筑物"，以及"青关山F1"的复原和性质问题，尚有些疑问，已写文与杜先生进行商榷。

我认为三星堆遗址青关山新发现的"大房子"（即"青关山F1"），可能就是一座位于高台之上的"神庙"。它可能是一座两面坡重檐屋顶的大型单层单体建筑，顺着长条形大房子的纵轴，有一条笔直宽敞的"穿堂过道"贯穿全屋；房屋两端的中央开有两座大门，使整个建筑物的主轴与通道呈东南—西北走向，指向西北方众神与祖先所在的神山，具有特定的宗教意义。通道的两边，搭建有宽大的"木构平台"，朝向中轴通道，用于摆放神像、祭器等；平台中还各夹有两个用"U形红烧土墙基"构建的单间，可能用来放置大型的神像或祭器，以供人们在中央通道上进行祭祀与供奉，具有保存和进行祭祀活动的双重功能。大房子的两端还各有一个较大的空房间，可以供人们进行集体祭祀和集会议事。作为"群巫之长"的国王，可能就是在这里代表天神与祖先来行使国家管理权的，因此这座大房子也就具有了"殿堂"的性质和作用。"大房子"的外面，也有宽阔的祭祀和活动场地。总之，它是一座既可以安放和保护大量神像和器物并进行重大祭拜活动的"神庙"，又是可以举行重要集会议事决策以行使国家权力的"殿堂"，可能就是整个"三星堆神权古国"的一个宗教和政治统治的中心，是反映三星堆文化繁荣时期祭祀形态的最重要的建筑物②。

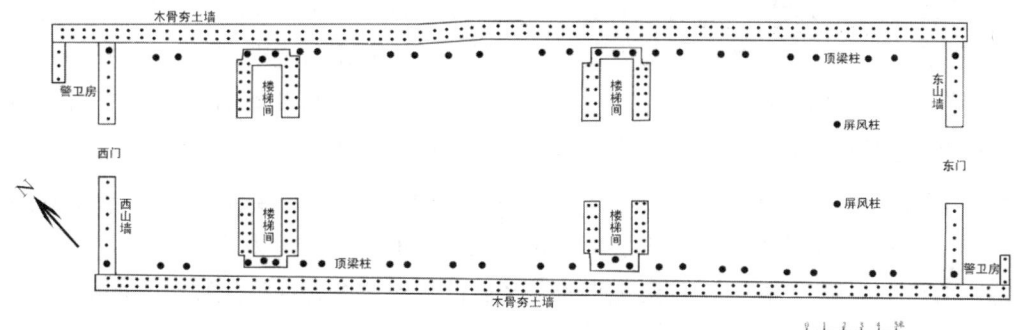

图十二　青关山 F₁ 平面图

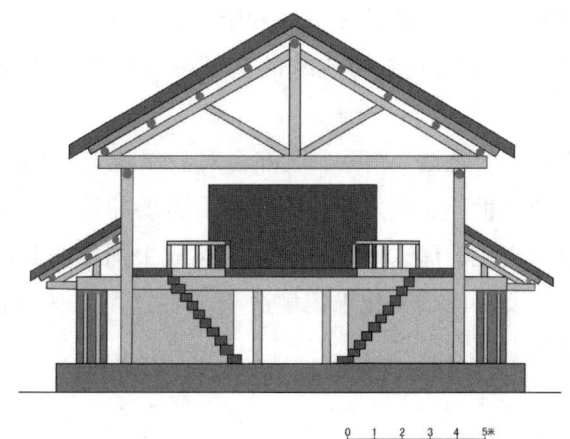

图十三　青关山 F₁ 建筑研究复原图

---

① 杜金鹏：《三星堆遗址青关山一号建筑基址初探》，《四川文物》2020年5期。
② 赵殿增：《对"三星堆遗址青关山一号建筑基址初探"一文的商榷》，《四川文物》2021年3期。

五、"三星堆祭祀文化"的特殊意义和价值

总而言之，由"祭祀的内容与用具、祭祀的人员与组织、祭祀的形式与场所、祭祀活动的结果"等四个主要方面，构成了"三星堆祭祀文化"的基本构架。但对这个奇特而又复杂的文明，人们的心目中仍然存在着许多费解之处：三星堆古蜀文明有哪些突出的特点；造成其独特面貌的原因是什么；它在中国古代文明发展史上有何意义和作用；在世界各个古文明中又有何地位和价值？这些问题正是引人入胜之处，也是众多研究者、爱好者不懈努力所寻求解决的问题。在这里笔者把自己的一些体会做个简要的汇报，与读者一起探讨。

我在开始综述研究三星堆的社会历史情况时，就曾提出三星堆文化具有"祭祀活动治国""多元文化融合""造型艺术表达"等三个重要的特点[1]，后来又逐渐认识到"神权国家是整个问题的核心"[2]，进一步概括出"神圣的信仰是精神主体、神奇的艺术是其表现形式、神秘的历史是所产生的后果"，共同形成了一个"三星堆神权古国"的文化定位[3]。我认为三星堆文化是在各地相继进入青铜时代之后，仍然停留在"神权古国"的社会阶段，进而用新材料、新技术，创造出了大量祭神使用的精美又奇异的艺术作品，创造出了璀璨夺目的三星堆文明。这可能就是造成三星堆文化神奇面貌的内在原因和关键所在；而由内外经济文化发展需要而产生"早期丝绸之路"的广泛文化交流，则是三星堆文化面貌丰富多彩的重要外部原因。

三星堆文明是多元一体的中华文明的有机组成部分，是在"满天星斗"时期中华文明共同体中的一颗闪亮的星星。它与同时期的夏商文化一直保持着密切的联系，又从多方面的交流中吸收了丰富的养分。它还与在成都平原立国的先后几代蜀国建立起了一个连续发展的文化序列，具有相同的祖先认同和相似的文化传统，共同构成了两千多年的古蜀文明体系，成为多元一体的中华文明发展进程中一个重要的"区域性文明"，具有特定的历史地位。"总之，承认文明的'区域性'或'多元性'无损于文明的'一体性'，而意识到沟通与交流的意义同样不妨碍文明的'独立性'。"[4]

由于"三星堆祭祀文化"所具有的完整构架和丰富内涵，特别是从众多祭祀坑中出土的大量举世瞩目的珍奇文物，有着"世界文化遗产"所应具备的独特性和唯一性，使三星堆文明在世界古代文明之林中也有其显著的地位，成为研究古代东方文明时不可或缺的实证标本，为世界文明发展史增添了光辉灿烂的篇章。

神奇的三星堆文化中还有大量未解之谜，"每个人都会对三星堆有不同的理解和解释"[5]。以三星堆为突出代表的巴蜀文化，在中国文明和世界文明发展史上都具有重要的地位，需要继续进行深入细致的研究。正如李学勤先生所说"没有对巴蜀文化的深入研究，便不能构成中国文明起源和发展的完整图景"，"中国文明起源研究中的不少问题，可能要由巴蜀文化求得解决"[6]。在这里我从祭祀文化的视角，把自己从事三星堆考古的一些体会讲出来，供大家研究参考。

---

① 赵殿增：《三星堆考古发现与巴蜀古史研究》，《四川文物·三星堆古蜀文化研究专辑》，1989年。
② 赵殿增：《略论古蜀文明的形态特征》，《中华文化论坛》2005年4期。
③ 赵殿增：《三星堆神权古国研究》，《四川文物》2019年1期。
④ 施劲松：《四川文物精品·青铜器·导论》，巴蜀书社，2021年。
⑤ 三星堆博物馆副馆长朱亚蓉在第四十五个"国际博物馆日"的讲话，四川电视台2021年5月18日报导。
⑥ 李学勤：《略论巴蜀考古新发现及其学术地位》，《三星堆考古研究·序》，四川人民出版社，2004年。

长江文明的青铜资源开发与流通初探

湖北省博物馆 方 勤

长江文明的青铜时代，无论是三星堆、盘龙城、大洋洲，还是精彩绝艳的楚国、曾国和吴越青铜器，在让人惊叹的同时，也引起关于其所依靠的稳定铜矿开采、铜料运输和大规模青铜冶炼作坊的探究，以及对与青铜冶炼相关的锡、铅来源的关注。曾侯乙墓以及近年来的叶家山墓地、郭家庙墓地、苏家垄墓地、义地岗墓地（含文峰塔、汉东东路、枣树林）等曾国系列考古发现，出土青铜器数量之多，时间跨度之长，器型种类之丰富，铸造工艺之精湛，是极为罕见的，尤为难得的是苏家垄出土以及此前收藏的曾伯桼器铭文中的"金道锡行"，直接涉及了青铜时代的铜、锡资源的运输，为铜、锡等资源的探究打开了一个窗口[①]。本文以曾国和长江中游为例，对长江文明的青铜时代的铜、锡、铅等资源进行初步研究。

一、关于青铜资源的开采与冶炼

大冶铜绿山发现的大规模冶炼遗址，目前可确定至迟商代即有开采，遗址中发现多有冶炼成成品后便于携带的圆形铜锭[②]。长江中下游铜矿带的江西铜岭[③]、安徽铜陵都发现大规模商周时期的采矿冶炼遗迹，说明至少从商代开始，长江铜矿带的采矿冶炼业兴盛，皖南冶炼遗址也多有菱形铜锭发现[④]。随州叶家山曾国墓地M28曾侯墓出土有长方形和圆形的铜锭两件[⑤]，足见了当时铜资源的珍贵（图一）。京山苏家垄遗址发现了大规模曾国冶铜遗存，出土了一件铜锭[⑥]，也当是冶炼后的成品（图二）。安徽1993年发掘的南陵春秋时期土墩墓出土菱形铜锭25件[⑦]。可见，至少从商代开始，以大冶铜绿山、江西铜岭、安徽铜陵为代表的长江中下游铜矿冶炼业发达，冶炼遗址和墓葬多有铜锭发现，表明当时多炼成为铜锭以便于运输，有的甚至作为奢侈品和财富随葬。

中国青铜文明时代需要大量的铜资源予以支撑。北方产铜地以中条山及周边区域铜矿为代表（内蒙、

---

① 方勤：《曾国历史与文化——从"左右文武"到"左右楚王"》，上海古籍出版社，2019年。
② 大冶市铜绿山铜矿遗址保护管理委员会：《铜绿山古铜矿遗址考古发现与研究》（一）（二），科学出版社，2013年。
③ 江西省文物考古研究所铜岭遗址发掘队：《江西瑞昌铜岭商周矿冶遗址第一期发掘简报》，《江西文物》1990年第3期。
④ 华觉明等：《长江中下游铜矿带的早期开发和中国青铜文明》，《自然科学史研究》1996年第1期。
⑤ 湖北省文物考古研究所、随州市博物馆：《湖北随州叶家山M28发掘报告》，《江汉考古》2013年第4期。
⑥ 方勤等：《湖北京山苏家垄遗址考古收获》，《江汉考古》2017年第6期。
⑦ 华觉明等：《长江中下游铜矿带的早期开发和中国青铜文明》，《自然科学史研究》1996年第1期。

宁夏、新疆等地亦有发现①），近年山西绛县西吴壁发现大规模冶铜遗址，发现了炼炉残壁、铜炼渣、石范等夏代二里头时期、商代二里岗时期的冶铜遗存②。湖北的大冶铜绿山、蟹子地、阳新大路铺遗址发现了可早至夏代肖家屋脊文化（后石家河文化）开采的线索，只是有待考古进一步确认，也有学者认为长江中下游早在夏商之际即已采铜炼铜③。长江中下游铜矿带的开采量大，就目前掌握资料，其开发尤胜于北方，应是商周时期最主要的铜料供应基地④。不仅铜，而且与铸铜相关的锡、铅资源，在南方也多有线索，锡在湖北大冶、江西德安一带⑤，铅在湖北阳新一带都有线索⑥，有待进一步的考古确认。

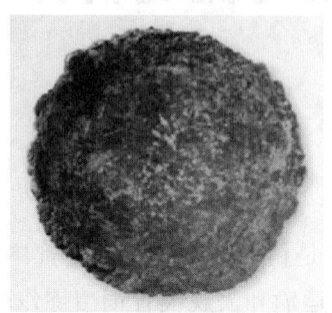

图一　叶家山 M28 出土的两块铜锭

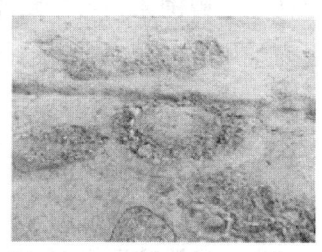

炼渣遗迹　　　　　　炼炉炉基　　　　　　　铜锭

图二　苏家垄遗址的冶炼遗存及铜锭

二、关于"金道锡行"线路

苏家垄墓地 M88 出土一对铭文为"曾伯桼"的铜壶⑦，根据两座墓的布局关系和出土器物推断，M79 为曾伯桼墓，M88 为其夫人墓。曾伯桼铜壶的铭文内容："唯王八月初吉庚午，曾伯桼哲圣孔武，孔武元犀，克逊淮夷，余温恭且忌，余为民父母。唯此壶章，先民之尚。余是枨是则，允显允异。用其镂镠，唯玄其良，自作尊壶，用孝用享于我皇祖，及我文考，用锡（赐）害（匄）眉寿，子孙永宝。"而早年被山东陈介祺先生收藏、现存于中国国家博物馆的曾伯桼铜簠铭文内容为："唯王九月初吉庚午，曾伯桼哲圣元

---

① 华觉明等：《长江中下游铜矿带的早期开发和中国青铜文明》，《自然科学史研究》1996年第1期。
② 戴向明等：《山西绛县西吴壁遗址发现大量夏商时期冶铜遗存》，《中国文物报》2018年12月1日。
③ 刘平生：《安徽南陵大工山古代铜矿遗址发现和研究》，《东南文化》1988年第6期；杨立新：《皖南古代铜矿的发现及其历史价值》，《东南文化》1993年第4期。
④ 华觉明等：《长江中下游铜矿带的早期开发和中国青铜文明》，《自然科学史研究》1996年第1期。
⑤ 方勤：《曾国历史与文化——从"左右文武"到"左右楚王"》，上海古籍出版社，2019年7月，第179—180页。
⑥ 李延祥：《阳新县炼铅遗址群调查与初步研究》，《江汉考古》2021年第2期。
⑦ 方勤等：《湖北京山苏家垄遗址考古收获》，《江汉考古》2017年第6期。

武，元武孔黹（致），克狄（逖）淮夷，印（抑）燮繁汤（阳），金道锡行，具既卑（俾）方。余择其吉金黄□（铝），余用自作旅簠，以征以行，用盛稻粱，用孝用享于我皇祖文考。天赐之福，曾伯霎叚（遐）不（丕）黄耉，万年眉寿无疆，子子孙孙永宝用之享。"① 从两个器物的铭文来看，不仅器主的名称一样，且铭文辞例相似；另外 M88 出土的铜簠从器型和纹饰上也都与中国国家博物馆所藏"曾伯霎"簠相一致，据此可以断定两者的器主为同一人"曾伯霎"（图三）。可见，"金道锡行"的青铜之路，就在地处今天随枣走廊的曾国境内，这点毋庸置疑。具体运输应该是两条，一是从随枣走廊——南阳盆地到中原，一是从南往北，经河南新蔡北上，即铭文所说"繁汤（阳）"到中原②。

M79 铜簠　　　　　　　　　　　"曾伯霎"簠

图三　苏家垄 M79 所出铜簠与中国国家博物馆所藏"曾伯霎"簠比照

铜器铭文所言"金道锡行"是指春秋时期曾国守护的从南方往中原输送铜资源的通道。考古表明，至迟到商代，这个南方与北方中原的通道就存在。尤其是近年武汉黄陂的郭元咀商代遗址的发现③，把经新蔡这条线路进一步廓清，商代的铜北上通道，当是沿长江北岸的支流滠水河北上，转淮河的支流竹竿河继续，经过今河南信阳一带，进入中原。郭元咀是商代铸铜遗址，发现陶范、冶炼炉等精炼铜和铜锡铸造大型遗迹，从出土的陶器风格和对铜进行科技检测表明，铜来源于大冶铜绿山和赣北一带。盘龙城近年也发现了小嘴铸铜作坊④，表明盘龙城本地具备铸铜功能，经选择检测，铜料来源指向江西铜岭和大冶铜绿山⑤。盘龙城、郭元咀与中原交流密切，同时又与长江中下游的铜矿带直接关联，可见，早在商代，沿滠水－竹竿河－淮河，再通中原的以铜交流为目标的线路就存在，至西周仍沿用。在今大悟县滠水沿线发现的西周早期四姑墩城址、吕王城城址⑥，当是这一背景下建立的。

三、铜资源流通与文化交流

在掌控"金道锡行"的曾伯霎所在的苏家垄，虽然发现了铜矿原料地⑦，但从巨大的铜需求量来说，本地冶炼产量有限，也当有从外地运输来的，为此，曾国维护的"金道锡行"运输的铜、锡来源应该是多元的。方式则既有贸易，也有武力掠夺。关于贸易的方式，出土于陕西韩城的晋姜鼎铭文有记载："……嘉

---

① 湖北省博物馆：《华章重现——曾世家文物》，文物出版社，2021 年。
② 方勤：《曾国历史与文化——从"左右文武"到"左右楚王"》，上海古籍出版社，2019 年，第 184 页。
③ 胡刚等：《湖北黄陂鲁台山郭元咀遗址发现商代晚期铸铜作坊遗存》，《中国社会科学网》2020 年 11 月 27 日。
④ 武汉大学历史学院、湖北省文物考古研究所等：《武汉市盘龙城遗址小嘴 2015－2017 年发掘简报》，《考古》2019 年第 6 期。
⑤ 湖北省文物考古研究所：《盘龙城：1963 年至 1994 年考古发掘报告》（上）（下），文物出版社，2001 年。
⑥ 方勤、闻磊等：《武汉至大悟高速公路工程考古调查资料》；黄传懿等：《中国文物地图集：湖北分册》，西安地图出版社，2002 年。
⑦ 方勤：《曾国历史与文化——从"左右文武"到"左右楚王"》，上海古籍出版社，2019 年，第 258 页。

遣我易卤积千两（辆）……征𫓧（繁）汤□，取氒（厥）吉金，用乍（作）宝尊鼎……"这段铭文记述的当是晋楚之间的盐铜贸易，即晋国以大量的盐前往繁汤交换铜料①。关于贡享等掠夺方式，西周楚公逆钟的铭文："唯八月甲午，楚公逆祀厥先高祖考，夫（敷）工（供）四方首。楚公逆出求人用祀四方首，休多禽（擒）。𨨛𣴦（毓）内（纳）飨（享）赤金九万钧，楚公逆用自作龢妻（谐）钖钟百肆。楚公逆其万年寿，用保厥大邦，永宝。"记载楚公逆即楚君熊咢为祭祀先祖等外出寻求贡品②，多有收获，得到的进贡赤铜九万钧（五六百吨）而铸造了大量的钟，至于获取的方式，"禽（擒）"表明使用了武力，也有他族迫于武力"主动"进贡的。黎海超、崔剑锋运用科技分析方法，也证实了至少在西周晚期到春秋初年，晋国所用铜料有部分源于与楚国的贸易③，可见不论是自由贸易还是武力掠夺的方式，铜料的交流是真实存在的。

根据大冶、阳新、瑞昌等地的矿冶考古材料，尚未发现西周时期周人直接控制铜料生产的证据。1983年、2003年考古工作者曾对阳新和尚垴遗址进行了钻探和发掘，确认这里是一处早至西周早期的两周时期的重要冶炼遗址。和尚垴遗址中出土的带沟槽的鬲足、带流鬲都体现了较明显的地方文化特点④。可以据此推测，西周时期主要是本地扬越部族在此进行铜料的生产冶炼，曾国应该主要是通过贸易、掠夺等方式获取铜料，再通过随枣走廊或河南繁阳通道输送至中原地区。

近年的考古发现，尤其是随州叶家山墓地、京山苏家垄遗址和三星堆遗址的发掘，以及科技检测的技术进步，为我们提供了长江流域铜资源交流的新视角。通过对三星堆青铜器铅同位素比值检测⑤，发现其与汉中青铜器大量的高放射成因铅含有相同来源，"中原青铜文化向川西地区传播，汉水上游应是其重要通道"；对铅同位素比值分析商代遗址，发现只有三星堆和新干大洋洲的测试数据全部属于高放射性成因铅。三星堆遗址出土的龙虎尊，与安徽阜阳出土的龙虎尊风格相近，而三星堆、阜阳的龙虎尊都具有商王朝风格，表明三星堆文化与长江中下游以及中原都存在交流的可能。经科技检测，武汉黄陂郭元咀的铜原料来源于鄂东赣北，但其高放射成因铅又与中原相同⑥。西周时期的宜昌万福垴遗址，出土了来自淮河流域风格的曲柄鬲，也出土来自上游巴式风格的短剑⑦。至战国时期，蜀地与楚地的交流更广泛，楚式青铜器常在成都平原出土。可见，长江流域以铜为媒介，上游与中下游之间、长江流域与中原地区，都存在广泛的交流，既有铜资源的交换，又有文化上的互动，正是这种充分的交流，催生了灿烂辉煌的长江文明。

---

① 李学勤：《戎生编钟论释》，《文物》1999年第9期。
② 董珊：《晋侯墓出土楚公逆钟铭文新探》，《中国历史文物》2016年第6期。
③ 黎海超、崔剑锋：《试论晋、楚间的铜料流通——科技、铭文与考古遗存的综合研究》，《考古与文物》2018年第2期。
④ 咸宁地区博物馆、阳新县博物馆：《阳新县和尚垴遗址调查简报》，《江汉考古》1984年第4期；方勤：《曾国历史与文化——从"左右文武"到"左右楚王"》，上海古籍出版社，2019年，第181—184页。
⑤ 马江波、金正耀、田间花、陈德安：《三星堆铜器的合金成分和金相研究》，《四川文物》2012年第2期。
⑥ 胡刚等：《湖北黄陂鲁台山郭元咀遗址发现商代晚期铸铜作坊遗存》，《中国社会科学网》2020年11月27日。
⑦ 湖北省文物考古研究所等：《湖北宜昌万福垴遗址发掘简报》，《江汉考古》2016年第4期。

青州博物馆藏隋《张崇训墓志》补释

成都师范学院 张 卉

刘华国、姜建成《山东青州新出隋〈张崇训墓志〉》一文，首次公布了青州博物馆征集的隋《张崇训墓志》[①]，考证墓主张崇训及其家族的情况。此后，周阳《〈张崇训墓志〉释文校补》一文对墓志进行了校释补正[②]。两篇文章考证周详，立论谨严，但仍有待发之覆，今略陈陋见，就正于方家。

1. 数窥天地

窥，原释作"穷"，不确，查原拓片，本字作"窥"，从"穴"，下面左边似从"见"，右从"矢"。而本志文中即有"穷"字，作"窮"。碑志中，"穷"字，基本上皆从"穴"，从"身""弓"，"身"或讹作"耳"，"弓"或讹作"吕"，但皆无从"矢"的。而该字左边非"身"字，右下部分显为"矢"，故此字非"穷"无疑。窥，在本志文中出现两次，一即本句"数窥天地"，字形作"窥"；后面一句"墙仞莫窥"，字形作"窥"。隋《故杨厉墓志铭》"窥"作"窥"[③]。比较可知，"窥"当即"窥"字，只是"见"与"矢"位置互易而已。

2. 以武定五年十月六日卒于龙泉里

年，原释作"季"，不确。"年"字作"季"，为"年"字异体，从禾、从千，汉魏六朝隋唐碑志中常见，不烦赘举。其实"年"字，在甲骨文中本从禾、从人，后在"人"字中加一横划，演变成"千"形。本墓志中，"年"或作"季"（武定五季），或作"年"（武定七年、开皇三年、元年），可见书丹者书写追求变化。同篇志文，同一个字写作不同的形体，在汉至隋唐碑志中亦较习见。

3. 三征主薄，再辟州都

再，原释作"并"，且将此两句连读，不确。"并"字异体虽有从"井"的，但最上面一划，绝无作"一"横的。本志中，该字原字形作"再"，是"再"字的异体，如隋《宋睦墓志》作"再"[④]。"三"与"再"顺接对文，常常连用，在北朝隋唐墓志中较为习见，如北魏《故镇远将军杨舒墓志》："三缉戎机，再游台府。"[⑤] 北魏《故侍中冀州刺史侯刚墓志》："入宣戎政，出倍銮翼，再敷王言，三治宪职。"[⑥]《大周

---

① 刘华国，姜建成：《山东青州新出隋张崇训墓志》，《文物》2015 年第 2 期。
② 周阳：《〈张崇训墓志〉释文校补》，《重庆文理学院学报（社会科学版）》2016 年第 6 期。
③ 北京图书馆金石组：《北京图书馆藏中国历代石刻拓本汇编(10)》，中州古籍出版社，1989 年，第 148 页。
④ 赵万里：《汉魏南北朝墓志集释》，《石刻史料新编（第三辑）》，台北新文丰出版公司，1982 年，第 86 页。
⑤ 赵超：《汉魏南北朝墓志汇编》，天津古籍出版社，2008 年，第 96 页。
⑥ 赵超：《汉魏南北朝墓志汇编》，天津古籍出版社，2008 年，第 189 页。

使持节柱国大将军李贤墓志》："故能开其仪府，同斯铉望。再莅河州，三居本牧。"①

4. 虽复伯喈吮笔，未暇尽美

复，原整理者缺释。该字原作"㠯"，显为"复"字。其实，此字在本墓志中已出现，如右起第三行"或复流歌咏于金石"，字作"㠯"，此处整理者已经释出。这两处的"复"，都是"又""再""更"之义。如北魏《故使持节侍中司空公领雍州刺史元晖墓志》："虽复伯豪在汉，远有惭德；巨源居晋，将何足比。"②北魏《直阁将军辅国将军长乐冯邕之妻元氏墓志》："二女未笄，皇子双娉，虽复妫姜取贵，杞宋见珍，何以加也。"③

"伯喈"即东汉名士蔡邕之字，他被称为汉代最后一位辞赋大家。"吮笔"，义同于古书中的"濡毫"，皆指蘸笔书写，是一种比较文雅的说法，此句意即"虽然伯喈下笔来赞美高夫人，也不能写得尽善尽美"。

5. 将恐叔子登山，逆陈余恨

逆，原释作"廷"，不确。逆，在本墓志中作"逆"，所从的"屰"俗写作"羊"形，在碑志中习见，如北魏《程昕墓志》"望风举翩，逆路扬镳"，"逆"作"逆"④。东魏《王茂墓志》"于是烽亭息炎，逆流且正"，"逆"作"逆"⑤。东魏《高娄斤墓志》"不悟降鉴之道，□蠋逆旅之运"，"逆"作"逆"⑥。同时，本墓志文中亦有"挺"字，作"挺"，所从的"廷"与"逆"字略有区别。另，"廷"有一种异体，在碑志中常作"廷"，如上引东魏《高娄斤墓志》"以□□天平三年九月七日，终于晋阳。朝廷彻（撤）乐"，"廷"作"廷"，所从的"壬"，中间一竖笔贯穿最下一横，即变为此形，与"逆"字非常相似。但二字仍有明显区别，即"逆"所从的"屰"最上两斜笔，在"廷"字中是没有的。

"叔子"即三国西晋时期的羊祜，字叔子，是西晋开国元勋，著名的政治家和文学家。《晋书·羊祜传》："羊祜，字叔子，泰山南城人也……祜乐山水，每风景，必造岘山，置酒言咏，终日不倦。尝慨然叹息，顾谓从事中郎邹湛等曰：'自有宇宙，便有此山。由来贤达胜士，登此远望，如我与卿者多矣。皆湮灭无闻，使人悲伤。如百岁后有知，魂魄犹应登此也。'湛曰：'公德冠四海，道嗣前哲，令闻令望，必与此山俱传。至若湛辈，乃当如公言耳。'"⑦这段话即本志"将恐叔子登山，逆陈余恨"的出典。

"逆"为"预先""事先"之义，如《后汉书·班超传》："明年春，超从间道至疏勒。去兜题所居盘橐城九十里，逆遣吏田虑先往降之。"⑧《北史·隋纪下》："（炀帝）东西行幸，靡有定居，每以供费不给，逆收数年之赋。"⑨故"逆陈"就是"事先表达、陈述、呈现"之义。"逆陈"也与《晋书·羊祜传》之意正相符合。

6. 代滋兰若，閒（间）挺琳球

閒，原释作"闲"，不确。虽然"閒"可读为"闲"，但此处应读为"间"。"閒"，是"间"的异体字，从"日"、从"月"皆可。本志文后面即有"闲"字（"居业闲整"），故此处"閒"亦不当释为"闲"。

---

① 赵超：《汉魏南北朝墓志汇编》，天津古籍出版社，2008年，第482页。
② 赵超：《汉魏南北朝墓志汇编》，天津古籍出版社，2008年，第111页。
③ 赵超：《汉魏南北朝墓志汇编》，天津古籍出版社，2008年，第129页。
④ 郭茂育，谷国伟，张新峰：《新出土墓志精粹（北朝卷上）》，上海书画出版社，2014年，第4页。
⑤ 郭茂育，谷国伟，张新峰：《新出土墓志精粹（北朝卷上）》，上海书画出版社，2014年，第88页。
⑥ 郭茂育，谷国伟，张新峰：《新出土墓志精粹（北朝卷上）》，上海书画出版社，2014年，第9页。
⑦ 房玄龄：《晋书》，中华书局，1974年，第1013页。
⑧ 范晔：《后汉书》，中华书局，1965年，第1574页。
⑨ 李延寿：《北史》，中华书局，1974年，第472页。

代，即"更，更代"之意。《说文解字》："代，更也。"① 《左传·昭公十二年》"与君代兴"，杜预注："代，更也。"② 閒，亦"代"也，即"更代、更迭、交替"之意。《诗·周颂·桓》"皇以閒之"，毛传："閒，代也。"③ 故此句中"閒""代"为同义词。

《文选》颜延年《和谢监灵运》："芬馥歇兰若，清越夺琳珪。"李周翰注："兰若，香草；琳珪，美玉也。"④ 琳珪、琳球皆指美玉。《宋书·傅亮传》："饯离不以币，赠言重琳球。"⑤ "代滋兰若，间挺琳球"，即是用香草和美玉，来形容家族人才辈出。

7. 若人钟美，䓇（笃）生不世

䓇，原释为"荐"，不确。此字作"䓇"，从"艹"、从"马"，即"笃"字异体，在碑志中习见。如北魏《于神恩墓志》："笃生若士，温其如玉。"⑥ 北魏《赵谧墓志》："笃生君侯，体苞玉润。"⑦ 东魏《吕盛墓志》："若人笃生，邦家之俊。"⑧ 东魏《姬静墓志》："内恭笃孝之礼，外有冲深之谕。"⑨ "笃"皆作"䓇"。在碑志中，从"竹"与从"艹"的字常常互作，不烦赘举。

"笃"，有"纯""甚""厚"之意。"笃生"，即"生而得天独厚"。《诗·大雅·大明》"笃生武王，保右命尔"，郑玄笺："天降气于大姒，厚生圣子武王。"⑩ "笃生"一词，墓志中习见，如北魏《故齐州刺史元赞远墓志》："长发载祯，麟趾攸绪，猗哉帝胄，笃生翘楚。"⑪ 东魏《故营州刺公孙略墓志》："笃生哲人，机悟罕伦，少经从仕，长袭缨绅。"⑫ 北齐《故特进韩裔墓志》："笃生伟器，独步无俦，润被崖涘，精通斗牛。"⑬

通过上引墓志可见，"笃生"后常接"琬琰""翘楚""哲人""伟器"等赞美之词。故本墓志文"若人钟美，笃生不世"，形容志主"生而得天独厚，为不世出之人"。

附记：本文为高等学校古籍整理重点研究项目"北唐代高丽、百济和新罗族裔墓志疏证"、成都师范学院2020年度科研创新团队项目（编号CSCXTD2020B06）及成都师范学院人才项目（YJRC2020-08）。

---

① 许慎：《说文解字》，中华书局，2013年，第162页。
② 左丘明传，杜预注，孔颖达疏：《春秋左传正义》，《十三经注疏》，中华书局，1980年，第2062页。
③ 毛亨传，郑玄笺，孔颖达疏：《毛诗正义》，《十三经注疏》，中华书局，1980年，第605页。
④ 萧统编，李善、吕延济等注：《文选》，中华书局，1987年，第483页。
⑤ 沈约：《宋书》，中华书局，1974年，第1341页。
⑥ 郭茂育，谷国伟，张新峰：《新出土墓志精粹（北朝卷上）》，上海书画出版社，2014年，第49页。
⑦ 郭茂育，谷国伟，张新峰：《新出土墓志精粹（北朝卷上）》，上海书画出版社，2014年，第68页。
⑧ 郭茂育，谷国伟，张新峰：《新出土墓志精粹（北朝卷上）》，上海书画出版社，2014年，第29页。
⑨ 郭茂育，谷国伟，张新峰：《新出土墓志精粹（北朝卷上）》，上海书画出版社，2014年，第36页。
⑩ 毛亨传，郑玄笺，孔颖达疏：《毛诗正义》，《十三经注疏》，中华书局，1980年，第508页。
⑪ 郭茂育，谷国伟，张新峰：《新出土墓志精粹（北朝卷上）》，上海书画出版社，2014年，第310页。
⑫ 郭茂育，谷国伟，张新峰：《新出土墓志精粹（北朝卷上）》，上海书画出版社，2014年，第335页。
⑬ 郭茂育，谷国伟，张新峰：《新出土墓志精粹（北朝卷上）》，上海书画出版社，2014年，第437页。

《王树楠墓志铭》考释

新疆师范大学图书馆　林宏磊

摘要：王树楠，字晋卿，晚号陶庐老人，河北新城人。其墓志铭由云阳涂凤书撰文、门人三台萧方骏书丹、奉节张朝墉篆、北平陈云亭刻石。本文以墓志铭为中心，兼采《陶庐老人随年录》对铭文进行细致考释。通过对铭文考释，发现了《陶庐老人随年录》其父名为"王钰"的错误，对其生平、妻妾子女等进行了梳理。

关键词：王树楠；墓志铭；考释

王树楠（楠字多作枏、柟，1851－1936），字晋卿，晚号陶庐老人，河北新城人。清光绪十二年（1886）进士，授户部主事。历任青神、资阳、新津、富顺、中卫等县县令和甘肃平庆泾固道、巩秦阶道、兰州道、新疆布政使。民国三年，入清史馆任总纂。著作有《陶庐丛刻》《新疆图志》等。本文以墓志铭为中心，兼采《陶庐老人随年录》对铭文进行细致考释：

新城王晋卿先生墓志铭[①]/
　　云阳涂凤书撰文[②]、/门人三台萧方骏书丹[③]、/奉节张朝墉篆盖[④]/
　　先生讳树枏，字晋卿，晚号陶庐，新城王氏。先世于明初自古北口外小兴州迁直隶雄县，再迁新

[①]　墓志铭载于涂凤书《石城山人文集》，影印本，清华大学出版社，2011年，但该文缺印2页。笔者查看国家图书馆藏《石城山人文集》（索书号：30689）版本与影印本不同，不载该文。墓志拓片载于北京图书馆金石组编《北京图书馆藏中国历代石刻拓本汇编》，中州古籍出版社，1989年，第98册，第62页，文字与影印本略有不同，后文说明。著录见于徐自强主编、冀亚文、王巽文编辑《北京图书馆藏墓志拓片目录》，中华书局，1990年，第444页，编号：M4362；徐自强主编，王巽文、冀亚文编辑《北京图书馆藏北京石刻目录》，书目文献出版社，1994年，第203页，编号：志4362；北京大学图书馆金石组、胡海帆、汤燕、陶诚编《北京大学图书馆藏历代墓志拓片目录》，上海古籍出版社，2013年，第1094页，编号：09743。录文见于戴良佐编著《西域碑铭录》，新疆人民出版社，2012年，第548－553页，文字、句读多有错误。

[②]　涂凤书（1874－1940），字子厚，别号厚庵，晚号石城山人，今重庆云阳人，有《石城山人文集》《石城山人诗钞续稿》行于世。据墓志铭可知，其与王树楠共事于清史馆。除了《新城王晋卿先生墓志铭》外，其诗文集中尚有《题王晋老天山访古图》《王晋老以所藏汉晋砖拓本见赠并索题赋此奉酬》《题王晋老小照》《寿陶庐老人八十次韵五首》《晋老招同北海观荷赋呈》《过王晋老先生墓感赋》《祭王晋卿先生文》等。

[③]　萧方骏（1870－1960），字龙友，号息翁、不息翁，四川三台人。王树楠曾于光绪十四年担任四川乡试同考官，萧方骏的文章由王树楠选中。后又拜王树楠为师，故称门人。

[④]　张朝墉（1860－1942），字北墙，一字白翔，号半园，四川奉节人，善书法。王树楠辑《故旧文存》等由其题签。

城。曾祖讳懋，/好施与乡里，称善人。妣氏杜，享年九十六，以五世同堂旌于朝。祖重三①，道光戊戌会元，养亲不仕，为北学大师。/考子衡②，咸丰乙卯举人，精医，著有《医药家柹》③。皆以先生贵，封光禄大夫。祖妣田、妣氏李皆封一品夫人。咸丰元/年辛亥十一月二十五日先生生，生而有文在右手，曰枏，故名。

  幼承家学，八岁能诗，十一岁能文，十六岁以府/试第一人入学，二十岁举同治庚午优贡④，光绪丙子举于乡⑤，丙戌成进士⑥，用户部主事⑦，改知县，选四川青神⑧，历/署资阳、新津、富顺各县⑨。甲午因案罣吏议⑩。张文襄延入幕⑪，旋派往甘肃为陶勤肃疏留⑫，寻复官，除中卫县⑬。洊补/平庆泾固道，调署巩秦阶道及兰州道⑭。丙午简授新疆布政使⑮，宣统庚戌罢任⑯，还京遭国变⑰，遂不复出。于是，先/生年六十矣。先生读书期致用，故以部曹乞外，或尼之，曰一邑虽小尚可为民造福，浮沉郎署徒糜岁月耳。青/神鸿化堰创于唐，溉田二万余亩，咸丰中废。先生为修复手订纳费、分水各则，至今利赖之⑱。新津患盗，大吏调/先生往治。至则盗魁遣某来请月给钱米若干，不使一盗留境内，且曰各县沿此例甚众。先生怒击之，指索/各盗，尽得其情实及所窝藏，不数月盗平。其在中卫有七里渠者，长一百八十里，受山水害，废塞近百年。先生至，/分段疏浚。渠口建水闸三，有进水闸以受河水，有退水闸以洩山水。小径沟修飞桥，使渠水从桥上流，山水从/桥下流。红柳沟置暗洞，使山水从洞上流，渠水从洞中流。复于其间移土山一、沙阜三。凡四年而渠成，而废田/八九万亩复成膏沃矣⑲。先生之权兰州道也，筦通省釐金，岁入只四十万。先生裁釐改税，所至不再征，试办裁/八月，溢征至一百二十余万，而商民则减输过半。新疆宿弊则在浮收粮草，先生知浮收起于津贴，州县廼各/就地方之繁简，土地之肥墝⑳、价值之高低、本色折色厘定赋率，于是农民视往岁少纳四百余万，而

---

① 重三，即王振纲（1806—1877），字重三，号竹溪，道光十八年（1838）戊戌科进士，二甲第七十五名。
② 子衡，即王铨（1831—1877），字子衡，号松舫，咸丰五年（1855）举人，授东安县教谕。王铨，《陶庐老人随年录》（章伯锋、顾亚主编《近代稗海》第12辑，四川人民出版社，1988年，第353页；又中华书局，2007年，第11页）作王钰，据《北京图书馆藏珍本年谱丛刊•陶庐老人自订年谱》订正。
③ "精医著有《医药家柹》"，《石城山人文集》本不载。
④ 同治庚午，即同治九年，1870年。
⑤ 光绪丙子，即光绪二年，1876年。王树楠以第十一名中乡试。
⑥ 丙戌，即光绪十二年，1886年。《明清历科进士题名碑录》载，王树楠以三甲第四十八名中光绪丙戌科进士。
⑦ 王树楠以主事用分签户部广西司行走。尚秉和撰《新城王公墓志铭》《故新疆布政使王公行状》均记"工部主事"，误。
⑧ 光绪十三年五月，王树楠"遵海防例捐知县，新班先选用"，由户部主事选授青神县知县。见秦国经主编，唐益年、叶秀云副主编《清代官员履历档案全编》，华东师范大学出版社，1997年，第27册，第239—240页。
⑨ 据《清代官员履历档案全编》可知，王树楠光绪十六年调署资阳县知县，光绪十九年调署新津县知县，光绪十九年十二月调署富顺县知县。除此之外，王树楠于光绪十四年兼署眉州直隶州知州和彭山县知县；光绪二十年六月调补铜梁县知县。
⑩ 甲午，即光绪二十年，1894年。十月，王树楠因受四川总督刘秉璋案牵连，被革铜梁县知县之职。
⑪ 张文襄，即张之洞。光绪二十一年三月，张之洞调王树楠至两江总督幕府，办理防务、洋务文案。
⑫ 陶勤肃，即陶模，时任陕甘总督。光绪二十一年十月，张之洞派王树楠押送军火至甘肃。后随官军攻克北大通十大回庄，经陕甘总督陶模奏保开复。直到担任中卫县知县，王树楠一直在陶模府中办理奏折事务。
⑬ 光绪二十五年（1898）正月委署中卫县知县。
⑭ 光绪二十九年十二月任平庆泾固化道、光绪三十年二月署巩秦阶道、光绪三十一年七月署兰州道。参陈光辉《王树楠与清末甘肃开发（1896—1906）》，《绵阳师范学院学报》2013年第4期。
⑮ 丙午，即光绪三十二年，1906年。
⑯ 宣统庚戌，即宣统二年，1910年。王树楠离开新疆实在宣统三年。王树楠自光绪三十二年至宣统三年任新疆布政使，凡6年。王树楠被劾开缺，先是由陈璋与杜彤诬陷，后由新任新疆巡抚袁大化轻信人言而为之。
⑰ 即辛亥革命爆发，清帝退位，清王朝灭亡。
⑱ 王树楠有《重修青神县鸿化堰本末记》，国家图书馆藏。
⑲ 王树楠有《重修中卫七星渠本末记》，国家图书馆藏。
⑳ 墝，《石城山人文集》本作"硗"，按照文意，当为"硗"。

国课岁赢/两倍有奇，官吏公费亦有所取给焉。先生为政，于世所矜，为名高者一不屑，独视民间疾苦若疾痛在身，必去/之而后安。往往求治过急，疾恶太严，虽被上官同僚嫉视，不遑顾也。

先生年二十八即瘅心著述①，至老不少辍。/常谓平生无嗜好，以此自遣而已。论读书以识字为先，不知训诂不能通群经，于是成《说文建首字义》《尔雅郭/注补订》《尔雅说诗》《尔雅订经》《广雅补疏》《费氏古易订文》《尚书商谊》《大戴礼校勘》诸书。论治经，宜不分汉宋，佐以/子史诸家之说，于是成《尚书今古文补义》《中庸郑朱异同说》《学记笺证》《左氏春秋经传义疏》《焦易说诗》《周易释/贞》《夏小正订经》《夏小正订传》《墨子三家补正》《管子札记》《庄子大同说》《离骚注》《建炎前议》诸书。论治经宜通算数，/于是成《天元草》《十月之交考》诸书。论学术治术，宜兼通中外，于是成《欧洲族类源流略》《欧洲列国战争本末》《彼/得兴俄记》《希腊春秋》《希腊哲学》诸书。其为官私各家分纂者，则有《清史国史》《畿辅通志》《新疆图志》《河北通志》《东/三省盐法志》《冀州志》《新城县志》《法源寺志》《畿辅先哲传》《畿辅书征》诸书。益以《文莫室诗集》《陶庐文集》□计成书/五十四种七百零五卷，可谓勤矣。

先生少从贵筑黄子寿受学②，善为骈俪之文，乃与武昌张濂卿③、桐城吴挚甫/交游④，遂致力古文辞。然为文不主桐城，而亦不违其义法。尝掌冀州书院⑤，畿辅文风一变。戊子四川乡墨甲天/下⑥，先生分校得士最多。晚年主讲奉天萃升书院⑦，横舍至不能容际。此异学争鸣，独以经术文章砥砺多士。呜/呼！其寻□起襄之功弗可及也。

已配刘夫人⑧，继配杨夫人⑨，续配杨夫人⑩，侧室曰帅、曰刘、曰何⑪。子：政敩⑫，河南新郑/县知县，前卒；禹敩⑬，民政部员外郎；勇敩⑭，河南补用直隶州知州，前卒；敬敩⑮，四川军官学校毕业；海敩⑯，辽宁清乡/总局专员；心敩⑰，朝阳大学肄业。女：适冯，适刘，适冯⑱。孙，八⑲。善

---

① 瘅，《石城山人文集》本作"殚"，按照文意，当为"殚"。
② 黄子寿，即黄彭年（1823—1890），字子寿，号陶楼，晚号更生，贵州贵筑（今贵阳）人。道光二十七年（1847）进士。受李鸿章聘主讲莲池书院，王树楠跟随其学习。
③ 张濂卿，即张裕钊（1823—1894），字廉卿，一作濂卿，号濂亭，湖北武昌人。桐城派后期作家。黄彭年辞去莲池书院山长后，王树楠与吴汝纶推荐张裕钊担任此职。
④ 吴挚甫，即吴汝纶（1840—1903），字挚父，一作挚甫，安徽桐城人。桐城派后期作家。王树楠与吴汝纶结交于光绪二年。
⑤ 吴汝纶于光绪七年主政冀州，聘王树楠主讲冀州信都书院。
⑥ 戊子，即光绪十四年。
⑦ 萃升书院，在辽宁沈阳。清康熙五十八年（1719）奉天府丞任奕鉴始建，初名沈阳书院。乾隆二十七年（1762）易名"萃升"。后毁于沙俄侵略。1928年，张学良重建萃升书院。王树楠从78岁到80岁担任书院山长，讲授经学。
⑧ 同治七年（1868）来归，光绪九年（1883）殁，年32岁。
⑨ 光绪十年来归，光绪十七年殁，年38岁。
⑩ 光绪十八年来归。
⑪ 据《陶庐老人随年录》，王树楠共有4房侧室，即帅甲戊，光绪十七年来侍，民国九年（1920）卒，年47岁；刘癸君，光绪十八年来侍；帅戊君，光绪二十二年来侍，光绪二十四年殁，年21岁；何氏，宣统三年纳。
⑫ 同治十年生，宣统二年卒，40岁。
⑬ 光绪十四年生。
⑭ 光绪十七年生，民国十一年卒，32岁。
⑮ 光绪三十年生。
⑯ 光绪三十四年生。
⑰ 民国三年生。
⑱ 王树楠一生共有20个子女，其中男11人，女9人。除上述成年外，其他均夭折。
⑲ 另有孙女3人：存，光绪十五年生，光绪三十一年殁，政敩女；金生，光绪三十三年生，禹敩女；娟娟，民国二十一年生，心敩女。

元①，北平大学毕业；嘉亨②。曾孙③，一④。丙子正月十五日⑤，先/生卒于故都。二月，葬西郊红山口。春秋八十六岁。先生为人敦敏刚毅，处世则极和易，尤喜奖掖后进。与凤书/共事国史⑥，谓凤书可与学文，授以轨范。每脱一稿，为之点窜涂改，所以期待者良远。凤书廼苦其卓焉，而莫之/至也，是可愧耳。去秋，先生病，屡以身后志铭相属⑦，凤书不敢辞。铭曰：/

岩峣太行，作镇邦畿。蕴灵种淑，实生魁奇。既笃其生，又速之成。益老以寿，俾闳厥声。声之始播，曰陇与蜀。谁谓/经师，不习民牧。浩浩瀚海，峨峨天山。谁谓文儒，无能乂边。玉关归来，还我儒素。寴姬锲孔，经疏史注。斯文将丧，/必有以扶。百世可质，陶庐遗书。玉泉之阴，不竭不骞。有宁一宫，以归其全。/

北平陈云亭刻石⑧/

---

① 善元，光绪三十一年生，原为禹敷长子，后因政敷只有一女且夭折，过继给政敷。
② 嘉亨，民国四年生，禹敷次子。另外6人分别为：公麒、公麟，民国八年生，勇敷子；成达，民国十年生，敬敷长子；念祖，民国十一年生，民国十三年殁，敬敷次子；德源，民国二十二年，海敷长子；丙炎，民国二十二年生，心敷长子。
③ 即琴姝，民国二十年生，善元长女。
④ "是成欧洲族类源流略……曾孙一"，清华大学出版社本缺印。
⑤ 丙子，即民国二十五年，1936年。
⑥ 王树楠自民国三年至民国十六年供职于清史馆。
⑦ 相属，《石城山人文集》本作"諈诿"。
⑧ 陈云亭碑刻铺位于东琉璃厂自西向东路南，见陈重远著《琉璃厂文物地图》，北京出版社，2015年，第11页。

《羌族释比图经》生肖图像研究

——与六十甲子纳音法的联系

成都市新都区文物保护所 余卓然

摘要：通过对《羌族释比图经》中生肖图像的观察、统计和分析，结合对六十甲子纳音法的了解，发现两者在属性和功能上的相关性。进一步对《羌族释比图经》中生肖图像的排列顺序和组合方式分析，证明《羌族释比图经》中的生肖图像与六十甲子纳音法存在联系。

关键词：释比图经；生肖图像；甲子纳音

释比，羌语不同方言又称"许""比""释古"等。在羌族传统社会生活中，释比是文化的传承者，他熟知本民族的社会历史和神话传说，能唱诵包括羌族史诗在内的羌族古唱经，能主持大型祭祀活动，同时还具备一定的医药常识，从事一部分巫术活动。释比在羌族社会中享有较高的社会地位，甚至起精神领袖的作用[1]。

《释比图经》，是羌族传统宗教的经典，具有推算、演易、占卜凶吉的作用，被奉为"圣书"。图经中没有文字或仅有少量文字注解，通篇用图画来表达。《羌族释比图经》有几个不同的版本，多被称作《刷勒日》，各版本均为手绘，开本和材质各异。由于得到科学、完整采集和记录的版本少之又少，各版本在内容上的异同程度等问题仍需进一步调查研究。在本文中笔者参考的版本为2010年由四川民族出版社影印出版的《羌族释比图经》。此版原本为折叠式双面彩绘书卷。加上封面封底全部展开全长4.2米。正反两面共计82幅，每幅宽10厘米，高16.5厘米，是目前所见最为完整的版本之一。

虽然《羌族释比图经》是羌民族古老的"圣书"，但其作为学术研究材料被发现的时间比较晚，大约在20世纪末21世纪初，才有学者陆续对不同版本的释比图经进行拍照、整理和初步的研究。直到2010年，阿坝师专少数民族艺术研究所编的《羌族释比图经》通过四川民族出版社出版，才让更多研究者有了接触这部"圣书"的机会。目前专门针对《释比图经》的研究并不多，主要研究的方向有图经的年代版本、故事内容阐释、传承方式以及与其他文化的关联等。专门针对释比图经中生肖图像的研究少之又少。笔者在此将从图像本身出发，对《羌族释比图经》中的生肖图案进行细致观察、分类分部、统计分析，以求发现其中的规律。

---

[1] 周毓华：《羌族原始宗教中的"释比"》，《西藏民族学院学报（哲学社会版）》2000年第4期。

一、生肖图像的分析研究

在《羌族释比图经》中,生肖图像占了非常大的一部分。据笔者统计,在总共 82 幅的《羌族释比图经》中,有 50 幅出现了生肖的形象,占总篇幅的 60% 以上。为了更好地研究这些生肖图像,发现其中的规律,笔者按照生肖图像在《羌族释比图经》中出现的位置和顺序以及这些生肖图像的格式和图像内容的组合方式,把《羌族释比图经》中的生肖图分为六个部分,并对每个部分的排列规律逐条进行分析和说明。

(一)第一部分

1. 出现位置:第一部分出现在《羌族释比图经》上卷的前半部分,从第五幅图开始,总共有 30 幅图。

2. 图像构成:每幅图分为两个部分,下半部分为两个不同的生肖形象组合,上半部分是一些表达寓意或表现释比做法的图像(图一)。

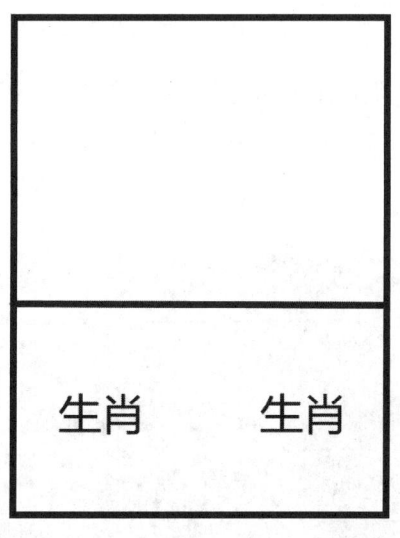

图一　第一部分图像构成示意图

3. 排列规律:展开图卷发现,这些生肖图像都是按鼠—猪的顺序从右至左排列的,这样的排列循环了 5 次,共 60 个生肖图像(图二)。

图二　第一部分展开图

(二)第二部分

1. 出现位置:出现在《羌族释比图经》下卷的前半部分,从第四幅开始,共有 6 幅图,每幅图 6 个生肖形象,共 36 个生肖形象。

2. 图像构成：每幅图分四个部分，也就是从上到下分为四栏，下面三栏，每栏都是两个生肖形象的组合，最上面一栏是两个在《羌族释比图经》后面出现的"五镖箭"（图三）。

图三　第二部分图像构成示意图

4. 排列规律：展开图卷发现这些生肖图像也是按顺序排列的，但并不是从鼠开始，最下一栏从右至左开头是狗，末尾是鸡；从下往上数第二栏开头是蛇，末尾是龙；从下往上数第三栏开头是鸡，末尾是猴（图四）。

图四　第二部分完全展开图

（三）第三部分

1. 出现位置：出现在《羌族释比图经》下卷的前半部分，紧接着第二部分，共占 4 幅图。

2. 图像构成：每幅图下面部分是由 6 种生肖图像组合而成，中间部分是三个人骑生肖的图像组合。有 24 个生肖图像和 12 个人骑生肖的图像，共 36 个带生肖的形象，最上面一部分是由圆形和月牙形组成的具有天文意义的图像（图五）。

图五　第三部分图像构成示意图

3. 排列规律：

（1）中间部分的人骑生肖图像是按顺序排列的，从虎开始，至牛结束。

（2）前两幅图下面部分的生肖图像可以连起来，从上到下，从左到右是由羊开始，至马结束的按顺序排列的十二生肖。

（3）后两幅图乍看之下是胡乱排列的，似乎没有章法。仔细观察发现右边部分的生肖形象包括鼠牛、猴鸡、龙蛇三对相邻的生肖组合，左边部分包括虎兔、马羊、狗猪三对相邻的生肖组合。把十二生肖按两个一组间隔分为了两个部分。

（4）后两幅图生肖组合不仅如上所述按规律间隔分为了两个部分，仔细观察可以看出这些生肖图像还是按一定的顺序排列的。最右边从上到下为鼠、猴、龙，生肖之间相隔 8 个生肖；第二列从上到下鸡、蛇、牛，也是两两间隔 8 个生肖；第三列狗、虎、马；第四列兔、猪、羊，同样也是两两间隔 8 个生肖（图六）。

图六　第三部分完全展开图

（四）第四部分

1. 出现位置：出现在《羌族释比图经》下卷的前半部分，紧接着第三部分，共占 4 幅图。

2. 图像构成：每两幅图组成一幅大图，每幅大图按"井"字形分为九格，每格皆由两种生肖组合而成，共 18 格，36 个生肖图像。生肖旁边有一些刀、斧之类表达一定寓意的图像（图七）。

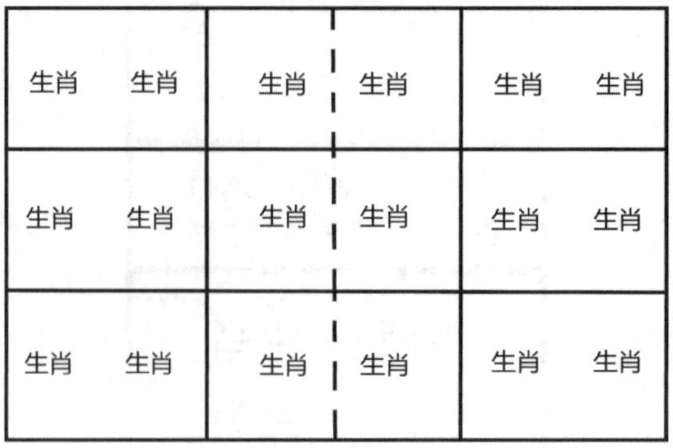

生肖	生肖	生肖	生肖	生肖	生肖
生肖	生肖	生肖	生肖	生肖	生肖
生肖	生肖	生肖	生肖	生肖	生肖

图七　第四部分图像构成示意图

3. 排列规律：

（1）从上到下、从左至右最后6格是按"鼠牛""虎兔""龙蛇""马羊""猴鸡""狗猪"的顺序排列的。

（2）前6格中每一格的生肖组合之间都相隔6个生肖，如果我们把生肖按顺序分为两个部分，我们发现前6格中的每个生肖组合都能对应起来。

（3）中间6格笔者目前尚未发现明确统一的规律，但其中有三幅图连续的组合分别为马虎、蛇牛、兔羊，彼此之间相隔8个生肖。

（4）中间6格中的第一格龙和鸡的组合看起来最无法理解，最没有规律可循，但排除这一组和三组间隔8个生肖后，剩下鼠、猴、狗、猪四个生肖，两个组合正好是间隔而组成（图八）。

图八　第四部分完全展开图

（五）第五部分

1. 出现位置：出现在《羌族释比图经》下卷的后半部分，共4幅图。

2. 图像构成：每幅图分两个部分，上半部分为3个兽首人身的生肖神形象，下半部分除鼠、牛、虎生肖神下面是"文武将领营救阿巴玛培"之外，其余下半部分都是二十四把连珠神箭（图九）。

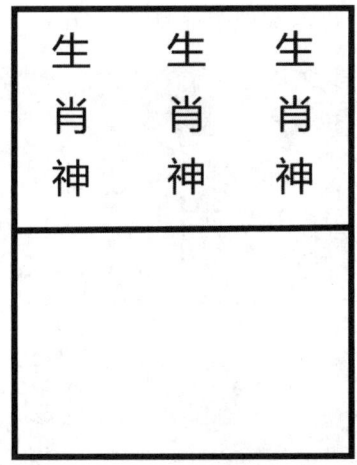

图九　第五部分图像构成示意图

4. 排列规律：按鼠—猪的顺序排列（图十）。

图十　第五部分完全展开图

（六）第六部分

1. 出现位置：出现在《羌族释比图经》下卷的后半部分，共两幅图。

2. 图像构成：每幅图分两部分，第一幅下面部分有 7 羊的生肖图像，颜色有黑色和白色两种；上半部分 6 个狗的生肖图象，有白黄二色；第二幅图 5 个牛或 3 牛 2 猪的生肖图像（难以辨认），红黑二色；上面为三个虎的生肖图像，两只有斑纹，一只无斑纹（图十一）。

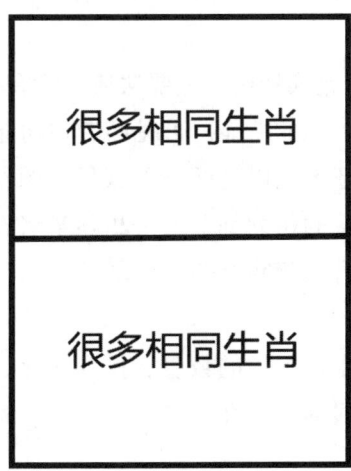

图十一　第六部分图像构成示意图

3. 排列规律：部分图像难以辨认，暂未发现明显规律（图十二）。

图十二　第六部分完全展开图

二、《释比图经》中的生肖图像与六十甲子纳音法

六十甲子纳音是一种从先秦传承至今的择时术之说。它具有由阴阳五行合流与律历合体为标志的时代特征，由六十甲子与经五行扩展的60行叠合而成的要素特征，由干支与五行代言音律的纳音特征，以及由"同类娶妻，隔八生子"方式为核心的生律特征[1]。

通过对《羌族释比图经》中生肖图像的观察，笔者认为《羌族释比图经》中的生肖图像或与六十甲子纳音法有一定的联系。

从属性上来看，六十甲子纳音法的主要构成部分就是六十甲子，是由十个天干和十二个地支组成的。而在传统观念中，十二生肖和十二地支有明确的相关性，并常用十二地支来表示，如"子鼠""丑牛""寅虎"等。所以《羌族释比图经》中的生肖图像可能具有表示十二地支的功能，与六十甲子纳音法中的地支相符合。

从功能上来看，《羌族释比图经》是羌族释比的重要法典，具有推算、占卜的功能，而六十甲子纳音法作为一种择时术，同样具有占祸福、卜吉凶的功能。可见两者在功能和作用上具有一致性。

当然，仅从属性和功能等宏观层面还不足以论证《羌族释比图经》中生肖图像与六十甲子纳音法之间的联系。但是通过对具体部分的生肖图像的排列细节的分析，笔者在《羌族释比图经》第一部分和第三部分生肖图像中发现了明显和六十甲子纳音法相吻合的证据。

（一）第一部分

笔者从《羌族释比图经》第一部分生肖图像的数量、排列顺序、组合方式中发现《羌族释比图经》中的生肖图像与六十甲子纳音法存在这明显的关联性。

---

[1] 黄大同：《"六十甲子纳音"研究》，《文化艺术研究》2009年第4期。

1. 数量

所谓六十甲子，是我国古代由甲、乙、丙、丁、戊、己、庚、辛、壬、癸等十个天干字符与子、丑、寅、卯、辰、巳、午、未、申、酉、戌、亥等十二个地支字符，按单数配单数、双数配双数的方式组合排列而成的六十个记录时间单位。由于甲和子分别为天干、地支之首，故这一整体循环纪时的六十个单位就被称为六十甲子。

《羌族释比图经》中生肖图像中的第一部分，共 30 幅图，每幅图下面部分都是两个相邻的生肖组合，共 60 个生肖图像，这个总数恰好和一个甲子数是吻合的。

2. 顺序

从数学的角度说，因为 12 和 10 的最小公倍数是 60，所以 10 个天干和 12 个地支的连续依次排列组合要到 60 的时候才能重新回到第一对"甲"和"子"的组合。所以每到一个甲子时 10 个天干都要循环 6 次，12 个地支都要循环 5 次。

《羌族释比图经》生肖图像的第一部分是按鼠—猪的顺序从右至左排列的，这样的排列循环了 5 次，共 60 个生肖图像。十二地支与十二生肖对应，这应该是一个常识，《羌族释比图经》中的生肖和甲子轮回中的地支一样，都是从头到尾按顺序排列的，而且同样是循环了五次。可能有人会质疑，虽然《羌族释比图经》中的生肖和甲子轮回中的地支相吻合，但是《羌族释比图经》中并没有发现明显表示天干的图像或符号。笔者认为，因为《羌族释比图经》生肖图像中的第一部分是从右至左按顺序排列的，那么根本不需要专门表示天干的图像或符号，释比在使用时只需要按从一到十的顺序确定天干再与相应的生肖图像对应起来即可。

3. 组合方式

第一部分生肖图像每幅图分两个部分，下半部分为两个相邻的生肖形象组合，上半部分是一些表达寓意或表现释比做法的图像（图十三）；我们再来看"六十甲子纳音表"（元代陶宗仪）的内容（表1）：

图十三　第一部分生肖图像局部

表 1　元代陶宗仪"六十甲子纳音表"

甲子　乙丑 海中金	丙寅　丁卯 炉中火	戊辰　己巳 大林木	庚午　辛未 路傍土	壬申　癸酉 剑锋金
甲戌　乙亥 山头火	丙子　丁丑 涧下水	戊寅　己卯 城头土	庚辰　辛巳 白蜡金	壬午　癸未 杨柳木
甲申　乙酉 井泉水	丙戌　丁亥 屋上土	戊子　己丑 霹雳火	庚寅　辛卯 松柏木	壬辰　癸巳 长流水
甲午　乙未 沙中金	丙申　丁酉 山下火	戊戌　己亥 平地木	庚子　辛丑 壁上土	壬寅　癸卯 金箔金
甲辰　乙巳 覆灯火	丙午　丁未 天河水	戊申　己酉 大驿土	庚戌　辛亥 钗钏金	壬子　癸丑 桑柘木
甲寅　乙卯 大溪水	丙辰　丁巳 沙中土	戊午　己未 天上火	庚申　辛酉 石榴木	壬戌　癸亥 大海水

很容易发现,《羌族释比图经》中第一部分生肖图像与六十甲子纳音表的组合方式非常相似,如出一辙。同样是两个相邻的干支组成一个组合,把六十甲子分成30组;而且在内容上同样是"2+1"的形式:《羌族释比图经》是两个生肖加一个表达寓意的图像,六十甲子纳音表是两个干支加一个具有场景意义的五行。

从以上几点我们可以看出,《羌族释比图经》中的第一部分生肖图像和六十甲子纳音法的关系甚密,相似点颇多。甚至可以说,《羌族释比图经》中的第一部分生肖图像,几乎就是一个图画版的"六十甲子纳音表"。

(二) 第三部分

如果说《羌族释比图经》中第一部分的生肖图像是一个图画版的六十甲子纳音表,那么第三部分就说明了"同类娶妻,隔八生子"的纳音法则。

"同类娶妻,隔八生子"是六十甲子纳音法生律方式的核心,是纳音的基本方法。

沈括在他的《梦溪笔谈》中对"同类娶妻,隔八生子"的纳音之法有如下的记录:"纳音之法,同类娶妻,隔八生子,此《汉志》语也。此律吕相生之法也。五行先仲而后孟,孟而后季,此遁甲三元之纪也。甲子金之仲,黄钟之商。同位娶乙丑,大吕之商。同位,谓甲与乙、丙与丁之类。下皆仿此。隔八下生壬申,金之孟,夷则之商。隔八,谓大吕下生夷则也。下皆仿此。壬申同位娶癸酉,南吕之商。隔八上生庚辰,金之季。姑洗之商。此金三元终。若只以阳辰言之,则依遁甲逆传仲孟季。若兼妻言之,则顺传孟仲季也。庚辰同位娶辛巳,中吕之商。隔八下生戊子,火之仲,黄钟之徵。金三元终,则左行传南方火也。戊子娶己丑,大吕之徵。生丙申,火之孟,夷则之徵。丙申娶丁酉,南吕之徵。生甲辰,火之季,姑洗之徵。甲辰娶乙巳,中吕之徵。生壬子,木之仲,黄钟之角。火三元终,则左行传于东方木。如是左行至于丁巳,中吕之宫,五音一终。复自甲午金之仲,娶乙未,隔八生壬寅,一如甲子之法,终于癸亥。"[①]

简单地说,所谓"同类娶妻"就是位置相邻的两个干支组成一组,如"甲子"和"乙丑","丙寅"和"丁卯"。而所谓"隔八生子"就是指,每个干支与按顺序往后数八个的干支形成"母子关系",如"甲子"和"壬申","乙丑"和"癸酉"。从生肖的角度说就如鼠隔八生猴,猴隔八生龙,龙隔八又回到鼠。

《羌族释比图经》生肖图像的第三部分的后面两幅图,最右边从上到下为鼠、猴、龙,每个生肖之间相隔8生肖;第二列从上到下鸡、蛇、牛,也是两两间隔8个生肖;第三列狗、虎、马;第四列兔、猪、羊,同样也是两两间隔8个生肖(图十四)。这完全符合六十甲子纳音法里"隔八生子"的法则。

---

① (宋)沈括:《梦溪笔谈》卷五,上海古籍出版社,2015年。

图十四 第三部分生肖图像的排列

除六十甲子有纳音这一条文外,沈括分别在《梦溪笔谈》卷五的"六吕之间复自有阴阳"与"八八为伍"这两条内容中也提到了"纳音"。

在前者的条文中沈括说:六吕:三曰钟,三曰吕。夹钟、林钟、应钟,大吕、中吕、南吕。钟与吕常相间,常相对。六吕之间,复自有阴阳也。纳音之法:申、子、辰、巳、酉、丑为阳纪,寅、午、戌、亥、卯、未为阴纪[①]。

《羌族释比图经》生肖图像的第三部分后两幅图右边部分的生肖形象包括鼠牛、猴鸡、龙蛇三对相邻的生肖组合,左边部分包括虎兔、马羊、狗猪三对相邻的生肖组合。把十二生肖按两个一组间隔分为了两个部分。这不仅符合六十甲子纳音法里"同类娶妻"的法则,更是正好把十二生肖分成了阴阳两纪,右边为阳纪,左边为阴纪。

综上,通过对《羌族释比图经》中生肖图像本身的分析发现,《羌族释比图经》中的生肖图像确实与六十甲子纳音法之间存在着联系。《羌族释比图经》中的生肖图像不仅描绘了一个图画版的"六十甲子纳音表",而且还说明了六十甲子纳音法中"同类娶妻,隔八生子"的生律原理。

三、释比图经与六十甲子纳音法相关的其他佐证

除了图像本身的排列规律能说明《羌族释比图经》中的生肖图像与六十甲子纳音法间的联系之外,一些针对《羌族释比图经》本身的研究材料也是证明《羌族释比图经》中的生肖图像与六十甲子纳音法存在联系的有力佐证。

《羌族释比图经》现有版本叫《刷勒日》,古本名《撇涅卜》,其主要内容是关于羌族古代宇宙万物的起源。在这个意义上,它是图示的口头经典的符号记载。赵曦先生认为,原生的《撇涅卜》在元明时期可能逐步淡化,随着明清中央王朝在羌族地区建立土司制以及随后的"改土归流",汉文化的影响深入在羌族民间的宗教信仰中。古本的重要部分转化,与汉族的天干地支、五行、六十纳音甲子、择吉避凶化煞等化合成为新的图本,称《刷勒日》,也就是笔者现在看到的《羌族释比图经》[②]。

《羌族释比图经》在羌区流传有不同版本,其中有些版本的图像上有用毛笔书写的"大溪水""天河水"

---

① (宋)沈括:《梦溪笔谈》卷五,上海古籍出版社,2015年。
② 赵曦:《神圣与亲和:中国羌族释比文化调查研究》,民族出版社,2010年,第80—83页。

"桑拓木""石榴木""海中金""道旁土"等少量汉字。这些字迹可能是存书者为了便于记忆和查阅而书写，正对应"六十甲子纳音表"中表示五行的文字，这种对应关系也与笔者从《羌族释比图经》中的生肖图像组合和排列方式中得到的结论相符。

四、小结

《羌族释比图经》中的生肖图像和六十甲子纳音法具有很多的相通之处，《羌族释比图经》中的生肖图像不仅描绘了一个图画版的六十甲子纳音表，而且还说明了六十甲子纳音法中"同类娶妻，隔八生子"的生律原理。在《羌族释比图经》中，包含的图画内容还很多。仅仅是生肖图像这一部分，笔者也只是通过图像的组合方式、排列规律等发现了生肖图像第一部分和第三部分与六十甲子纳音法的关系。除此之外，《羌族释比图经》中的生肖图像里可能还包括颜色与五行，相克相生，生肖纪年等方面的内容，还需要更多的研究来发掘其中蕴含的巨大文化价值，让羌族古老的"圣书"在中华民族文化研究的领域焕发出新的光彩。

考古与文物

再醒惊天下

——三星堆遗址祭祀区的考古新发现

四川省文物考古研究院　雷　雨

1929年，广汉农民燕道成、燕青保父子在三星堆月亮湾台地燕家院子门前掏沟时发现了约有四百件精美玉石器的一个坑，一时间，"广汉玉器"声名鹊起。1934年，华西协和大学博物馆考古工作者在馆长葛维汉（David Crockett Graham）和副馆长林名均的带领下，在燕家院子玉石器坑地点附近进行了三星堆历史上的首次考古发掘，出土、采集了六百余件玉石器和陶器标本，从而拉开了持续九十余年的三星堆考古的序幕。

九十多年来，经过数代考古工作者的不懈努力，三星堆考古取得了举世瞩目的成就，遗址的范围、年代、分期和文化内涵基本摸清，城址的规模、布局和演变过程逐渐明晰，一、二号祭祀坑和青关山超大型建筑群的发现和发掘，更使三星堆无可争议地成为长江上游的文明高地和世人瞩目的焦点。

毋庸讳言，鉴于三星堆遗址是一个延续上下两千多年且规模巨大的都邑性遗址，现有的考古发现和发掘还远远没有揭示出遗址的本来面目，到目前为止，三星堆遗址的总发掘面积不足2万平方米，这相对于一个分布范围达1200万平方米的遗址来说显然是十分有限的，因此有关三星堆的很多问题、谜题乃至基础性的问题，目前都还没有令人满意的答案或比较明确的说法。

比如说，三星堆有一座宏伟的古城矗立在遗址的中央，那么古城的城门在哪儿？路网结构如何？有无中轴线？有人戏称三星堆是两河文明（因为三星堆遗址北临沱江的支流鸭子河，遗址的中部还有另外一条河流马牧河，由西向东穿城而过），水网密布，那么三星堆古城有没有水道（水路），有没有码头？有没有堤坝等治水设施？

还有，三星堆文化拥有高度发达的青铜文明，那些青铜器是在本地铸造的吗？如果是，那么青铜作坊区在哪儿？

再有，三星堆既然是夏商时期古蜀国的都城，那么王陵区或者权贵阶层的墓葬区在哪儿？王家祭祀区就在一、二号坑所在区域吗？像一、二号坑这种王家级别的祭祀坑只有这两个吗？一、二号坑的性质到底是什么？

带着这些疑问，进入新世纪后，四川省文物考古研究院在三星堆遗址不间断地开展了考古工作。"十二五"期间，借着三星堆考古被列入"中华文明探源工程"的契机，我们重点开展了区域聚落形态的考古调查以及三星堆遗址本体的勘探和发掘工作，发现、发掘了青关山大型建筑基址群，并在三星堆城址的格局（一大城数小城）和形成过程（先小城后大城）方面取得了突破性认识。

近年来，国家文物局和中共四川省委宣传部将三星堆遗址的考古工作纳入了"考古中国"与"古蜀文明保护传承工程"的重大项目，借着这股东风，我们再次加大了工作力度，在包括一、二号坑区域在内的几处关键地点结合物探、遥感等手段进行了考古勘探和小规模的试掘，力图有所突破。

令人振奋的是，2019年12月，我们在一、二号坑所在区域发现了三号坑的露头，后来的情形便一发不可收拾，又连续发现了其他5座新坑，正所谓"三号坑一开，好事自然来！"

新发现的6座"祭祀坑"按规模可分为三大一中两小，它们与1986年发掘的一、二号坑均分布于马牧河南岸、"三星堆城墙"与外廓城南城墙之间的三星堆台地东部，开口层位不尽相同，其中五号坑还打破了六号坑，看来它们的相对年代应该是不同的。该区域除八座"祭祀坑"外，还有大型沟槽式建筑和圆形坑等与祭祀活动密切相关的文化遗存，共同构成了三星堆遗址祭祀区的东部。

考古是文理交叉、技术驱动的学科，将成熟技术尽可能多的应用于考古来研究古代社会，已成为考古学学科发展的大趋势。

始于2020年9月的三星堆遗址祭祀区的第二次发掘，四川省文物考古研究院本着"课题预设、保护同步、多学科融合、多团队合作"的原则，在发掘现场搭建了考古大棚和恒温恒湿的发掘方舱，并将实验室前置考古现场，建立了应急保护集成平台、出土文物保护与土遗址环境监测体系、信息提取系统和发掘运载系统，并与北京大学、四川大学、上海大学、北京科技大学、中国社科院考古研究所、成都文物考古研究院、荆州文物保护中心以及中国丝绸博物馆等40余家高校、科研院所和文博单位展开合作，对数字化测绘、物探、碳十四测年、环境考古、动物考古、植物考古、纺织品考古、冶金考古、玉料来源、稳定同位素分析、微痕信息检测、古DNA检测、现代仪器分析等领域的相关课题进行研究，尽最大努力将科技手段应用于考古发掘和文物保护，多学科、多机构聚力，成果初显，起到了良好效果，充分展现了我国新时期考古理念和考古技术的新进步，在相当程度上代表了中国考古学的前进方向。

截至2021年5月底，六座新坑考古发掘的进展如下：

三号坑的大小、方向、器物种类、器物入坑顺序与埋藏现象都与二号坑极为相似，恰似一对双胞胎。埋藏器物丰富，并有不同程度地焚烧和砸毁，已显露出来的器物以青铜器与象牙为主，此外还有玉石器、金器、海贝等。上部主要由象牙与大型青铜器组成（图一），下部则密集分布着中小型青铜器与玉石器。三号坑目前已确认了多件极为重要的青铜重器，包括顶坛人像、顶尊跪坐人像、巨型面具、大型神树、圆口方尊、方尊等。铜顶坛人像目前尚未完全显露出来，但已可辨认出是一件无辫铜人用头承顶、双手举扶方坛的铜器。方坛分为好几层，最下层似人的双腿反向伸出方坛，形制甚为复杂怪异，系首次出现的新器型，期待早日目睹全貌，顶坛人像旁边就是一株大型青铜神树，因此不排除其为神树的构件（图二）。铜顶尊跪坐人像，刚露出来时，所有人都不敢确定但都非常希望上面的大尊与下面的跪坐人像是连为一体的，当压在跪坐人头部的象牙被取走后，如大家所愿果真连在一起！这件器物非常罕见，初步测量通高约115厘米，下部为一个跪坐的铜人，双手中空，合握于身前，头戴冠，上顶一方板，方板连接青铜大口尊，大口尊身高略低于跪坐人像，尊口至肩部有两种形制的龙形附饰，非常精美，此外，尊口还附饰有两个圆形小立柱，类似爵、斝的双柱，极其独特。1986年发掘的二号坑曾出土1件通高15.6厘米的顶尊跪坐人像，但像三号坑这件接近真实比例的顶尊跪坐人像则是首次发现，这件器物将三星堆风格的人像与大胆改制后的中原铜尊完美地融为一体，一方面彰显出三星堆文化与中原商文化的紧密联系，另一方面又再现了古蜀人"顶尊膜拜"的祭祀场景，折射出古蜀人独特的精神世界，极具视觉冲击力，堪称世界青铜艺术精品（图三）。顶尊跪坐人像旁边的巨型青铜面具，体量硕大，与二号坑发现的最大的青铜面具体量相当且保存比较完整，是三星堆文化的代表性器物。此外，三号坑已发现的青铜容器大多制作上乘，纹饰的精美程度似超过一、二号坑的同类器，方尊和圆体方尊均系首次发现（图四）。

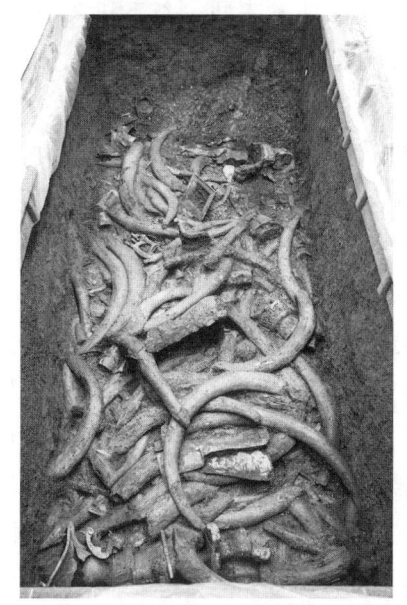

图一　三号坑出土象牙

图二　三号坑出土铜顶坛人像 1

图三　三号坑出土铜顶坛人像 2

图四　三号坑出土铜尊

四号坑的器物之上有一层平均厚度约 25 厘米的炭黑色灰烬，覆盖全坑，灰烬堆积以烧过的植物为主，经鉴定，主要包含有竹、芦蒿及楠木等。同时，四川省文物考古研究院与中国丝绸博物馆通过超景深显微镜观察、多光谱分析以及酶联免疫技术检测，在灰烬层里发现了蚕丝蛋白，也就是发现了丝织品水解物残留，这是首次在三星堆遗址发现丝绸，无疑是本次发掘最大的亮点之一。四号坑出土文物众多，包括象牙、金器、玉石器、铜器、陶器、骨器、纺织物和漆器等，但不见大型青铜器，象牙已发现 40 多根，满坑铺设，多为整根放入，经过焚烧后表面呈黑褐色，变形较为严重。青铜器有扭头跪坐人像、龟背形挂饰、有领璧、戚形方孔璧、戈等，金器有带饰、树叶形挂饰以及圆形箔片等，金带数量较多，近40件，多为金沙风格，玉器有琮、凹刃凿、凿和有领璧等。青铜扭头跪坐人像一共三件，造型、姿态和大小（手掌大小）几乎完全一致，铜人双手呈"合十"状，头扭向右侧，脸部特征与已发现的三星堆青铜人头像区别较大，三件铜人头顶上都连接有凹槽状铜条，已残断，现存高度约28厘米，此外，坑内还散布着一些形制相同的凹槽状铜条残件，因此推测它们应该是一件大型组合铜器的构件，三个铜人则可能是这件组合器的支座，他们头上通过连接的铜条共同顶着某种东西，已有学者大胆推测这件组合型铜器很可能为屏风，如是，那将非常令人震撼，即便后期不能修复起来，单凭这三个小铜人前所未见的姿态和独特的面部特征（图五），也不失为本次发掘最大的亮点之一。

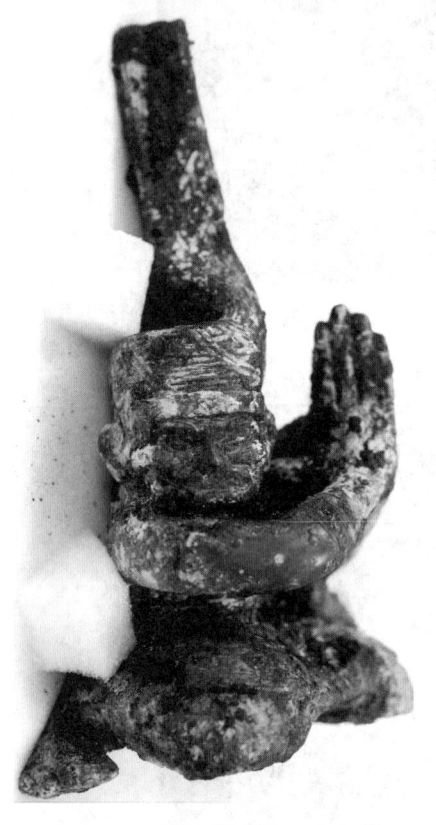

图五　四号坑出土小铜人像

五号坑埋藏文物以各类材质的残片和珠饰等小件器物为主，十分零碎细小，焚烧和"毁器"行为较其他坑似乎更为严重。坑内埋藏有不少圆形穿孔的金箔片，从其较为有序的排列方式来看，可能为附着在衣服上的装饰，数量较多的穿孔珠饰则可能为璎珞构件。截至目前，四号坑已经提取各类文物140余件，包括象牙及象牙器、金器、玉石器和铜器等，以残重280克左右的大型黄金面具、鸟形金饰最为重要。部分象牙器残片上雕刻有云雷纹、羽翅纹、弦纹等纹饰，十分规整、精细，部分纹饰线条宽度不足50微米，看来古蜀人的微雕艺术也是相当的了得。

六号坑的西侧发现1件保存完整的碳化"木箱"，为三星堆遗址首次发现，估计来头不小。"木箱"长1.7米、宽0.57米、高0.4米，四周侧板板痕保存完整，内侧涂有朱砂，但对"木箱"解剖结果未发现肉眼能看到的东西，为穷究"木箱"内可能盛装的物品，我们在精细发掘的同时，运用各种科技手段对"木箱"内的土样进行全面分析以寻找有机质和无机质文物的线索，目前相关检测仍在进行中，我们非常希望有丝绸、织物、皮毛或者肉类等物质被检测发现。

七号坑西北部因为被六号坑打破占压，因此进度稍慢，大部分区域尚未发掘至器物埋藏层，不过我们在东南角开了一个小的解剖坑，目前已有好几根较为完整的象牙露了出来，根据前期勘探和南部填土的发掘情况，预计七号坑除象牙以外，还会有铜器、骨渣等遗物出土。

八号坑目前正在清理灰烬层，这层灰烬堆积可能是仪式活动后将部分器物砸碎并焚烧后形成的，主要由木炭、骨渣构成，其间包裹了大量器物和器物残件（图六），目前按考古编号已提取1500余件，器类主要有青铜器、玉器、金箔、石器等。较大型的青铜器多被有意识的打碎，主要来自青铜神树，从神树残枝的重量推测其体量当不会亚于二号坑的一号神树。中小型的青铜器主要包括铜铃、铜贝、铜戈和小型跪坐铜人像等。玉石器数量较多，主要包括璋、斧、凿、戈、磬、管以及大量玉珠等。在灰烬堆积中还散布着不少金箔，部分可辨别是黄金树叶，金叶上面的叶脉纹非常精美。此外，在部分铜容器残件上发现了未完全燃烧的纺织物残片。目前八号坑灰烬层以下的黄色沙土堆积已经部分显露出来，同时开始露出多根大型象牙，表明沙土堆积之下应当掩埋有较为完整的大型青铜器，这也与前期的电磁探测数据相吻合。截至目前，八号坑最大的亮点为一件长100厘米、宽52厘米、厚约4厘米的石磬（残），或为中国目前发现的最大的一件石磬，这也是三星堆遗址首次发掘出土的大型石磬。此外，八号坑填土和灰烬层里发现的大量红烧土块也值得关注，这些红烧土块不少是成形的，颇有些砖块的模样，根据三星堆遗址青关山土台大型红烧土建筑基址的发掘情况判断，它们应该是属于某高等级建筑的墙壁或墙基残块，而这种往坑内倾倒大量建筑垃圾的现象不见于其他7座坑，因此对于八号坑性质的判断至关重要。

图六　八号坑发掘现场照片

三星堆遗址祭祀区的第二次发掘，成果颇丰，亮点频出，一方面使我们得以对三星堆祭祀区的空间格局和要素构成有了进一步的了解，另一方面珍贵文物尤其是新的器型不断涌现，令人振奋，因此，本次发掘即便是初步的成果，已经进一步巩固了三星堆遗址作为古蜀文明中心都邑在长江上游乃至西南地区文明高地的地位，极大地充实和拓展了三星堆文化的内涵。新发现的青铜顶尊跪坐人像、顶坛人像、扭头跪坐人像以及大型黄金面具等器物，无一不再现了古蜀文明的独特性和创造性，而铜尊、铜罍、玉琮以及铜器纹饰等则是古蜀文明与国内其他地区密切交流的见证，其中铜尊与长江流域同时期的同类器特征相似，是南方系青铜器和长江文化的生动体现；铜罍、玉琮以及铜器纹饰等都能在中原地区找到祖型，是古蜀文明与中原地区频繁交流的有力物证，这些成果，更进一步展现了古蜀文明作为中华文明组成部分的重要地位，为研究中华文明"多元一体"的起源、发展和形成过程提供了典型实证。

英伦寻金
——苏格兰的中国古代青铜器收藏

上海博物馆青铜器研究部　胡嘉麟

20世纪,英国成为海外收藏中国古代青铜器最重要的国家之一,这些艺术品大部分保存于伦敦、剑桥、牛津等地博物馆。然而,苏格兰的收藏家和博物馆虽起到至关重要的作用,却甚少为外界所知。苏格兰收藏有中国古代青铜器的博物馆主要有三家,即爱丁堡的苏格兰国家博物馆(National Museum of Scotland)、格拉斯哥的巴勒珍藏馆(The Burrell Collection)和阿伯丁大学的国王博物馆(King's Museum)。

一、苏格兰国家博物馆

苏格兰国家博物馆在苏格兰首府爱丁堡,其历史可以追溯到1780年的"苏格兰古物协会"。这个协会旨在收集苏格兰本地的考古文物,1851年更名为苏格兰国家古物博物馆。1985年苏格兰国家古物博物馆与苏格兰皇家博物馆合并,后者的前身是1854年成立的苏格兰工业博物馆。1866年英国著名建筑师弗朗西斯·福克(Francis Fowke)设计建成苏格兰皇家博物馆。这座文艺复兴风格的博物馆是苏格兰开展国际收藏和研究的重要场所,反映了维多利亚时代的教育理念。2006年苏格兰皇家博物馆与苏格兰博物馆合并,成为现在的苏格兰国家博物馆。

苏格兰国家博物馆的中国古代艺术收藏以殷商甲骨卜辞闻名于世,共收藏有1777片甲骨。使得苏格兰国家博物馆成为欧洲收藏甲骨最多的博物馆,并且是亚洲之外收藏甲骨数量第二的博物馆,仅次于加拿大皇家安大略博物馆。这些殷商甲骨均来源于英国浸礼会传教士库寿龄(Samuel Couling)的收藏。库寿龄是苏格兰人,1859年生于伦敦,1884年受英国浸礼会派遣到山东青州传教,创办了广德书院。1904年广德书院与美国长老会负责的登州文会馆合并,在潍县成立广文学堂,库寿龄也随之迁往潍县任教[①]。

清末的潍坊金石荟萃,学者云集,既是古文物交易的重要集散地,又汇聚了众多著名的金石学家,青州有李文藻,潍县有陈介祺、高鸿裁,诸城有李璋煜、刘喜海、王锡棨等。库寿龄在传教和育人的同时,积极学习中国语言和文化。当他接触到商代甲骨,立即意识到甲骨文的重要价值。新合并成立广文学堂后,

---

① Mrs. Couling(著),郅晓娜(译):《一位早期的英国甲骨学者——库寿龄传》,《甲骨文与殷周史》新八辑,上海古籍出版社,2019年。

库寿龄与美国长老会传教士方法敛（Frank Herring Chalfant）共事，两人于 1903—1908 年间共同收购甲骨。1935 年纽约大学教授白瑞华（Roswell Sessoms Britton）整理了库、方二人所藏甲骨，编著《库方二氏藏甲骨卜辞》。但是这部书仅著录了二人收藏甲骨的一小部分。1909 年库寿龄将收藏的甲骨运往苏格兰，并于同年以 100 英镑的价格被苏格兰皇家博物馆购入。

苏格兰国家博物馆收藏的一柄错金铭文青铜剑（图一），编号为1908—307，同样是库寿龄的藏品。此剑是库寿龄在山东传教时购买，并于 1908 年被苏格兰皇家博物馆购藏，比甲骨的入藏时间还要早一年。剑为圆首、圆茎、窄格，圆茎有两道箍，剑脊中央有两道血槽，铸有三字错金铭文"大工尹"。青铜剑为吴越式剑，年代为战国时期。库寿龄的收藏旨趣，主要关注于中国早期文字，青铜器的收藏非常少。由于剑上有错金铭文，才使得此剑成为库寿龄的藏品，弥足珍贵。

1908 年库寿龄辞去教会职务，在上海和伦敦两地辗转，生活一度比较拮据，做起了家庭教师。正是在这种背景下，库寿龄开始将自己的藏品出售给苏格兰皇家博物馆和大英博物馆。1914—1916 年，他开始担任亚洲文会北中国支会的荣誉秘书和会刊主编，并于 1917 年出版代表作《中国百科全书》。这部著作在汉学界产生了重大影响，并为他赢得了 1919 年度的"儒莲奖"。关于中国早期古文字的研究却未能持续下去，仅有 1914 年发表的论文《河南之卜骨》。

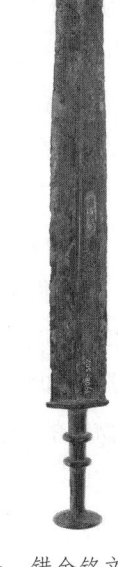

图一　错金铭文青铜剑

苏格兰国家博物馆收藏有一批巴蜀文化的青铜兵器和工具。例如编号为 1928—60 的青铜矛，宽叶起脊，銎口微侈，两侧设有小系，铸有龙纹、手心纹等图像符号，是典型的巴蜀文化青铜器。还有一件编号为 1928—51 的青铜矛（图二），銎口也有磨砺不清的图像符号。这些青铜器都是来自一位曾经长期在四川的传教士陶然士（Thomas F. Torrance）的收藏。1871 年陶然士出生于苏格兰的肖茨镇（Shotts）。1896 年被中国基督教内地会（China Inland Mission）派遣到四川成都。1910 年在爱丁堡宣教大会上受美国圣经公会（The American Bible Society）所托，接管其成都的分支机构。同时他还执教于华西协和大学（今四川大学），并且是华西协和大学古物博物馆（今四川大学博物馆）的开创者之一[①]。

陶然士的研究领域非常广泛，涉及华西历史、考古、羌族历史文化和宗教等领域。1916 年出版著作《成都早期历史》，1920 年出版著作《羌族的历史、习俗和宗教》。并且在《华西边疆研究学会杂志》发表有《川西汉墓考》《中国西部土著纪要》《理番石碑释读》《羌人宗教的基本理念》《原始崇拜中石头的作用》等文章。他首次将中国羌族的历史、习俗和宗教、中国少数民族地区群居村落和古代民屋建筑、中国古代墓葬、都江堰的古代水利建设等介绍给西方世界。

由于长期在成都平原和岷江上游地区进行调查发掘，他为华西协合大学古物博物馆的筹建做出了卓越的贡献。1914—1934 年间陶然士先后为博物馆捐赠、购买了五千多件藏品。这些藏品的时代从汉代到民国，包括画像砖石、陶器、瓷器、青铜器、钱

图二　青铜矛

---

① Alister E. McGrath, Thomas F. Torrance: An Intellectual Biography, T&T Clark Ltd, 1999.

币等各个类别。1927年陶然士携带家眷返回苏格兰。第二年，独自返回中国，继续开展对羌族的研究。苏格兰皇家博物馆入藏这些青铜器的时间均为1928年，即陶然士返华的那一年。他对巴蜀青铜器的研究并不深入，推测这些青铜器属于早期羌文化的遗存，并且认为古代青铜器上面的某些图案包含有《圣经》的主题，从而为他的观点——羌族是犹太人的移民提供佐证。他将调查和发掘的大部分考古文物都放在了华西协合大学古物博物馆，只有少部分的早期青铜器与黑色陶器捐赠给苏格兰国家博物馆和大英博物馆，作为海外研究羌族历史和文化的重要资料。

苏格兰国家博物馆收藏的礼器数量虽然不如大英博物馆、维多利亚与阿尔伯特博物馆等，但是其艺术价值却不可小觑。这些青铜礼器大多数都是英国著名收藏家奥斯卡·拉斐尔（Oscar Charles Raphael）的藏品。例如这件亚疑觚（图三），编号为1934-611，整体造型端庄典雅，纹饰干净洗练，仅有兽面纹突出于器表，没有繁缛粉饰之风。圈足内铸有两字族徽铭文"亚疑"，是一件商晚期安阳风格的青铜器。

20世纪的欧洲收藏家群体中，拉斐尔具有举足轻重的地位。他是位天生的艺术鉴赏家和收藏家，少年时就对化石和埃及学感兴趣。1915年拉斐尔在大英博物馆的中世纪古物部担任志愿者，1917年开始为博物馆的收购筹集资金。1924年被任命为东方艺术策展人，同时兼任菲兹威廉博物馆的东方艺术策展人。1941年逝世后，他的东方艺术藏品分别捐赠给大英博物馆和剑桥大学菲兹威廉博物馆①。

图三　亚疑觚

拉斐尔的收藏兴趣非常广泛，涉猎有埃及艺术、波斯艺术、伊斯兰艺术、日本艺术和中国艺术的各个类别。他的收藏不仅追求艺术价值，更加注重学术价值。他经常通过实地考察购买艺术品，结交朋友来开展学术研究。在1923、1924、1928和1932年间对近东地区的持续考察，使他穿越了埃及、巴勒斯坦、叙利亚和土耳其等地购买了大量艺术品，还收集了许多用于研究的珍贵资料。拉斐尔曾经担任东方陶瓷学会的主席，发表有《近东早期陶器笔记》《威尼斯圣马可库房的中国陶器》等文章。但是他的大部分收藏品，在其生前并未正式出版。

由于拉斐尔与古斯塔夫·阿道夫（Gustaf Adolf）有着深厚的友谊，受邀参加了瑞典王室组织的探险队"卡尔贝克集团"（Karlbeck Syndicate），并且担任英国成员的秘书。这个探险队起初是由一群瑞典的私人收藏家和斯德哥尔摩的远东古物博物馆人员组成，主要针对早期中国艺术品的购买和研究。后来这个组织包括了欧洲最杰出的私人收藏家和重要的国家机构，诸如英国著名的收藏家奥本海姆、塞利格曼、克拉克和索罗门等人都加入其中。卡尔贝克集团组织了两次远赴中国的探险活动，拉斐尔都有参加。第一次是1931-1932年，拉斐尔购买了一些玉器和淮式青铜器。第二次是1934年，拉斐尔购买了安阳的青铜器和洛阳的玉器。苏格兰皇家博物馆入藏拉斐尔的藏品，其时间主要在1934-1935年，并且都是商晚期安阳风格的青铜器，可能正是拉斐尔在第二次探险活动中所获得的。

1935年北京故宫博物院受到邀请，前往伦敦皇家学院参加"伦敦中国艺术国际展览会"（International Exhibition of Chinese Art）。这次展览主要以中国的展品为中心，并且结合世界各国收藏的中国艺术品，共计展品数千件，开辟十余个展厅。这是中国艺术在欧洲影响深远的一次盛会。拉斐尔是这次展览会的执行

---

① Basil Gray, In Memoriam Sir E. Denison Ross, R. L. Hobson, Oscar Raphael, *Ars Islamica*, Vol. 9 (1942), pp. 235-237.

委员，并且前往中国挑选展品，足见他在中国艺术方面深厚的造诣。拉斐尔对中国艺术的热爱和追求，对中国艺术的鉴赏和收藏，极大地拓展了英国人对东方艺术的欣赏。

苏格兰国家博物馆还有一些青铜兵器是属于尼尔·蒙罗（Neil Gordo Munro）的收藏。例如这件春秋时期的青铜戈（图四），编号1914-502。蒙罗是苏格兰著名的医生和人类学家，年轻时在爱丁堡学医，1893年来到日本横滨担任一家综合医院的医生，1930年在北海道的二风谷开设诊所。同时，他对日本的史前史逐渐产生兴趣，并且进行了广泛的田野调查，1908年出版著作《日本史前史》。他是最早研究阿伊努人（Ainu）的西方学

图四　青铜戈

者之一，将日本贝丘遗址的人类骸骨与阿伊努人进行体质人类学研究，认为阿伊努人是日本史前时期的居民。在他逝世后，其所收集的日本史前考古资料和民族学资料被捐赠给苏格兰皇家博物馆①。

虽然没有相关资料表明他对中国古代青铜器的收藏也有兴趣。但是，他在调查研究阿伊努人期间，与另一位人类学家塞利格曼交往甚密，两人不断有书信往来。这位塞利格曼教授同时也是著名的中国古代艺术收藏家。由此推测，蒙罗收藏中国青铜器一方面可能是受到塞利格曼的影响。另一方面可能有着他的研究目的，由于对日本青铜文化的关注，通过中国古代青铜兵器与日本内陆沿岸发现的青铜剑、戟和箭头等可以对比研究。

苏格兰国家博物馆入藏时间最早的青铜器是编号为1902-419的青铜爵（图五），器物装饰有精美的兽面纹，鋬内铸有磨砺不清的族徽铭文，是一件商晚期的青铜器，具体年代与殷墟妇好墓差不多同时期。根据档案记录，这件器物的收藏家为D. MacCallum，可能是安德鲁·麦卡勒姆（Andrew MacCallum）名字的缩写。麦卡勒姆是苏格兰人，出生于诺丁汉，是英国著名的风景画家。由于长期活跃于伦敦的艺术圈和上流社会，为了学习绘画经常游历欧洲各个国家。在1870年和1875年之间数次赴埃及考察，使他对古代艺术品有所关注。1902年他在伦敦逝世，这件器物由此成为苏格兰皇家博物馆入藏最早的一件中国古代青铜器。

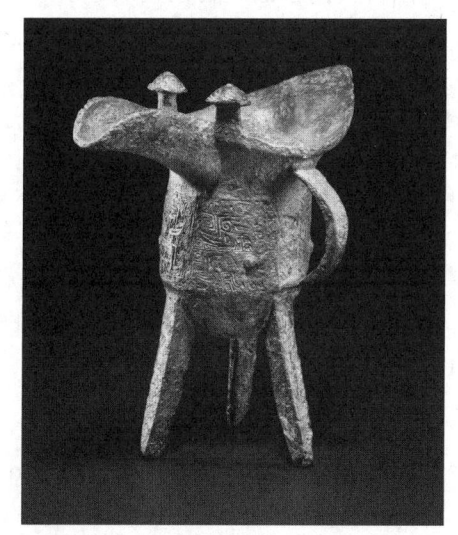

图五　青铜爵

二、巴勒珍藏馆

在苏格兰第二大城市格拉斯哥市郊的波洛克公园（Pollok Country Park），有一座收藏中国古代艺术品极负盛名的博物馆——巴勒珍藏馆。这座博物馆所有的藏品全部来自威廉·巴勒爵士（Sir William Burrell）。1944年他将自己全部的收藏捐献给格拉斯哥，在他看来"藏品才是重要的，而并非是收藏家"。

---

① Jane Wilkinson, The Return of Ainu material to Hokkaido for Temporary Exhibitions to Increase the Awareness of Ainu Culture, *Journal of Museum Ethnography*, No. 13 (2001), pp. 55-61.

为了避免当时格拉斯哥空气污染对其收藏品的损坏,捐赠条件之一就是这些藏品必须存放和展览于远离格拉斯哥市中心16英里以外的地方。直到1983年巴勒珍藏馆才正式建成对外开放。

巴勒爵士出身于苏格兰的船运世家,少年时便喜欢收藏,15岁购买了收藏生涯的第一幅画。当他继承家族生意后,开始将庞大的资金用于东西方艺术品的收藏。巴勒珍藏馆收藏有9000多件世界各地的艺术品,可见他的收藏领域相当广泛,主要包括有古埃及、古希腊、古罗马、中国和伊斯兰艺术,中世纪的彩色玻璃、挂毯、家具、武器、盔甲和宗教艺术品,以及马奈、德加和塞尚等法国印象派画作。其中国古代艺术品总数超过1700件,其规模仅次于大英博物馆和维多利亚与阿尔伯特博物馆。

由于巴勒的祖父和父亲两代人经营船运公司至东方进行贸易,使得巴勒从小便开始接触东方的艺术品,对东方文化有着深刻的认识。虽然他毕生都未能到过中国,但是这并未阻挡他对中国古代艺术收藏的热情。他的所有中国藏品均购于欧洲的拍卖行、古董商和收藏家,经常往来的古董店主要有Sparks、Bluett、Dickinson、Franck、Hancock、Larkin、Nott、Spink、Partridge和Moss等①。

图六 沬伯疑尊

20世纪伴随着中国铁路的建造,早期墓葬被破坏打开,大量文物流入了欧洲市场。巴勒正是少数最先发现这些中国古代艺术品价值之所在,并且进行收藏的欧洲收藏家之一。1911—1916年间巴勒主要按照时代来收藏中国古代艺术品,特别是汉、唐、明、清历朝历代的作品。1945—1949年间巴勒的收藏兴趣转向了史前时期和青铜时代,尤其是对青铜器、玉器和陶器极为关注。他收藏的青铜器共有184件,其中不乏珍品。例如编号为8.20的沬伯疑尊(图六),这件器物虽然通体素面,但是铭文相当重要。内底铸有铭文11字,记载了沬伯疑为祭祀乃父所做的器物。此人的器物还见于大英博物馆的沬司土疑簋和日本出光美术馆的沬伯疑卣,"沬"为氏称,"伯"为行次,"司土"为官职,"疑"为私名。这些都是1931年河南濬县辛村卫国墓地出土的同一批器物,后来流散于海外各地。

巴勒的艺术鉴赏力是通过自学,根据一系列的收藏逐步得到提升。并且他还打算通过这些藏品来构建一个收藏体系,以此来呈现中国古代文明的发展。正因为有着这个远大的抱负,他成为全欧洲迄今为止收藏中国古代艺术品最多的收藏家。

三、阿伯丁大学国王博物馆

阿伯丁位于苏格兰东北部,是苏格兰的第三大城市。阿伯丁大学历史悠久,最早的国王学院(King's College)和玛丽莎尔学院(Marischal College)分别成立于1495年和1593年。1727年国王学院开始建立类似于现代博物馆收藏方式的标本收藏。1786年在玛丽莎尔学院专门开设一个房间作为博物馆,藏品包括古代雕塑、钱币、北美、波利尼西亚和非洲的人类学资料,动物标本和地质标本等。

1860年两所学院合并组成阿伯丁大学,专业调整后的国王学院设置有艺术和神学,玛丽莎尔学院设置有医学和科学。因此,国王学院的博物馆改设为考古博物馆,玛丽莎尔学院的博物馆改设为自然历史博物

---

① Richard Marks [et al.], *The Burrell Collection*, London: Collins in association with Glasgow Museums and Art Galleries, 1983.

馆。20世纪初对玛丽莎尔学院进行扩建，将其博物馆改建为人类学博物馆，并汇集了国王学院考古博物馆和图书馆收藏的古希腊、近东地区考古资料，以及曾经在海外担任传教士、士兵和殖民地行政人员的校友所捐赠的藏品。

由于人类学博物馆一直由解剖学家担任策展人，对考古学和人类学的学科发展缺乏参与度，对考古学和人类学的兴趣也在不断下降。20世纪末人类学博物馆更名为玛丽莎尔博物馆（Marischal Museum），2008年阿伯丁市议会总部大楼的改建工程致使其对公众关闭。2011年新开放的国王博物馆（King's Museum）取代玛丽莎尔博物馆，成为阿伯丁大学展示考古和历文化收藏的博物馆。[①]

阿伯丁大学国王博物馆收藏的中国古代青铜器数量不多，主要是在1963-1971年间通过苏富比拍卖行购买的，其中也不乏一些值得研究的收藏经历。例如编号为ABDUA：56491的举父丁爵（图七），1965年购买于苏富比拍卖行。根据拍卖纪录显示，这件器物的收藏家为莱昂内尔·爱德华兹（Lionel Edwards），他收藏至1945年将这件青铜器出售。爱德华兹是英国著名的风景画家，出生于北威尔士康威的贝纳尔斯（Benarth）。他在少年时代就表现出极高的绘画天赋，十九岁时成为伦敦素描俱乐部最年轻的成员，1927年加入伦敦皇家艺术学院。他的油画作品大多是以狩猎场景为内容，还包括有赛马、射击和钓鱼场景的画作。爱德华兹虽然是油画家，但是对中国古代艺术品抱有较大的兴趣。2014年纽约苏富比拍卖坂本五郎旧藏青铜器，其中有一件鸮壶曾经也是爱德华兹的藏品。这件青铜器是坂本五郎在1989年的苏富比拍卖会上购得。他还热衷于瓷器的收藏，英国著名收藏家乔治·欧摩福波罗士（George Eumorfopoulos）收藏的部分瓷器也成为他的藏品。

图一　举父丁爵

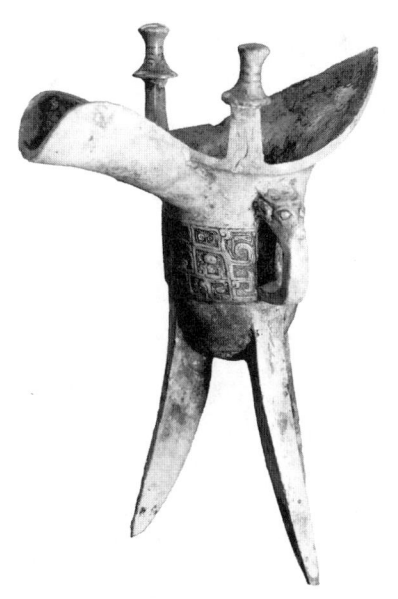
图八　光父癸爵

还有一件编号为ABDUA：56492的光父癸爵（图八），1964年购买于苏富比拍卖行。根据拍卖纪录显示，这件器物的收藏家为马尔科姆·麦克唐纳（Rt. Hon. Malcolm MacDonald），他收藏至1961年将这件青铜器出售。麦克唐纳是英国著名的政治家和外交家，他的父亲拉姆齐·麦克唐纳曾经两任英国首相。麦克唐纳担任过马来西亚、新加坡及英属婆罗乃总督，以及英国驻印度高级专员等职务。由于他常年在东南

[①] Jandl SS, Gold MS (eds), Public Engagement, Research and Teaching: The Shared Aims of the University of Aberdeen and its Museums, *A Handbook for Academic Museums: Beyond Exhibitions and Education*, Museums etc. 2012. pp62-86.

亚地区任职，对东方文化有着深刻的认识，撰写过关于艺术和陶瓷的书籍。同时他对人类学和自然历史感兴趣，是一位杰出的鸟类学家。麦克唐纳收藏不少中国古代青铜器、玉器和瓷器，有的部分瓷器捐赠给大英博物馆。

综上所述，20世纪的苏格兰收藏家或是工作经历，或是个人机遇，都与中国古代艺术结下不解之缘。一方面是先进的科学知识通过他们得以在中国传播，另一方面是中国古老的历史文化通过他们也得以在英国流传。在中西文化碰撞、古今文化交融的年代，这些珍贵的艺术品极大地丰富了欧洲人民对遥远东方的认知。

附记：本文为国家社科基金项目"英国所藏夏商周青铜器的整理和研究"（项目编号：17CKG009）。

郑州经开区盛和社区新莽 M1 发掘简报

郑州市文物考古研究院

2018 年 5 月，郑州市文物考古研究院配合小区建设，对地处郑州市经济技术开发区经开第三大街以西，南三环以北的盛和社区进行考古发掘时，清理出新莽时期的墓葬一座，编号 2018ZJSM1，简称 M1（图一）。发掘地点原属于居民区，由于清表和早期人类活动，墓葬局部受到扰乱，现将墓葬的发掘情况简报如下。

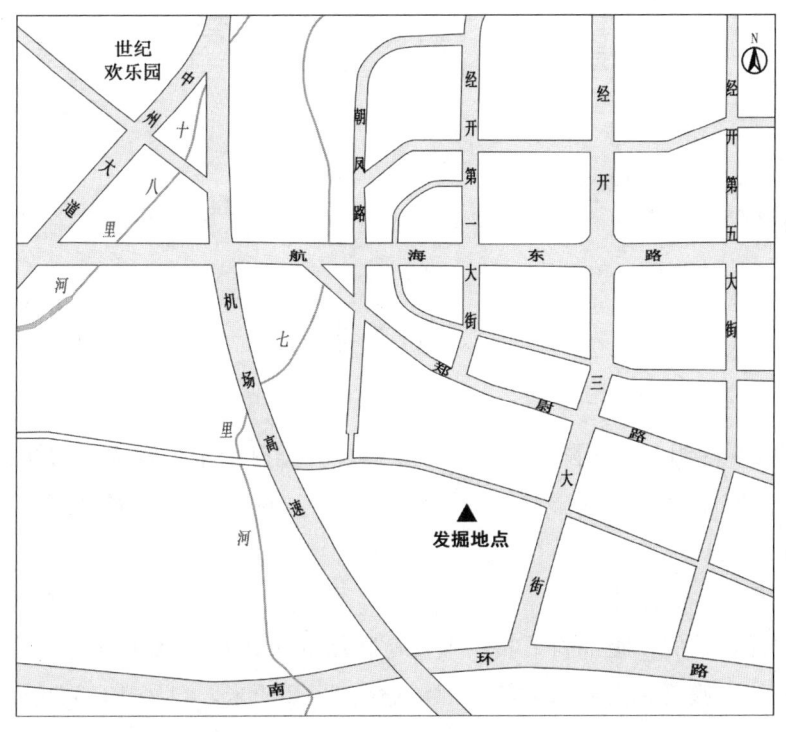

图一 发掘位置示意图

一、墓葬形制

墓葬为小砖单室墓，南北向，方向 10°。平面呈刀形，墓葬全长 5.4 米。墓葬由墓道、封门、甬道和墓室四个部分组成（图二）。

墓道，位于墓室的北部，略偏西。由于扰乱，北部扰乱严重，南侧保存相对较好。竖穴土坑，直壁斜坡式。平面北窄南宽略呈梯形，残长1.46米，宽为1.28~1.38米，深0~0.7米。封门，位于墓道的南侧，用青灰色小砖呈弧形封堵，封门高约0.7米，由11层小砖错缝平砌而成。甬道，位于封门与墓室之间，长1.52米，宽1.4~1.45米。墓室，位于甬道南部，平面为长方形，南北长4.05米，东西宽为2.3米，残深0.7米。墓室东西两壁皆用小砖错缝平砌而成，共计12层，高为0.7米。南壁扰乱严重，情况不明，墓室底部为小砖纵横铺地。墓室中部发现两具人骨，一具居左，一具处右。左侧人骨为仰身直肢，面向上，下肢扰乱严重。骨架左侧放置一柄铁剑，右肩胛骨上可见铜钱数十枚和布币数枚。两具骨架中间有陶瓮一个，右侧人骨呈堆状放置，颅骨与肋骨堆成一团。墓室右上方从南向北依次放置着罐、壶、灶等随葬品。

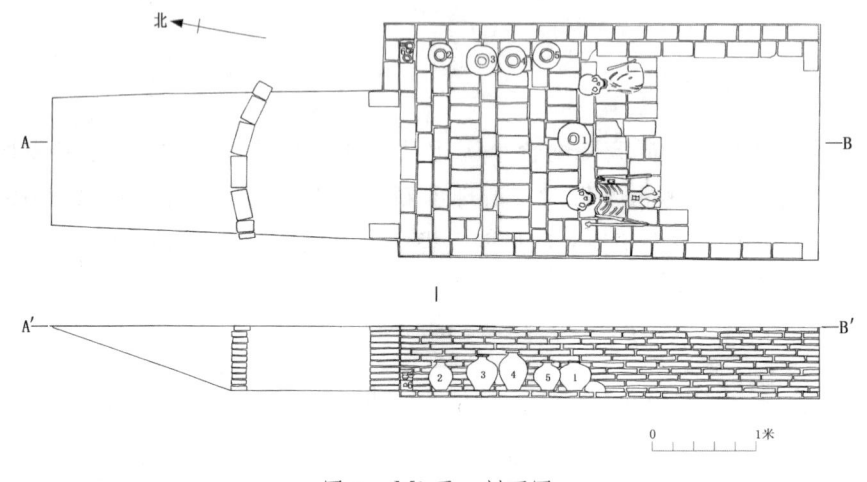

图二　M1平、剖面图

1. 陶罐　2. 陶壶　3. 陶罐　4. 陶壶　5. 陶壶　6. 陶灶　7 铁刀　8. 布币　9. 铜钱

二、随葬器物

M1共计出土随葬品9件组，分为陶器、铜器和铁器。种类有陶罐、陶瓮、陶灶、铜钱、铁剑等。

1. 陶器6件。其中陶罐2件，陶壶2件，盘口壶1件，陶灶1件。均为青灰泥质灰陶，轮制，多素面。

陶罐2件　形制不同。

M1∶1，小口，卷沿，鼓肩，腹部斜下收，平直，腹部近底处有一人工穿孔。肩部外侧饰有圈带纹一周，内用几何形陶纹镶嵌，腹部饰有暗水波纹一周，通高22.2厘米，口径13.8厘米，腹径26.2厘米，底径13.5厘米，底部穿孔直径为1.6厘米（图三，1）。

M1∶3，口微侈，方唇，沿面有凹槽。束颈、折肩，腹部斜下收，平底。肩部饰凹弦纹数道。器物通高34.2厘米，口径12.6厘米（10厘米），腹径31.2厘米，底径17.6厘米（图三，2）。

陶壶2件　形制不同。

M1∶5，侈口方唇，唇面略凹，束颈溜肩，腹部斜下收，平底。肩部下方饰两道暗水波纹。器物通高33.4厘米，口径17.2厘米，腹径27.6厘米，底径14.6厘米（图三，3）。

M1∶2，侈口，方唇，束颈溜肩，腹部斜下收，平底。肩部及以上饰暗弦纹数道。器物通高29.4厘米，口径17.2厘米，腹径22.8厘米，底径9.0厘米（图三，4）。

盘口壶　1件。M1：4，盘口，沿面内折，束颈溜肩，腹部斜下收，平底。器物通高40厘米，口径16.8厘米，腹径30.2厘米，底径14.6厘米（图三，6）。

陶灶，1件（M1：6）。长方形，前有圆拱形火门，后有屋檐形挡风墙，挡风墙上有浅浮雕烟道。灶面略鼓，左右两侧及前端各饰两个菱形戳印纹。灶面前端开有灶口，上置陶釜、陶甑、陶盆、水瓢等炊事用具。灶体通高19.0厘米，长19.2厘米，宽12.4厘米。其中灶台高10.4厘米，宽11.6米（图三，5）。

陶釜：敛口，斜肩，腹部斜下收，平底。口径4.4厘米，底径2.2厘米，深4.2厘米。

陶甑：敞口，宽折沿，沿面较平，腹部平直斜下收，小平底，底部中心饰有穿孔1个，外侧饰有穿孔5个。通高4.4厘米，口径9.0厘米，底径2.8厘米。

陶盆：敞口，折沿，沿面宽，浅盘，平底，口径7.0厘米，底径3.0厘米，高2.2厘米。

瓢：葫芦状，放置于陶盆内，长5.2厘米，最宽为3.2厘米，中空，壁厚0.3厘米。

2. 铁刀　1柄。

标本（M1：7），长条状，柄部为环首，背直略厚，刃部顶端斜收。通长64厘米，刃部长50厘米，宽2.6厘米，背部厚0.7厘米（图三，7）。

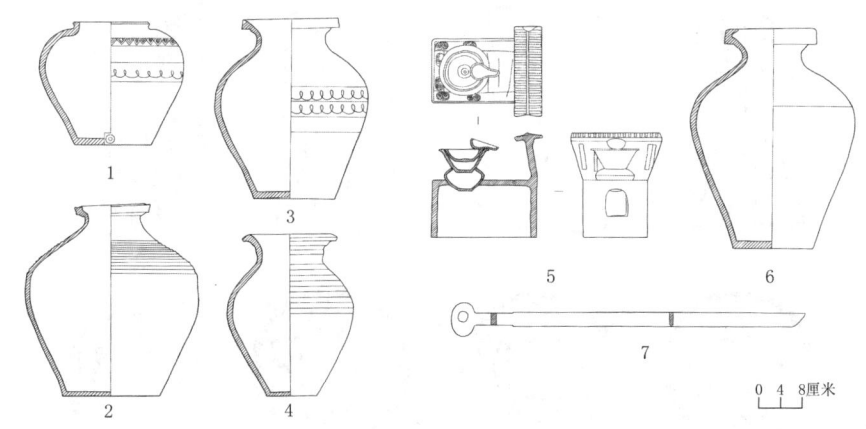

图三　M1出土器物

1、2. 陶罐（M1：1、M1：3）　3、4. 陶壶（M1：5、M1：2）　5. 陶灶（M1：6）　6. 盘口壶（M1：4）　7. 铁刀（M1：7）

3. 铜钱　35枚。

大黄布千5枚。布币，平首，平足，布首有圆形穿孔。面背均有中线，文字为悬针篆，右侧上下书"大黄"两字，左侧上下书"布千"两字。形制略有差异，根据腰部弧直分为两型。

A型，腰部略内弧。标本M1：8-1，布首与肩部连接处略窄，腰部内收，锈蚀严重。钱体通高5厘米，首部宽1.4厘米，肩宽1.9厘米，足长1.3厘米，足宽1厘米，穿孔0.5厘米。重10.8克，厚2.43毫米（图四，1）。标本M1：8-2，腰部略弧，钱体通高5厘米，首部宽1.4厘米，肩宽1.9厘米，足长1.3厘米，足宽1厘米，穿孔0.5厘米。壁厚2.81毫米，重14.4克（图四，2）。

B型，腰部平直。标本M1：8-3，平肩、腰部平直，锈蚀严重。钱体通高5.6厘米，首部宽1.4厘米，肩宽1.9厘米，足长1.5厘米，足宽1厘米，穿孔0.5厘米。壁厚2.99毫米，重12.1克（图四，3）。

大泉五十30枚，形制略有差异，根据钱体胎壁、形制可分为两型。

A型，钱体较大，胎壁较厚，廓棱清晰，孔径小，字体粗大。根据钱币上的"五"字差异可以将此类钱币分为两个亚型。

Aa型,钱文中"五"字两股相交较缓,且圆润,字体略宽。标本M1:9-1,直径2.8厘米,内廓边长0.75厘米,厚2.58毫米,重4.4克(图四,4)。

Ab型,钱文中"五"字两股相交略急,字体稍瘦。标本M1:9-2,钱文中"大"字横划成圆弧状。直径2.8厘米,内廓边长0.76厘米,厚2.6毫米,重4.2克(图四,5)。标本M1:9-3,直径2.8厘米,内廓边长0.81厘米,厚2.35毫米,重3.5克(图四,6)。

B型,钱体较小,胎壁较薄,孔径一般。根据钱币上的"五"字的形体差异可分为两个亚型。

Ba型,钱文中"五"字两股相交较缓,且圆润,字体略宽。标本M1:9-4,直径2.4厘米,内廓边长0.86厘米,厚1.5毫米,重2.2克(图四,7)。

Bb型,钱文中"五"字两股相交略急。标本M1:9-5。直径2.4厘米,内廓边长0.8厘米,厚1.61厘米,重2.6克(图四,8)。钱文中"大"字横划成圆弧状。标本M1:9-6,直径2.4厘米,内廓边长0.81厘米,厚1.48毫米,重2.7克(图四,9)。标本M1:9-7,钱文中"泉"字字体呈扁平状,略宽。直径2.5厘米,内廓边长0.78厘米,厚1.61毫米,重2.6克(图四,10)。

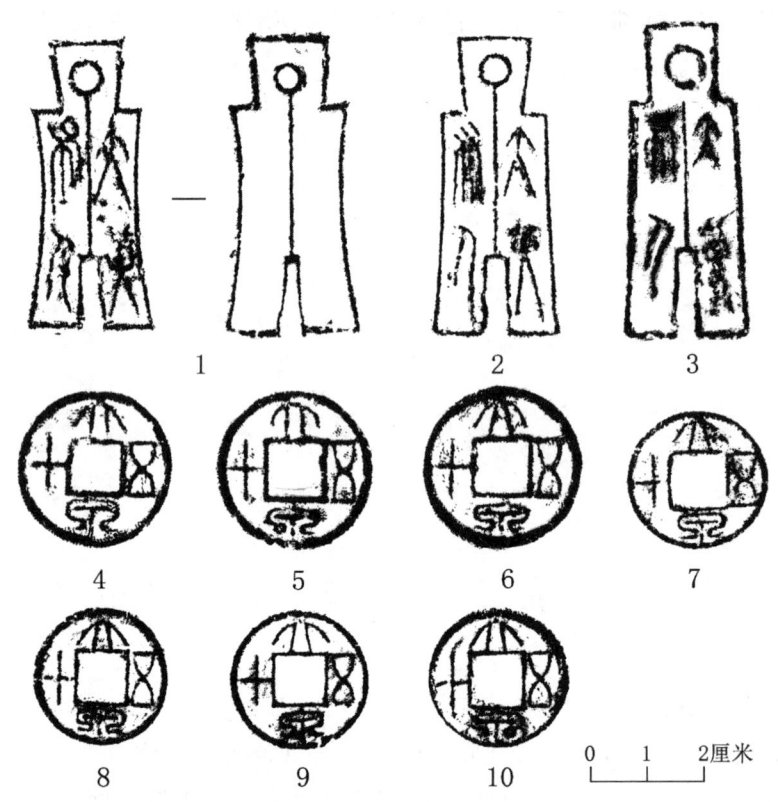

图四 M1出土铜钱

1、2. A型大黄布千(M1:8-1、M1:8-2) 3. B型大黄布千(M1:8-3) 4. Aa型大泉五十(M1:9-1) 5. Ab型大泉五十(M1:9-2) 6. Ab型大泉五十(M1:9-3) 7. Ba型大泉五十(M1:9-4) 8. Bb型大泉五十(M1:9-5) 9. Bb型大泉五十(M1:9-6) 10. Bb型大泉五十(M1:9-7)

三、结语

M1式一座单室小砖砖券墓,平面为刀字形。这一座墓葬与洛阳烧沟汉墓中二型Ⅱ式基本一致[①],具有斜坡形墓道,在墓门与墓室间有甬道相连。墓葬内出土了陶罐、陶瓮、盘口罐、壶、陶灶的器物组合,与郑州三官庙M1所出的陶器组合极为相似,出土陶器也基本一致[②]。

在M1中出土了五枚大布黄千和多枚大泉五十,这两种货币均始造于新莽时期。就出土货币的造型与字体而言,差异性较大,应该分属不同时期或者铸币地点所铸造的铜币。据史书"遣谏大夫五十人分铸钱于郡国",[③] 这些特征与新莽时期中央政府将铸币权力下放和民间盗铸有关。其中A型大泉五十,钱币胎体较厚,字体较粗,直径在2.8厘米左右,此类大泉五十应该是王莽新朝早期的钱币,而B型大泉五十,胎壁较薄,直径在2.5厘米左右,此类大泉五十应该是新莽晚期的钱币,当然也不排除为晚期私铸的可能性。"大布黄千"是王莽时期所铸货币,始建国二年(10)开始铸造,天凤元年(14)被废止流通,作为王莽第三次币制改革中的最大面值的货币,流通时间极短,正式流通时间仅有5年左右。故M1的年代上限不超过公元9年,应该是公元9年之后的新莽时期的墓葬。

这座墓葬中发现了两具尸骨,其中左侧尸骨一侧放置有环首刀,尸骨完整,右侧骨骸放置一堆,应该是二次葬,根据墓葬埋葬特点,可以认为是一座夫妻合葬墓。这一座墓葬虽遭扰乱,但是"大泉五十"和"大黄布千"的发现为墓葬的确切年代提供了重要的线索,这一座墓葬为王莽时期的夫妻合葬墓,为我们研究当时的家庭社会提供了重要的实物资料。

领队:刘文科
绘图:景亚茹
拓片:梁亚男
执笔:刘文科

---

① 中国社会科学院考古研究所:《洛阳烧沟汉墓》,科学出版社,1959年。
② 郑州市文物考古研究院:《河南郑州中原区新莽M26发掘简报》,《文物》2014年3期。
③ (汉)班固:《汉书·王莽传》,中华书局,1962年。

简阳市张飞营唐代摩崖造像调查与研究

西南民族大学　雷玉华

四川博物院　刘　莎

摘要：四川摩崖造像近年陆续有新发现。本文就新发现的简阳市龙泉山张飞营摩崖造像进行了实地考察，结合其佛像遗迹的造像风格、纹饰特点，认为其为唐代摩崖造像，属于成都境内比较少见的大佛形制遗址，为四川唐代大佛遗址的研究又添新材料，具有重要的意义。

关键词：张飞营；唐代；摩崖造像

张飞营摩崖造像位于四川省简阳市武庙镇（原武庙乡）烂田村三组张飞营山顶村委会西北 700 米处，遗址在成渝古道东大路旁，山势险峻，整座山在 20 世纪在六七十年代已改为梯田，现在已全部种植果树，整个山沟村民大都姓傅，故又称傅家沟。2009 年，第三次全国文物普查过程中，简阳市文物管理所发现了山上的张飞营遗址，登记为第三次文物普查新发现文物点，2011 年，简阳市人民政府将摩崖造像公布为简阳市文物保护单位，划定文物保护范围为造像周围 6 平方米，建设控制地带面积为造像周围 24 平方米。2012 年，简阳市人民政府在摩崖造像前立文物保护标志碑。因与三国人物张飞相关，张飞营址发现后，武侯祠博物馆曾派专业人员前往调查，并撰写了详细的调查报告。2021 年 4 月成都文物考古研究院对张飞营遗址范围内的石窟寺保护状况做了专项调查，并向国家文物局提交了专项调查报告。2021 年 7 月 18 日，四川博物院联合西南民族大学对张飞营佛教摩崖造像再次进行了实地的调查（图一）。

图一　张飞营摩崖造像保护碑

一、造像概况

在张飞营山接近山顶面向成都市区一侧的山崖上,在长 15 米、宽 6 米的崖壁范围内发现了摩崖造像,因在 20 世纪时期,梯田改造、岩石开采,原来造像情况已经不清楚。现在山崖前有一条乡村水泥公路通向山顶,公路下方通向成都。公路东侧现在仅存两龛上下相邻的摩崖造像和一些残龛痕迹。造像崖前地理坐标:北纬 N30°24′08.0″,东经 E104°13′39.5″,海拔 895.7 米。所在山体为以紫红、紫褐色泥岩为主,夹泥质粉砂岩及长石石英砂岩。泥岩普遍含钙质团块。由下向上岩石颗粒变细,砂岩减薄,泥岩增厚。现存造像 2 龛,另一尊为未完成的露天巨型佛像。

1. 一号龛(图二、图三)

一号龛距公路 10 米,位于一块崖壁上。外方内圆拱形双层龛,外龛高 90 厘米,宽 67 厘米,深 40 厘米。内龛高 60 厘米,宽 50 厘米,深 28 厘米。内外龛均风化严重。内龛中有 5 尊残像。主尊为一尊坐像,着袈裟,有背光和火焰纹桃形头光,左肩上方可见禅杖杖头,两侧立四尊像,靠近主尊的两尊像有圆形头光,左侧者可看出披袈裟,应为僧像。外侧两尊像仅存痕迹。专项调查中称为"一佛二菩萨"像,不确,应为一铺五尊像,主尊的僧装的地藏菩萨。主尊高 25 厘米,肩宽 15 厘米,厚 6 厘米。

图二　张飞营摩崖造像龛全景

图三　张飞营摩崖造像近景

2. 二号龛(图四、图五、图六)

二号龛位于一号龛后方高处的崖壁上,右侧为已荒废的采石场。距大佛头前约 2 米处。方形平顶龛。高 63 厘米,宽 73 厘米,深 15 厘米。龛内雕坐佛一尊,风化严重,一半已埋入土中。大佛头位于一号龛后方高处的崖壁上,右侧为已荒废的采石场。头像从山体上人工雕凿剥离出来,背面距崖壁 3 米左右。头为圆雕,平顶,顶中间有一个小孔,螺发,仅雕出颈部以上。高 490 厘米,宽 325 厘米,厚 245 厘米。下颌离地面高 92 厘米。右耳高约 250 厘米,宽约 120 厘米。螺髻卷大小不均匀。

图四 大佛头顶

图六 大佛头左侧

一号龛主尊左肩上方可见禅杖杖头，据此可以推知主尊为僧装地藏菩萨像。从龛形、主尊像的火焰纹背光、背光与头光重叠呈葫芦形以及造像组合等特征，可以推知一、二号龛皆开凿于唐末至五代时期。大佛头从正面观看，面形圆润，面相有唐代大佛的模样。但是两侧耳朵生硬、螺发大小不均，形状不同，大小杂乱无序，与面部不相称，右侧耳朵还曾被凿成石梯。整个头顶无螺髻，且平整，中间有一个圆孔。佛头整体脱离山崖，像一个方正的立方体，与一般的头形不同。结合整体观察，可能大佛在很早（可能是唐代）就开了头，但仅开出面部后就停工了，后来几次有人想来完成，但最终没有完工。最后的工程也许在开

图五 大佛头右侧

山采石、修造梯田之前不久。这种半拉子工程的大佛在四川还比较多，最有名的如仁寿牛角寨大佛，与此大佛的情况类似。

二、张飞营摩崖造像的题材

张飞营摩崖造像现在可以看到的题材就是地藏菩萨和大佛，这两样都是四川唐代以来特别流行的信仰，至今仍然兴盛不衰。

地藏菩萨与文殊、普贤、观音并称为中国的四大菩萨，在中国民间有广泛的信仰和流传。地藏，梵名为 Ksitigarbhah，隋唐间为三阶教徒所崇奉，盛唐以来，入两部密像。在四川石窟和摩崖造像中有大量形象，四川石窟和摩崖造像中的地藏菩萨多作沙门形。曾经被认作是唐代密教在四川流行的证据，经过我们多年的调查，发现其实它已经成了四川深入民间的信仰，无论显、密，禅宗、净土一样信仰。

1. 佛教经典中的地藏形象和地藏信仰

佛经中地藏菩萨首先见于多种显教经典，在玄奘译的《大乘大集地藏十轮经》中说他"安忍不动犹如大地，静虑深密犹如秘藏"。他受释迦牟尼佛嘱咐，在释迦既灭，弥勒未生之前，自誓尽度六道众生，拯救诸苦，始愿成佛，因此也被称为"大愿菩萨"①。只要造地藏菩萨像烧香供养，就可以得到十种利益乃至二十种利益，这些利益不仅包括现世的，也包括往生后的种种福报。如《地藏菩萨本愿经》中称："以土石竹木作其龛室，是中能塑画及至金银铜铁作地藏形象，烧香供养瞻礼赞叹，是人居处即得十种利益，何等为十，一者土地丰壤，二者家宅永安，三者先亡生天，四者现存益寿，五者所求遂意，六者无水火灾，七者虚耗辟除，八者杜绝恶梦，九者出入神护，十者多遇圣因。"用这样浅显易懂的宣传，对促进地藏的信仰民间化发挥了很大作用②，关于地藏图像，北凉失译的《大方广十轮经》中有如下几种记载：

> 尔时南方有大香云雨大香雨……又复皆悉见其两手有如意珠，雨如意宝，其如意宝各出光明。是地藏菩萨作沙门像。地藏菩萨摩诃萨……汝从南方来，八十频婆百千那由他菩萨以神通力俱来至此，悉作声闻像在如来前。或作梵天身成就众生，或作自在天，大自在天，摩醯首罗天，或作欲界他化自在天，兜率陀天……或作菩萨身……或作声闻身……或作男身女身或作童男童女身……或作地狱身为诸众生种种说法，随诸众生显示三乘，皆悉令住不退转地。③

玄奘译《大乘大集地藏十轮经》中说他："以神通力现声闻像，从南方来至佛前住。"

然而以上所列经书在《大藏经》中均被列入大集部，是显教经典，从中我们不难发现显教经典中的地藏菩萨具有化现各种不同身份以解救与教化众生的能力，同时沙门形象（声闻像）是地藏菩萨最典型且具体的造像形式。张飞营一号龛这尊地藏像就是经典中说的"声闻像""沙门形"。

初唐以后，随着密教经典的翻译，一些密典中也有关于地藏形象的记载，唐菩提流志所译《不空绢索神变真言经》卷九载："地藏菩萨，左手执莲花台上宝印，右手扬掌，半跏趺坐。"④

善无畏、一行所译出的《大毗卢遮那成佛神变加持经》卷一中有："地藏摩诃萨，其座极巧严，身处于

---

① （唐）玄奘译：《大乘大集地藏十轮经》，《大藏经》第十三册，卷一，第721页。
② （唐）实叉难陀译：《地藏菩萨本愿经》，《大藏经》第十三册，卷一，第777页。
③ 失译：《大方广十轮经》，《大藏经》第十三册，卷一，第681页。
④ （唐）菩提流志译：《不空绢索神变真言经》，《大藏经》第二十册，卷九，第270页。

焰胎，杂宝庄严地，四宝为莲花，圣者所安住。"

同书的卷三又载："地藏菩萨，色如钵孕遇花，手持莲花，以诸璎珞庄严，或置彼印，或置字句，所谓伊字。"①

中天竺输婆迦罗奉诏所翻译的《地藏菩萨仪轨》中有下列两处提及地藏的形象：

> 尔时释迦牟尼佛在佉罗提耶山……尔时大众中一大士名曰地藏，偏袒右肩右膝着地，合掌恭敬白佛言。次说画像法，作声闻形象，着袈裟端覆左肩，左手持盈花形，右手施无畏，令坐莲花，复居座大士像，顶着天冠，着袈裟，左手持莲花茶，右手如先，令安坐九品莲台。②

此外，译者不详的《佛说地藏菩萨陀罗尼经》中提道：

> 是地藏菩萨作沙门像，现神通力之所变化……佛复赞叹地藏菩萨言。汝从南方来，八十频婆百千那由他菩萨以神通力俱来至此。悉作声闻像在如来前，顶礼佛足右绕三匝。③

不空所译《八大菩萨曼荼罗经》中，所记：

> 地藏菩萨，头冠璎珞，面貌熙怡寂静，愍念一切有情，左手安脐下拓钵，右手覆掌向下，大指捻头指作安慰一切有情想。

从上述所列密教经典所记地藏形象看，同显教一样，沙门形也是密教地藏最主要的形象。所以只从其功能和形象上不能认为四川石窟和摩崖造像中的沙门形地藏就是密教造像。

2. 四川石窟和摩崖造像中的地藏形象

四川的地藏造像可分为立像和坐像两种，有地藏与六道、单尊地藏立像和坐像、观音与地藏立像和坐像、阿弥陀佛与观音地藏立像等多种组合。四川最早的沙门形地藏像见于广元千佛崖莲花洞，开凿于武周时期，四川其他各处已发现的各种地藏形象出现时代均晚于广元最早的地藏像，除有少数开元年间造像外，以晚唐五代为主。晚唐五代，甚至到两宋，安岳、大足一带地藏十王题材十分发达，往往表现为地藏与十殿阎王组合雕刻。在川西和大足晚唐五代戴风帽的地藏形象尤其多。安岳、大足一带的地藏像与张飞营这龛有较多相似之处，例如：

安岳圆觉洞第80号龛，五代开凿，长方形平顶龛，龛高200厘米、宽280厘米、深90厘米。龛正壁中间雕地藏菩萨头戴风帽半跏趺坐于须弥座上，右脚下踏莲花，身着交领袈裟，左手握宝珠，右手持锡杖，两侧各分五组雕刻十大冥王与判官，下部分两层雕刻地狱诸苦。

现有的调查资料显示，广元石窟中的地藏造像出现于武周时期，流行的时间约在盛唐至中唐时期，晚唐趋于衰竭，是四川地藏形象出现最早的地区。巴中地藏造像出现于中唐时期（约乾元时期），主要流行于中晚唐。四川其他地区和大足地藏有关的题材多出现于中晚唐，流行于晚唐、五代、宋。张飞营这龛地藏像属于晚唐、五代时间范围。

3. 四川地藏造像的来源和性质

从前述四川的地藏造像材料看，广元是四川最早出现地藏造像的地区，这与它是四川石窟传入之门户分不开，巴中地藏造像与四川其他地区一样出现于唐中期，甚至更晚，巴中最早的有纪年的地藏造像是乾元二年（759）南龛的第八十号观音地藏龛，川西目前发表的材料中最早的是夹江千佛崖开凿于开元二十七

---

① （唐）善无畏 一行译：《大毗卢遮那成佛神变加持经》，《大藏经》第十八册，卷一，第8页。
② （唐）输婆迦罗译：《地藏菩萨仪轨》，《大藏经》第二十册，第652页。
③ 佚名：《佛说地藏菩萨陀罗尼经》，《大藏经》第二十册，第1159页。

年（739）的第一五二号阿弥陀佛与观音地藏龛①，因此探索四川地藏造像的来源必须从广元入手。广元由于金牛道联系着唐代的长安、洛阳二京，其造像之渊源多在于二京，同时广元通过天水又能与河西相通，因此必须先考查二京和河西的地藏形象。

　　长安一带的石窟很少，彬县大佛寺石窟距长安很近，是唐代的一处重要石窟，可代表长安及其周围地区的石窟。彬县大佛寺有沙门形地藏，还有佛相佛装的地藏，其中千佛洞西壁的第19号龛内雕刻的二地藏均披袒右肩袈裟，衣纹写实，半跏趺坐于束腰座上，一脚下踏莲座上，龛下方有武周圣历元年（698）"造地藏菩萨两躯"的铭文。另外该洞中还有证圣元年（695）等多龛地藏像②，多为半跏趺坐式，它们往往两两对称雕刻，一般没有与观音或阿弥陀佛、观音等同龛雕刻的，有的地藏有肉髻，表现为佛的形象，有的为菩萨形，与一般菩萨无异。另外晚唐时期耀县药王山造像碑中有地藏与六道像，其中地藏有螺发和肉髻，与佛无异。因此长安及其周围地区地藏形象中当有佛相一类；其半跏趺坐的地藏衣纹比较写实，多坐于束腰圆形或八角形高座上是其特点，流行于武周时期。

　　洛阳龙门最早的有纪年的地藏形象是麟德元年（664），有的像还可能早到贞观末到永徽年间（650—655），有沙门形，也有菩萨形。其中宾阳中洞上方有一尊地藏立像，地藏右手上抬，指缝中升起五道斜线，线中飞出人、马、飞天等表现五道轮回的图像。王元轨洞窟口有两个分别雕半跏趺坐沙门形地藏的龛，二地藏着双领下垂袈裟，右手握宝珠。八作司洞下方有一身地藏与王元轨洞口地藏同；这四龛地藏是唐高宗与武周时期的造像③。我们可以看到龙门地藏有沙门形，也有菩萨形，有立像，也有坐像，其中善跏趺坐、一手握宝珠的形象与广元武周时期的地藏形象比较接近，其立式地藏形象与广元的单尊立式地藏也十分相似，而与长安附近的彬县、耀县的形象有较大差别。

　　河西走廊南端距广元最近的是天水麦积山，这里没有更早的地藏像，只有第二窟内有明代的地藏及十王和地狱内容。河西走廊西头是敦煌莫高窟，在莫高窟从初唐至五代、宋均有关于地藏的壁画，其形象均是以沙门形为基础而变化，其中唐代地藏与观音的对称组合特别多，还有阿弥陀佛、观音、地藏的组合以及药师佛、地藏组合，中晚唐又出现了地藏与千手观音的组合，五代、北宋以地藏十王图案最流行，还有地藏六道。因此四川的观音与地藏，观音、阿弥陀佛与地藏，以及地藏与十王等复杂的题材与敦煌关系密切。其中与地藏十王相关的经典《佛说地藏菩萨发心因缘十王经》和《佛说预修十王生七经》题名为晚唐成都府大圣慈寺沙门藏川述④，而广元千佛崖两龛地藏十王造像的时代约在开元初年，证明这种题材在民间的出现应更早，并且可能在四川地区流传广泛，后来逐渐传播影响到其他地区，同时也说明这种题材可能是由四川传入敦煌的。

　　因此，就目前的材料可以推测，广元的善跏趺坐地藏最大可能来源于洛阳，属于较早的形象，同处川北地区、不在金牛道上的巴中没有。稍晚的与观音并列或阿弥陀佛、观音地藏并列的组合则是巴中最流行的形式，洛阳也有，但敦煌似乎更流行，而且初唐就有，所以有可能来源于敦煌。地藏与十王似乎起源于四川，最后由成都大慈寺沙门总结成经典，使之在四川各地流行，并传布于天下。大足等地流行的地藏形象亦与敦煌关系更密切，但又有自己的发展。另外，在密教仪轨中密教最重要的是坛场，而坛场均是临时设置的，设坛请像是一种临时性质的仪式，仪式完成后，各类像就会收藏起来。巴中和广元石窟中的地藏

---

① 张总：《地藏信仰研究》，宗教文化出版社，2003年，第173—352页。
② 张总：《地藏信仰研究》，宗教文化出版社，2003年，第173—352页。
③ 常青：《龙门石窟地藏菩萨及其相关问题》，《中原文物》1993年第4期；张总：《地藏信仰研究》，宗教文化出版社2003年，第173—352页。
④ 张总：《地藏信仰研究》，宗教文化出版社，2003年，第3—131页。

造像虽与密教经典有关，但以上所例诸小龛所在的摩崖前均不适宜设坛举行各种密教仪式，所以应没有为了密教修行传法性质而造的地藏造像，摩崖中的各种地藏造像不能移动至坛场内，应是民间信仰的反映。同时四川等各处地藏造像多为中小型龛，尤其是广元和巴中的地藏造像大多是在大窟大龛造像以后，在剩余的壁面上补凿的小龛，这可能反映出地藏菩萨多为下层民众信仰的缘故，与密教在二京地区只是以皇室为首的上层人物信仰不同。张飞营这龛造像正是成都周围民间信仰地藏的表现。

三、四川的大佛遗存

开凿大佛的传统原在北方，早在 4 世纪新疆克孜尔石窟群中就已盛行塑大像的习惯，二十前年被塔利班政权炸毁的中亚巴米扬大佛之渊源亦可能在中国。新疆以东的甘肃武威天梯山，在北凉时期即有大像开凿，山西大同云冈石窟、唐代敦煌石窟、龙门石窟等地都有大像开凿。南方最早的大佛是 6 世纪南京的栖霞山和剡县的像。

随着时代的变化，佛的形象也有些变化，但是不管佛的衣纹服饰、面容神态如何变化，只要条件允许，凿刻大佛应该是人们普遍的追求，于是盛世的大唐开凿了一大批大佛，佛教入川的前沿码头在素有川北门户之称的广元，无论是从北方古代政治中心长安、洛阳来，还是从西边经丝绸之路、河西走廊来，过了金牛道上的石柜阁，便进入了蜀门锁钥广元。川渝最早的石窟寺便开凿于广元，它们是广元千佛崖的三圣堂和皇泽寺的中心柱窟。皇泽寺的大佛窟和千佛崖的北大佛窟则是四川最早的大佛，证明了大佛之传统很早就从北方传到了广元，之后，蜀地遍地开凿，堪称大佛的王国。其中最著名的当属乐山大佛。

位于凌云山栖鸾峰下的乐山大佛作为目前世界上最高大的古佛像，"佛似一座山，山是一尊佛"，每逢节假日，大佛头后及两侧的平坝及通道上人头攒动，在入口处排队等上一两个小时更是常事。从江中乘船观佛，蜿蜒的九曲栈道上，游人如同长长的蚁队，在佛像巨大的脚趾旁、身体侧慢慢蠕动爬行。大佛两侧高耸壁立的崖面上有许多孔洞，是修造大佛时搭架和在佛顶上方修建阁楼时留下的，在波涛汹涌的三江之水侧近 80 米的陡壁上，工匠们仅凭人力完成如此硕大的造像，其智慧与艰辛令人难以想象。

其实，尽管造大像不易，四川却不只有乐山大佛，巴山蜀水的山野沟壑中，处处可见大型佛伟岸的身影，至今各地仍然时有兴造。除乐山大佛外，还有龙泉天落石大佛、资阳半月山大佛、安岳高升大佛、仁寿牛角寨大佛、荣县大佛、潼南大佛、阆中大佛、南部禹迹山、三台大佛等，体量甚巨者有数十尊之多。稍小者有广元千佛崖大佛窟、资中北岩、安岳黄桷大佛寺、净惠岩大佛、圆觉洞大佛；邛崃石笋山大佛、花置寺大佛、盘陀寺大佛；蒲江飞仙阁、大佛岩、龙泉寺；丹棱刘嘴大佛等多处。这些大佛多为唐、宋两代开凿，高大者三四十米，小者二三米，其姿态或坐或立或卧，神态各异，不一而足。规模虽远不如乐山、资阳半月山等大佛，但在乡村山野，非郡县所在之地，更是一项浩大工程，有时甚至历经唐宋两代、百余年才能完工，耗费无数人力物力，只为开凿一个造像。资阳半月山大佛经历了唐、宋、明、清几次续工才告完成，前后经历了 500 年。数不胜数大佛星罗棋布，分散于偏僻的山村，可以说，四川凡有石刻造像的地区，几乎都有大佛，数不清的大佛，使巴蜀大地堪称大佛的王国。他们与众多地点的摩崖造像相契相合，遥相呼应，谱写出了中国石窟史上最华彩的篇章。

四川众多的大佛多为民间自发募款刻造，其雕刻的过程非常艰辛和持久，乐山大佛开凿过程中，因有历代地方官捐资，所以在八九十年间便完成了。而有的造像工程过于庞大，且募资断断续续，经历唐宋两代百余年才完工的大佛屡见不鲜，比如荣县大佛、潼南大佛、资阳半月山大佛等。还有的至今也没能完工，比如仁寿牛角寨大佛，还有这尊张飞营的大佛。潼南大佛在经历由唐至宋终于雕造完工之后，又因为没有钱开光，主持的僧人向居住在泸州的高官冯楫去信求援，有了大居士冯楫的支持才告成功，潼南大佛旁有碑记为证。

巴蜀之人如此乐此不疲地兴造大佛的原因，见诸文献记载的大概有两种，一是以高僧之名，借助大佛之威仪，吸引教众，达到弘法目的。如成都以北广元以南的三台，唐初三论宗高僧慧震在此弘法，并于西山造大佛，贞观八年（634）"周备成就，四面都集，道俗三万，庆此尊仪，其像口中放大白光，远近同奉"。二是以佛之威力镇慑某种不利于民的强大势力，如乐山大佛。乐山大佛所在的山峰前为岷江、大渡河、青衣江三江交汇处，这三江是古代川西的重要交通渠道，也是洪灾和往来船舶事故频发场所。唐朝开元初年，当地和尚海通看到三江每年造成的灾难，发起开凿大佛，以镇三江之水，保民平安，直至贞元十九年（803）在当时四川最高地方长官、剑南节度使韦皋的主持下才最后完工，历时九十年。

乐山大佛建成之初，曾有十三层楼阁遮蔽于前，如今遗存全无，就连现在所见的大佛面目也系2002年修补所致。每隔几年，大佛管理者都会对大佛的面目进行清洗，在不久的将来，为减少游客对大佛及其周围岩体的影响，以前的栈道将被封闭，大佛沐雨餐风的状况有望得到改变……保护它不受风雨侵蚀已成了国际文物保护领域的大课题，从这个角度看，乐山大佛是最幸运的。川渝大地众多的大佛要么静坐于山川河谷中，少有人知，要么像张飞营这尊大像一样，一直没能完工，完全遗落荒野。

四、余论

上文通过对张飞营遗址摩崖造像的调查研究，以及现存两个龛址的梳理，使我们对遗址的整体情况有了初步的了解与认识。张飞（？—221），字翼德，涿郡（今河北涿州市）人，三国时期蜀汉名将，官至车骑大将军。民间传说张飞曾在此安营驻军，故称张飞营。张飞营遗址又名关索寨，在龙泉驿区山泉镇东街社区2组所在山泉铺背后约1公里处，据清嘉庆《四川通志·简州》载："龙泉山，在州西北七十里长松山之左……其岭有关索寨。"清咸丰《简州志》卷三载："龙泉山，在州西北七十里，即灵泉山……上有蜀汉关索寨。"民国十六年（1927）刊《简阳县志·舆地·古迹》云："古张侯营，在龙泉驿东山上，地势险恶。民国九年，驱滇之役，鏖战于此十许日，滇兵始退。"

现在遗址所在位置位于龙泉山峰岭顶部，方圆不到二十亩，且又高低崎岖，绝无平地，营寨遗址已荡然无存，仅见山间一个大平台约3000平方米，山顶驻有某单位通讯站。观察地形，张飞营所处的山为一长条形山脊，若沿山脊长梁扎营，连绵3.5里左右，直到石门垭一带，可容纳数千兵马，在古代军事上堪称形胜之地。同时，张飞营遗址所在地形势险要，东可远眺成都、龙泉驿，西可俯瞰东大路、蟠龙溪、成渝路、石经寺一线。山崖与对面的蟠龙山形成一道关隘，中间是东大路，往来穿梭于东大路的行人、车马一目了然，应该是一处较为重要的军事据点，推测张飞营遗址所在地曾经是一个哨所或者小军寨。

附记：本文在资料来源、现场考察过程中得到成都天使印象儿童摄影有限公司田洪田董事长的支持与帮助，谨致谢忱。

四川彭山区大坟包墓地2020年度宋代石室墓发掘简报

四川省文物考古研究院
眉山市彭山区文物保护研究所

摘要：为配合眉山市彭山区武阳安置房一期项目建设，2020年3月—2021年2月，四川省文物考古研究院联合彭山区文物保护研究所对该墓地进行了抢救性考古发掘，共清理战国至唐宋时期、明清时期各类墓葬、窑址等遗迹500余个。其中宋代石室墓清理44座，可分为单室、双室、多室墓，随葬器物主要有瓷器、陶器、铜器、银器及铁器等，对研究西南地区宋代的葬制葬俗提供了重要实物资料。

关键词：大坟包墓地；宋代石室墓；西南地区

一、墓地概况

大坟包墓地位于四川省眉山市彭山区江口街道五一村，地理坐标为 N 30°15′16″，E 103°55′03″，海拔为443米。东侧为岷东大道，西侧为武阳故城址保护区，南侧为川西小镇，北侧为待建政府预留用地。（图一）墓地所在地为一山坡，地势起伏较大，西、南高，东、北低。2020年3月—2021年2月，为配合彭山区武阳安置房一期项目建设，四川省文物考古研究院联合彭山区文物保护研究所对该墓地进行了抢救性考古发掘，共清理战国至唐宋时期、明清时期各类墓葬、窑址等遗迹500余个，其中宋代石室墓清理44座，可分为单室、双室、多室墓，随葬器物主要有瓷器、陶器、铜器、银器及铁器等。

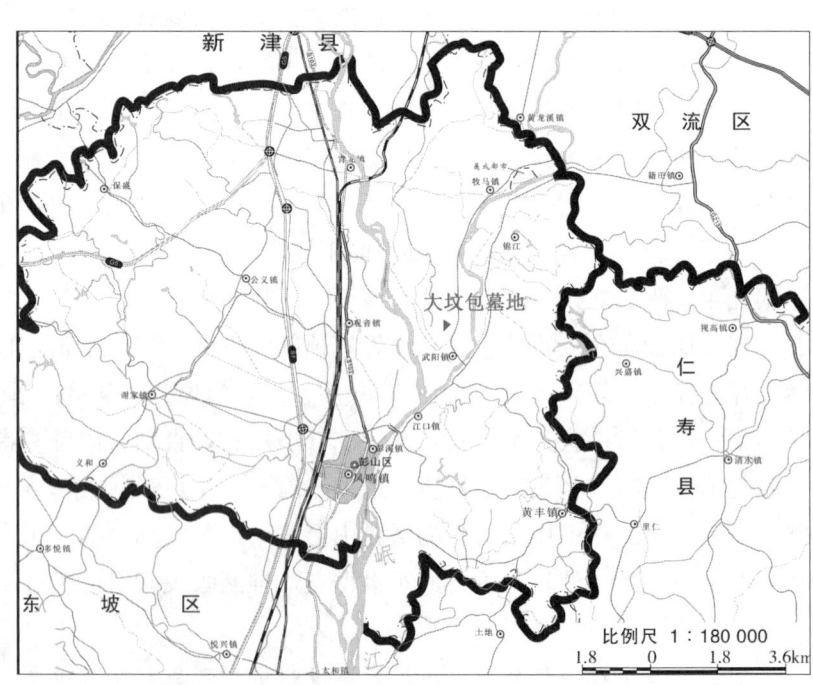

图一 大坟包墓地位置示意图

二、墓葬基本情况

本次清理共发现石室墓 44 座，可分单室、双室、多室墓，多集中分布于墓地的中部及山脚斜坡上。（图二）现以典型墓葬举例：

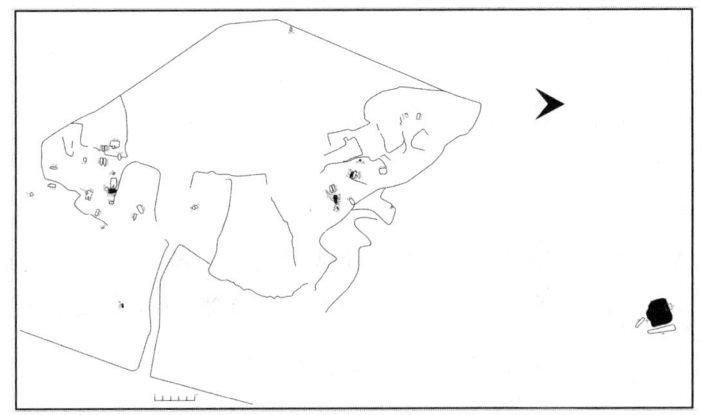

图二　大坟包墓地宋代石室墓分布图（局部，涂黑部分为简报中介绍墓葬）

（一）单室墓　33 座

1. M38

（1）位置

位于探方 IXBT3005 中部，开口于②层下，打破生土。

（2）形制与结构

平面为长方形单室石室墓，长 1 米、宽 0.55 米、深 0.4 米。墓向 226°。（图三；图版一，3）其修建方式为先挖一长方形土圹，由长方形石板垒砌而成。

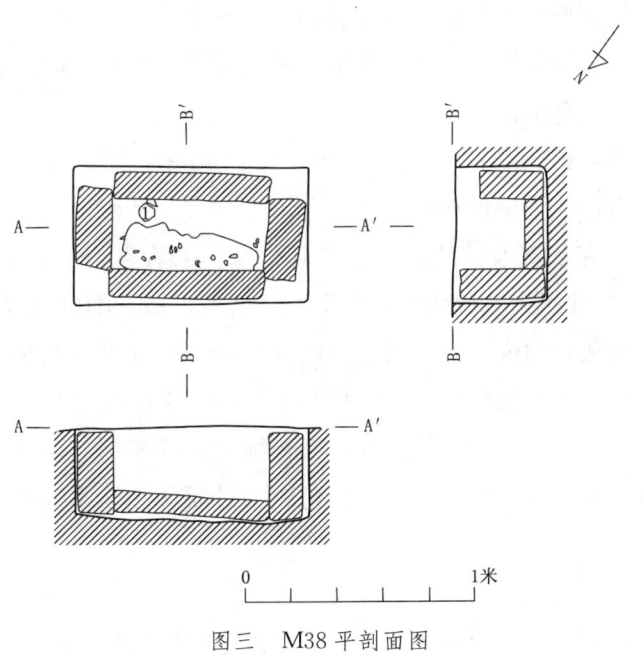

图三　M38 平剖面图

墓葬由墓圹与墓室组成。

墓圹　平面为长方形，长1米、宽0.55米、深0.4米。填土土色为灰褐色黏土，土质较致密，包含少量植物根系，无出土物。

墓室　平面呈长方形，墓顶遭到破坏，形制不详。墓壁由四块侧板和一块底板组成，侧板与底板均为长方形石板。其中东、西部侧板长0.68米－0.7米、宽约0.25米－0.28米、厚约0.13米，南、北部侧板长0.34米－0.36米、宽约0.2米－0.3米、厚0.14米－0.16米，底板长约0.68米、宽约0.3米、厚约0.1米。墓室内填土颜色为灰褐色粘土，较致密。

（3）葬式及葬具

墓室内人骨保存较差，发现有火烧痕迹，葬式为二次葬，未发现葬具。

（4）随葬品

随葬品1件，为瓷盏1。

瓷盏1件。M38：1，砖红胎，内壁施满酱釉，外壁未施釉。敞口，圆唇，斜弧腹，平底，底部略内凹。口径9.6厘米、底径3.7厘米、通高2.3厘米、壁厚0.4厘米－0.6厘米。（图四）

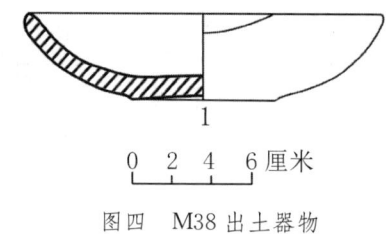

图四　M38出土器物

2. M282

（1）位置

M282位于探方ⅨBT0417东部，开口于②层下，打破生土层。

（2）形制与结构

平面形状呈长方形，为长方形单室石室墓，保存较差。长2.54米、宽1.2米、深0.48米。墓向82°。（图五；图版二，1）其修建方式为先挖一长方形土圹，再由长方形石板垒砌而成。

墓葬破坏严重，残存墓圹、墓室。

墓圹　平面形状呈长方形，长2.54米、宽1.2米、深0.48米，距墓壁0.06米－0.1米。填土呈黄褐色，为砂质黏土，土质较致密，包含少量石粒。

墓室　平面呈长方形。残存墓壁及棺床。墓顶破坏严重，残存部分红砂岩石块，形制不详。长2.38米、宽0.98米、深0.4米－0.44米。墓壁均由长方形红砂岩石板横立围砌而成，南、北壁皆有3块长方形红砂岩石板横向竖立相接排列放置而成，东、西壁都由一块长方形红砂岩石板横向竖立放置而成。长方形红砂岩石板大小相似，东西壁两块石板较薄，石板长0.73米－0.76米、宽约0.32米－0.34米、厚约0.09米－0.14米。棺床由7块大小不等的长方形红砂岩石板横向并排平铺，石板长0.68米－0.72米、宽约0.32米－0.36米、厚约0.08米。墓室内填土呈黄褐色，为砂质黏土，土质较致密，包含少量鹅卵石、红砂岩、碎砖与植物根系。

（3）葬式及葬具

棺床上可见人骨一具，腐朽严重，保存较差，葬式可辨为仰身直肢葬，未发现葬具。

（4）随葬品

随葬品6件，其中墓室东部4件，为瓷盏1、瓷碗1、瓷罐1、四系瓶1。铁钱与铁钉散落于棺床上，锈蚀严重，形制不详。

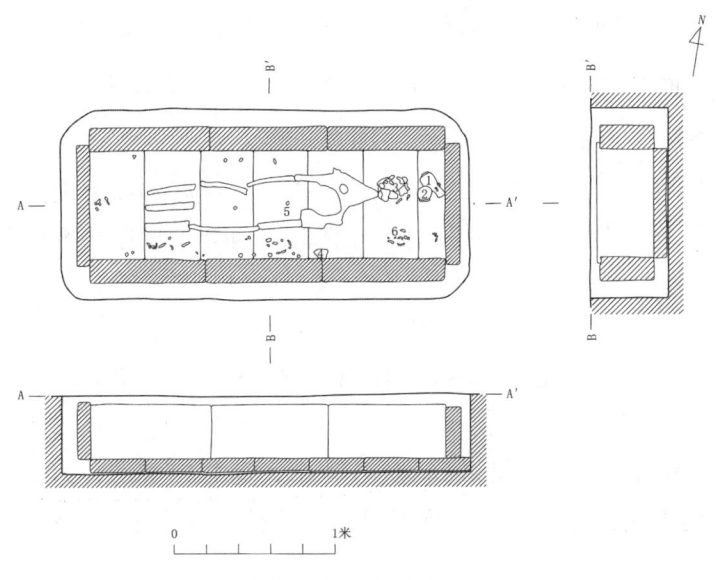

图五　M282平剖面图
1. 四系瓶　2. 瓷盏　3. 双耳罐　4. 瓷碗　5. 铁钱　6. 铁钉

四系瓶　1件。M282：1，砖红胎，颈部以上施酱釉。盘口，尖唇，长颈内曲，溜肩，肩部横置对称四系，椭圆形长弧腹，平底，内外壁可见泥条盘筑痕迹。口径8厘米、底径6.6厘米、通高19.6厘米、壁厚0.3厘米－0.6厘米。（图六，2；图版四，7）

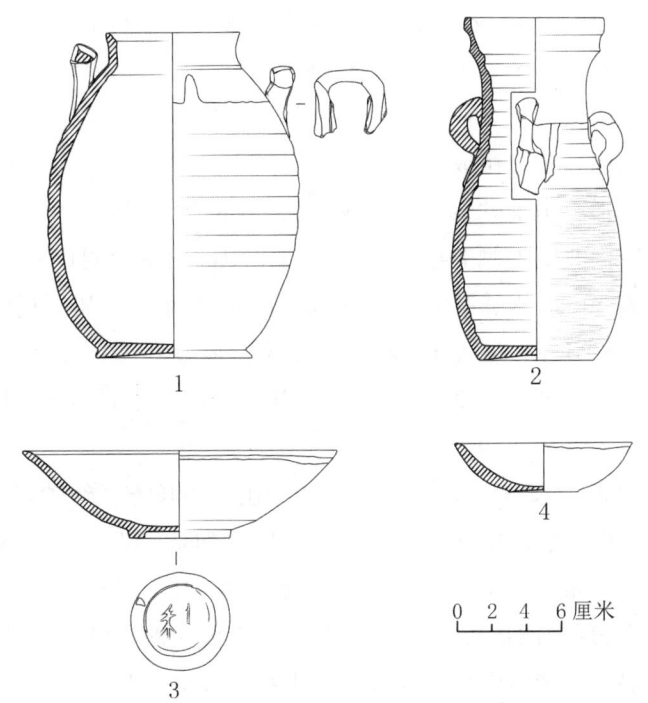

图六　M282出土器物
1. 双耳罐（M282：3）2. 四系瓶（M282：1）3. 瓷碗（M282：4）4. 瓷盏（M282：2）

双耳罐　1件。M282：3，砖红胎，挂黄色化妆土。口微侈，短颈，溜肩，肩上横置对称桥形双耳，鼓腹、平底，内外壁可见泥条盘筑痕迹。口径7.6厘米、底径8.8厘米、通高18.6厘米、壁厚0.4厘米—0.7厘米。（图六，1）

瓷碗　1件。M282：4，砖红胎，内壁施满黄色化妆土，外壁唇部以下施一圈黄色化妆土。敞口，圆唇，斜弧腹，空心矮圈足，圈足底部可见疑似"禾""十"字。口径17.8厘米、圈足径5.6厘米、圈足高0.5厘米、通高5厘米、壁厚0.4厘米—0.6厘米。（图六，3）

瓷盏　1件。M282：2，砖红胎，内壁施满黄色化妆土，外壁唇部以下施一圈不规整化妆土。敞口，圆唇，斜弧腹，平底。口径10.2厘米、底径4厘米、通高2.8厘米、壁厚0.4厘米—0.8厘米。（图六，4）

3. M374

（1）位置

M374墓葬位于探方IXAT3257东部、IXBT3201西南部，开口于②层下，打破生土层。

（2）形制与结构

为凸字形单室石室墓，保存较差。残长4.26米—4.4米、宽1.04米—1.94米、深1.2米。墓向112°。（图七；图版二，3）其营建方式为先修一斜坡梯形墓道，再挖一梯形土圹，然后放置红砂岩石板和石条而成。

墓葬墓顶遭到破坏，残存墓葬由墓道、墓圹、墓室组成。

墓道　被破坏，残存平面形状为露天式梯形坑状斜坡墓道，坡度为11°，墓道及墓底。平面残长1.5米—1.68米、宽1.04米—1.64米、深0.6米—1.2米。填土呈灰褐色，黏土，土质较疏松，土中包含少量碎石和红砂岩，无出土物。

墓圹　平面形状为梯形，残长4.26米—4.4米、宽1.04米—1.94米、深1.2米，距墓壁0.22米—0.36米。填土土色呈黄褐色黏土，土质较疏松，土中包含少量红砂岩碎石。

墓室　平面形状为梯形，长2.6米、宽0.74米—1.16米、深0.32米—0.56米。墓室填土呈红褐色，夹杂少量灰褐色黏土，土质较疏松，土中包含少量碎砖和红砂岩碎石。

墓室由封门石、墓壁、头箱、棺床组成。

封门石　平面形状为长方形，由红砂岩石板组成，长1.58米、宽0.54米、高1.08米。墓门左右两侧由红砂岩石板组成，位于墓室南北壁外侧的墓圹内，墓门正中部由两块封门石石板竖立叠压组成，石板长0.62米—0.82米、宽0.26米—0.36米、厚0.08米；墓门两边有小红砂岩石板组成的门柱，其中右侧残高0.96米，由8块长0.11米—0.28米、宽0.08米—0.14米、厚0.06米—0.15米的红砂岩石板叠压组成，左侧残高1.08米，由9块长0.16米—0.32米、宽0.08米—0.17米、厚0.06米—0.16米的长方形红砂岩石板叠压组成。

墓壁　遭到破坏。北壁残高0.18米—0.46米。第一层由2块长方形红砂岩石条和1块石板组成，第二层由1块长方形红砂岩石板在第一层的中部石条上方竖向竖立组成。石条长0.88米—1.22米、宽0.16米—0.2米、厚0.14米—0.16米，石板残长0.34米—0.4米、宽0.24米—0.38米、厚0.04米—0.11米。南壁残高0.07米—0.47米。第一层由两块长方形红砂岩石条组成，西部的红砂岩缺失，第二层由两块石板在第一层的中部石条上方间隔0.4米竖向竖立组成。其中石条长0.9米—1.2米、宽0.18米—0.24米、厚0.18米，石板长0.32米—0.33米、宽0.22米—0.28米、厚0.05米—0.06米。西壁残高0.24米，仅残存1块石板。由长方形红砂岩石板在底板上方竖向横立而成，石板长0.42米、宽0.24米、厚0.1米。

棺床　由5块长方形红砂岩石板成一列横向平铺。石板长0.68米-0.72米、宽0.34米-0.62米、厚0.15米-0.17米。

头箱　位于墓室东部靠封门处。平面形状为长方形，长0.56米、宽0.22米、深0.16米。由大小不等长方形红砂岩石板垒砌而成。头箱内填土呈红褐色，夹杂少量灰褐色黏土，土质较疏松。

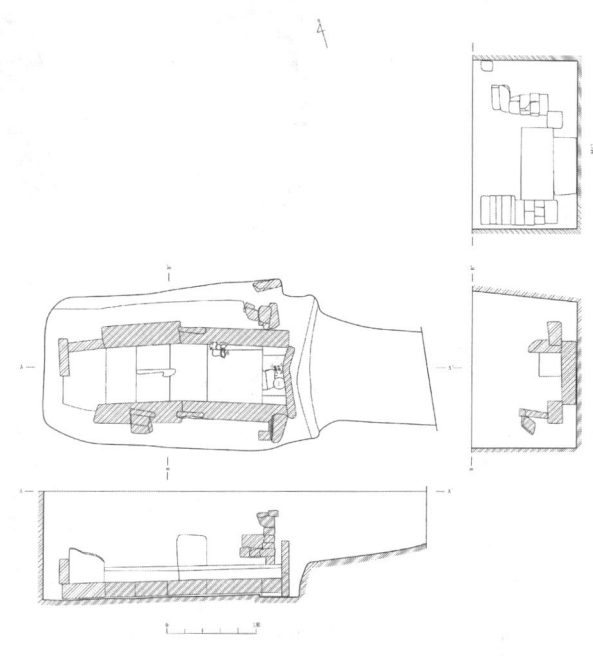

图七　M374平剖面图

1. 瓷碗　2. 铜钱（嘉祐元宝）　3. 铜钱（治平元宝）
4. 铜钱（祥符通宝）　5. 铜钱　6. 四系瓶　7. 铁钉

（3）葬式及葬具

墓葬人骨腐朽严重，为一次葬，葬式不明，未发现葬具。

（4）随葬品

7件，出土于头箱及棺床上，其中头箱出土铜钱4枚、瓷碗1件，墓室出土四系瓶1件，铁钉1袋，锈蚀严重，形制不详。

四系瓶　1件。M374:6，砖红胎，唇部及外部唇部以下施酱釉。直口、短颈、斜肩，肩部横置四系桥形耳，弧腹，平底，内外壁可见泥条盘筑痕迹口径7.6厘米、底径7.6厘米、通高21.7厘米、壁厚0.4厘米-0.7厘米。（图八，2）

瓷碗　1件。M374:1，砖红胎，唇部施黄色化妆土，内壁有花卉纹饰。敞口、尖唇、斜弧腹、矮圈足。口径15.3厘米、圈足径5.2厘米、圈足高0.3厘米、通高4.5厘米、壁厚0.3厘米-0.6厘米。（图八，1；图版三，5、6）

铜钱　4枚。M374:2，嘉祐元宝，钱径2.3厘米、穿0.6厘米、内郭宽0.1厘米、外郭宽0.3厘米。（图八，3）

（二）双室墓　9座

1. M348

（1）位置

位于探方IXAT3356中部偏北，开口于②层下，打破生土层。

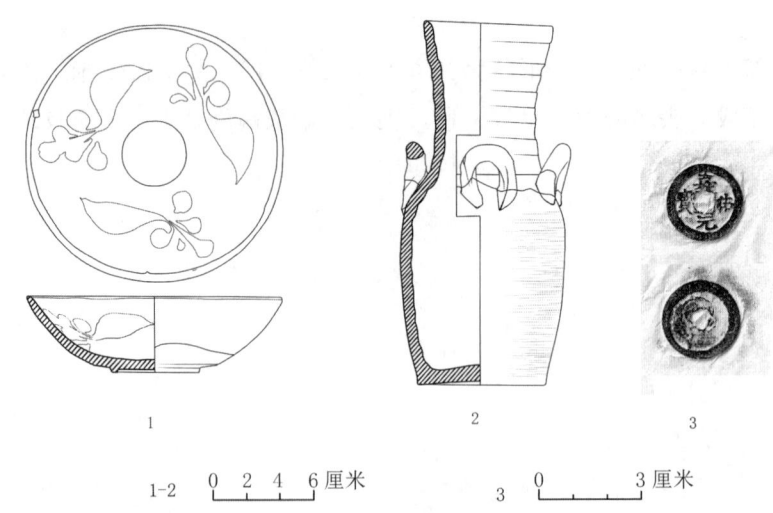

图八 M374出土器物
1. 瓷碗（M374：1） 2. 四系瓶（M374：6） 3. 嘉祐元宝（M374：2）

（2）形制与结构

墓葬平面形状呈长方形，为长方形双室石室墓。长1.16米、宽1.1米、深0.52米。墓向280°。（图九；图版二，4）其修建方式为先挖一长方形土圹，再由长方形石板垒砌而成。

墓葬由墓圹和墓室组成。

墓圹 平面形状呈长方形，长1.16米、宽1.1米、深0.52米，距墓壁0.1米—0.12米。填土呈黄褐色，为砂质黏土，土质较疏松，包含少量石粒，无出土物。

墓室 由南室和北室组成，长0.92米—0.94米、宽0.9米、深0.52米。南北室隔墙共用一长方形红砂岩石板。由墓顶、墓壁及棺床组成。

北室 平面形状呈长方形，长0.94米、宽0.5米、深0.41米。墓顶为平顶，破坏严重。墓壁由两块侧板、两块挡板组成，侧板压于棺床上。两侧板长0.76米、宽0.28米—0.4米、厚0.08米—0.12米，两挡板长0.36米—0.43米、宽0.4米—0.41米、厚0.06米—0.1米；棺床由一块长方形石板组成，长约0.76米、宽0.28米、厚0.08米。

墓室填土为黄褐色，为砂质黏土，土质较疏松，土中包含少量植物根系。

南室 平面形状呈长方形，长0.93米、宽0.54米、深0.4米。墓顶保存较差，东部墓顶缺失，西部和

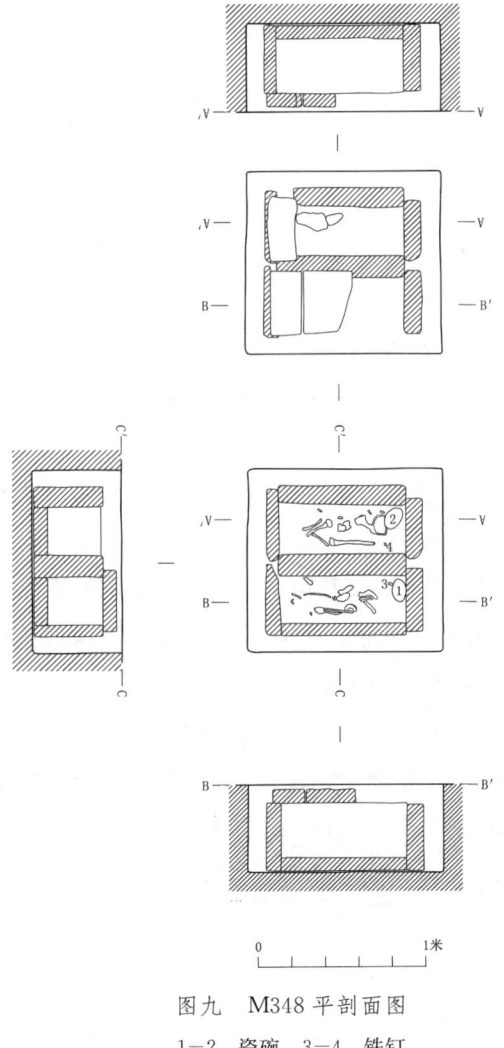

图九 M348平剖面图
1—2. 瓷碗 3—4. 铁钉

西偏中部共残存 2 块长方形红砂岩石板顺墓向平铺，石板长 0.36 米－0.38 米、宽 0.18 米－0.28 米、厚 0.08 米。墓壁由两块侧板、两块挡板组成，侧板压于棺床上。两侧板长 0.74 米－0.76 米、宽 0.28 米－0.4 米、厚 0.07 米－0.08 米，两挡板长 0.38 米－0.43 米、宽 0.4 米、厚 0.08 米－0.1 米。南室填土为黄褐色，为砂质黏土，土质较疏松，土中包含少量植物根系。

（2）葬式及葬具

两墓室均发现人骨，保存较差，可见部分上肢骨，葬式为二次葬。未发现葬具。

（3）随葬品

4 件。北室出土随葬品有瓷碗 1，铁钉 1 袋。南室出土随葬品瓷碗 1，铁钉 4 根。其中铁器锈蚀严重，形制不详。

瓷碗　2 件。均为砖红胎，内壁施满酱釉，内壁底部可见垫圈痕迹。敞口、尖唇、斜弧腹、空心矮圈足。M348：1，圈足底部饰有折枝花卉纹。口径 14.7 厘米、圈足径 5.2 厘米、圈足高 0.4 厘米、通高 4.2 厘米、壁厚 0.3 厘米－0.5 厘米。（图一〇，1；图版三，3、4）M348：2，圈足底部饰有折枝花卉纹。口径 14.7 厘米、圈足径 5.2 厘米、圈足高 0.4 厘米、通高 4.8 厘米、壁厚 0.3 厘米－0.5 厘米。（图一〇，2）

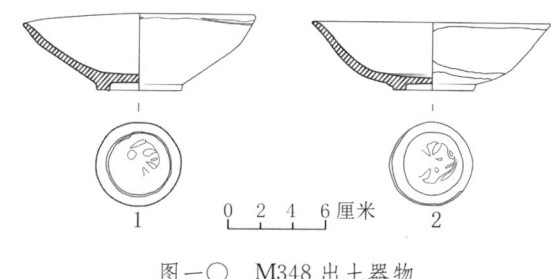

图一〇　M348 出土器物

1-2. 瓷碗（M348：1、M348：2）

2. M201

（1）位置

位于探方 IXBT3003 东部、IXBT3004 中部、IXBT3005 西部，开口于②层下，打破生土层，墓圹被 G11 打破、墓道被 M36 打破。

（2）形制与结构

墓葬平面形状为凸字形双室石室墓。长 6 米、宽 1.9 米－2.3 米、深 1.4 米－1.46 米。墓向 82°。（图一一；图版一，4）其修建方式为先挖一露天式坑状斜坡墓道，再挖一梯形土圹，然后将再用红砂岩石条和石板等在土圹内垒砌墓室，放置人骨和随葬器物，修砌墓顶，最后回土填埋。

墓葬由墓道、墓圹、墓室组成。

墓道　为露天式坑状斜坡墓道，坡度为 20°，未到墓底，距离墓底 0.48 米。平面长 3.1 米、宽 0.4 米－2.4 米、最深处 0.98 米。填土呈黄褐色，为砂质黏土，土质较疏松土中包含少量石块和红砂岩，无出土物。

墓圹　墓圹平面形状为梯形，长 6 米、宽 1.9 米－2.3 米、深 1.4 米－1.46 米。填土呈黄褐色，为砂质黏土，土质较疏松，土中包含少量碎石。无出土物。

墓室　墓室平面形状为梯形，长 2.38 米－2.42 米、宽 1.9 米－2.3 米、深 0.68 米－1.02 米。墓室为双室，分为北室和南室。南室和北室共用一壁，中部相连处有一长 2.2 米、宽 0.14 米－0.18 米、深 0.1 米－0.12 米的长方形凹槽，凹槽内用 5 根石条间隔 0.1 米－0.24 米竖立，石条承接墓顶拱形石，形成南室北壁和北室南壁。由封门石、墓壁、棺床、墓顶、侧龛、头箱组成。

北室　平面呈面形状呈梯形，长2.38米、宽0.72米－1.02米、深0.72米－1.02米。封门石平面呈长方形，高1.22米、宽0.96米、厚0.08米。封门由3块长方形红砂岩石板横立垒砌而成，石板长约0.88米－0.94米、宽0.26米－0.34米、厚0.08米。墓顶为券顶，平面呈梯形。由5块大小不同的拱形条石压于南北壁侧龛和中部石条上，间隙用多块不规则石块压于拱形石上，形成拱形券顶。拱形石长0.65米－0.82米、宽0.14米－0.25米、厚0.06米－0.18米。北壁高0.72米－1.02米，由3块台基石条、5块侧柱石条和4块后壁石板组成。西壁高0.7米，由3块长方形红砂岩石板横立叠压垒砌而成。北壁高0.72米－1.02米，由3块台基石条、5块侧柱石条和4块后壁石板组成。建造用石表面和侧边有明显凿痕。头箱位于北室东部，平面形状为长方形，头箱长0.72米、宽0.16米－0.22米、深0.08米，由大小不等的石板垒砌而成。棺床平面形状呈梯形，长2.2米、宽0.5米－0.7米、厚0.06米－0.12米，由5块大小不等长方形红砂岩石板横向平铺而成，石板长0.54米－0.82米、宽0.28米－0.5米、厚0.08米－0.1米。侧龛分布在墓室北壁，共4个，由台基、侧柱、后壁等石构件组成。台基为一顺墓向平铺的石条，侧柱分置左右，后壁居中，前后相错布置，侧龛平面呈长方形，

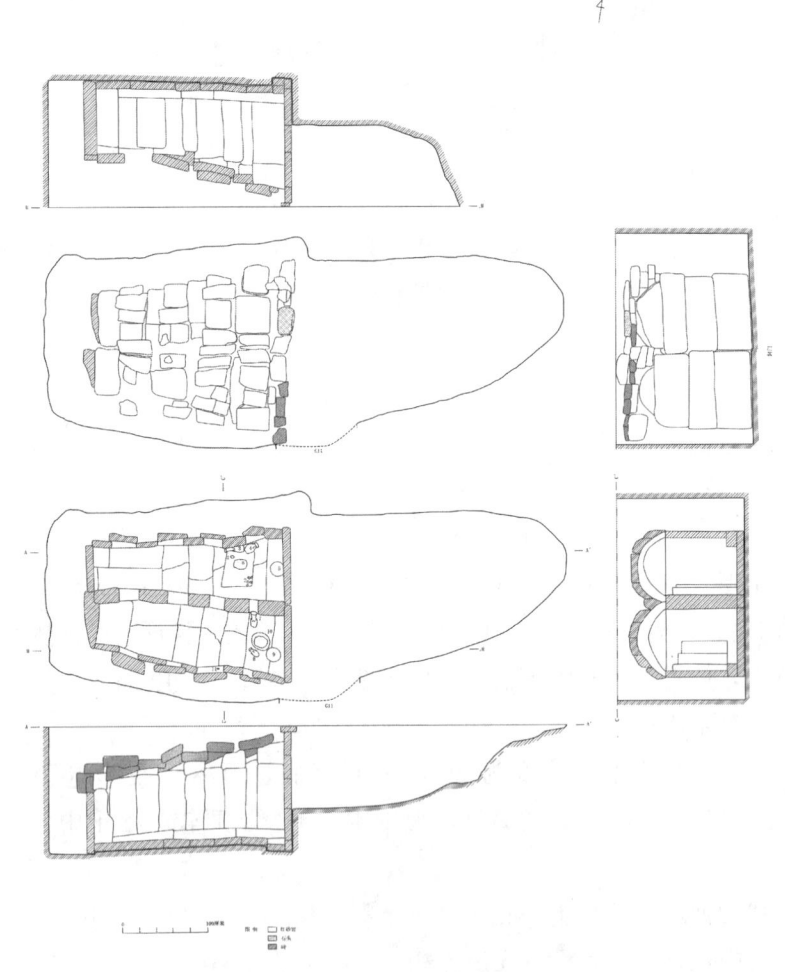

图一一　M201平剖面图
1. 铁钱　2. 铜钱（开元通宝）　3. 四系瓶　4. 四系罐　5. 瓷碗
6. 纺织品　7. 四系瓶　8. 四系罐　9. 瓷碗　10. 纺织品　11. 铜器

纵剖面呈长方形，宽约0.22米－0.32米、高0.66米－0.76米、进深0.04米－0.1米。北室填土土色呈灰褐色，为砂质黏土，土质较疏松，土中包含少量石粒。

南室　平面形状呈梯形，长2.42米、宽0.7米－0.98米、深0.68米－1米。封门石平面呈长方形，高1.22米、宽0.9米、厚0.08米，由3块长方形红砂岩石板横立垒砌而成，长约0.84米－0.9米、宽约0.28米－0.4米、厚约0.08米。墓顶为券顶，平面呈梯形。由5块大小不同的拱形条石压于南北壁侧龛和中部石条上，间隙用多块不规则石块压于拱形石上，形成拱形券顶。拱形石长0.52米－0.88米、宽0.2米－0.22米、厚0.06米－0.18米。南壁高0.68米－1米，由3块台基石条、5块侧柱石条和4块后壁石板组成。西壁高0.86米，由3块长方形红砂岩石板横立叠压垒砌而成。建造用石表面和侧边有明显凿痕。头箱位于南室东部，平面形状为梯形，头箱长0.76米、宽0.1米－0.2米、深0.09米，由大小不等的长方形红砂岩石板垒砌而成。棺床平面形状呈梯形，长2.06米、宽0.54米－0.7米、厚0.08米，由6块大小不等的长方形红砂岩石板横向平铺而成，石板长0.5米－0.7米、宽0.26米－0.38米、厚0.08米－0.1米。侧龛分布在南室南部，由台基、侧柱、后壁等石构件组成，形成南壁。台基为一顺墓向平铺的石条，分布在棺床南壁；侧柱为石条竖立于南壁台基上方；后壁为石板竖立于南壁侧柱后方。侧柱分置左右，后壁居中，前后相错布置，在南壁形成4个侧龛。侧龛平面呈长方形，纵剖面呈长方形，侧龛宽约0.12米－0.24米、高约0.6米－0.72米、进深0.06米－0.08米。南室填土土色呈灰褐色，为砂质黏土，土质较疏松，土中包含少量石粒。

（3）葬式及葬具

人骨腐朽严重，葬式不明，未发现葬具。

（4）随葬品

11件，四系瓶2、四系罐2、瓷碗2、开元通宝6枚。其中铁钱锈蚀严重，形制不详；纺织品保存较差，形制不详。

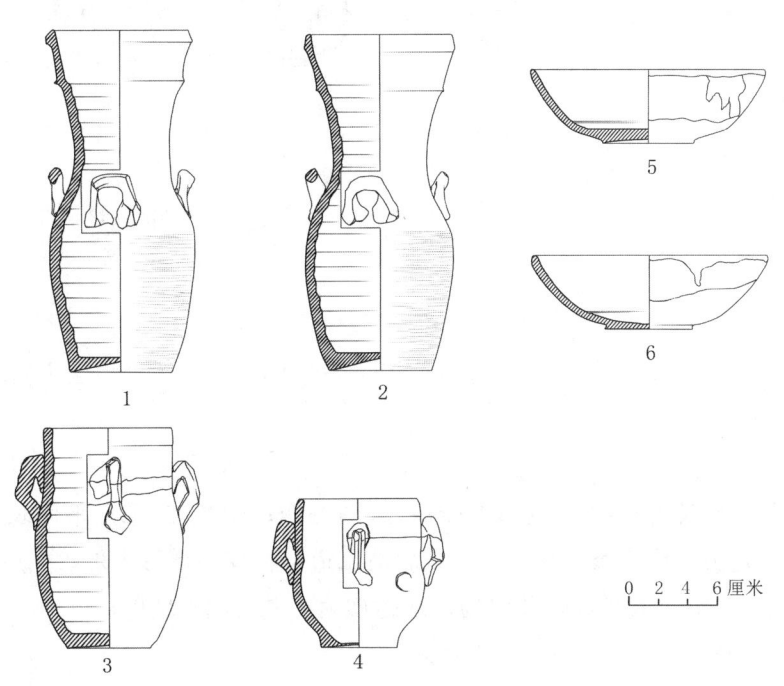

图一二　M201出土器物

1－2. 四系瓶（M201∶3、M201∶7）　3－4. 四系罐（M201∶4、M201∶8）　5－6. 瓷碗（M201∶9、M201∶6）

四系瓶　2件。均为砖红胎，盘口，尖唇，长颈内曲，溜肩，肩部横置对称四系，椭圆形长弧腹，平底，内壁可见泥条盘筑，外壁可见轮制痕迹。M201：3，颈部以上施酱釉，口径9.2厘米、底径6.8厘米、通高23厘米、壁厚0.6厘米－0.8厘米。（图一二，1）M201：7，口径9.6厘米、底径6.8厘米、通高22.6厘米、壁厚0.3厘米－0.8厘米。（图一二，2）

四系罐　2件。均为砖红胎，唇部及外部唇部以下施青釉。直口、短颈、斜肩，肩部竖置四系桥形耳，弧腹，平底，内外壁可见泥条盘筑痕迹。M201：4，口径8.6厘米、底径5.6厘米、通高14.8厘米、壁厚0.6厘米－0.8厘米。（图一二，3）M201：8，口径7.8厘米、底径5厘米、通高10厘米、壁厚0.5厘米－0.7厘米。（图一二，4；图版四，5）

瓷碗　2件。均为砖红胎，内壁施满青釉，底部可见5个垫圈痕迹，外壁唇部以下有一圈不规则绿釉。敞口，圆唇，斜弧腹，饼足。M201：5，口径16厘米、底径6厘米、饼足高0.3厘米、通高5厘米、壁厚0.4厘米－0.6厘米。（图一二，6）M201：9，口径16厘米、底径6厘米、饼足高0.3厘米、通高5厘米、壁厚0.4厘米－0.6厘米。（图一二，5；图版三，9）

开元通宝　6枚，其中完整的4枚。方穿，面、背均有内、外郭，肉好，钱文清晰，"开"字间架匀称，疏密有致。"元"字首画为一短横次画长横向左挑。"通"字"辶"旁前三笔各不相连，呈三短撇。"宝"字"贝"底中两横较短，且不与旁边两竖相连。除M201：2-4背面有月牙形外，其余均为背光。尺寸基本一致，钱径2.5厘米、穿宽0.7厘米、内郭宽0.1厘米、外郭宽0.2厘米。（图一三）

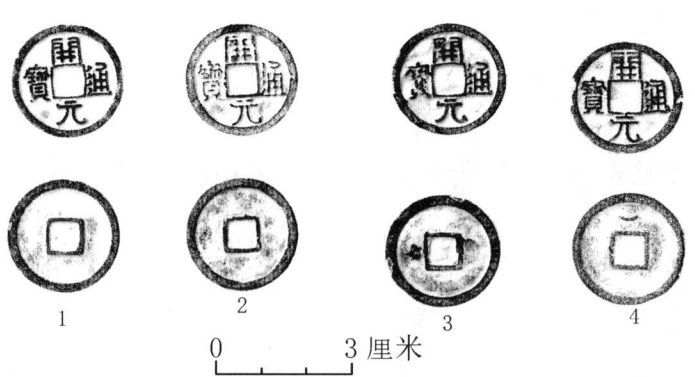

图一三　M201出土铜钱拓片
1-4. 开元通宝（M201：2-1、M201：2-2、M201：2-3、M201：2-4）

3. M341

（1）位置

位于探方IXBT0301东部，IXBT0302中部，IXBT0303西部，开口于②层下，打破生土层，墓道被M340、H93打破。

（2）形制与结构

墓葬平面形状为凸字形双室石室墓。方向179°。（图一四；图版二，2）平面长4.74米－5.2米、宽2.66米－3.16米。其营建方式为先修一露天式坑状斜坡墓道，再挖一梯形土圹，然后将再用红砂岩石条和石板等在土圹内垒砌墓室，放置人骨和随葬器物，修砌墓顶，最后回土填埋。

墓葬由墓道、墓圹、墓室组成。

墓道　为露天式坑状斜坡墓道，坡度为20°。平面长1.34米－1.46米、宽2.58米－2.9米、最深处1.16米。填土呈黄褐色，为砂质黏土，土质较疏松，包含少量石块和红砂岩，无出土物。

墓圹　墓圹平面形状为梯形，长4.74米—5.2米、宽2.66米—3.16米。填土呈黄褐色，为砂质黏土，土质较疏松，土中包含少量碎石。无出土物。

墓室　为双室，平面呈梯形。均由封门石、墓壁、头箱、棺床、侧龛组成。

东室　平面呈梯形，长3.2米、宽0.5米—1.1米、深0.4米—0.65米。封门石高1.1米、宽0.9米—1.04米、厚0.1米；由4块大小不等的长方形红砂岩石板横立垒砌而成，长0.86米—1.04米、宽0.17米—0.22米、厚0.1米—0.12米。墓顶为券顶，由5块大小不同的拱形条石压于东西壁侧龛和中部石条上，间隙用多块不规则石块压于拱形石上形成。拱形条石长约0.42米—0.94米、宽约0.1米—0.28米、厚约0.08米—0.3米；石块长0.36米—0.74米、宽0.12米—0.18米、厚0.1米—0.18米。券顶岩石表面可见凿痕。头箱分布在墓室南部，平面形状为长方形，头箱长0.68米、宽0.2米—0.24米、深0.14米。由大小不等长方形红砂岩石板垒砌而成。棺床平面形状为梯形，长2.12米、宽0.39米—0.66米、厚0.09米—0.14米。由5块长方形红砂岩石板横向平铺而成，石板长0.38米—0.66米、宽0.34米—0.54米、厚0.1米—0.14米。墓室填土呈黄褐色，为砂质黏土，土质较疏松，土中包含少量碎石。

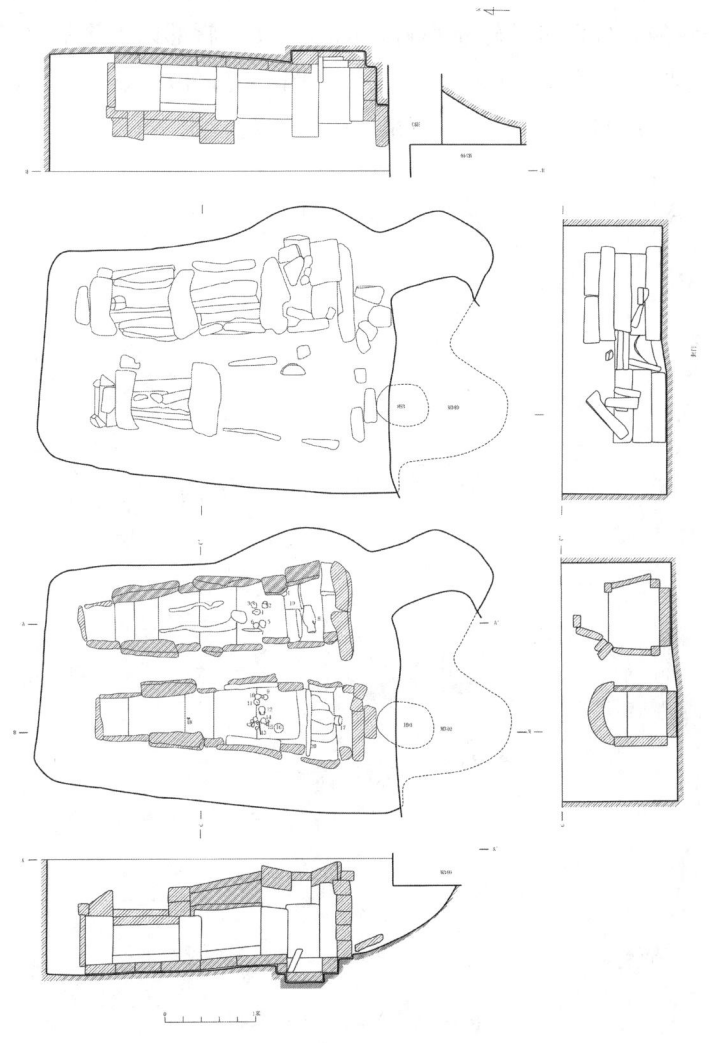

图一四　M341平剖面图

1. 瓷盏　2—6. 双耳罐　7. 铁钉　8. 四系瓶　9—12. 双耳罐　13. 银簪　14. 双耳罐　15. 镇墓兽　16. 瓷盏　17. 四系瓶　18. 铁钱　19—20. 无字石碑

西室　平面形状呈梯形，长3.1米、宽0.53米－0.92米、深0.42米－0.66米。封门石上部被破坏，仅剩3块长方形红砂岩石板横立垒砌而成，石板长0.78米－0.82米、宽0.16米－0.21米、厚0.08米－0.12米。券顶破坏严重，仅剩2块拱形石条，拱形石长0.66米－0.8米、宽0.18米－0.36米、厚0.24米－0.28米。岩石表面可见凿痕。头箱位于墓室南部，平面形状为梯形，长0.56米、宽0.27米、深0.16米。由大小不等长方形红砂岩石板垒砌而成。棺床平面形状为梯形，长3米－3.2米、宽0.41米－0.54米、厚0.08米－0.12米。由5块长方形红砂岩石板横向平铺而成，石板长0.42米－0.56米、宽0.28米－0.62米、厚0.1米。墓室填土呈黄褐色，为砂质黏土，土质较疏松，土中包含少量碎石。

（3）葬式与葬具

墓葬为一次葬，为合葬墓，两墓室人骨保存很差，葬式不明。未发现葬具。

（4）随葬品

20件　东室7件，其中铁矛1、瓷盏1、双耳罐5、四系瓶1、无字石碑1。西室13件，其中双耳罐5、镇墓兽5、银簪1、瓷盏1、铁钱1袋。铁矛与铁钱锈蚀严重，形制不详。

四系瓶　2件。均为砖红胎，盘口，平沿，尖唇，长颈内曲，溜肩，肩部横置对称四系，椭圆形长弧腹，平底，内壁可见泥条盘筑，外壁可见轮制痕迹。M341：8，唇部以下至肩部施酱釉。口径12.4厘米、底径7厘米、通高37.5厘米、壁厚0.7厘米－1厘米。（图一五，1）M341：17，肩部施酱釉。口径12.6厘米、底径8.5厘米、通高39厘米、壁厚0.8厘米－1.2厘米。（图一五，2；图版四，6）

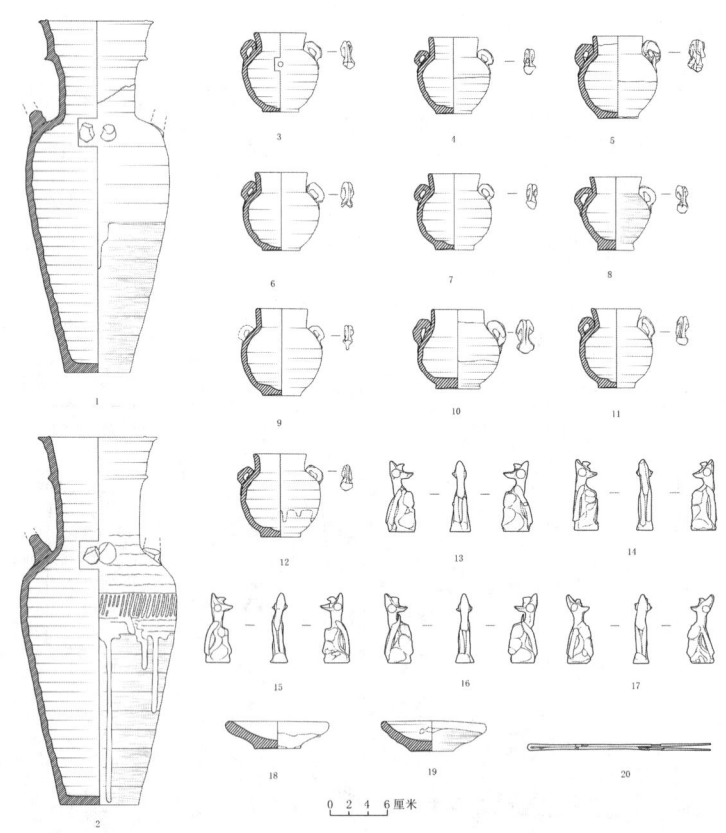

图一五　M341出土器物

1-2. 四系罐（M341：8、M341：17）　3-12. 双耳罐（M341：2、M341：3、M341：4、M341：5、M341：6、M341：9、M341：10、M341：11、M341：12、M341：14）　13-17. 镇墓兽（M341：15、M341：21、M341：22、M341：23、M341：24）　18-19. 瓷盏（M341：1、M341：16）　20. 银簪（M341：13）

双耳罐 10件。均为砖红胎，内外壁可见泥条盘筑痕迹，肩部竖置两对称桥形双儿，圆唇，短颈，溜肩，平底。M341：2，侈口，圆鼓腹。口径5.5厘米、底径3.8厘米、通高8.4厘米、壁厚0.5厘米－0.8厘米。（图一五，3）M341：3，直口，圆鼓腹，肩部以上施酱釉，肩部有一圆形孔。口径5.2厘米、底径3.7厘米、通高8.1厘米、壁厚0.6厘米－0.8厘米。（图一五，4）M341：4，直口，圆鼓腹，肩部以上施青釉。口径5.2厘米、底径4.3厘米、通高8.7厘米、壁厚0.4厘米－0.8厘米。（图一五，5）M341：5，侈口，圆鼓腹。口径5.4厘米、底径3.9厘米、通高8.3厘米、壁厚0.5厘米－0.7厘米。（图一五，6）M341：6，侈口，圆鼓腹。口径5.4厘米、底径4.1厘米、通高8.1厘米、壁厚0.4厘米－0.8厘米。（图一五，7）M341：9，侈口，鼓腹，腹部施酱釉。口径5.4厘米、底径3.8厘米、通高7.8厘米、壁厚0.4厘米－0.7厘米。（图一五，8）M341：10，口微侈，鼓腹。口径5.5厘米、底径4.1厘米、通高9.2厘米、壁厚0.5厘米－0.8厘米。（图一五，9；图版四，3）M341：11，口微敛，鼓腹，肩部施酱釉。口径5.4厘米、底径4.6厘米、通高8.4厘米、壁厚0.3厘米－0.6厘米。（图一五，10）M341：12，侈口，鼓腹。口径5.2厘米、底径3.7厘米、通高8.4厘米、壁厚0.5厘米－0.8厘米。（图一五，11）M341：14，侈口，鼓腹，施酱釉。口径5.6厘米、底径4厘米、通高8.8厘米、壁厚0.5厘米－0.8厘米。（图一五，12）

瓷盏 2件。均为砖红胎，敞口，圆唇，斜弧腹，平底。M341：1，内壁挂黄色化妆土。口径11厘米、底径4.7厘米、通高2.9厘米、壁厚0.9厘米－1.2厘米。（图一五，18）M341：16，口径11.1厘米、底径4.5厘米、通高3.2厘米、壁厚0.7厘米－1厘米。（图一五，19；图版三，8）

镇墓兽 5件。均为砖红胎，手捏而成，头朝上。M341：15，通高7.5厘米。（图一五，13）M341：21，通高7.3厘米。（图一五，14；图版四，1）M341：22，通高7.4厘米。（图一五，15）M341：23，通高7.3厘米。（图一五，16）M341：24，通高7.3厘米。（图一五，17）

银簪 1件。M341：13，呈"U"形。通长19.2厘米。（图一五，18）

（三）多室墓 2座。

1. M1

（1）位置

位于探方ⅨDT2024、ⅨDT2025、ⅨDT1924、ⅨDT1925探方中部，开口于②层下，打破M4、生土层。

（2）形制与结构

为五室同穴异室合葬墓。墓葬残长6.16米、宽5.74米、深1.8米。方向110°。其营建方式为先修一露天式坑状斜坡墓道，再挖一梯形土圹，然后将再用红砂岩石条和石板等在土圹内垒砌墓室，放置人骨和随葬器物，修砌墓顶，最后回土填埋。

由墓圹、墓道、拜台、甬道、墓室组成。（图一六、一七、一八；图版一，1、2）

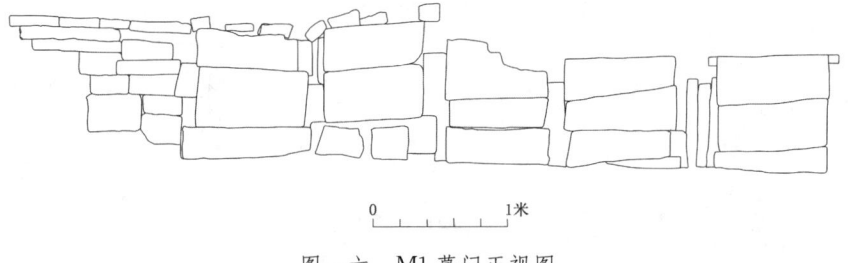

图一六 M1墓门正视图

墓圹　平面呈不规则多边形，南北长约6.34米、东西宽约6.1米、深0.8米。壁面较为光滑规整，留有凿痕。墓圹内填土呈灰褐色，夹杂红褐色细砂岩碎粒，较纯净，无出土物。

墓道　位于封门墙外，与甬道相连接，平面呈扇形，且呈阶梯状。长3.2米-6.1米、宽2.48米-2.8米、深0.8米。墓道内填土为灰褐色砂土，土质较硬，夹杂少量红色砂岩碎石块，结构较致密，出土数枚铁钱。

拜台　平面形状呈"凸"字形，前后分别用一短一长条石平铺于地面，位于3号墓室正前端，墓道中部偏东南方向，北端条石长0.7米、宽0.2米、厚0.08米，南端条石长1.3米、宽0.4米、厚0.08米。北距墓门1.86米、南距墓圹0.74米。

图一七　M1墓顶俯视图

甬道　位于封门墙外，平面呈长方形，长5.58米、宽0.44米、深0.8米，土色呈红褐色砂土，土质较硬，结构较致密，夹杂零星碎石块，无出土遗物。

墓室　五个。1-4号墓室形制相同，平面呈长方形，两墓室共用一侧壁。由封门石、墓壁、棺床、墓顶、后龛组成；5号墓室为独立墓室，有侧龛。因1-4号墓室形制相同，下面以1号墓室为例。

1号墓室　长2.9米－3.12米、宽1米－1.24米、高1.6米。由封门石、墓顶、墓壁、后龛、头箱、棺床组成。封门石门由底往上竖铺三层条石，用以加固左右两壁，长0.72米－0.86米、宽0.16米、高0.84米－0.98米。墓顶为券顶，纵向条石叠涩立面呈弧顶构筑，因墓室后半部分顶部遭受破坏，残存近墓门方向，残长0.6米、宽0.94米、厚0.18米。棺床平面呈长方形，由5块长方形石板横向平铺而成，长2.12米、宽0.68米、厚0.08米。棺台两侧在原砂岩层上凿出长1.22米、宽0.06米、深0.02米的凹槽形成排水渠。棺台上端放木棺，木棺平面形状呈长方形，残长1.94米、宽0.58米、厚0.08米。头箱位于墓室东侧，平面呈长方形，位于墓门方向，长0.56米、宽0.26米、深0.12米。后龛纵剖面呈长方形，弧顶，由台基、立柱、后壁、龛眉、顶部等6块石构件组成。台基为一横铺的条石，上置左右立柱，立柱仿

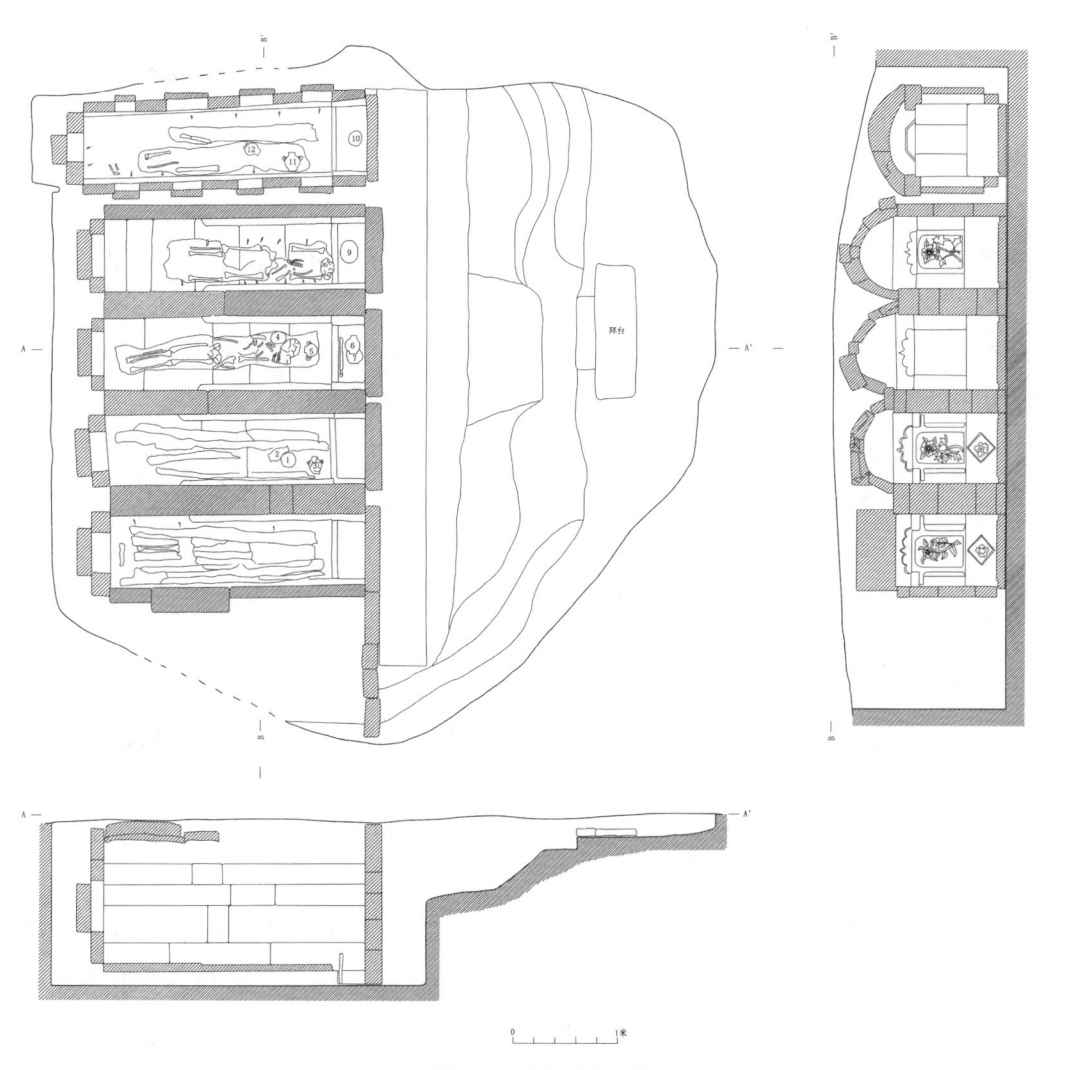

图一八　M1平剖面图

1、7、9、10. 瓷碗　2. 瓷瓶　3、5-6、11-12. 双耳罐　4. 瓷盏　13. 铁钱　14. 铁钉

木结构。再其上置一宝像龛眉，后壁为一块竖置于台基上端，左右立柱后端，龛眉上横置一石构件为顶部。龛宽0.7米、高1.06米、进深0.16米。根据砌法推测石板雕刻应该先量好尺寸刻好再安放。台基长0.7米、高0.3米、进深0.16米，左右近0.2米，上下端近0.02米处留白，先刻有菱形，再在其里刻莲瓣纹。两侧柱面阔0.14米、进深0.16米、高0.53米；后壁面阔0.4米、高0.5米、进深0.14米；两侧与上端0.06米处留白，下端0.03米处留白，先刻近长方形框，长0.48米、宽0.3米，上端两侧呈倭角，下端两侧近直角，再在框里刻中浮雕莲花纹。龛眉呈长方形，两侧柱向中间方向刻有宝莲纹，长0.7米、宽0.14米、进深0.14米。顶部为一长方形石块，面阔0.78米、高0.42米、进深0.14米。

5号墓室　为独立石墓室，与1—4号墓室并排，平面呈长方形。墓室由封门石、墓顶、墓壁、棺床、头箱、侧龛、后龛、组成。墓室长3.32米、宽1米、高1.4米。封门石先于墓圹底部竖铺一块石板作为挡板，再往上竖铺三层条石，用以加固左右两壁，长0.82米—0.86米、宽0.22米—0.36米、高0.88米。墓顶为券顶，由两端石板斜立构筑，中间平铺石板与两端石板相衔接呈弧顶构筑，再由凿好的弧形条石交错起券，因墓室前半部分顶部遭受破坏，残存墓室中后部分，残长0.84米、宽0.82厘米—厚0.18米。棺床平面呈长方形，长2.38米、宽0.64米、厚0.08米。由6块大小不等的石板平铺于底部，棺床两侧在原砂岩层上凿出长2.38米、宽0.06米、深0.02米的凹槽形成排水渠。头箱平面呈长方形，位于墓门方向，长0.62米、宽0.3米、深0.26米。左右侧壁龛棺台左右两侧竖置石构筑侧壁。侧壁前为侧龛，后为壁柱。每侧侧龛由台基、侧柱、后壁、龛眉等石构件组成。台基为一顺墓向平铺的条石，侧柱、后壁均为石板。侧柱2块，后壁1块。侧柱分置左右，后壁居中，前后相错布置，形成1个小龛。小龛平面、纵剖面均呈长方形。于壁柱上横置一石条与台基平行的石构件，即为平顶也可为龛眉。左右侧壁龛均由对称数根长短不一的条石铺在底层作为台基，其上再由5块石板构成侧柱，4块石板构成后壁，顶部再由4块石条构筑呈平顶。台基长2.7米、高0.15米、进深0.1米；侧柱面阔0.3米—0.34米、高0.68米、进深0.1米；后壁面阔0.24米—0.32米、高0.64米、进深0.08米—0.1米；平顶通长2.7米、宽0.14米、厚0.14米。后龛纵剖面呈长方形，弧顶，由台基、立柱、后壁、龛眉等5块石构建组成。台基为一横铺的条石，上置左右立柱。在其上置仿木结构龛眉，后壁为一块竖置于台基上端，左右立柱后端。龛宽0.7米、高1.1米、进深0.12米。根据砌法推测石板雕刻应该先量好尺寸刻好再安放。台基平面有堑痕，长0.7米、高0.3米、进深0.12米；两侧柱面阔0.22米、进深0.12米、高0.5米；后壁面阔0.28米、高0.5米、进深0.14米；龛眉呈长方形，两边刻对称斜杠，中间一横向相，龛眉面阔：0.9米、高0.3米、厚0.14米。顶部为一长方形石块，顶部面阔0.78米、高0.42米、进深0.14米。

（3）葬式及葬具

5个墓室人骨保存较差，残存部分头骨及肢骨，葬式为仰身直肢葬。葬具均为木棺，木棺保存较差。

（4）随葬品

随葬品14件，主要分布于头箱及棺床上，棺床上散落大量铁钉及铁钱。其中铁钱与铁钉锈蚀严重，形制不详。

双耳罐　5件。均为砖红胎，挂灰白色化妆土。短颈，溜肩，肩上横置对称桥形双耳，鼓腹、平底，内外壁可见泥条盘筑痕迹。M1∶3，腹部施青釉，口微敛。口径7.6厘米、底径8.8厘米、通高18.6厘米、壁厚0.4厘米—0.7厘米。（图一九，1）M1∶5，肩部施青釉，敛口。口径7.6厘米、底径4.2厘米、通高10.3厘米、壁厚0.5厘米—0.7厘米。（图一九，7）M1∶6，腹部施青釉，直口。口径7.8厘米、底径8.4厘米、通高17.7厘米、壁厚0.4厘米—0.6厘米。（图一九，4）M1∶11，腹部施青釉，敛口。口径

7.6厘米、底径8.8厘米、通高16.6厘米、壁厚0.6厘米－0.9厘米。(图一九，2；图版四，4) M1：12，腹部施青釉，敛口。口径7.2厘米、底径8.3厘米、通高16.6厘米、壁厚0.3厘米－0.5厘米。(图一九，3)

瓷瓶　1件。M1：2，砖红胎，唇部及以下两厘米施青釉，内外壁可见泥条盘筑痕迹，侈口、溜肩、弧腹、平底。口径5.6厘米、底径6.4厘米、通高17.5厘米、壁厚0.3厘米－0.6厘米。(图一九，5；图版四，2)

瓷碗　4件。均为砖红胎，内壁施满黄色化妆土，外壁唇部以下施一圈黄色化妆土。敞口，圆尖唇，斜弧腹，空心矮圈足。M1：1，口径12.8厘米、圈足径5.1厘米、圈足高0.3厘米、通高4.1厘米、壁厚0.4厘米－0.7厘米。(图一九，10) M1：7，圈足底部有一"小"字，口径17.1厘米、圈足径5.9厘米、圈足高0.4厘米、通高5.9厘米、壁厚0.4厘米－0.8厘米。(图一九，6；图版三，1、2) M1：9，圈足底部有不闻垫饼痕迹，口径17.2厘米、圈足径6.2厘米、圈足高0.8厘米、通高5.3厘米、壁厚0.3厘米－0.7厘米。(图一九，8) M1：10，口径16.6厘米、圈足径5.4厘米、圈足高0.5厘米、通高5厘米、壁厚0.4厘米－0.6厘米。(图一九，9)

瓷盏　1件，M1：4，砖红胎，内壁施满酱釉，外壁上部施酱釉，下部挂黄色化妆土，敞口，尖唇，斜腹，空心矮圈足。口径10.2厘米、圈足径3.8厘米、圈足高0.3厘米、通高3.8厘米、壁厚0.3厘米－0.5厘米。(图一九，11；图版三，7)

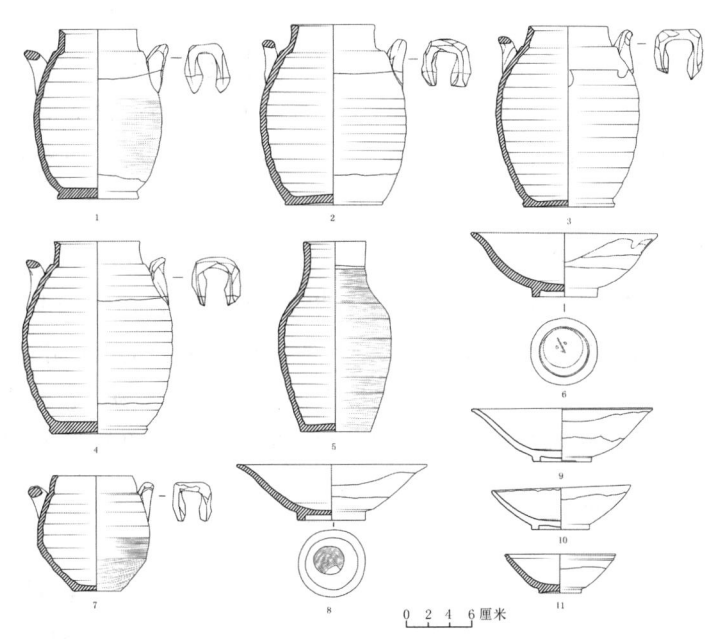

图一九　M1出土器物

1－4、7. 双耳罐（M1：3、M1：11、M1：12、M1：6、M1：5）　5. 瓶（M1：2）
6、8－10. 碗（M1：7、M1：9、M1：10、M1：1）　11. 盏（M1：4）

三、结语

（一）墓葬时代

本次发现的宋代石室墓形制多样，器物组合鲜明，主要为瓶、罐、碗、盏组合。整体上看，瓷器器物组合鲜明，主要呈现以下六类器物组合。

第一类器物组合只有瓷盏，以 M38 为代表。

第二类器物组合只有瓷碗，以 M348 为代表。

第三类器物以四系瓶、四系罐、碗、盏器物组合，以 M201 为代表。

第四类器物以四系瓶、双耳罐、碗、盏组合，以 M282、M341 为代表。

第五类器物以双耳罐、瓷碗、瓷盏组合，以 M1 为代表。

第六类器物以四系瓶、瓷碗或盏组合，以 M374 为代表。

这六类器物组合的墓葬，随葬品在器型演变上不是很大，除 M341 的双耳罐与其他墓葬出土的双耳罐变化大外，这几类墓葬出土的四系瓶、双耳罐、瓷碗、瓷盏形制非常接近，时代上应该相当。

M201 出土的四系罐、四系瓶、瓷碗与什邡星星村遗址 M3 出土的四系罐、盘口壶、瓷碗极为相似，什邡星星村遗址 M3 的年代发掘者认为其年代为唐末五代时期。但是什邡星星村遗址 M3 未出土铁钱。M1 出土的瓷碗与成都市金沙遗址雍锦湾地点出土的 D 型碗（G048：3）形制基本遗址，《成都市金沙遗址雍锦湾地点出土唐宋瓷器》中的 G048 的年代为北宋中期至南宋时期。从整体上看，本次石室墓出土的瓷器均伴随铁钱出土，其年代应比什邡星星村遗址的年代稍晚。综上，我们判断大坟包墓地石室墓的年代应为北宋时期。

（二）初步认识

从墓葬形制及葬制葬俗上看，本次发现的石室墓既有一次葬又有二次葬。一次葬主要为大型的单室墓、双室墓及多室墓；二次葬主要为小型长方形单室墓及双室墓，人骨上有明显的火烧痕迹。

从随葬品器物组合看，瓷器器物组合特征鲜明，但形制变化不大，各类器物组合的墓葬年代相当。

从瓷器的制作工艺上看，基本上为砖红胎，多施酱釉，青釉较少，胎表有灰白色化妆土。瓷器制作精细者较少，多为日常生活用品，均为本地窑口生产。

此次发现的宋代墓葬都有铁钱和铁钉出土。在宋代铁钱盛行，尤以川陕四路为最，在一定程度上表明了当时铁钱的流通情况，同时在一定程度上反映了彭山地区铁器制造业的发展水平。

大坟包墓地发现的石室墓形制多样，墓葬基本未被盗掘，随葬品器物组合清晰，时代特征明显，丰富了宋代墓葬的考古资料，对研究彭山地区宋代的葬制葬俗、瓷器烧制工艺以及当时的经济文化生活提供了重要的实物资料。

项目负责人：刘志岩

发掘：李万涛、刘帅、李会、胡娜、杨炳珍、谭佳、吴天文等

摄影：刘帅

修复：刘帅、刘强、彭丽蓉、胡娜

绘图：李会、胡娜、杨炳珍、谭佳

执笔：李万涛

1　M1-1号墓室后龛雕刻

2　M1清理后俯视

3　M38清理后　西北－东南

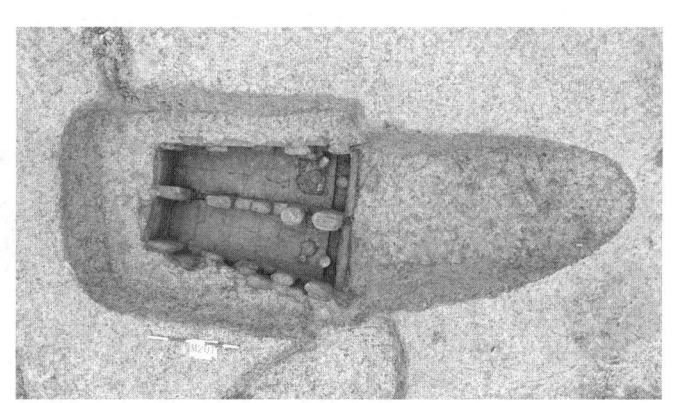

4　M201发掘后　西北－东南

图版一

1　M282 发掘后　东北—西南

2　M341 发掘后　西南—东北

3　M374 发掘后　西北—东南

4　M348 发掘后　西北—东南

图版二

1　M1∶7-1 瓷碗

2　M1∶7 瓷碗

3　M348∶1-1 瓷碗

4　M348∶1 瓷碗

5　M374∶1-1 瓷碗

6　M374∶1 瓷碗

7　M1∶4 瓷盏

8　M341∶16 瓷盏

9　M201∶9 瓷碗

图版三

1　M341：21 镇墓兽

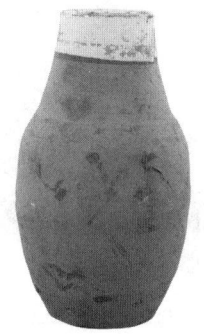

2　M1：2 瓷瓶

3　M341：10 双耳罐

4　M1：11 双耳罐

5　M201：8 四系罐

6　M341：17 四系瓶

7　M282：1 四系瓶

图版四

会理市大坪遗址清代墓葬发掘简报

四川省文物考古研究院　高　寒　童兴茂

摘要：为配合乌东德水电站建设，2018年8月至2019年8月，四川省文物考古研究院等单位对位于四川省凉山彝族自治州会理市新安傣族乡马鞍桥村的大坪遗址进行了考古发掘。其中发掘清代墓葬66座，墓葬形制均为竖穴土坑墓，带有石块砌边的封土堆，葬制葬俗表现出较强的本地特征，推断为清代当地土著少数民族之墓葬。这批墓葬资料为研究川滇交界地区金沙江中下游的清代土著少数民族葬俗和文化提供了重要的实物资料。

关键词：清代；金沙江；土著少数民族；葬俗

大坪遗址地位于四川省凉山彝族自治州会理市新安傣族乡马鞍桥村三组，地处城河西岸的坡地上，西部靠大山，南、北两端均自山而下的冲沟（图一）。地理坐标为东经：102°07′00.2″，北纬：26°07′39.9″，最高海拔高程963米。2011年乌东德水电站淹没及影响区文物调查勘探时确认该遗址范围南北长约220米，东西宽约200米，面积约44000平方米，计划发掘面积20000平方米。

为配合乌东德水电站的建设，四川省文物考古研究院于2018年8月至2019年8月，对该遗址进行考古发掘。总发掘面积20500平方米，发现属于新石器时代、元代、清代的窑址、灰坑、墓葬等各类遗迹153处。其中66座清代墓葬葬式葬俗较为特殊，表现出鲜明的地方特色，为前所未见，推断为清代当地土著少数民族人群的墓葬。现将这批清墓发掘情况简报如下。

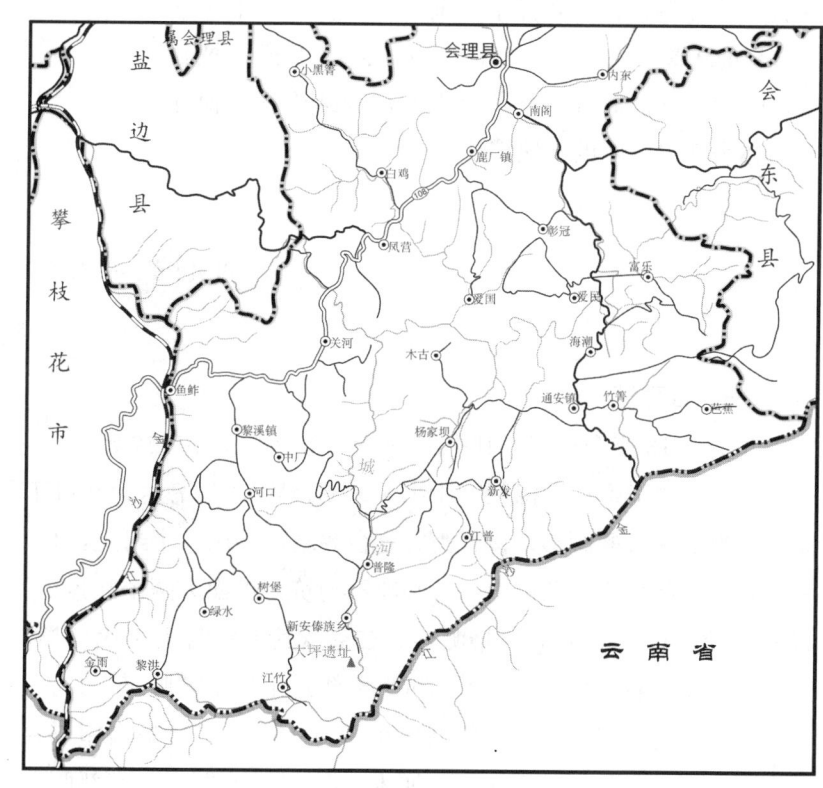

图一　大坪遗址位置示意图

一、墓葬概述

大坪遗址面积较大，且被断坎和小山包阻隔，因而在进一步调查后确定了六个不相连接的发掘区域，各区地层堆积不同。这批墓葬主要分布于第一、第二发掘区，第四发掘区西部和第六发掘区亦有少量分布。我们最先对第一、第二发掘区的墓地进行了清理（图二），然后对第四、第六发掘区的少量墓葬进行了清理。四个发掘区总计清理墓葬66座，其中单人墓53座，合葬墓13座，一次葬62座，二次葬4座，火葬墓1座。墓葬均建于小山包的坡脚处，成排分布，形制结构基本一致。均为竖穴土坑墓，墓坑上方有封土，封土正面用石板建有仿牌楼式的墓碑结构，周边以石板或石块包砌。葬式多为单人仰身直肢葬，同时又有少量二次葬、火葬，部分墓室内残存有木质葬具痕迹。大部分墓葬都有随葬品，共计出土74件（套），类别较为丰富，有瓷器、铁器、骨器、螺贝器、铜饰品、铜钱、果核、蛋壳等。瓷器多葬于墓葬封土前侧左右的小坑内，有10座墓在封土前、后侧挖一圆形浅坑，内置1件瓷器，7座墓置于右前方，2座墓置于左前方，1座墓置于右后方。M12、M15封土上插一把匕首，较为特殊。此外，墓葬封土的形制结构和其他随葬品亦表现出鲜明的本地特征。

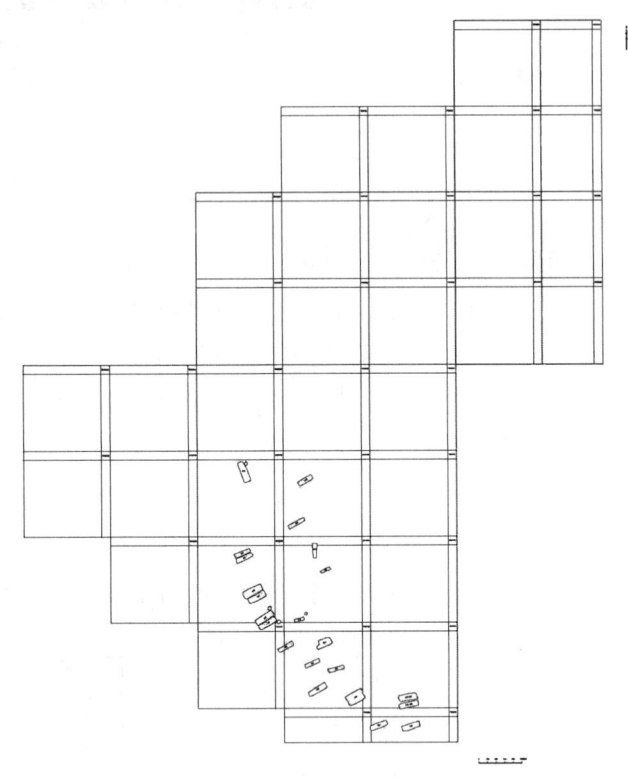

图二 大坪遗址第二发掘区平面图

二、典型墓葬介绍

（一）合葬墓

共清理13座合葬墓，其中12座为一次葬，1座二次葬。

M47 位于第二发掘区2018HXDTN14W03东南角，开口于①层下，打破生土（图三）。封土保存较完整，平面呈近椭圆形。该墓为夫妻合葬墓，共用一个封土，长270厘米，宽142－190厘米，高8－62厘米。封土中部填土，两侧由石板和卵石砌筑，正面为两个相连的石板砌筑而成的门形结构，左侧顶板盖于右侧顶板之上，方向55°。推测墓葬右室及其上的封土年代稍早，左侧年代略晚，紧靠右室封土构筑其封土。封土左、右侧各有一圆形小坑，左侧封土出土鼓腹罐一件；右侧封土出土圆腹罐一件。两个墓室位于封土之下，均为竖穴土坑，范围略小于封土，左室打破右室。左室墓圹平面呈长方形，开口距地表10－15厘米，长226厘米，宽66－84厘米，深54－56厘米。底部西高东低，出土人骨1具，保存较完整，为仰身直肢葬，面向朝右，头向238°。初步判断为男性，头骨右侧出土铁器1件。右室墓圹平面呈长方形，开口距地表10—15厘米，长218厘米，宽46—88厘米，深56—58厘米。墓室内发现葬具痕迹，有铁制木棺钉4件，底部西高东低，出土人骨1具，保存较完整，为仰身直肢，头向238°，面向朝上，初步判断为女性。出土随葬品5件。M47∶1（鼓腹罐）位于封土左侧，M47∶2（圆腹罐）位于封土右侧，M47∶3（铁针）位于左室头骨右侧，M47∶4（棺钉）位于右室，M47∶5（碗A型）位于右室人骨脊椎下。

M47∶1，鼓腹罐，完整器。瓷胎夹细砂，灰胎。盘口微敛，尖圆唇，折沿，颈微束，溜肩，鼓腹，平底。腹部最大径位置靠上。外壁下腹部以上施酱青釉，唇部釉面脱落，器壁一侧附有大量渣滓。内壁口颈

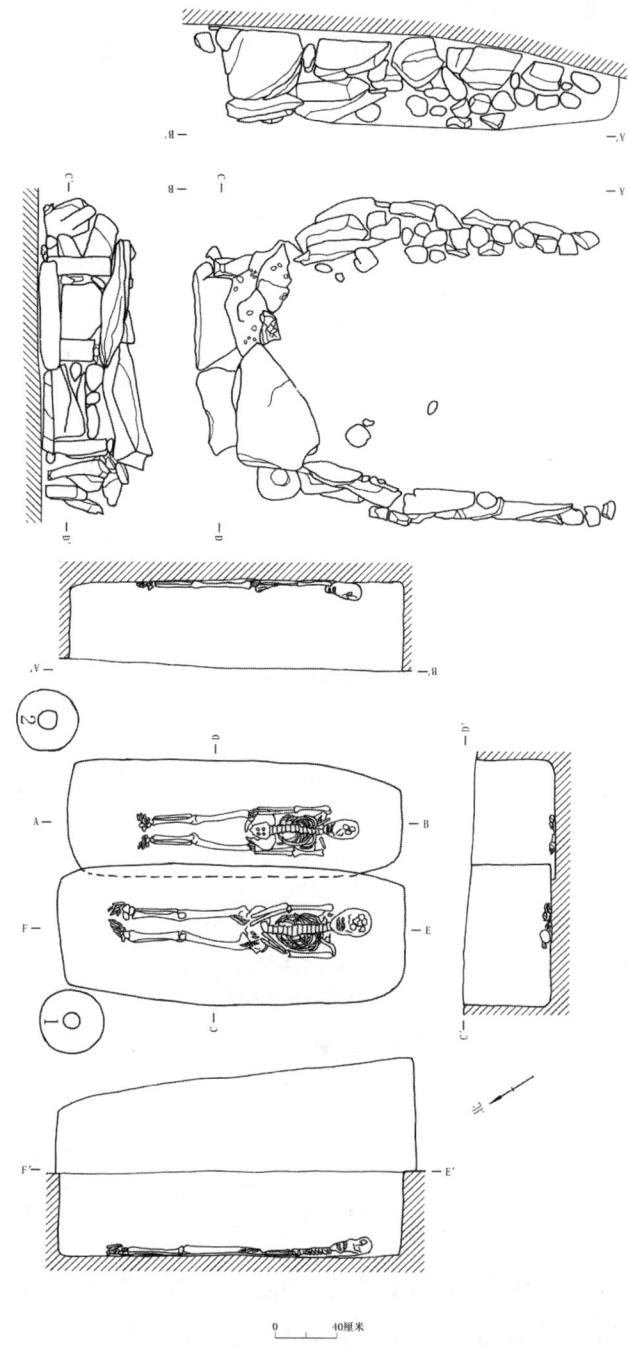

图三　M47平、剖面图
1. 鼓腹罐 2. 圆腹罐

部施酱青釉。颈肩交接处有明显接坯痕，颈部饰数圈弦纹，腹部饰数圈凹弦纹。口径9.7厘米、高28.8厘米（图一一，6）。

M47∶2，圆腹罐，完整器。瓷胎夹细砂，火候不均，外壁为灰色和浅红褐色。盘口微敛，圆唇，折沿，颈微束，溜肩，圆腹，平底。腹部最大径位于中部。外壁下腹部以上施黄釉，内壁颈肩处施黄釉，施釉不均，有大量积釉，口部釉面脱落。颈肩交接处有明显接坯痕。腹部饰数圈凹弦纹。口径10厘米、高20.4厘米（图一一，9）。

M47∶3，铁针，锈蚀较严重且略微变形。残高2厘米（图一〇，7）。

M47∶4，铁钉，四枚。四棱方钉，锈蚀较严重，无纹饰。其中一枚略微弯曲变形。长8.5－9.7厘米、宽0.5－0.7厘米（图一〇，4）。

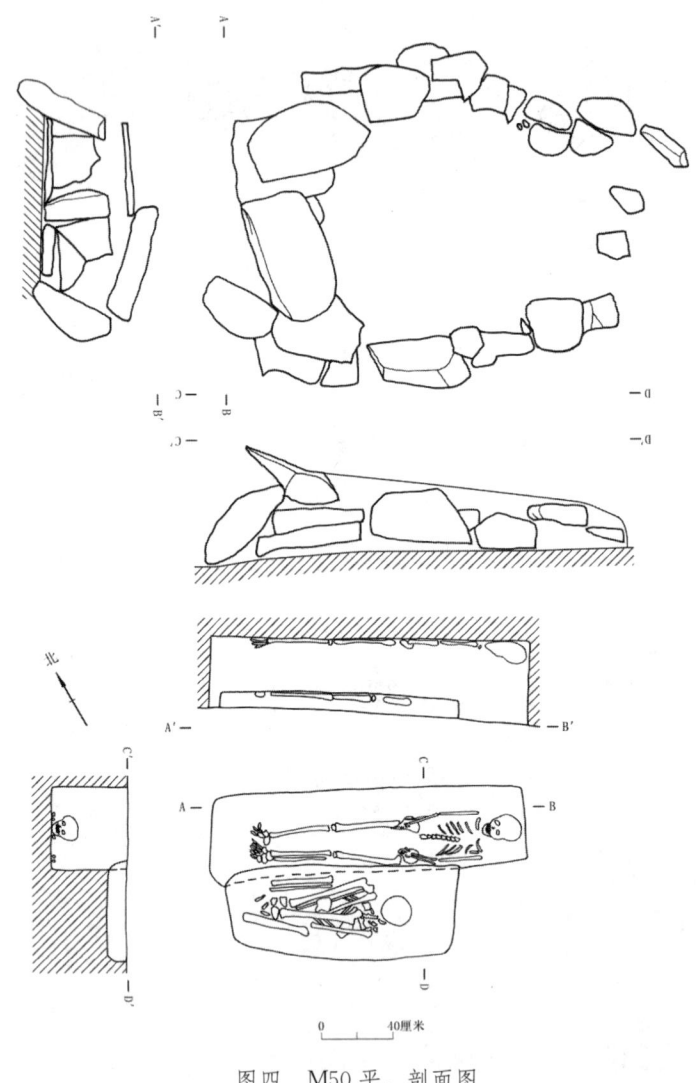

图四　M50平、剖面图

M47∶5，A型碗，完整器。瓷胎泥质，浅黄褐胎。敞口，尖圆唇，弧腹较斜直，圈足。内底鼓起，底心较平，中腹部略凸，足心凸起。外壁足部以上施青黄釉，内壁腹部及口部施青黄釉，施釉不均，有大量流釉，底部未施釉，未施釉处有明显修坯痕。外壁饰三组青花花草纹，内壁有五处青花点状物，大小不一。口径12厘米、高4.8厘米（图一一，13）。

M50　位于第二发掘区2018HXDTN13W02东北部，开口于①层下，打破生土（图四）。封土保存较完整，平面呈近梯形，长194—252厘米，宽130—194厘米，高8—66厘米。封土中部为土，左、右两侧及后部由鹅卵石堆叠而成。封土填土呈灰褐色沙土，包含大量石子及植物根系。封土正立面由9块石板组成两相连的门形结构，方向48°。墓室位于封土正下方，范围略小于封土，为双室竖穴土坑，左室打破右室，左、右墓室平面均呈近长方形。左室墓圹长124—132厘米，宽36—44厘米，深8—10厘米；右室墓圹长176厘米，宽44—50厘米，深8—10厘米。墓室内均未发现葬具痕迹，右墓室墓主人骨架为仰身直肢，骨骼保存一般，肋骨和脊椎骨缺失略严重，面朝上，头向300°。左墓室墓主人骨架保存较差，为二次葬，骨骼堆放散乱，面部朝向不详，头向300°。未出土随葬品。

（二）单人葬

53座单人葬，其中41座大人墓，12座小孩墓；一次葬50座，二次葬3座，包括1座火葬墓。

M15　位于第一发掘区2018HXDTN01E02东南部，开口于①层下，打破生土（图五）。封土保存较差，平面呈近长方形，前窄后宽，前高后低，长224厘米，宽100—108厘米，厚4—48厘米。封土中部为土，左、右两侧由鹅卵石堆叠而成，坍塌略严重。封土呈灰褐色砂土，土质较软，结构较疏松，包含大量大、中、小石头及植物根系。封土正立面原由石板组成一门形结构，坍塌严重，现仅存后部、底部和右侧石板，后部和右侧石板均向后倾塌，方向62°。封土前部靠北插一铁质匕首。墓室位于封土正下方，范围略小于封土，为单室竖穴土坑。墓圹平面呈近梯形，长188厘米，宽50—76厘米，深12—22厘米。填土

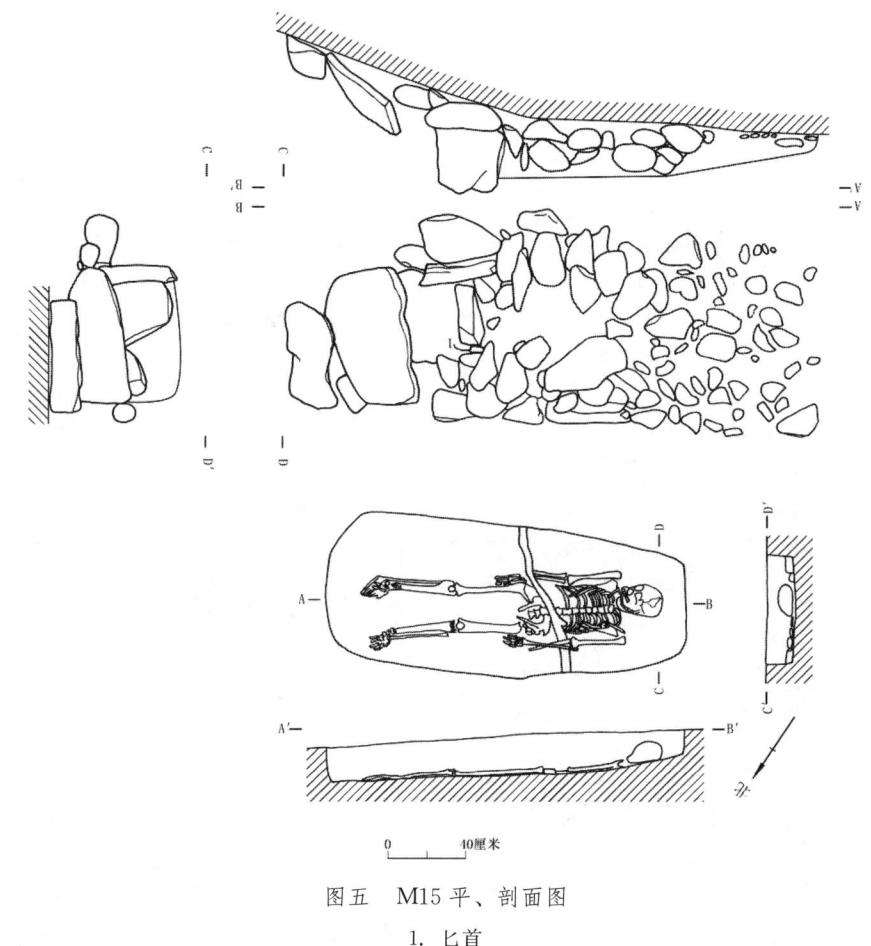

图五　M15平、剖面图
1. 匕首

为深灰褐色砂质黏土，土质软，结构疏松包含大量植物根系、石子。墓室内未发现葬具痕迹，墓主人骨架为仰身直肢，骨骼保存较好，双手放于两侧，墓室中部有一树根穿插而过，穿过墓主右臂、脊椎骨及左臂下方，面朝南，头向236°。

M15：1，铁质匕首。总长25厘米、刀柄长6.9厘米、刀身长18.1厘米。刀柄呈梯形，刀柄顶端微微向内弯曲，宽0.4—1.2、刀身宽2.7厘米。通体布满铁锈（图一〇，8）。

M22 位于第一发掘区2018HXDTN01E01西北部，开口于①层下，打破生土（图六）。封土保存较差，平面呈近长方形，前后宽窄相近，前高后低，长132—134厘米，宽46—60厘米，高24—34厘米。封土中部为土，左、右两侧及后部由鹅卵石堆积而成。封土呈灰褐色砂土，土质较软，结构较疏松，包含大量石子及植物根系。封土正立面原由五块石板组成一门形结构，现顶部石板缺失，方向60°。门形结构前方设有摆台，由4块石板组成，呈"品"字形排列，正对门形结构，共分为两阶，第一阶由三块石板平铺而成，长124厘米，宽34—36厘米；第二阶由一块近长方形石板横铺而成，长54—58厘米，宽18—20厘米。封土正立面右侧有一圆形小坑，内置1件带流提梁壶。墓室位于封土下方，范围大于封土，为单室竖穴土坑。墓圹平面呈近长方形，长190—194厘米，宽48—62厘米，深22—70厘米。填土为黄褐色砂土，土质软，结构疏松，包含大量大小石子，植物根系。墓室内未发现葬具痕迹，墓主人骨架为仰身直肢，骨骼保存一般，头骨损毁严重，面朝东，头向230°。共出土随葬品1件，位于封土外东南侧。

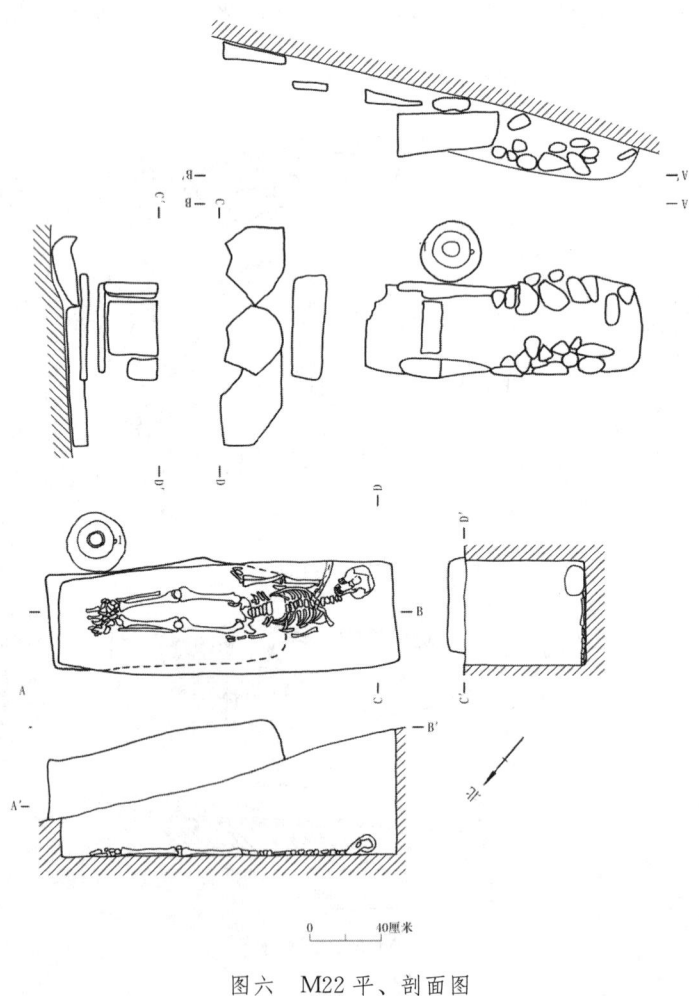

图六 M22平、剖面图
1. 带流提梁壶

M22：1，带流提梁壶，梁及部分流缺失。瓷胎夹细砂，浅黄褐胎。敛口，圆唇，带流，短颈，颈微束，折肩，腹部斜直，平底。下腹部以上施酱青釉，口部釉面脱落。中腹部带流，残。肩部带执，缺失。肩部及中腹部饰两道弦纹。器底有明显垫饼支烧痕。口径9.6厘米、残高15.6厘米（图一一，2）。

M41 位于2018HXDTN14W02西南部，开口于①层下，打破生土（图七）。封土保存较差，平面呈近长方形，长126厘米，宽32－80厘米，高3－18厘米。封土中后部为土，前部左、右两侧由鹅卵石堆砌而成。封土正立面已不存，方向57°。封土为灰褐色沙土，土质较软，结构疏松，包含物有小石子及植物根系等。墓室位于封土下方，范围略小于封土，为单室竖穴土坑。墓圹平面呈近长方形，开口距地表10－15厘米、长115厘米、宽28－35厘米、深2－14厘米。墓室内未发现葬具痕迹，墓主人骨架为仰身直肢，骨骼保存较好，面朝上，头高脚低，头向238°。出土随葬品2件，M41：1（铜扣）位于颈部，M41：2（蛋壳）位于右臂骨上方。

M41：1，铜纽扣，锈蚀与变形均较为严重，未见明显纹饰，为一圆球形与圆环组成。高1.2厘米、宽0.7厘米（图一〇，3）。

M41：2，蛋壳，破碎较严重，较薄，大小不可辨（图一〇，5）。

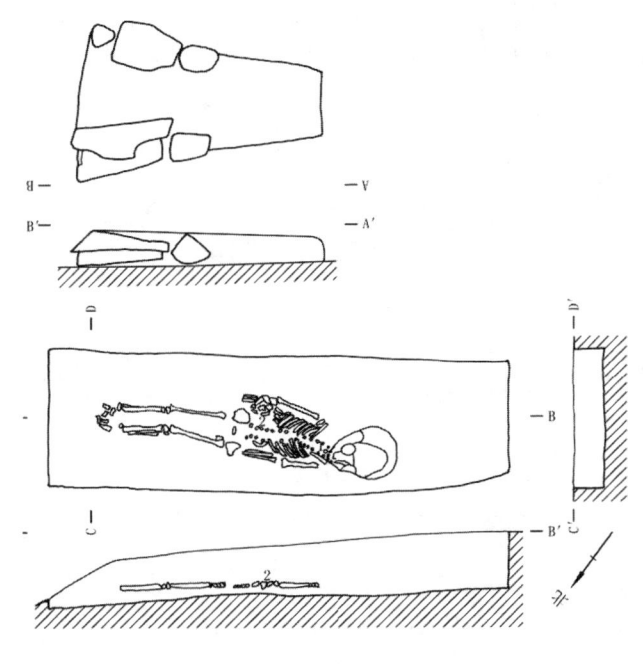

图七 M41平、剖面图
1. 铜扣 2. 蛋壳

M26 位于第一发掘区2018HXDTN01E01南部，开口于①层下，打破生土（图八）。封土保存较完整，平面呈近圆形，直径约为160厘米，高20－60厘米。封土中部为土，封土正立面由五块石板构成一门形结构，底部石板向前延伸，方向59°。封土正立面右前方有一圆形小坑，内置一瓷瓶。墓室位于封土下方，范围略小于封土，为单室竖穴土坑，方向239°。墓圹平面呈近长方形，开口距地表5－10厘米、长146厘米、宽61－70厘米、深20－26厘米。墓室内未发现葬具痕迹，发现大量炭灰和烧过的碎骨，为火葬墓。共出土随葬品2件，M26：1（盘口壶）位于封土左侧，M26：2（手镯）距封土深5厘米。

M26：1，盘口罐，完整器。瓷胎夹细砂，浅黄褐胎。盘口微侈，圆唇，折沿，高领，颈微束，溜肩，弧腹，平底。口径较底大，颈口及颈肩交接处有明显接坯痕且凸起，腹部最大径位置靠上，下腹部斜直。腹部饰数圈凹弦纹。下腹部以上施黄釉，施釉不均，颈肩处有大量流釉，口部釉面脱落。口径14.4厘米、高32.1厘米（图一一，5）。

M26：2，手镯，玻璃质，绿色透明玻璃制成，未见纹饰，残缺较严重。内径3.9厘米，外径5.3厘米，厚0.8厘米（图一〇，6）。

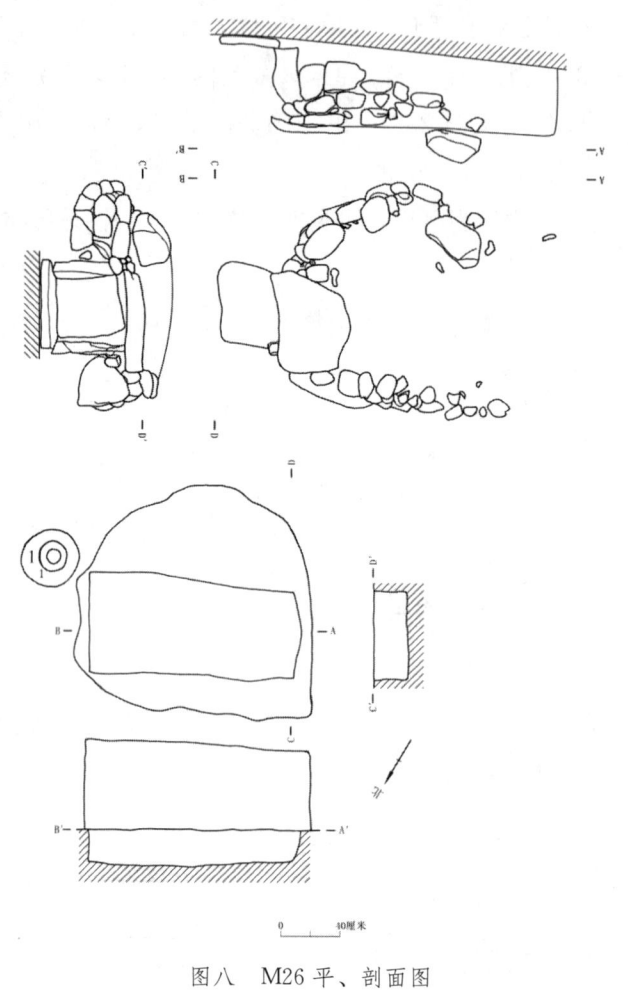

图八　M26 平、剖面图
1. 盘口罐

M20　位于第一发掘区2018HXDTN01E01西部。开口于①层下，打破生土（图九）。封土保存较差，平面略呈近长方形，前窄后宽，前高后低，长114厘米，宽40—74厘米，高6—26厘米。封土中部为土，左、右两侧由鹅卵石堆积而成，但损毁严重，仅存五块较大鹅卵石。封土呈黄褐色砂土，包含大量石子及植物根系。封土正立面原由五块石板组成一门形结构，现仅存后部及右侧石板，方向76°。墓室位于封土下方，范围略大于封土，为单室竖穴土坑，墓圹平面呈近长方形，长122—130厘米，宽40—56厘米，深28—42厘米。填土为红褐色砂土，土质较软，结构疏松，包含鹅卵石、植物根系。墓室内未发现葬具痕迹，墓主人骨架为仰身直肢，骨骼保存极差，仅存头骨及六段肢骨，头骨损毁略严重，面朝东南，头向202°。共出土随葬品3件，M20：1（大口罐）位于封土前方右侧，M20：2（项链）位于墓主人骨架颈部，M20：3（海贝）位于墓主人骨架颈部。

M20：1，大口罐。残损较严重，口部及上腹部缺失，仅存下腹部及器底，下腹斜直，平底。下腹部上部施黄灰色釉，釉面较粗糙。内壁有明显制坯痕，腹部饰数圈凹弦纹（图一一，11）。

M20：2，项链，长25.2厘米，出土保存较差。项链由92颗直径不超过0.5厘米的白色螺制小珠和两颗直径1.2厘米的白色贝制小珠以及由兽骨做成的褐色葫芦状的吊坠，吊坠上圆直径0.5厘米、下圆直径0.7厘米（图一〇，1）。

M20：3，海贝，共六件，均受损较严重，仅一件轮廓较完整（图一〇，2）。

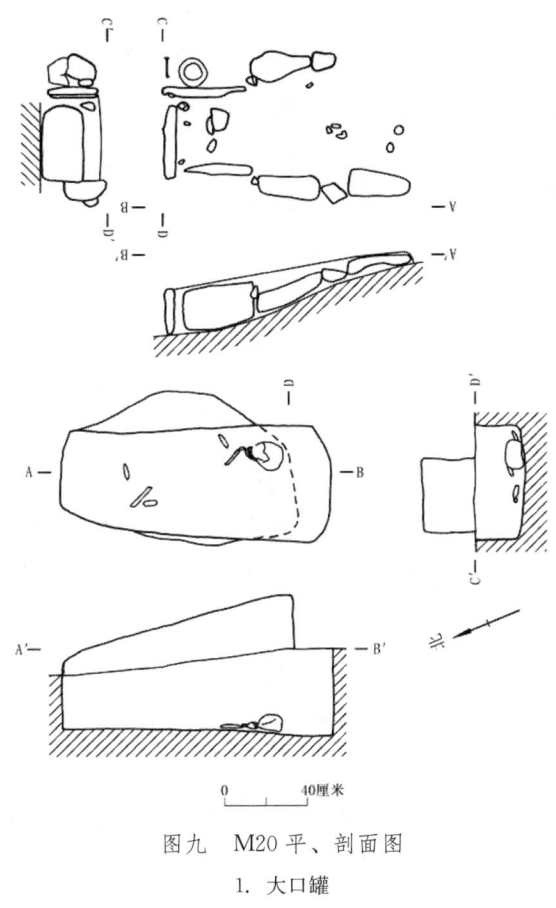

图九　M20平、剖面图
1. 大口罐

三、出土遗物

共出土74件（套）标本，其中瓷器共32件，可分器型共13类，大口罐3件，鼓腹罐3件，圆腹罐4件，凸肩罐1件，盘口壶2件，执壶4件，带流执壶1件，带流提梁壶1件，小口瓶2件，深腹瓶2件，鼓腹瓶2件，A型碗5件，B型碗2件。

鼓腹罐，圆腹罐，盘口壶，带流提梁壶，A型碗，均已在之前墓葬描述中有所描述，此不再叙述。

大口罐，标本M16：1（图一一，1）。完整器。瓷胎夹细砂，火候不均，表面胎色为浅黄褐色与浅红褐色。盘口，方唇，带流，颈微束，圆肩，弧腹，平底。口部较底大，腹部最大径靠上，下腹部斜直。中腹部以上及内壁施酱青釉，唇部疑因使用釉面脱落。内壁有明显制坯痕，颈肩交接处有一道凹弦纹，腹部饰数圈凹弦纹。口径14.7厘米、高19.2厘米。

凸肩罐，标本M46：1（图一一，7）。颈部及以上缺失，瓷胎泥质，灰褐胎，肩部有外附凸起，仅存凸起茬口及凸起根部，鼓腹，平底。外壁下腹下部以上施青黄釉，施釉不均，有流釉。内壁通体施青黄釉。腹部饰数圈凹弦纹。残高25厘米、宽21.6厘米。

执壶，标本M52：1（图一一，3）。完整器。瓷胎泥质，浅红褐胎。盘口微敛，尖圆唇，带流，折沿，颈微束，溜肩，弧腹，平底，颈部到中腹部有一执。腹部最大径位于中部。内壁口沿及颈处部分施釉，外壁下腹部以上施酱青釉，施釉不均，有流釉。腹部饰数圈凹弦纹。口径9.2厘米、高16厘米。

带流执壶，标本M9：1（图一一，4）。仅残余颈部以下部分及流、执底部。瓷胎夹细砂，灰胎。溜肩，弧腹，平底。腹部最大径位置靠下。颈部到中腹部有一执，残，仅余底部。中腹部带流，残，仅余底部。外壁下腹部以上施酱釉，内壁颈部施酱釉。腹部及以上部分饰数圈凹弦纹。残宽17.6厘米、残高20.4厘米。

小口瓶，标本M48：1（图一一，12）。仅残余颈部以下部分，瓷胎夹细砂，浅红褐胎。细颈，颈微束，圆肩，弧腹，平底。腹部最大径位置靠上。下腹部以上均施酱青釉。肩部饰两圈弦纹，颈肩处有明显接坯痕，腹部饰数圈凹弦纹。残宽9.8厘米、残高14厘米。

深腹瓶，标本M29：2（图一一，10）。完整器。瓷胎夹细砂，浅红褐胎。侈口，圆唇，颈微束，溜肩，弧腹，平底。腹部较直。下腹部以上施酱青釉，口部釉面有脱落。腹部饰数圈凹弦纹。口径9厘米、高19.5厘米。

鼓腹瓶，标本M60：1（图一一，8）。完整器。瓷胎泥质，浅红褐胎。盘口微敛，尖圆唇，折沿，颈微束，溜肩，鼓腹，平底。腹部最大径位置靠上。下腹部以上施酱釉，釉面有脱落，内壁口颈处施釉。肩颈交界处有明显接坯痕。器底有明显垫烧痕。腹部饰数圈凹弦纹。口径8.1厘米、高17.1厘米。

B型碗，标本M57：1（图一一，14）。完整器。瓷胎泥质，灰胎。侈口，尖圆唇，弧腹，圈足，圈足浅挖且宽，足心凸起。外壁下腹部及以上施青黄釉，施釉不均，有流釉。内壁通体施青黄釉。内侧口沿处有一圈凹线，下腹部与底部交界处有明显转折。通体素面无纹饰。口径12.6厘米、高5.1厘米。

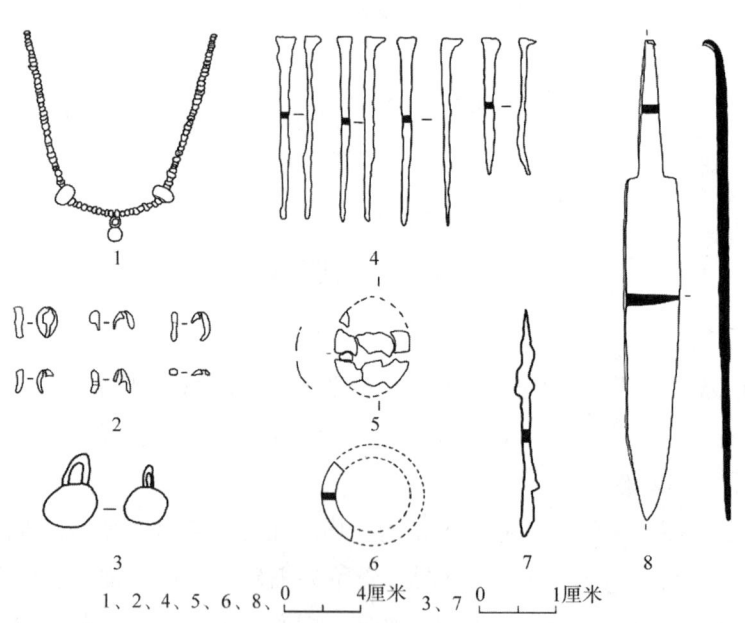

图一〇　出土器物
1. 项链（M20：2）　2. 海贝（M20：3）　3. 铜纽扣（M41：1）　4. 铁钉（M47：4）　5. 蛋壳（M41：2）
6. 手镯（M26：2）　7. 铁针（M47：3）　8. 匕首（M15：1）

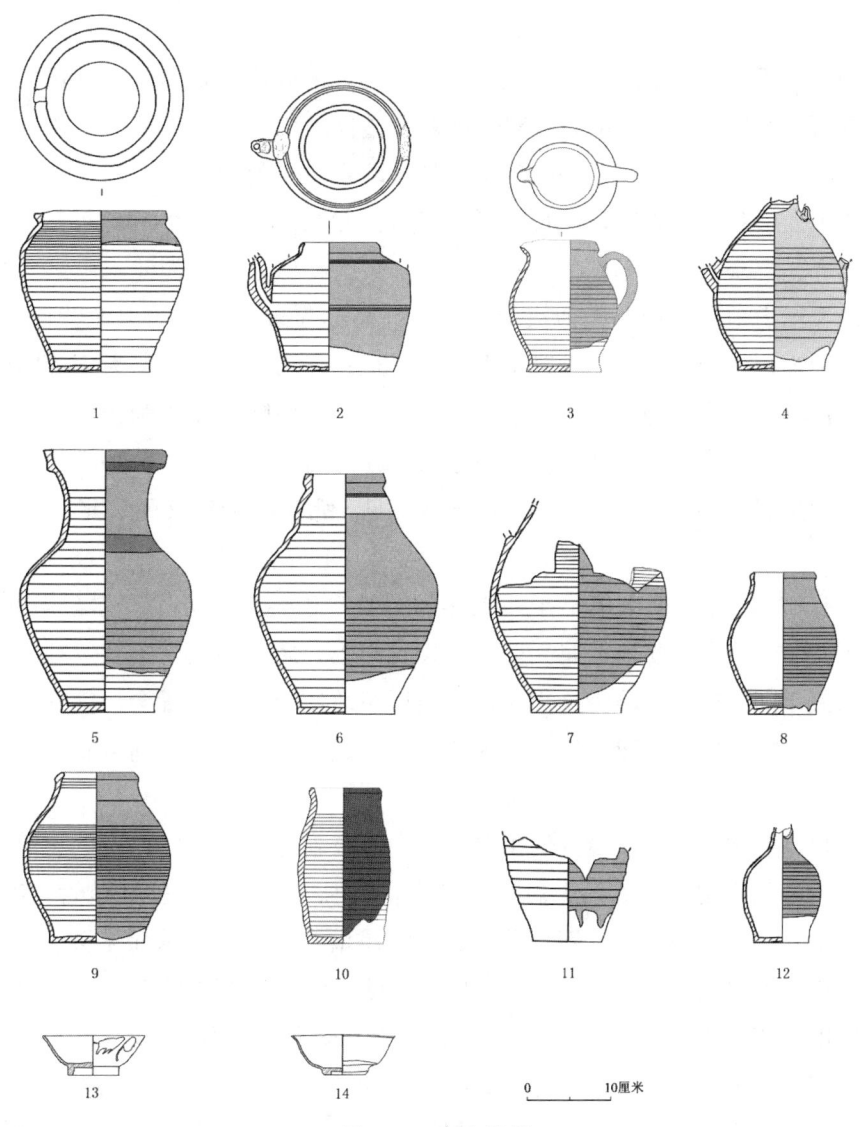

图一一 出土瓷器

1. 大口罐（M16：1） 2. 带流提梁壶（M22：1） 3. 执壶（M52：1） 4. 带流执壶（M9：1） 5. 盘口壶（M26：1） 6. 鼓腹罐（M47：1） 7. 凸肩罐（M46：1） 8. 鼓腹瓶（M60：1） 9. 圆腹罐（M47：2） 10. 深腹瓶（M29：2） 11. 大口罐（M20：1） 12. 小口瓶（M48：1） 13. A型碗（M47：5） 14. B型碗（M57：1）

四、结语

（一）年代

本次发掘的部分墓葬出土有铜钱。第一发掘区的 M4 出土铜钱 17 枚，钱文可见年代为清代嘉庆、道光、咸丰时期，该墓的年代应不早于清代嘉庆时期。第二发掘区的 M39 右侧人骨口含一枚"道光通宝"铜钱，其年代不早于道光时期；M54 随葬一枚"嘉庆通宝"铜钱，其年代当不早于嘉庆时期。第六发掘区的 M65 出土"乾隆通宝"铜钱 1 枚，其年代当不早于乾隆时期。各区其余墓葬的形制结构及随葬品均与上述墓葬相类似，推测年代接近，当在清代乾隆至咸丰时期前后，公元 1736－1861 年之间，属清代中晚期。

（二）墓葬特征

墓葬的封土正面用石板砌筑成汉式仿牌楼式的墓碑结构，由五块石板组成，顶部石板对应碑帽，两侧石板对应碑柱，后部石板对应墓碑，下部石板对应碑基。整体虽为仿牌楼式墓碑结构，却无任何文字及图像雕刻，此为其不同于大部分清代汉民墓葬的独特之处。墓室位于封土下方，却常常有所偏差，而非位于封土的正下方，墓圹平面形状不甚规则，呈长方形、圆角长方形、梯形三种，因建于坡地之上，前浅后深。葬式可分为仰身直肢葬、二次葬、火葬三种，其中火葬墓较为特殊，在白鹤滩水电站文物保护项目宁南县华弹镇清代建筑遗址大棺山地点发现有类似火葬墓。随葬品亦表现出鲜明的本地特征，大致可分为五类：一为饰品，为墓主人配饰；二为口含物，为墓主人口中发现；三为随葬器物，为下葬时随放的日常使用器物或食物；四为墓外浅坑内器物，为随葬于封土外侧的器物，该类随葬品均为瓷器，于封土前后侧挖一圆坑，器物放置于圆坑之中；五为匕首，共计出土两把匕首，均插于封土上，下葬时或是后人插入均有可能。各类随葬品除瓷碗为常见器型外，其余器型均不同于或不见于常见的清代汉民墓葬。

（三）余论

据《会理州志》记载①，现会理市最早于西汉年间置县，称会无。唐代改称会川县，后为南诏所据，称会川都督府。宋因其名，为羁縻州府，属大理。元代时归附，属会川路，置罗罗斯宣慰司，领黎溪州等七州一县。明太祖洪武年间，改会川路为会川府，属四川布政使司，后增置会川守御千户所，不久因土著反叛又改为会川卫军民指挥使司。清康熙年间改为会川卫军民守备，雍正年间分置会理州，始称会理，属四川宁远府。

从历史上看，明代以前居住在会理境内的主要是被中原王朝称为乌蛮、白蛮的土著少数民族，当时人口较少，由土著首领管理。明朝建国后，土著首领归附，政府开始派汉军驻守监管，汉民由此逐渐迁入，后因土著频繁反叛，明廷增军加强守卫监管日严，迁入汉民增多。明代永乐元年会川卫有13027人，嘉靖元年增至15636人，此时尚以夷民为主。清代以后监管加强，汉民随之不断迁入，土著少数民族开始与汉民长期杂处，互相影响。清雍正七年编查户口时汉民已有10909人，附近夷民12500人，数量相当。嘉庆十九年，会理州清查出在夷地佃耕的汉民竟达122404人，可见互相融合程度之深。同治时期，会理州存在着黎溪州土千户自氏，普隆土百户沙氏等七土司，共管夷民5605户。黎溪州土千户驻牧地在今会理县西南角金沙江附近，衙门设今黎溪镇，四至265里，管辖夷民814户，其祖先自必仁于清康熙四十九年归附受封。普隆土百户驻牧地在会理西南境，衙门设今树堡乡，四至145里，管辖夷民104户，其祖先沙玉于康熙四十九年归附受封。这批清墓所在区域在明清时期属黎溪州普隆村，从紧挨墓地的其他清代晚期至民国时期汉民墓葬碑文上亦可知这一区域至少在清代至民国时期被称为"会理南界普隆"，归普隆土百户和黎溪州土千户统治管理。近现代以来，汉民不断迁入夷地开垦土地聚族而居，除少部分夷民逐渐汉化外，大部分夷民逐渐移居半山或山上。现在我们在墓地周边的河谷地带已看不到少数民族聚居地，附近居住的汉民大多亦不知晓这些墓葬的年代和族属，甚至误以为是明代墓葬，只有极少数已汉化的少数民族后人偶尔回来祭奠，但也只知其为祖先墓葬而不知具体年代了。

从我们此次发掘的情况来看，这批墓葬从墓碑样式、葬式葬俗以及随葬品及其随葬方式均较为特殊，此前未发掘过此类墓葬，墓葬表现出的本地特色明显不同于当地同一时期共存的汉民墓葬，汉民墓葬以著有雕刻和文字的仿木结构牌楼式墓碑为鲜明特征，同时拥有一批以碗、盘、杯为代表的瓷器随葬品组合。

---

① 邓仁垣、杨昶：《会理州志》，清同治九年（1870）。

因此我们认为这批墓葬的主人应是当地的土著少数民族，他们很可能是当地现有的傈僳族、傣族等少数民族的祖先。在和汉民族杂处的数百年间，他们不可避免地受到了汉族文化一定程度的影响，这在其仿汉碑的墓碑结构以及部分随葬品中都有所体现。这批墓葬的发掘首次向我们揭示了清代西南山区土著少数民族墓葬文化的丰富内涵，为我们研究当地清代土著少数民族历史文化以及土著少数民族的汉化过程提供了一批重要的实物资料，具有一定的民族史和文化史研究价值。

项目负责人：连锐

发掘人员：高　寒　童兴茂　毋东茜　王　娇　袁　瑶　许晓玉　肖佳琦
　　　　　喻　容　杨　毅　崔仰丽　金新雨　王向向　阮丽斌　王　鑫

修复：崔仰丽

摄影：童兴茂

线图：童兴茂　刘彪　邬晓

执笔：高寒　童兴茂

从馆藏"平口硬刮一斗"木斗看民国政府度量衡划一历史

广安市博物馆 唐云梅

摘要：本文通过对"平口硬刮一斗"木斗形制规格、制作技法、检定图印等特征分析，认为该木斗是1937—1944年间经四川省广安县度量衡检定分所先后三次检定合格的量器。小小的一件木斗，承载的历史信息是民国政府度量衡改革制度体系的反映，更是民国时期四川及至全国度量衡划一历史的反映，是民国政府经济社会发展的重要物证，具有较高的研究价值。

关键词：馆藏木斗；检定图印；民国；四川；度量衡划一

度量衡是规定物品长短、大小、轻重的标准，"度"定长短、"量"测容量、"衡"称轻重。度量衡与民众日常生活、各行业运行发展、政府财政收支和国家稳定统一等密切相关，既是百姓物品交换的计量介质和标准，更是统治者实施政治经济改革和国家强盛的重要手段，可以说是关乎国计民生。中国自古以来，历朝历代对度量衡都非常重视，先秦古籍《孔子家语·五帝德篇》《吕氏春秋》就有"黄帝治五气，设五量""黄帝使伶伦取竹于崑苍之嶰谷，以造黄钟之律，更据以作权衡度量"之记载①。后代历朝均有各自的度量衡标准。到了清代晚期尤其是鸦片战争后，西方列强的度量衡随着传教士和商品的进入，使得旧中国度量衡极为混乱，没有统一标准，同域各市镇不同，同市各行业不同，同业各商家不同，买进卖出不同等等，导致

图一 木斗俯视图

政令不畅，奸民舞弊，国家和人民利益受损。民国政府成立后，便着手全国度量衡制度改革，推行度量衡划一政务工作。广安市博物馆馆藏的一件"平口硬刮一斗"木斗（图一）便是民国政府度量衡改革下的产物，是民国政府度量衡划一及四川度量衡推行工作历史的重要物证。

鉴于目前国内作为文物藏品的度量衡器具不多，从文物藏品视角研究度量衡的文章尤为少见，故本文

---

① 林光澂、陈捷：《中国度量衡》，商务印书馆，1934年，第11页。

结合民国度量衡文献,从"平口硬刮一斗"木斗的形制规格、制作技法、检定图印、检定机构、检定时间等角度进行分析,拟再现民国政府度量衡划一及四川度量衡推行工作历史。

一、木斗形态特征

"平口硬刮一斗"木斗,方柱形,由1块底板和4块壁板组成,四棱结合处燕尾榫式交错,底板嵌于四方内壁距底1.9厘米之处暗槽中。木斗外边长27.6厘米、高18.6厘米;内边长25厘米、深15.6厘米,计算容积为9750毫升,即9.75升。木斗口沿及四壁底端外一周均以2厘米宽铁片包护,其中口沿铁片内边与斗口内边齐,外边折于外壁;外壁四面中部以竖向2厘米宽铁皮包护,在外底中心十字交叉。斗身两外壁及外底有题记和标识:一外壁的左右两侧阴刻楷书题记,右侧竖刻"一斗",左侧竖刻"平口硬刮",字外阴刻竖框,框高8.7厘米,宽分别为3.8厘米、4厘米。近口沿处横向排列有"同"(正方形,边长1.2厘米)、"Ⓣ"(圆形,直径1.3厘米)、"54"(正方形,边长1.3厘米)三个图印(图二);另一外壁底端横向排列有倒置的"同""Ⓣ""54"三个图印;斗外底分散排列有"同""Ⓣ""54"三个图印(图三)。

图二　木斗外壁之一

图三　木斗外壁之二

二、木斗题记及图印的解读

1. 题记表示规范操作下,此斗容量为一斗。"平口硬刮""一斗"表明用该斗装满粮食后,用平直的硬物置于木斗口沿上,从一侧口沿水平地刮过对侧口沿,使斗内盛装的粮食的平面与斗口沿齐平,木斗内的粮食容量就是一斗。平直之硬物当为检定检查量器时所用的"木概",是量器之附属品,用以刮平量器口沿之上的堆积物。如量器盛物,器口上物体堆积凸出,就以"木概"平刮之。其制作材料为极其坚硬不易弯曲、不易磨灭的木头,必须光滑平直,其长度需比所配用的量器之口长五公分以上。为方便操作,"木概"一侧的中点会安装一个与"木概"体垂直的木柄[①]。该木斗以"平口硬刮"刻于斗身,应当是在推广

---

① 工商部:《度量衡器具制造法及改造法》,京华印书馆,1930年,第11页。

使用中，将深奥难懂的"木概"操作方式，直接用简明易懂的词汇表达。

2. 图印是度量衡检定机构的检定标记。"平口硬刮一斗"木斗的"同""ㄒ""54"三个图印，是县级度量衡检定机构检定留下的标记。以下三条记载足以说明。

1929年颁布的《度量衡法》第十二条规定：划一度量衡应由工商部设立全国度量衡局掌理之，各省及各特别市得设度量衡检定所，各县及各市得设度量衡检定分所处理检定事务①；1929年颁布的《度量衡法施行细则》第四十条规定："度量衡器具检定后认为合格者，应由原检定之局、所錾盖图印或给予证书"②；1937年全国度量衡局公布的《修正度量衡器具盖印规则》第七条规定：全国度量衡局施行检定所用图印为"同"字；各省市区度量衡检定所用图印除仍为"同"字外，加国音注音符号；各县市度量衡检定分所施行检定所用图印除"同"字及国音注音符号外，另用县记号以示区别③。

自古以来，以"同"字为度量衡检定图印仅见于民国政府，为全国度量衡局施行检定时所用图印，取古训"同律度量衡"，以及孙中山先生的"世界大同"并有"资之官而后天下同"之义④。按照全国度量衡局发布的《度量衡检定用印各省区外加国音注音符号分配表》，每个省份用一个国音注音符号表示，如辽宁省注音符号为"彳"（声母 ch 的读音）、河北省注音符号为"ㄐ"（声母 j 的读音）、四川省注音符号为"ㄒ"（声母 x 的读音）。故"ㄒ"是四川检定所检定所用图印。《四川省各县市检定记号案》明确四川省各县度量衡检定分所施行检定时，除用"同""ㄒ"字外，另加阿拉伯数字。其中岳池84，武胜89，广安54，邻水56⑤。故"54"是广安县度量衡检定分所检定所用图印。

综上分析，"平口硬刮一斗"木斗上"同""ㄒ""54"图印组合说明该件量器是经过四川省广安县度量衡检定分所检定留下的标记。

3. 木斗盖印方式为烙印。民国时期度量衡器具盖印规则规定，检定盖印方式有錾印、烙印两种，錾印多用于金属器具，烙印主要用于竹、木器具。从"平口硬刮一斗"木斗上"同""ㄒ""54"的实际特点看，盖印方式确属烙印。

4. 三组烙印是三次检查的标识。为何"平口硬刮一斗"木斗上烙有三组图印？根据1929年颁布的《度量衡法》规定："检定合格的度量衡器具，应定期或随时受全国度量衡局或地方度量衡检定所或检定分所之检查""复查认为合格者再行加盖图印或改给证书准其行用"⑥。由此断定，"平口硬刮一斗"木斗前后至少接受过四川省广安县度量衡检定分所的三次检查，且三次检定均合格，故烙下了三组检定图印。

5. 现在的木斗容量已经超出公差而失准。"平口硬刮一斗"木斗目前的容积仅为9.75升，与一斗的标准有0.25升的误差。按照《度量衡法施行细则》第三十四条关于度量衡器具公差的规定：2公升以上的量器，公差为1/250⑦。照此计算，"平口硬刮一斗"木斗的公差应为一斗（10升）的1/250，即0.04升。显然，0.25升的误差大大超出了0.04升的公差范围。其实，所有度量衡器具在使用中，磨损、老化以及环境、温度、湿度、时间等客观条件变化，都会导致器具失准，尤其木质器具变化更大。所以，1929年的

---

① 工商部工商访问局：《度量衡法》，《工商丛刊之七：度量衡法规汇编》，中央印务局，1930年，第8页。
② 工商部工商访问局：《度量衡法施行细则》，《工商丛刊之七：度量衡法规汇编》，中央印务局，1930年，第17页。
③ 四川省政府建设厅：《修正度量衡器具盖印规则》，《现行工商法规》全一册，1942年，第193页。
④ 陈传岭：《历代度量衡检定印鉴》，《中国计量》2016年第10期，第63页。
⑤ 实业部全国度量衡局：《四川省各县市检定记号案》，《工业标准与度量衡》第二卷第二期，1935年，第110页。
⑥ 工商部工商访问局：《度量衡法》，《工商丛刊之七：度量衡法规汇编》，中央印务局，1930年，第17页。
⑦ 工商部工商访问局：《度量衡法施行细则》，《工商丛刊之七：度量衡法规汇编》，中央印务局，1930年，第14页。

《度量衡器具检查执行规则》明确规定：度量衡器具检查每年定期施行一次，如有特殊情况还会临时检查[①]。虽然斗身的三组检定图印明确显示该斗曾经是经官方多次检定的合格量器，但距今 80 年左右的时间，足以让"平口硬刮一斗"木斗严重失准。

三、木斗年代的判定

"平口硬刮一斗"木斗虽没有年款，但从其形制、制作工艺、图印特征看，当属民国中期的量器。

1. 从制造工艺看，"平口硬刮一斗"木斗当属 1929 年以后的器具。

按照 1929 年颁布的《度量衡施行细则》要求，全国度量衡局出台了《度量衡器具制造法及改造法》，明确规定了方柱形木斗的规格比例、制作技法、部件结合模式、口底部的防护方式：内边之长，不得过深之二倍；其四壁及底板，或用整块之板，或用数块拼合，四楞接合之处，须互为槽齿交错；其底嵌于内壁近底端的凹槽内；为防斗口磨灭，于斗口上加一薄铁片，其铁片之内边与斗口内边齐，其外边须折向升之外壁；为坚固起见，于其外壁及底交叉钉以约二公分宽之薄铁片二条；容量为一斗的方柱形斗，其内径 25 公分，深 16 公分[②]。

对照《度量衡器具制造法及改造法》标准和要求，"平口硬刮一斗"木斗除了内深（15.6 厘米）比标准尺寸（16 厘米）少 0.4 厘米外，其他工艺技法完全符合制作标准，且没有改造的痕迹，所以"平口硬刮一斗"木斗是依照《度量衡器具制造法及改造法》制造的度量衡器具，其制造年代不会早于 1929 年。

2. 从其盖印规则看，"平口硬刮一斗"木斗属于民国中期量器。

民国政府先后公布、修正了三个版本的《度量衡器具盖印规则》，一是 1932 年版盖印规则[③]；二是 1937 年版盖印规则[④]；三是 1944 年版盖印规则[⑤]。三个版本的盖印规则，都明确规定度量衡器具检定及检查图印分錾印、烙印两种，以及其规格大小，但也各有不同。

1932 年版盖印规则规定：烙印分大小二式，大者十二公厘平方，小者六公厘平方。全国度量衡局施行检定所用图印为"同"字；各省区各特别市度量衡检定所及分所施行检定用图印除仍为"同"字外，加国音注音符号以示区别。检定合格后盖印"合"，不合格盖印"否"，作废的盖印"销"。此版本明确了烙印规格、度量衡局和省级检定所检定所用图印，没有市县级检定分所检定所用图印标准。

1937 年版盖印规则规定：烙印分大小二式，大者十二公厘平方，小者六公厘平方。全国度量衡局施行检定所用图印为"同"字；各省市区度量衡检定所用图印除仍为"同"字外，加国音注音符号；各县市度量衡检定分所施行检定所用图印除"同"字及国音注音符号外，另用县记号以示区别。作废的盖印"销"。此版本较前一版本增加了市县级检定分所检定后所用图印标准，不再用"合""否"图印。

1944 年版盖印规则规定：度量衡器具检定合格图印为"同"字。"同"字图印分錾印、烙印两种，均为方形。烙印为六公厘平方。烙印专供烙盖木量器之用。此版本规定烙印规格不再分大小式样，统一为六公厘平方。同时不再对省级检定所、县市级检定分所检定后所用图印进行规定，统一明确各级鉴定机构只

---

① 工商部工商访问局：《度量衡器具检查执行规则》，《工商丛刊之七：度量衡法规汇编》，中央印务局，1930 年，第 30 页。
② 工商部：《度量衡器具制造法及改造法》，京华印书馆，1930 年，第 7—8 页。
③ 浙江省政府建设厅：《度量衡器具盖印规则》，《建设月刊》第六卷第六期之《中央法规》，1932 年，第 6 页。
④ 四川省政府建设厅：《修正度量衡器具盖印规则》，《现行工商法规》全一册之，1942 年，第 193 页。
⑤ 经济部全国度量衡局：《修正度量衡器具盖印规则》，《工业标准与度量衡》第九—十一卷合刊，1945 年，第 32 页。

要检定合格均用"同"字。

按 1929 年颁布的《度量衡法》第四条"标准制之名称及定位"规定"长度一公厘等于千分之一公尺"①，换算成米制一公厘即一毫米。"平口硬刮一斗"木斗"同"字图印的边长 1.2 厘米即 12 毫米，就是十二公厘。由于该"同"字为正方形，其面积就是十二公厘平方。此"同"字的规格符合 1932 年、1937 年两个版本盖印规则的烙印大式"十二公厘平方"，而非 1944 年版盖印规则规定的"六公厘平方"。因此可以判定，"平口硬刮一斗"木斗至少不是 1944 年以后的量器。

同时，"平口硬刮一斗"木斗的"同""Φ""54"的图印组合出现的特点只符合 1937 年版盖印规则中的县级度量衡检定分所的检定图印标准。那么"平口硬刮一斗"木斗的检定时间只能在 1937 年—1944 年间。根据 1931 年《修正度量衡法施行细则》第三十六条规定：各种度量衡器具制造后，应受全国度量衡局或地方度量衡检定所或分所之检定②。"平口硬刮一斗"木斗并没有改造痕迹，当是新器制造后，及时经过四川省广安县度量衡检定分所检定。

综上分析，"平口硬刮一斗"木斗的制造年代、检定年代均在 1937 年—1944 年之间。

四、木斗折射的民国政府度量衡划一历史

"平口硬刮一斗"木斗不仅仅是一件量器，它保留的信息是贯彻实施民国政府度量衡法规的具体表现，承载了民国政府度量衡划一的历史，是四川度量衡划一历史的重要见证。

1. 民国政府全国度量衡划一历史

民国初年，全国各地的度量衡极为混乱。即便同一类器具也是南方与北方不同，买者与卖者不同，此省与彼省不同。有美国人曾经统计中国尺，"一共有八十四种，最长的合英尺十六吋又百分之八五，最短的合英尺十一吋又百分之十四"③。如此局面，不利于商贸交易，妨碍租税的征收，阻碍社会经济的发展，于是民国政府积极思考度量衡改革。1915 年《权度法》④《权度法施行细则》⑤ 公布，以中国习惯的"营造尺库平制"与国际流行的"万国权度通制（又名万国公制）"并行，前者为甲制，后者为乙制。但甲乙两制之间没有简单的换算比例，故推行较难。1928 年《中华民国权度标准方案》公布，采用万国公制为标准制，同时采用市用制为辅助制，两者间用一二三之比例进行简单换算，即容量以一标准升（公升）为一市升，重量以一标准斤（公斤）为二市斤，长度以一标准尺（公尺）为三市尺，与我国旧制相近，又照顾了我国民众习惯⑥。1929 年《度量衡法》《度量衡法施行细则》公布，对度量衡器具的制造、检定、检查、推行等工作有了明确规定，划一度量衡政务工作真正开始施行。工商部相继出台了度量衡器具检查执行、颁发、检定、营业、制造等一系列相关的规则、规程、办法及全国度量衡划一程序，形成了一整套较为完备的度量衡制度体系，并成立全国度量衡局及各省级检定所、县级检定分所，专门负责度量衡新制的划一推行，掌管度量衡营业的许可，器具的制造及检定，检定人员的培训考核，调查旧器和禁止制造、贩卖旧器，指

---

① 工商部工商访问局：《度量衡法》，《工商丛刊之七：度量衡法规汇编》，中央印务局，1930 年，第 2 页。
② 工商部全国度量衡局总务科：《修正度量衡法施行细则》，《度量衡特刊》第一期，1940 年，第 11 页。
③ 林光澂、陈捷：《中国度量衡》，商务印书馆，1934 年，第 11 页。
④ 林光澂、陈捷：《中国度量衡》，商务印书馆，1934 年，第 33 页。
⑤ 林光澂、陈捷：《中国度量衡》，商务印书馆，1934 年，第 38 页。
⑥ 工商部工商访问局：《中华民国权度标准方案》，《工商丛刊之七：度量衡法规汇编》，中央印务局，1930 年，第 1 页。

导制造新器和改造旧器，检查度量衡器具等工作。在实施中，民国政府先后于1931年、1944年对《度量衡法施行细则》进行修正公布。按照《全国度量衡划一程序》要求，全国各区域度量衡完成划一工作的时间先后，依其交通及经济发展之差异程度，分为三期。第一期江苏、浙江、湖南、湖北等17个省市，应于1931年底前完成划一；第二期四川、云南、贵州、陕西等10个省市应于1932年底前完成划一；第三期青海、西康、蒙古、西藏4个省应于1933年底前完成划一。并要求各省区及各特别市政府应在完成划一前一年半内成立度量衡检定所①。但推行之初，国家政局不安，地方财政备极支绌，依法设立检定所的，仅浙江、天津、福建、上海、南京、山东六省市，广东只于建设厅内部设股办理，辽宁、吉林只于农矿厅内设股办理，其余各省市则以困于时局，皆未遵照如期划一。自后战争频繁，水旱交煎，推行度政益难。但各地方政府深知度量衡之事重大，力排万难，陆续勉图举办，故在1931年设立检定所者有安徽、青岛、江西、河北等十二省市，1932年设立检定所的有热河、贵州两省，1933年设立检定所的有威海卫、绥远、广西等三省区。1935年设立检定所者有四川一省；1936年设立检定所的，有云南一省。1937年设立检定所的有山西一省。各省市在开办度政后，仅上海、南京、北平、四川等11个省市各检定所尚能自始至终，其他各省市，中途多特殊困难，迂回波折②。1937年抗战全面爆发后，民国政府全国的度量衡制度改革基本处于停滞状态。1945年抗战胜利后，内战导致民国政府度量衡行政基本瘫痪。

纵观民国政府全国的度量衡划一工作，虽卓有成效，但实际上全国并未得到完全彻底的贯彻。除了军事战争原因之外，如涉外问题、海关等重要国家部门没有一起同时采用新制；中、省部门采用新制后，各县市机关尚未完全一体实行新制；三是新制在各繁华区域与各大城市的成效显著，但在偏远乡村和一般劳动民众生活中依然没有普遍推行。

2. 民国四川政府的度量衡划一历史

民国四川省政府成立之前，度量衡没有一定标准，各地有各地的习惯，尤其县城、乡村，同类器具标准各不相同。仅广安境内之量器，就有州斗（斗米重30公斤）、州升（升米重3公斤）、代市的代斗（斗米重16.5公斤）、代升（升米重1.65公斤）、石笋的河斗（斗米重15公斤）、河升（升米重1.5公斤）、肖溪的肖溪斗（斗米重21公斤）、肖溪升（升米重2.1公斤）等之分③。混乱的度量衡秩序导致商家非法制造，特别是一些豪绅地主专门制造大斗、大升、大秤，残酷剥削劳动人民④。按照《全国度量衡划一程序》要求，四川作为第二期应于1932年底前完成划一工作。但因军阀混战，度量衡政务没有及时开办，到1934年才做划一度量衡的准备。因当时政局不统一，全省举办度量衡难以做到，故拟先从全省公用度量衡与重庆、成都市的民用度量衡着手，再渐次推及其他各县市⑤。1935年四川省政府成立，政局统一，便设立度量衡检定所，并相继出台《四川省新制度量衡实施方案》《四川省度量衡划一程序》《各县度量衡检定分所检定用符号表》《公用度量衡划一章程》《各县县长推行度量衡奖惩办法》《度量衡检定所简章》等规章制度⑥，明确四川度量衡行政分制造、检定与推行三步进行⑦，定于1937年6月完成划一。全省各县度量衡完成划一的时间先后，按各县交通、经济之发展情形，分为三期，第一期是新津、成都、渠县、广安等五

---

① 工商部工商访问局：《全国度量衡划一程序》，《工商丛刊之七：度量衡法规汇编》，中央印务局，1930年，第45页。
② 实业部全国度量衡局：《划一全国度量衡之前瞻与回顾（续）——各省市县度量衡新制普遍推行状况》，《工业标准与度量衡》第三卷第九期，1936年，第7页。
③ 广安县志编撰委员会：《标准计量管理》，《广安县志》，四川人民出版社，1994年，第312页。
④ 武胜县志编撰委员会：《标准计量管理》，《武胜县志》，重庆出版社，1994年，第463页。
⑤ 实业部全国度量衡局：《全国各省市县度量衡行政组织及办理经过》，《工业标准与度量衡》第一卷第三期，1934年，第115页。
⑥ 实业部全国度量衡局：《四川省实施度政各种章则请备案案》，《工业标准与度量衡》第二卷第二期，1935年，第86页。
⑦ 实业部全国度量衡局：《四川省新制度量衡实施方案》，《工业标准与度量衡》第二卷第二期，1935年，第99页。

十八县，应于 1936 年 1 月至 6 月完成划一；第二期洪雅、丹棱、南充、岳池、武胜等六十五县，应于 1936 年 7 月至 12 月完成划一；第三期马边、屏山、冕宁、越嶲等二十五县三屯一局，应于 1937 年 1 月至 6 月完成划一[①]。

四川度政虽然开办时间晚，但检定所组织健全，推行工作有计划有措施，故到 1937 年，成都、重庆已推行普遍，臻于初步划一，各县分所已设立 117 处，度器宣告划一[②]；到 1939 年，四川省第一期宣告划一的有五十八个县市，第二期六十四个县的度量衡三器均已先后推行，成绩较为显著[③]。

1940 年，四川出台了《四川省彻底划一全省度量衡暂行办法》，要求各区市县应加速于十个月内分期将城厢及各乡镇旧制度量衡器一律肃清，并拟推行乡村新制度量衡程序及换用日期[④]。当年，四川遂宁、资中、威远、中江、仁寿、宣汉、巴县等八县宣告划一，其余各县正积极推行乡村新器[⑤]。

之后几年因检定人员缺乏，工作进行略较迟滞。到 1945 年底，四川度政已划一者计七十五市县，占全省市县百分之五十三，正推行中者有资阳、简阳、綦江等六十四个县，占全国省市县数百分之四十五，尚有旺苍、靖化两县无人工作者，约占全省县市数百分之二[⑥]。

抗战结束后，内战爆发，四川民国政府的度量衡处于瘫痪状态。

虽然四川度政一直在积极推行，但实际在基层依然未完全认真执行。事实上，各地量具都分县城和乡镇，斗、升规格花样百出。以至于到了 1949 年，民间各类升、斗、秤仍在使用，一些商人仍旧大进小出、短尺少寸，仓库收缴公粮，打斗匠也见人发货，常打冒斗[⑦]。

五、结语

通过以上分析可知，"平口硬刮一斗"木斗是 1937—1944 年间制造，并经时四川省广安县度量衡检定分所检定的合格量器。其形制规格、制作技法、检定图印等特征符合民国时期《度量衡法》《度量衡法施行细则》《度量衡器具制造法及改造法》《度量衡器具盖印规则》等相关要求和标准。虽然"平口硬刮一斗"木斗只是民国时期广安县的一件小小量器，但其承载的历史信息反映的却是民国政府度量衡改革的制度体系，更是民国时期四川乃至全国度量衡划一的历史，是民国政府经济社会发展的重要物证，具有较高的研究价值。

---

① 实业部全国度量衡局：《四川省度量衡划一程序》，《工业标准与度量衡》第二卷第二期，1935 年，第 101 页。
② 实业部全国度量衡局：《划一全国度量衡之前瞻与回顾（续）——各省市县度量衡新制普遍推行状况》，《工业标准与度量衡》第三卷第九期，1937 年，第 4 页。
③ 经济部全国度量衡局：《二十八年度各省市度政工作报告：四川省》，《工业标准与度量衡》第七八两卷合刊，1940 年，第 26 页。
④ 经济部全国度量衡局：《四川省彻底划一全省度量衡暂行办法》，《工业标准与度量衡》第七八两卷合刊，1940 年，第 17 页。
⑤ 经济部全国度量衡局：《二十九年度各省市度政工作报告：四川省》《工业标准与度量衡》第七八两卷合刊，1940 年，第 28 页。
⑥ 经济部全国度量衡局：《各省市工作报告——民国三十三年度各省市度政工作报告：四川省》，《工业标准与度量衡》第九—十一卷合刊，1945 年，第 63 页。
⑦ 广安县志编撰委员会：《标准计量管理》，《广安县志》，四川人民出版社，1994 年，第 312 页。

博物馆学研究

当博物馆遇到"接诉即办"

——关于开放管理与观众关系的新思考

首都博物馆 黄雪寅

提要："接诉即办"是政府从2019开始推行的政务新举措，以12345市民服务热线管理中心为平台，主要针对群众诉求建立快速响应机制，由街道办事处及其他政府职能部门为主，分门别类及时受理群众诉求。这一工作机制对解决难度较大的民生难点、痛点、堵点问题，提高市民群众的获得感和满意度，起到了很好的效果。博物馆作为公共服务场所，近来也出现了通过12345市民服务热线管理中心转来的"接诉即办"任务，大多与观众对博物馆开放服务不满相关，从而引发了博物馆与观众之间关系的热点话题，使人们再次审视当代博物馆对观众服务以及管理的专业化思考，以期通过一些制度和措施完善对社会的服务，使博物馆成为让民众生活得更美好的文化殿堂。

关键词："接诉即办"；开放服务

随着时代的进步，人民追求美好生活的愿望日益提高，同时对于自身权利的维护意识也不断加强。政府对于人民的诉求和服务的满意度也在不断提升。"接诉即办"是我国"以人民为中心"服务宗旨下政务改革的重要举措，并收到了非常显著的成果。博物馆作为当代人民重要的文化活动场所，在开放服务中是否能够达到观众的满意度，让人民在文化活动中感受到舒适与美好，是当今时代带给博物馆人的新挑战。当博物馆遇到"接诉即办"的时候，我们能够如何第一时间交出让观众满意的答卷，却并不简单。

一、"接诉即办"惠及于民

何为"接诉即办"？"接诉即办"是政务新词，指政府建立群众诉求快速响应机制，最初以街道办事处对职责范围内的事项实行"接诉即办"。街道办事处对市民服务热线、媒体曝光、互联网及第三方评估机构等反映的市民合理合法诉求及时受理，属于其职责范围内的，接诉即办；对于跨地区、跨部门的事项，负责统筹调度市、人民政府区职能部门及公共服务企业办理。"接诉即办"入选中国国家语言资源监测与研究中心发布的"2019年度中国媒体十大新词语"。

"接诉即办"在12345市民服务热线管理中心，500多个人工坐席全天候值守，随时接听市民诉求。最初市民的诉求主要集中在市场管理问题（包括网络消费纠纷、培训机构不退费等）；环境保护类问题（包括露天烧烤、道路扬尘等）；交通管理类问题（包括停车收费不合理、信号灯维护不及时等）；违法建设类问题（包括历史遗留违建未拆除、新建违建等）；物业管理类问题（包括物业服务质量差、停车秩序混乱等）；施工管理类问题（包括夜间施工噪音扰民等）；市政类问题（包括市政路灯不亮、市政道路积水等）；市容环卫类问题（包括垃圾清理不及时等）；农村管理类问题（包括征地补偿款分配不合理等）；公共安全类问题（包括销售过期变质食品、消防通道堆放杂物等）。以上各类都是关系到群众日常生活的切身利益问题。

12345工作人员除了接听电话，还会直接给街道乡镇派单，并对市民进行电话回访，一般性问题要求7天反馈办理结果。一批市民集中关心、老大难问题得到解决。在基层探索中已经涌现出24小时值班、群众诉求首接责任、未诉先办等颇具实效的机制。经过实践，"接诉即办"的各级领导体系已经形成，从电话类别数量结构看，重复反映问题的电话明显下降（图一）。

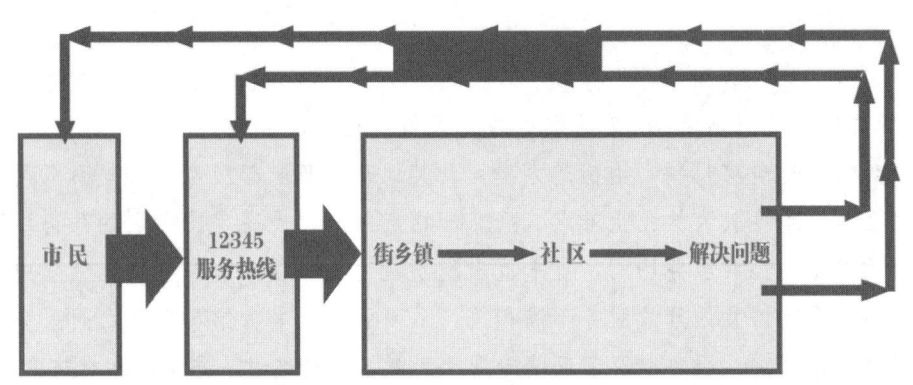

图一 "接诉即办"双反馈流程示意图

以北京市为例，从今年3月份以来"接诉即办"开始实行"双反馈"，即各街乡镇群众诉求办理情况要及时向来电人反馈，并同时向12345反馈。市政务服务管理局每月对满意度进行回访，根据群众反馈情况，对全市16区、333个街乡镇进行"响应率""解决率"和"满意率"大排名，形成群众考核评价体系。市委每月都会召开区委书记月度工作点评会，通报"接诉即办"情况，从5月开始，媒体反映问题、网络诉求和12345市民服务热线诉求办理情况一并考评，共分为先进类、进步类、整改类和治理类四类。整改类即排名靠后的街乡镇，治理类即市民诉求类问题数量多的街乡镇，都会被一一点名，从顶层传导压力。排名靠后除了会被市委书记点名，还可能被区领导约谈。如房山区纪委书记近日约谈了4名在全市"接诉即办"月度考核中排名靠后的乡（镇）长，责成一个监督检查室开展专项督查，对慢作为、不作为等问题严肃追责问责。4名乡（镇）长分别从"接诉即办"基本情况、考核落后的原因及整改措施三方面表态发言。有的区纪检部门从一开始就全程介入，重点监督各委办局市民服务热线问题办理情况。发动群众也是扩大监督覆盖面的措施，针对12345案件的处置情况，不定时地在街面上进行"抽查"，实地查看百姓的投诉是否真的解决了，解决得是否满意，有没有反弹等。除了借助外力，街道内部纵向监督也至关重要。北京各区把通报"接诉即办"工作考核情况，总结部署近期"接诉即办"有关工作当作日常工作重点，打响"接诉即办"攻坚战。对解决难度较大的民生难点、痛点、堵点问题要紧盯不放，采取"专班""专案""专人""专责"推进的方式，把工作重心放在解决应解决的合理诉求上，绝对不能绕着问题走。敢于较真碰硬、敢于触及矛盾，切实抓好问题整改、解决群众诉求，拿出最大的拼劲、干劲和韧劲做好"接诉即办"工作，持续提升问题解决率、群众满意率。由此可见,"接诉即办"的力度之大,解决问题之快,是当前政务工作最大的特点[①]。

二、当博物馆遇到"接诉即办"

近几年总是听到有问题可以拨打 12345 热线即可解决市民的各类诉求。但很少听说博物馆有"接诉即办"的任务。"接诉即办"所反映的民生问题似乎离博物馆很遥远。但最近一段时间以来,博物馆界陆续出现被观众投诉打 12345,由"接诉即办"中心派出的任务单。这些投诉主要集中在博物馆对观众服务态度和开放工作管理等方面。以下是出现在博物馆具有代表性的观众投诉包括以下主要方面的问题:

1. 因博物馆预约参观系统不畅而导致的投诉。
2. 因新冠肺炎疫情防控取消团队预约而导致的投诉。
3. 因新疫情防控限制每人一天预约最多 5 人而导致的投诉。
4. 博物馆微信公众号所公布闭馆日期与实际不符导致的投诉。
5. 博物馆预约途径只有一个且放号时间是凌晨 12:00 到早晨 5:00,且放号时间太短导致预约不上,只能向黄牛买高价票而引发的投诉。
6. 博物馆入馆排队时间长,且有工作人员带熟人穿过队伍进入大厅而导致投诉。
7. 博物馆安检人机不同步,物品远离观众视线等管理问题导致的投诉。
8. 博物馆停车管理以及工作人员态度问题导致的投诉。
9. 对于非禁止触摸展品没有提示导致的投诉。
10. 博物馆入馆排队时间长达 40 分钟,且只给老人免排队进入,不给儿童提供免排队不合理而导致的投诉。
11. 博物馆开放区员工不履行职责维持观众秩序,在旁聊天且对观众态度生硬而引发的投诉。
12. 博物馆饮水设备不灵而引发的投诉。
13. 博物馆禁止拉横幅拍照、入馆扫码相关提示不到位而引发的投诉。
14. 健康人带残疾人入馆也需要预约,残疾人入馆需要出示相关证件而引发的投诉。
15. 疫情期间 65 岁以上老人参观仍需预约问题导致的投诉。
16. 博物馆没有餐饮服务而导致的投诉。
17. 疫情期间博物馆举行一定规模的活动让邻近居民感到不安全而导致的投诉。
18. 因年节让员工加班,不能与家人团聚的劳动保障问题而导致投诉。
19. 因展厅区域不允许吃东西而引发的投诉。
20. 因博物馆展厅温度太低而导致的投诉。

从以上这些投诉的情况分析,大多是因观众预约和参观入馆过程所产生的矛盾和纠纷;也有一些是在参观过程中因需求没有满足而引发的投诉;也有一些是因为博物馆设施不完善而引起的投诉。总结后具有以下几方面特点:

---

① 《北京市接诉即办条例》,2021 年 5 月 27 日,北京市十五届人大常委会第十三次会议对《北京市接诉即办条例(草案)》进行第一次审议。

1. 因疫情防控管理措施不得力而导致的投诉。

从各博物馆对投诉案例的分析中得出，因疫情防控管理要求，博物馆在观众服务方面所采取的应急措施不及时、不科学而引发观众意见大，甚至导致观众情绪激动造成投诉的比例较大。博物馆在疫情防控期间所暴露出的开放服务问题，反映了博物馆针对疫情所出台的一系列网上预约、扫码登记、查验身份信息以及入馆安检等多个环节的管理存在应急反应不够、设备设施没有及时跟进等方面的突出问题。比之机场和高铁等人流密集场所配备的服务设施有明显差距，导致观众不满。同时，造成投诉的另一个重要原因是博物馆在对开放区员工管理方面存在问题，开放区员工在与观众解释和处理问题时，在语言和行为上存在态度生硬和解决问题效率太低，是引发投诉的主要导火线。

博物馆的大门一开，就存在着用什么样的姿态迎接观众的问题。

一线员工的态度和应急处置能力，直接代表一个博物馆的形象，如何对应观众的诉求，是博物馆面对社会多种人群的挑战，也是度量一个博物馆于对待观众的态度相匹配的员工培训问题上的管理水平。如《参与式博物馆：迈入博物馆2.0时代》的作者妮娜·西蒙所言："文化机构与观众建立密切联系的最有效的地方就是前台。前台的一线工作人员和志愿者，不论是售票员、组织活动的教育人员、保安还是接待员，对绝大部分观众来说，他们代表文化机构的形象、传递着文化机构的声音。"①

从2020年新冠疫情暴发后，全国博物馆由线下参观变为线上参观，一批线上展览满足了观众因博物馆闭馆带来的不便，云上博物馆成为当今博物馆重要的展览方式，与线下实体参观相配合，是疫情暴发以来博物馆在服务社会方面发生的巨大转变。从2020年5月开始，随着疫情防控情势的好转，全国各地博物馆陆续对观众开放，观众因疫情被困扰的情绪，在博物馆的环境中，在艺术的天地里，得到了很大程度上的情绪缓解和感情抒发，形成了新的博物馆参观热潮。博物馆在社会重大事件发生后发挥了一定的安抚伤痛与鼓励士气的积极作用。以北京为例包括中国国家博物馆、故宫博物院、中国人民革命军事博物馆、首都博物馆、中国美术馆等博物馆和美术馆都策划了一大批优秀的展览惠及于民，极大地缓解了市民因为疫情而带来的负面情绪，也满足了市民对历史文化和艺术的渴望。博物馆再次成为观众热捧的活动场所和社交平台。"接诉即办"所反映的博物馆预约难、排队时间长等入馆困难，也反映出公众对于博物馆的参观需求量增大。（图二）

图二　疫情期间带孩子参观博物馆

---

① ［美］妮娜·西蒙著，喻翔译：《参与式博物馆：迈入博物馆2.0时代》，浙江大学出版社，2018年，第63页。

2. 博物馆对观众的人文关怀不够而引发的投诉。

从投诉案例中得出，如老年观众、残疾人以及儿童排除入馆问题，此类投诉在出现疫情之前并没有突出表现，原因是观众入馆检查核准身份的手续不复杂，排队等待的时间并不长。疫情暴发后，各博物馆在观众预约人数和入馆检查方面都制定了严格的措施，在很大程度上增加了观众入馆难度和排队的时长，造成观众在等待中情绪不稳定，便更加关注入馆的速度和平等待遇。这种情况下，博物馆的人文关怀显得尤为重要。合理的解释和宣传工作，对于观众理解博物馆、配合博物馆的工作是至关重要的。比如有一个比较极端的投诉：博物馆让一位推着老年人轮椅的年轻观众不排队入馆而引发的观众不满。作为博物馆对待残疾人和老年观众一直是优先服务的，推着轮椅的年轻人是老人的陪伴者，他不随着老人一起入馆，而去排普通观众的长队，这段时间老人由谁来照料？这个案例给博物馆的启示是：用好当下的各种传媒手段，做好博物馆目前焦点问题的宣传工作，使得观众知晓博物馆在观众服务方面的制度和规定，杜绝出现上述不合理的投诉。再如65岁以上老年观众也需要网上预约问题，是博物馆应采取人文关怀措施，对于65岁以上老年观众应根据个体实际情况判断，有些老人不会操作网上预约系统，可持老年证和身份证在博物馆直接登记、测体温后进入博物馆。疫情期间出现的许多特殊情况，博物馆应本着以人为本原则，在做好防疫的前提下，最大限度满足广大观众走进博物馆的需求。博物馆应最大程度学习机场、高铁场所的安检管理方法，高配置、高效率做好广大观众的入馆服务工作。另一案例是针对首都博物馆在2021年"5·18"作为国际博物馆日中国主会场举办大型活动被邻近居民投诉，理由是防疫期间举办大型活动人群聚集有可能引发传染的风险问题。此案例提醒博物馆应及早告知居民举办大型活动的防疫措施，使之心安。这是一种人文关怀，更是根植于百姓的博物馆应改进的工作理念。（图三）

图三　首都博物馆2021年承办"5·18国际博物馆日"主场活动

3. 博物馆应当加大对观众参观预期的普及性宣传。

研究表明，我国从2008年实行博物馆免费开放以来，走进博物馆的观众受教育程度有所下调，旅行团带领不曾进过博物馆中低等受教育人群走进博物馆，对于极少接触博物馆的观众而言，如博物馆展厅环境内不允许带水吃零食、不允许用自拍杆拍照、不允许触摸一些裸展文物、展览温度偏低等问题，本都属于博物馆常规做法，但观众并不理解。他们对于博物馆的认知很浅显，对博物馆内所设置的指示牌、内部景观、停车场、出入口、前台咨询、公共集会空间、引导参观、休息区域、餐饮区域、洗手间等都没有清晰的功能区分。他们认为参观累了即可随地而坐(图四),渴了即可随时喝水,甚至可以随时吃自带的零食。他们只抱怨博物馆展厅里太冷,却无法知道艺术品所需要的温湿度与人体所需不同,保护文物是人类共同的责任。博物馆教育首要的任务是要对走进博物馆的人群知道博物馆是什么样的地方,他为何不同于自然环境下的名胜游览地,让观众从中知道如何做一个懂博物馆规矩、尊重文物展品的文明观众。"教育目标可包括增强大众的思辨能力","博物馆的目标是建立一个终生学习型的社会"①。

图四 观众随地而坐

三、博物馆与观众的距离

常言道:距离产生美。对于博物馆而言,经历了三次重要的革命。国际博物馆协会博物馆学委员会前主席、荷兰博物馆学家彼得·冯·门施(Peter van Mensch)曾说:"博物馆这门行业产生至今,共有三次革命:第一次革命发生在1900年左右,在这期间,博物馆正式提出了其从业准则,界定了业务范围;第二次革命发生在1970年左右,博物馆出现了一种新样式,即常说的新博物馆学(new museology);第三次革命发生在2000年左右,也就是说我们正在这次革命,正在见证又一新样式的出现。虽然我们还没有对它正式命名,但其关键词就是'参与'。"②

发展到第三次革命的当代社会中,博物馆已经变成社会各界开展文化活动的重要场所,也是现代人生活品质的重要风向标。我国台湾的博物馆学家黄光男曾说:"博物馆依附在社会发展下,有怎样的社会就有

---

① [美]沃尔特·L.克里姆、马莎·莫里斯、L.卡罗尔·沃尔顿著,王鹿鸣译:《规划成功的博物馆建筑》,北京燕山出版社,2013年,第54页。

② [美]妮娜·西蒙著,喻翔译:《参与式博物馆:迈入博物馆2.0时代》,浙江大学出版社,2018年,译者序。

怎样的博物馆。"①

当今社会观众与博物馆的距离越来越近，近到观众已经不再是传统意义上的观众，而是变成博物馆陈列展览和各项活动的主动参与者，甚至是博物馆进一步发展的鉴行者。当今时代，观众已经成为博物馆发展至关重要的评价者和推动者。没有观众对博物馆的评价，博物馆便成为聋子；没有观众对展览的热捧，博物馆不过是盲人摸象。没有观众的博物馆不是真正意义上的博物馆；不受观众欢迎的博物馆，也难以成为一个城市重要的文化中心。在现代人快节奏的生活压力中，走进博物馆，对于集体和个人而言，都是一件令人愉快和向往的事，最起码不会成为一个错误的选择。那么，如何使观众能够带着愉快的心情走进博物馆并在此度过有意义的时光？从目前案例情况分析，走进一座博物馆时的心情已经决定了之后的参观和停留在博物馆的质量。办理入馆手续时以及观众在博物馆大厅里是否能够顺利完成对相关信息的了解，非常考验开放区人员的服务质量。如同一个客人来家做客，迎宾的态度和舒适感，会使客人马上判断出自己是否受主人欢迎。博物馆入馆的工作人员是与观众在第一时间见面的迎宾者，如果他只是像机器的一样履行规章制度，行使岗位职责，语气、面容和肢体上没有丝毫的热情与周到，这第一面的印象已经使观众感到没有温暖。礼貌的迎宾、周到的解释，会使危机即刻化解。反之可能会将小事演变成"接诉即办"的事件。博物馆大厅的工作人员是这个馆面对观众的形象代言人。对于观众而言，博物馆的大厅是第一印象和最后印象。"大厅是游客的第一印象，他们对后续展览的所有看法都将在这一基础上产生。""作为集结区域，大厅让人们看到其他人，并且学着采取行动。"② 作为博物馆管理者，最应当重视的工作包括两项，一项是藏品，他们是博物馆的基础；另一项是观众，他们是博物馆的未来。

许多国家和地区的博物馆，把观众研究当作现当代博物馆工作的重点，做出一系列的规划和措施，从馆长做起，想办法拉近观众与博物馆的距离，像对家人一样去维护和增强彼此的关系，而不是把观众当作客人，甚至当成来访的过客对待。这两种对待观众不同的态度，其结果也大相径庭。一种是"观众除了为博物馆贡献力量和提供资助，他们还被视为博物馆重要的核心，他们的声音也得到了博物馆的重视"③。另一种结果就是随着观众对博物馆的关注度越来越高，而观众一直没有得到博物馆的高度重视，在开放服务、展览展示等多方面产生心理落差，就会引发不满情绪，在需求无法得到满足的情况下，彼此没有建立起足够的信任与尊重的前提下，"接诉即办"便会找上门来！

四、建立与观众"共处共荣"的博物馆

博物馆是一个多感知的艺术场所。她拥有人类最宝贵的文化遗产，同时也拥有绝对不可破坏的文物保护规范。如何使观众与博物馆同仁共同认识到博物馆的性质和特征，并建立"共处共荣"关系，有许多工作要做，这是双向的，而绝不是一厢情愿所能达成。这里存在一个管理问题，即如何管理观众？管理观众，听起来有些刺耳，如前面所诉，观众是博物馆的上帝，如何对"上帝"进行管理？博物馆"以人为本"的出发点是否出了偏差？从管理学而言，管理永远是双向的、互动的关系，而绝非单向的。对于博物馆而言，

---

① 黄光男：《博物馆新视觉》，文化艺术出版社，2011年，第74页。
② [美] 玛格特·A·华莱士著，于君、王晓蕊译：《博物馆品牌形象的塑造——如何创立并保持形象、忠诚度和支持》，北京燕山出版社，2012年，第120页。
③ [美] 朱莉·德克尔编，王欣译：《宾至如归：博物馆如何吸引观众》，上海科技出版社，2017年，第8页。

保护人类文化遗产是终身职责，服务社会是最终目标。这二者之间应是平衡而不能偏离的。我们既是人类文化遗产的保护者，同时又是人类文明的传播者，保护文物与服务社会同样重要。在展示中首要的任务是让文物在展厅环境下不受损害，所以在展厅温湿度方面首先保障的是文物的安全展出，而不是观众的体感。所以，博物馆应向观众普及有关文物在展出环境下所需要的条件，尤其是有机质文物的展出，在展出时间长度、温湿度环境控制、光照度、禁止用闪光灯和自拍杆在展品面前拍照等一系列问题，在得到相关知识后，观众就会与博物馆人达成相识，使其与我们一同成为文物保护的捍卫者，而不是投诉者。

进入21世纪以来，博物馆早已经不再只是象牙塔里的高冷一族，而是提供公众服务的机构，它还充当着社会互动和艺术参与的重要角色。"博物馆敞开怀抱了，与博物馆共同体形成了新的对话关系并积极开展多样化活动。我们从中看出包容的第一步绝不是单纯的无障碍性，为了适应和改善这种新设想，博物馆设计还有很长的路要走。"[①] 正如中国博物馆学家苏东海先生所言："在传统博物馆中，对人的价值的认识是不够的，特别是对博物馆的社会价值认识得不够。"[②] 但国际博协至今为止并没有把业外的"以人为本"引入自己的学术论坛。换句话说，"如果进一步要把人作为博物馆之本，那就更偏颇了"[③]。原因就是博物馆与观众必须达成共识，人类文化遗产的保护是博物馆的首要任务，不然博物馆就会没有可以提供给观众的展品，我们以及我们的后人将只能猜想那些存在过的物品，而再也无法亲眼看见。如果观众能够认识到这一点，就不会因为在展厅不能吃东西、不能喝水、不能用随意触摸那些珍贵的艺术品而不满甚至投诉。从另一个角度说，博物馆对物的关注，并不能取代对观众的服务，在"以人民为中心"的指导思想下，挖掘出文物背后的故事，做出好的展览为人民服务，将历史智慧告诉人们，让人民生活得更美好，这是博物馆存在的价值体现。观众在从博物馆展览和活动中获取到有幸福感的体验后，就会与博物馆建立长期存好的

图五　倾听观众的声音

[①] ［美］妮娜·莱文特、阿尔瓦罗·帕斯夸尔·利昂主编，王思怡、陈蒙琪译：《多感知博物馆：触摸、声音、嗅觉、空间与记忆的跨学科视野》，浙江大学出版社，2020年，第263页。

[②] 苏东海：《博物馆的沉思：苏东海论文选（卷二）》，文物出版社，2006年，第91页。

[③] 苏东海：《博物馆的沉思：苏东海论文选（卷二）》，文物出版社，2006年，第91页。

共存性，用具身认知理论来说"道德认知会对视知觉判断产生影响"①。当今中国博物馆应当重点关注的是：我们不仅关注藏品和展览，更要关注服务对象即观众，这是博物馆人的新使命。建立与观众良好的关系，学会倾听观众的声音，对于博物馆人是非常重要的功课。"当观众感到自己受欢迎、被赞赏时，这种看似简单的需求得到了满足，而这就是文化机构的成功时刻。"② 如何让观众感受到被欢迎被赞赏，这涉及博物馆自身文化的改变，从馆长及领导集体对于开放区域的了解和掌握，本身即是好的开端。如果只是坐在办公室听汇报，永远无法获得观众真正的心声。（图五）与观众的频繁接触，是了解观众最好的也是最有效的途径。同时，对全馆员工服务观众意识的培训也至关重要。冷漠与旁观者的态度，永远与观众无法亲近。彼此的隔阂，是产生"接诉即办"的真正内因。

当博物馆遇到"接诉即办"，在一定程度上，对于改变博物馆的理念，是一件势在必行的好事。及时倾听到观众的声音，并用最快的速度消除彼此的隔阂与误解，使博物馆与大众更亲近，让观众和博物馆人彼此热爱，能够有效促进博物馆事业在城市文化生活中的作用，奉献出更优质的服务，让人民在博物馆过上美好的文化生活。博物馆必须全力以赴。

---

① 叶浩生：《具身认知——原理与应用》，商务印书馆，2020年，第346页。
② ［美］朱莉·德克尔编，王欣译：《宾至如归：博物馆如何吸引观众》，上海科技出版社，2017年，第9页。

甘孜州博物馆建设情况调查

四川博物院 梁 永 冯萍莉

摘要：本文通过问卷调查与实地走访相结合的方式，调查和记录四川省甘孜州内国有和非国有博物馆建设情况（截至2019年），从人才队伍建设、藏品管理和文物保护、陈列展览、观众服务等多角度探索了甘孜州博物馆面临的问题和困难，并提出相应的对策和建议。

关键词：博物馆；甘孜州；博物馆建设

前 言

甘孜藏族自治州作为"中国三大民族历史走廊"之一，地处"农耕文化"与"游牧文化"的交接地带，以汉文化为主体的多种民族文化和藏文化在此频繁碰撞，形成了独具特色的历史文化资源。博物馆作为公共文化服务场所，不仅有责任和义务保护当地的物质和非物质文化遗产，更需发挥自身的社会教育职能，传承优秀传统文化。为了解甘孜州内博物馆建设情况，于2019年通过问卷调查和实地走访相结合的方式深入摸查甘孜州内国有和非国有博物馆的基本情况，共收到各县有效问卷调查27份，调查辐射面广，能够有代表性地展现州内博物馆的相关情况，为今后博物馆事业的发展提供依据。

一、甘孜州博物馆发展现状

甘孜州境内现有博物馆共19家，分布于康定、泸定、九龙、炉霍、乡城、白玉、德荣、甘孜、色达、丹巴和理塘11县。其中，国有博物馆13家，除2家处于筹备中暂未开馆外，其余11家博物馆均正常向公众开放（表1）。甘孜州民族博物馆、红军飞夺泸定桥纪念馆、甘孜五世格达活佛和朱德纪念馆已享受国家免费开放政策和免费开放资金补助。近年来，甘孜州博物馆事业飞速发展，截至统计时，州内非国有博物馆共计6家，其中2家已完成博物馆备案（表2）。

（一）人才队伍建设

博物馆人员肩负着馆藏文物征集、管理、保护、陈列展览、学术研究和宣传教育等工作职能。当前，甘孜州内11家国有博物馆的编制数合计总数为55个（见表3，除筹备中的两馆外，仁康古屋、五世嘉木祥故居和黄正清将军故居未提供相关信息），甘孜州民族博物馆（17个编制）和红军飞夺泸定桥纪念馆（22个编制）占其中七成。除两家大馆外，其余各博物馆人数较少，工作人员需身兼多种工作职能。

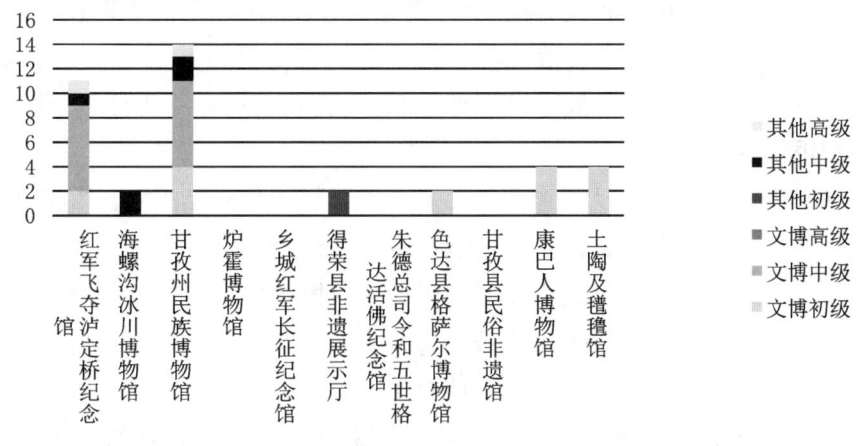

图一　2019年甘孜州各国有博物馆职称结构

从各国有博物馆现有工作人员的职称结构来看（图一），全州11家国有博物馆中，专业职称总数共计39人，其中：无文博高级职称，其他专业高级职称2人；文博中级职称14人，其他中级职称5人；文博初级职称共计16人，其他初级职称2人。和编制数保持一致，中高级专业职称也主要集中在甘孜州民族博物馆（其他高级职称1人，文博中级职称7人，其他中级职称2人）和红军飞夺泸定桥纪念馆（其他高级1人，文博中级职称7人，其他中级职称1人）。11家国有博物馆中，有4家博物馆的专业职称人数为0；3家非国有博物馆的工作人员中，仅有1人具有文博相关背景。博物馆存在明显的人才层次不均衡和专业能力较低的问题，严重影响了博物馆的专业水平和科研能力。这也与各馆科研情况的调查相吻合，科研情况的调查显示：各馆中仅甘孜州民族博物馆进行了甘孜州18县（市）藏族民居的研究并出版书籍。

（二）博物馆藏品管理和文物保护现状

除筹备中的河坡工艺博物馆外，其余12家国有博物馆藏品总数为9151件/套，其中一级文物11件/套，二级文物45件/套，三级文物803件/套，一般藏品8291件/套。博物馆藏品种类齐全、具有浓郁的地方特色，但是馆与馆之间的文物库房基础设施、藏品管理存在显著差距。12家国有博物馆中有3家没有文物库房，有文物库房的9家博物馆中仅甘孜州民族博物馆一家针对文物材质对馆藏环境实施调控。由于经费、编制不足等原因，甘孜州大部分的博物馆没有专职的文物保管员，部分国有博物馆未建立明确的文物管理规章制度，甚至对博物馆藏品未建立档案（表4）。甘孜州境内3家非国有博物馆的藏品总数为2211件/套（表5），其中绝大部分藏品未经鉴定评级，由于保管员均为兼职，除了稻城县亚丁博物馆对藏品建立了纸质档案外，其他两馆未对藏品建立档案。总体来看，甘孜州文物库房条件较差，缺少与馆藏文物数量、材质、级别相适应的文物库房，库房管理不规范，文物安全意识不到位；大部分博物馆无保管员、或保管员多为兼职，业务水平和责任感较低，无法满足现代博物馆文物管理的需要。

由于甘孜州文博专业人员较少，目前没有专门从事文物保护的专业人才，文物保护的观念较差，文物保护全州博物馆的藏品保护必须依托省内大馆进行。全州仅甘孜州民族博物馆实施了预防性保护项目，做到了展厅和库房环境的监测调控，其余各馆的文物多处于"裸放"状态。

（三）陈列展览

陈列展览是博物馆与观众交流的最重要形式。2015年以来，泸定红军飞夺泸定桥纪念馆完成展陈提升，修建了"红军长征在甘孜""二郎山川藏公路纪念馆"，提升后博物馆建筑面积达9824平方米，其中展陈面积3620平方米；甘孜朱德司令与格达活佛纪念馆依托甘孜白利寺等革命旧址，实现了展示利用场所的改扩建，目前纪念馆建筑面积达2000余平方米。其余各馆的常设展览均为建馆时设计，由于缺乏经费，目前并没有展陈提升的计划。除本馆的常设展览外，仅4家国有博物馆在过去3年有临展、巡展或外展（表6），引进的临时展览数量明显多于外展数量。州内非国有博物馆只有常设展览，没有举办过临时展览。

（四）服务设施和观众参观

甘孜州各博物馆的参观人数差异巨大。参观人数最多的红军飞夺泸定桥纪念馆在过去3年的参观人数能达到年均32万人次，但是有的博物馆年均参观人数不足万人。非国有博物馆中参观人数最多的是稻城县亚丁博物馆，近3年的年均观众达9万人次。受甘孜州地理环境和气候影响，州内博物馆的参观人流受季节和节假日的影响较为显著，各馆在夏季和法定假期的参观数远多于冬季和工作日，但是各馆并未对观众来源、构成等情况进行统计研究，仅能凭印象判断博物馆的参观观众多为游客。调查时发现，仅3家国有博物馆有官方网站或官方社交媒体账号（微博、微信公众号等），非本地的游客无法获取博物馆的相关信息，未形成有效的博物馆推广宣传。

除博物馆本身的陈列展览外，博物馆配套设施无疑影响着到访观众参观的方便程度和感受。1. 讲解服务。各国有和非国有博物馆都非常重视直面观众的讲解服务，除得荣县非遗展示厅、朱德总司令和五世格达活佛纪念馆外，全州其他博物馆均配有讲解员，最多的红军飞夺泸定桥纪念馆配备了16名讲解员，绝大多数博物馆的讲解员为1人。作为博物馆讲解服务的补充，红军飞夺泸定桥纪念馆还配备了5台自助语音导览器。但是，12家国有博物馆中仅有2家博物馆提供藏语讲解服务，无法满足当地藏族同胞的文化需求。2. 交通。国有博物馆中有8家博物馆拥有停车场，能够为自驾来参观的观众提供车位；但是，仅有3家博物馆拥有无障碍设施。非国有博物馆均无法提供车位。3. 卫生餐饮。国有博物馆中有10家提供了公共卫生间，1家博物馆提供了餐饮服务。非国有博物馆仅半数提供公共卫生间。博物馆作为公共文化服务空间，公共厕所的缺乏，必然影响博物馆的服务品质。4. 文创和纪念品。国有博物馆中，有5家博物馆销售文创和纪念品，其中最受欢迎的商品价格均在百元以内，文创IP开发意识不强，文创产品的开发相对滞后。

二、主要困难和问题

（一）缺乏博物馆经费

甘孜州博物馆普遍存在经费不足的情况。以免开资金为例，州内现有11家博物馆对公众实行免费开放，但是仅有3家博物馆获得了免开补助资金，这3个馆由于免费开放资金少，运行较为困难，特别是甘孜州独特的地理和气候环境导致秋冬季节长达半年以上且气温极低，光是恒温费用就是一笔很大的开支。对于还不在国家免费开放政策覆盖范围的博物馆来说，经费更为紧张。例如，炉霍博物馆和色达格萨尔博物馆的基本运转，包括外聘人员工资、水电费、工作经费等均由县财政和县文化馆、图书馆两馆免费开放资金来解决，但这也只是杯水车薪。同时因资金短缺，州内博物馆的防火防盗设施设备参差不齐，安全指数低，安保压力大。加之临时员工工资福利低，导致人员流失严重。

（二）缺乏博物馆专业人才

由于甘孜州属少数民族边远山区，经济社会发展和博物馆体系建设相对滞后，博物馆极为缺乏文博专业出身的专业人才。州文物主管部门曾多次拟将博物馆现有人员送往文物博物馆管理专业院校进行培训，但由于缺少必要的经费，到目前为此项设想仍未能实现。博物馆现有的专业人才结构难以在博物馆馆藏文物的保护、管理、修复、研究及陈列展览中发挥作用，也无法挖掘馆藏文物的学术价值，加强学术成果的转化，也成为制约全州博物馆事业发展的瓶颈。

（三）博物馆管理尚需完善

甘孜州地域广阔，文物数量、类别十分丰富和独特，随着全州经济社会等各项事业的逐步发展，加强文物保护、管理工作，开展文物的发掘、整理、收藏、展示、研究和传承，抓紧文旅融合的历史性机遇已是当务之急。近年来，州内各个博物馆在基础设施和陈列展览上做了一定的提升改进，但是馆与馆之间发展不平衡，差距仍然极为显著。就硬件上而言，州内博物馆缺少与馆藏文物等级、材质、数量相适应的文物库房，缺乏文物预防性保护的设施设备，部分博物馆的配套设施不齐全、老化问题较为严重；从软件来看，博物馆未建立明确的博物馆管理规章制度、管理制度的执行不到位的情况较为明显。

（四）社会服务能力尚待加强

甘孜州博物馆事业发展基础弱，伴随着社会经济的发展和公众文化需求的增长，博物馆公共文化服务能力相对滞后。一方面，交通不便、配套设施不齐全、没有合理利用宣传营销途径严重制约了观众到访；另一方面，固定且逐渐老化的陈设展览，缺乏多维度的观众体验，也降低了博物馆对公众的吸引度。

三、对策和建议

（一）制度建设

随着社会的发展，甘孜州博物馆事业也在快速推进，尤其在构建公共文化服务体系中，博物馆的功能不断拓展，博物馆在社会文化事业中的角色更加多元。为了保质完成博物馆的各项任务，确保博物馆的高效运营，以适应社会的发展，不断满足公众的精神文化需求，离不开各项制度的保障。为此，要加强现代博物馆制度建设的研究，建立健全博物馆内部制度，解决博物馆制度建设中存在的问题和不足，确保制度的合法性、科学性、系统性和全局性。通过建立和完善各种规章制度，加强管理，科学运作，才能保证博物馆的各项功能得到有效发挥。

（二）经费保障

《博物馆条例》中明确指出：国有博物馆的正常运行经费列入本级财政预算；非国有博物馆的举办者应当保障博物馆的正常运行经费。国家鼓励设立公益性基金为博物馆提供经费，鼓励博物馆多渠道筹措资金促进自身发展。为此，各县人民政府要把国有博物馆的正常运行纳入本级财政预算。设有博物馆的文物旅游景区经营性收入应按不低于5%的比例优先用于文博保护。积极引导和鼓励社会力量参与，多措并举落实保护资金的投入。

（三）人才保障

重视文博队伍建设，积极采取有力措施，做好文博专业人才引进的工作。调整充实现有文博机构的人员，提高专业人员的比例和水平。加快人才培养，建立国家、省及发达地区文物保护管理队伍支持甘孜藏区文物保护事业援建机制，定期选派专业人才赴州指导文物保护工作或开展培训；选派本州文物保护管理干部到国家、省文物部门或业务单位挂职，学习文物保护管理先进理念，丰富专业知识，提高保护管理水平，确保甘孜州文博事业健康发展。

表1 2019年甘孜州国有博物馆基本信息表

国有博物馆	类型	馆址	开放情况	开馆日期	级别	免费开放
甘孜州民族博物馆	国有	康定市榆林新区贡嘎路3号	正常开放	2016/10/1	未定级	免费
红军飞夺泸定桥纪念馆	国有	泸定县泸桥镇丰碑路2号	正常开放	2005/5/29	未定级	免费
海螺沟冰川博物馆	国有	磨西镇贡嘎大道599号	正常开放	2015/7/22	未定级	免费
九龙县博物馆（非遗展览馆）	国有	九龙县呷尔镇入城大道24号1栋1单元6楼	筹建中	2019/10/1	未定级	免费
炉霍博物馆	国有	甘孜州炉霍县新都镇霍尔广场	正常开放	2010/10/1	未定级	免费
乡城红军长征纪念馆	国有	香巴拉镇冈波巷26号	正常开放	2013	未定级	免费
河坡工艺博物馆（暂定）	国有	白玉县建设镇河东街托贡罗布步行街文化中心	筹建中	筹建中	筹建中	免费
得荣县非遗展示厅	国有	文化广播电视和旅游局二楼	正常开放	2019/9/2	未定级	免费
朱德总司令和五世格达活佛纪念馆	国有	甘孜县甘孜镇河坝村	正常开放	2015年	未定级	免费
色达县格萨尔博物馆	国有	色达县金马大道东路28号	正常开放	2015/8/1	未定级	免费
甘孜县民俗非遗馆	国有	甘孜县甘孜镇河坝村	正常开放	2015	未定级	免费
康巴人博物馆	国有	理塘县车马村仁康古街	正常开放	2019/5	未定级	20元
土陶及氆氇馆	国有	仁康古街	正常开放	2019/5	未定级	20元

表2 2019年甘孜州非国有博物馆基本信息表

非国有博物馆	馆址	开放情况	开馆日期	级别	免费开放	备案情况
稻城县亚丁博物馆	稻城县金珠镇	正常开放	2015/6/18	未定级	免费	备案
嘉绒碉楼文化展览馆	丹巴县梭坡乡莫洛村	正常开放	2018/10/1	未定级	10元	无
嘉绒文化博物馆	丹巴县巴底邛山一村	正常开放	2011	未定级	5元	备案
仁康古屋	仁康古街	正常开放		未定级	免费	无
五世嘉木祥故居	车马村仁康古街	不定时开放		未定级	免费	无
黄正清将军故居	车马村仁康古街	不定时开放		未定级	免费	无

表3 甘孜州博物馆人才队伍概况

国有博物馆	类型	编制总数	实际人数
红军飞夺泸定桥纪念馆	国有	22	26
海螺沟冰川博物馆	国有	2	5
甘孜州民族博物馆	国有	17	23
炉霍博物馆	国有	3	3
乡城红军长征纪念馆	国有	0	3
得荣县非遗展示厅	国有	0	3
朱德总司令和五世格达活佛纪念馆	国有	0	3
色达县格萨尔博物馆	国有	3	6

续表

国有博物馆	类型	编制总数	实际人数
甘孜县民俗非遗馆	国有	0	3
康巴人博物馆	国有	4	4
土陶及氇氆馆	国有	4	4
稻城县亚丁博物馆	非国有		2
嘉绒碉楼文化展览馆	非国有		1
嘉绒文化博物馆	非国有		3

表4　2019年甘孜州国有博物馆藏品结构及管理现状

国有博物馆	藏品总数	一级文物	二级文物	三级文物	一般藏品	有无库房	藏品建档（纸质）	藏品建档（电子）	保管员人数
甘孜州民族博物馆	1446	10	22	683	731	有	是	是	3
红军飞夺泸定桥纪念馆	610	1	6	54	549	有	是	是	3
海螺沟冰川博物馆	40	0	0	0	40	有	是	无	1
九龙县博物馆（非遗展览馆）	255	0	0	0	255	无	是	是	0
炉霍博物馆	1293	0	17	66	1210	有	是	是	0
乡城红军长征纪念馆	467	0	0	0	467	无	是	无	0
得荣县非遗展示厅	140	0	0	0	140	无	无	无	0
朱德总司令和五世格达活佛纪念馆	1000	0	0	0	1000	无	是	无	2
色达县格萨尔博物馆	2000	0	0	0	2000	无	无	无	0
甘孜县民俗非遗馆	1500	0	0	0	1500	有	是	无	0
康巴人博物馆	200	0	0	0	200		是	是	4
土陶及氇氆馆	200	0	0	0	200		是	是	4

表5　2019年甘孜州非国有博物馆藏品结构及管理现状

非国有博物馆	藏品总数	一级文物	二级文物	三级文物	一般文物	已鉴定评级文物数	藏品建档（纸质）	藏品建档（电子）	保管员人数
稻城县亚丁博物馆	1711	0	0	0	1711	0	有	无	2
嘉绒碉楼文化展览馆	200	1	0	0	199	1	无	无	1
嘉绒文化博物馆	300	0	0	0	300	0	无	无	0

表6　甘孜州过去三年陈列展览概况

单位	常设展数量	时间	展厅一级文物数量	展厅二级文物数量	展厅三级文物数量	展厅一般文物数量	改展计划	2019临展	2019巡展	2019外展	2018临展	2018巡展	2018外展	2017临展	2017巡展	2017外展
红军飞夺泸定桥纪念馆	1	开馆至今	1	3	0	54	无	1	1	1	2	0	0	3	1	1
海螺沟冰川博物馆	1	开馆至今	0	0	0	28	无	3	0	5	0	0	5	0	0	0
甘孜州民族博物馆	4	开馆至今	10	22	133	155	无	3	0	3	0	0	2	0	0	0
炉霍博物馆	1	开馆至今	0	17	66	0	无	1	0	1	0	0	1	0	0	0

以课程为核心的特展教育活动设计与思考
——以上海博物馆《丹青宝筏——董其昌书画艺术大展》为例

上海博物馆 曹 媛

摘要：围绕和配合展览开展的延伸和拓展教育活动，是目前绝大多数博物馆教育活动的主体，尤其是以特展为动因。特展所具有的特性给教育活动的策划实施带来多重影响。教育活动是在提炼展览相关要素的基础上根据不同群体的特征而策划不同的主题活动。本文主要以上海博物馆《丹青宝筏——董其昌书画艺术大展》为例，谈谈对以课程为核心的博物馆特展教育活动的设计与思考。

关键词：博物馆教育；特展活动；课程设计；分众化教育；董其昌展

教育是博物馆最为重要的功能之一已经成为共识，博物馆展览、文创、活动等都是实现教育功能的方式。博物馆教育活动，有广义和狭义之分：从广义上可包含任何促进公众知识或体验的博物馆活动，狭义则界定为"博物馆教育人员利用博物馆教育资源，结合本馆教育使命，有目的、有计划、有组织地对受教育者施加影响"的活动[1]。由台湾学者施明发博士2000年出版的《如何规划博物馆教育活动》一书中将博物馆教育活动的策划实施动机分为以下四类：配合馆内展示主题、因特殊日期而举办的特别活动、配合上级单位政策的推广、执行年度预算。配合馆内展览而举办的教育活动是最为基础和核心的部分，大部分博物馆也会为特殊日期如"5·18国际博物馆日"、传统节日等推出相应教育活动，响应教委号召为中小学生开设专门课程活动，也是许多博物馆的常规活动。而现在，博物馆教育部门在活动选题方面有更多的主观能动性，并不仅限于本馆馆藏、特展或是特殊日期主题，比如上海博物馆"艺匠古今""中国古建"之类的流动教育展览及配套活动都是自主选题创立的项目。

围绕和配合展览开展的延伸和拓展教育活动，仍旧是目前绝大多数博物馆教育活动的主体，尤其是以特展为动因。上海博物馆平均每年举办六七个特展，围绕特展开展的教育项目多年来形成了一套较为成熟的模式，探索出讲座、课程、游艺、行旅、普及读物等形式，在业界颇具代表性。但成熟不代表千篇一律的套用，实际上博物馆教育活动以内容为核心，不同内容主题在不同形式的应用上可以碰撞出不同的火花。本文仅以2018年12月7日至2019年3月10日之间举办的《丹青宝筏——董其昌书画艺术大展》为例，试讨论以课程为核心，如何针对特展特性进行教育活动策划的问题。

---

[1] 兰国英：《博物馆教育活动评价标准初探》，《"博物馆＋"与跨界融合 浙江省博物学会2016年学术讨论会论文集》，西泠印社，2017年。

一、特展特性对教育活动策划的影响

特展（special exhibition）是博物馆临时举办的主题性的短期展览，主要特点为：选题新、展品精、投入大、展期短、营销力度强、公众期望高[①]。西方博物馆又将其中大型的、能够带来社会轰动效应的特展称为"超级特展"（blockbuster）。《丹青宝筏——董其昌书画艺术大展》以上海博物馆藏董其昌作品为主，借展故宫博物院、美国大都会博物馆、日本东京国立博物馆等海内外15家重要收藏机构，展出董其昌及其相关作品共计154件（组），是大陆首次以董其昌为主角的主题性书画展览。从展品数量、展线长短、借展范围、展品质量及展览效果等方面来看，可以称得上是"超级特展"了。

特展教育活动的策划实施需充分考虑特展的这些特性，其中影响最大的有两点。一是"展期短"，每一个特展都有明确的开始和结束时间，展期通常为3个月左右，配套教育活动需在展期内完成才能达到最佳效益；二是"选题新"，特展的选题从史前到近现代、从中国到全世界、任何考古材质或是艺术门类都有可能，对教育活动的策划者而言很有可能是从未详细了解过的内容，但需在短时间内通晓展览内容并找到合适的内涵延伸拓展。有些博物馆如旧金山亚洲艺术博物馆、湖南省博物馆等已建立较为完善的策展人制度，教育人员在策展的初期即在特展团队，能够及时、全面地了解展览信息与动态，有助于更好地抓住展览特色进行教育宣传工作。

《丹青宝筏——董其昌书画艺术大展》的展览特性在于：它是以"董其昌"为主角的书画专题展，对于专业观众而言的确是"爆炸性"的展览，一方面在于展品之精、之多，一方面在于董其昌本人的争议性；而于一般观众而言，虽然可能连"董其昌"是谁都没有概念，但王羲之、宋徽宗、《富春山居图》等晋唐宋元大家名作家喻户晓，所以展览也是很有吸引力的。特展教育活动旨在吸引并鼓励不同的观众理解及探索展览，但并不是一味迎合观众趣味。如何围绕"董其昌"进行活动设计引导观众思考这个人物所能带来的启发，成为所有教育活动的核心。

二、特展教育活动设计

上海博物馆经历数年探索建立起来的"Smartmuse"体系化博物馆教育品牌包含七个子品牌：博物探索、教育资源、课程、游艺、读物、亲子教育、行旅，基本涵盖了博物馆教育的形式与内容，成为每个特展教育活动设计的路径指导。当然，每个特展有着不同的内容特征，在七个子品牌形式的应用上会有不同。以"丹青宝筏"展览为例，在博物馆游艺（"董其昌和他的江南"特展闭幕之夜）、教育读物（《董其昌和他的江南》）、教育资源（微信推送及语音导览、特展小册子）品牌方面都有开发内容及活动，而"课程"则最为核心，主要指投入及创新尝试方面。

博物馆课程（Smartmuse Courses）包含讲座与论坛、分众课程体系及免费线上课程体系。上海博物馆每年举办一百多场学术讲座，其中一半以上是为特展系列。看特展、听配套系列讲座也成为上博观众的普

---

① 博物馆特展效益评价体系研究课题组：《博物馆特展效益评价体系研究（节选）》，《首都博物馆丛刊》2008年。

遍期待。讲座活动通常在展览开幕前完成策划及专家邀请，随着展览开幕的热度向观众推出。讲座的主题通常是围绕展览内容展开，但有一定的延伸和拓展。"丹青宝筏"系列讲座共10场，并不仅限于展览主题"书画艺术"的范畴，除了专题讲董其昌的书法、绘画艺术特征及影响，还邀请了明清史研究学者对董其昌所处的时代环境进行深度解析，关心他成长的故乡松江在晚明时期的经济、人文环境，关心以董其昌所代表的晚明江南士人群体，从而带领观众更加辩证地看待"董其昌"这个人物以及他所代表的人物群体和所处的时代社会。大部分讲座会制成线上课程，包含视频、配套习题、资源包等，供观众免费学习使用。

"分众化教育"是近年来博物馆教育的一个重要趋势。国外博物馆如大英博物馆、美国大都会艺术博物馆等已经发展出比较成熟的分众教育体系。上海博物馆在未成年人教育，尤其是近两年在亲子教育方面取得不错的成效，但还在探索建立更完善的分众教育体系。此次"丹青宝筏"展在教育活动方面尝试了分众探索课程设计与实施，在提炼展览相关要素的基础上根据不同群体的特征而策划不同主题活动。探索课程是一种深入体验展览的方式，博物馆课程注重互动性与探索性，希望帮助观众建立与展览的联系，引导参与者更多地自主学习。了解董其昌及其艺术并不是课程最终的目标，通过董其昌找到艺术与当下生活的共鸣则让课程变得更有意义（图一）：

学生课程——以13-18岁的初、高中生为主体，课程方向为探索与思考。内容主要结合董其昌的旅行经历谈其绘画创作的观点，并引向对中国古代山水画审美的思考与探索。旅行是古今能够共通的话题，记录旅途风景是旅行者常常会做的事情，课程主要用"真实的风景"与"绘画的风景"串联起董其昌绘画的特征与学生看待艺术作品的角度，通过听讲、展厅探索、分组讨论及观点发表的方式完成。

青年课程——以18-40岁青年为主体，课程方向为休闲与交流。围绕"董其昌与松江"的话题探讨乡土之情在董其昌人生历程及艺术创作中的呈现以及启发，并鼓励学员交流"故乡"与他们自己人生的故事。课程结合青年的特征，因地制宜采用游学的方式，选择松江与董其昌相关的文化遗迹作为课程地点，在参观董其昌艺术博物馆、醉白池、松江博物馆、方塔园等地的过程中串联展览相关的课程主题内容，并创造青年人交流与分享的机会。

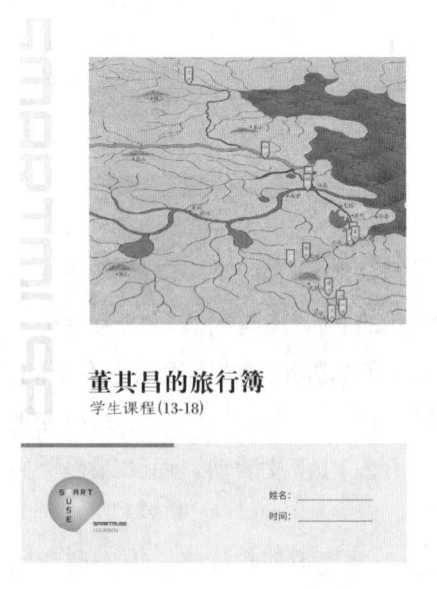
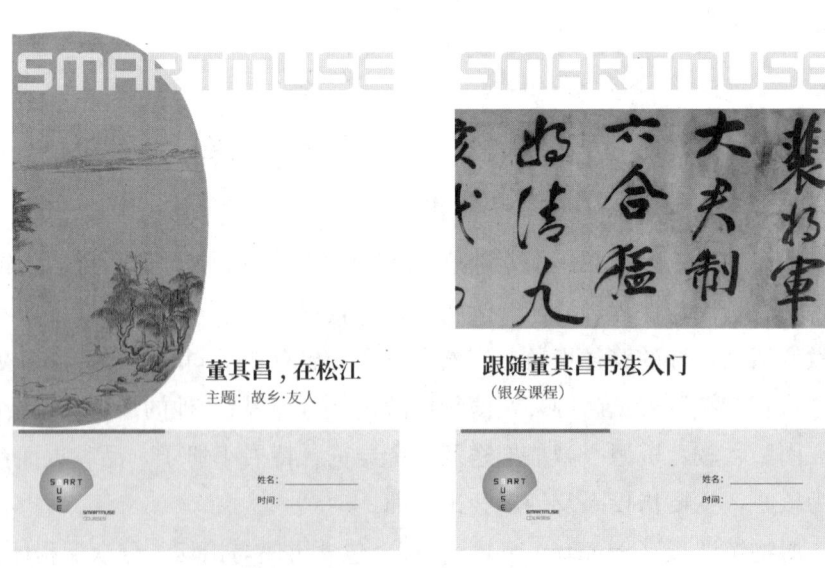

图一　三种课程课件封面

银发课程——以社区中老年人为主体，课程方向为轻松学习。通过与社区文化活动中心合作，将博物馆课程带入社区开展。课程主题选择了书法艺术，将董其昌学习书法的经历、方式及观点结合当代人学习书法的一般路径（从颜体入手）来讲述，并进行创作体验，希望对社区想要学习书法或是平时练习书法的人员能够有所启发。

针对各个课程主题，我们编印了课程课件，将课程主题相关的背景知识、展品信息以及延伸阅读、问题思考汇编成册，赠与学员，供课堂讨论及课后学习参考。

三、特展教育活动分析

从广义上来说，有人认为展览就是博物馆的核心课程，"博物馆内大部分的动态活动与静态资料或教材多以帮助观众与展览互动为目的"[①]。而从教育学的定义来看，课程是受教育者在教育者的引导下所获得的经验，这些经验是教育者按照一定社会需求和受教育者的身心发展水平，有计划、有目的地组织安排的。"博物馆课程"一词美国早在1921年即已提出，从提出到之后的概念讨论及博物馆实践，多聚焦于学生课程；目前国内所讨论的"博物馆课程"也主要针对中小学学生课程的设计与开展，将其视为学校教育的辅助形式，其区别于学校课程的几个关键属性被归纳为：公共的、非正式的、互动、探索、开放[②]。

然而博物馆是全民终身学习的重要场域，除了文艺表演、展厅导赏之外，"博物馆课程"这种教育形式同样适用于成年人群体，引导他们更好地理解展览、探索展览。专题讲座是博物馆教育活动中应用最为普遍、发展最为成熟的形式之一，主要面向成年人；虽然形式上缺乏一点"探索性"与"互动性"，但将之归于博物馆课程体系是合理的。上海博物馆的特色在于特展配套讲座的系列性，是对展览主题有层次、有逻辑地全面解读，具有专题性、学术性，类似大学课程设置；但对观众而言，是非正式的开放的自主选择的学习活动。"丹青宝筏"特展10场系列讲座，像上海博物馆大部分讲座活动一样，处于供不应求的状态。活动发布之后300个名额半小时之内抢完，活动出席率达到90%左右，内容质量无不受好评。（表1）

表1 "丹青宝筏——董其昌书画艺术大展"讲座目录

主讲人	主讲人单位	题目
徐建融	上海美术学院	董其昌与中国画学的转捩
凌利中	上海博物馆	丹青宝筏——董其昌的艺术超越及其相关问题
王连起	故宫博物院	董其昌的绘画及其真伪问题
金丹	南京艺术学院书法系	妙在能合 神在能离——董其昌的书法临摹与创作
邵彦	中央美术学院	"松江派"、松江画坛与董其昌
王耀庭	台北故宫博物院	台北故宫藏董其昌书画
薛永年	中央美术学院	中国画的鉴与赏
赵珩	原燕山出版社	明末清初文人画的形成与艺术追求
范金民	南京大学历史系	科第冠海内，人文甲天下——明代江南进士的风采
冯贤亮	复旦大学历史系	晚明江南的松江府：士人生活与社会变化

美国博物馆学家妮娜·西蒙所提倡的"参与式博物馆"希望将博物馆定义成一个"观众能够围绕其内

---

① 刘婉珍：《以展览为核心的博物馆课程》，《博物馆学季刊》第15卷第4期。
② 廖婧茜、靳玉乐：《美国博物馆课程的运作及启示》，《全球教育展望》2016年第10期。文中提道："1921年，哈佛大学的萨克斯先生设立了全美第一个博物馆课程（museum course）"。

容进行创作、分享并与他人交流的场所"①，而不是单方面提供内容来消费。博物馆的讲座形式基本还属于单方向的知识输出，而分众课程则是一种重要的观众参与方式：将兴趣相近的观众群聚集在一起，就与他们贴近的展览话题进行分享、交流与讨论，让课程学员能够结合一些个人体会深度参与，从而获得较好的课程效果。"董其昌书画艺术探索系列分众课程"即属于这一类，课程分三种，每种举办两场，每场 25 人，课程信息在上海博物馆官方微信平台发布，具体执行反馈如下：

学生课程，为将报名人群精准限定至中小学生，与上海市中小学生校外活动平台网站合作，将报名入口导入到该网站。活动实际出席率为 80% 以上，参与人员的年龄基本符合预期，课程以董其昌的旅行故事为切入点，带学员重点了解一些董其昌旅途创作相关的作品，分组讨论的课题"你如何记录旅行途中的风景？相较于照片的真实，绘画记录的风景像或者不像重要吗？"每组学员都能积极参与且有精彩的观点输出。课程中做到了将展览、展品与参与者经验相关联，让他们觉得展览可看、可聊。

青年课程因为报名无其他限定条件，满额速度最快，但出席率却是最低的（不到 70%，受路途、天气等因素影响）。因展览主角董其昌的家乡在上海松江，有多处可考遗迹可寻，所以游学课程内容的设定能与展览高度相关，且在活动组织难度上具有高度可行性。参与者均对游学形式表示满意，课堂话题"故乡与友人在艺术或生活中的影响"既是我们看待董其昌展的一个维度，也让参与者能够参与讨论、有话可聊。

银发课程与黄浦区某街道社区活动中心合作举办，由社区组织人员报名参与，并在社区场地由社区工作人员协助开展，本馆仅开放少数几个报名名额给对该主题感兴趣的其他观众。这项课程活动出席率高达 90%，参与人员虽不全是"银发"一族，但大多为平日的社区书法班学员，基本符合活动预期。社区课程结束后，另组织社区人员到馆参观"丹青宝筏"展览，成为一次良好的互动活动。

从此系列课程的举办可以看出"参与"模式的几大问题。针对这类课程活动，博物馆教育人员在课程内容与形式设计以及课程执行与活动组织上需投入非常多精力，也能得到较高的课程质量和参与满意度。但最大的限制在于每次活动的参与人数，课程要获得好的参与效果，一名课程主持人带领的队伍一般不超过 30 人，无法获得规模效益。二是博物馆对于"免费参与"的制约方式有限，常常出现课程名额一票难求而实际出席率却不尽理想的情况，"名额浪费"在人数少的互动课程上坏影响尤为突出。三是分众课程最后的参与人员是否符合课程预设，在报名环节的设置上需要额外费心思，否则也会影响课程效果。另外，针对单个特展开发的课程，主题限制很明确，策划思路或有借鉴性，内容却少有推广性。在这些综合考量之下，特展分众课程内容形式虽好，却无法成为博物馆在特展期间大力推广的教育项目。

四、结语

博物馆特展的特殊性，影响着特展教育活动的策划与执行。教育人员应当尽早进入特展团队，了解展览主旨方向与内容，选择合适的主题与形式进行教育活动研发。而课程，无疑是深度了解特展的有效教育活动形式。以课程为核心的特展教育活动建立在教育人员对展览内容的深度掌握基础上。虽然课程形式存在一定的局限性，但无论是专题讲座的深度和广度，还是分众课程的参与性与灵活性，对特展观众而言都是有意义的学习引导。

---

① ［美］妮娜·西蒙，喻翔译：《参与式博物馆——迈入博物馆 2.0 时代》，浙江大学出版社，2018 年，第 3 页。

省级博物馆抖音账号发展思路探析

——以湖南省博物馆为例

湖南省湘西州泸溪县武溪镇人民政府　杨梨姗

摘要：在2018年的国际博物馆日前后，七家省级博物馆与抖音平台进行了一次名为"博物馆奇妙夜"的合作并取得一定成效。但据相关资料显示，各省级博物馆账号在抖音平台上运营情况普遍不理想。学界对抖音平台上省级博物馆账号的发展研究涉及较少。

本文从抖音平台上现存的省级博物馆官方账号的运营现状入手，采用比较研究法、内容分析法和个案研究法开展研究，分析抖音平台上省级博物馆官方账号的运营现状并对湖南省博物馆官方账号进行个案研究，针对发现的问题提出抖音平台上省级博物馆官方账号应把握抖音平台特点，增加互动体验；重视恰当时机，加强有效曝光；发掘本身特色，打造独特内容；借助资源联动，树立品牌形象；保证运营模式，保持账号活力。

关键词：抖音短视频；新媒体；发展路径；省级博物馆

碎片化时代，人们越来越倾向于利用短视频来了解生活。抖音作为国内短视频市场的主要平台之一，凭借日活跃用户4亿的数据吸引众多官方企业号、政务号登陆平台。而博物馆作为涵养公众素养的重要场所，更注重线下宣传，存在线上线下宣传不对称的现象。眼球经济时代，存在一定量的博物馆账号登陆抖音平台，但很少有用户主动关注博物馆账号，因此在抖音平台上的省级博物馆账号的关注度很低。随着人们对抖音的接受度越来越高，其将成为博物馆账号进行线上有效宣传的重要平台。

一、抖音平台上省级博物馆账号的发展现状

（一）现存认证省级博物馆账号数量少

通过对抖音上数据的分析可知，抖音平台上截至2020年2月21日，所存在的通过官方认证的省级博物馆账号仅有8家，分别为湖南省博物馆、山东省博物馆、贵州省博物馆、山西博物院、浙江省博物馆、辽宁博物馆、甘肃省博物馆和广东省博物馆。据调查数据显示，"截至2019年4月，我国包括文物和其他

部门在内的国有博物馆3766家，占比达72.93%；民办博物馆1398家，占比27.07%"[①]。省级综合性博物馆一般为国有性质博物馆，原则上每个省份均配备一家省级综合性博物馆，由此可见抖音上现存的官方省级综合性的博物馆账号数与实际所存在的省级博物馆相差很大，抖音上所存在的博物馆的官方账号过少。

（二）现存认证省级博物馆账号关注度低

通过对抖音上现存的8家博物馆进行样本进分析可知，抖音平台上现存的8家认证的省级博物馆，存在着粉丝关注度不高的情况（表1）。比如，8家博物馆账号的粉丝数总和不多于24万，获赞数总和不多于67万，其中粉丝度关注度最高的是湖南省博物馆，粉丝数仅为9.8万。据国家统计局显示，湖南省2018年的人口总数为6899万，即每703人中才有1个人会关注湖南省博物馆的抖音官方账号。同时，在抖音上搜索关键词"博物馆"，在搜索结果中排列第一的是一个非官方个人账号"奇妙博物馆"，它的粉丝关注度为1036.8万，远远高于在8家官方认证的省级博物馆中，排名第一的湖南省博物馆，甚至远高于8家博物馆粉丝数的总和。

表1 抖音平台现存省级博物馆官方账号粉丝关注度（截至2020.2.21）

博物馆名称	湖南省博物馆	山东博物馆	贵州省博物馆	山西博物院	浙江省博物馆	辽宁博物馆	甘肃省博物馆	广东省博物馆
粉丝数	9.8万	2.3万	2.1万	2万	2.4万	1.5万	7427	2.2万
获赞数	43.2万	3.6万	86	7万	7.2万	2.1万	2.6万	8959

（三）现存认证省级博物馆账号运营缺乏规范性

在账号运营过程中的作品发布时间方面（表2），抖音平台上现存的8家官方认证的省级博物馆中，有湖南省博物馆、浙江省博物馆、山西博物院、广东省博物馆和甘肃省博物馆5家博物馆的首条短视频作品是在2018年的第二个季度，截至当前已有一年半的时间，其中山西博物院发布作品共4条，其中第二条作品与第三条作品之间间隔19个月。浙江省博物馆、甘肃省博物馆和广东省博物馆均只有10条短视频作品，且发布时间也不规律，均出现两个作品发布时间间隔至少一个月的情况。可见其在抖音平台上虽然有注册账号但并没有很重视将抖音作为推广博物馆的一个平台，运营的重视程度和专业性规范性方面都有很大的欠缺。在抖音平台上现存的8家省级博物馆的官方账号中发布短视频作品较多的湖南省博物馆账号的作品发布时间也没有显示出很强的规律性，常常出现一段时间密集发布作品，而一段时间没有任何作品展示的情况。

在作品发布类型方面（表2），省级博物馆账号发布的作品基本可以分为场馆介绍、文物介绍、场馆工作人员工作展示、线下活动预告、线下活动展示、线上活动宣传、专家讲解几个方面，但并非所有的博物馆账号均有相关作品，如辽宁省博物馆仅有文物介绍和活动宣传的相关作品，但湖南省博物馆账号和山东省博物馆账号所发布的内容基本涵盖上述种类。这说明在现存的省级博物馆的账号中，各个账号之间发展参差不齐，缺少一个行业类统一的发展规划和标准。

[①] 中国产业信息：《2019年中国博物馆数量排名省份、博物馆结构占比及网络人气百强榜情况》，http://www.chyxx.com/industry/202001/828577.html，2020年1月13日。

表 2　抖音平台现存省级博物馆官方账号作品发布情况（截至 2020.2.21）

博物馆名称	湖南省博物馆	山东博物馆	贵州省博物馆	山西博物院	浙江省博物馆	辽宁博物馆	甘肃省博物馆	广东省博物馆
作品数	51	22	4	7	10	5	10	10
首条作品发布时间	2018.4.23	2019.5.14	2019.5.20	2018.5.14	2018.5.10	2020.2.19	2018.5.22	2018.5.17
作品类型	场馆介绍、场馆工作人员工作展示、文物介绍、线下活动展示、线上活动宣传、专家讲解	场馆介绍、场馆工作人员工作展示、文物介绍、线下活动预告、线上活动宣传、专家讲解	场馆介绍、线下活动展示、场馆工作人员工作展示	场馆介绍、文物介绍、线上活动宣传、专家讲解	场馆介绍、文物介绍、场馆工作人员工作展示、线上活动宣传	文物介绍、线上活动宣传	场馆介绍、文物介绍、场馆工作人员工作展示、线下活动展示	场馆介绍、文物介绍、线下活动展示、线上活动宣传

（四）选取湖南省博物馆作为样本研究的原因

"湖南省博物馆作为湖南省内最大的综合性的艺术博物馆，拥有省内最多的文物资源，是首批国家一级博物馆，中央地方共建的八个国家级重点博物馆之一"[①]。湖南省博物馆在2019年作为国际博物馆日的中国主会场，承办了国际性的博物馆文化交流的活动，作为文化中枢，起着至关重要的作用。同时博物馆顺应时代潮流，在2018年4月2日登陆抖音平台，是最先登陆且最先发布作品的省级博物馆。

粉丝关注度方面（表1），抖音平台上现存的8家官方认证的博物馆中，其中粉丝数、获赞数以及账号所发布的作品数最多的都是湖南省博物馆。其中最高赞获得数是31.6万，远高于其他的7家最高赞的获得数。运营方面（表2），在8家博物馆账号所发布的作品中，湖南省博物馆发布作品最多，且所包含的种类最齐全，同时在账号注册的前期作品发布时间遵循一定规律性，重视作品发布的周期性。

因此笔者期望通过对抖音平台上存在的8家省级官方认证的博物馆中领先的个案进行分析，即通过对湖南省博物馆官方抖音账号的内容进行总结，来分析出湖南省博物馆所存在的领先于别的博物馆账号发展的优势，以及湖南省博物馆自身所存在的不足之处。

二、抖音平台上省级博物馆账号发展优势

（一）省级博物馆可以借助抖音平台进行转型

近年来，随着"国家宝藏""我在故宫修文物"等文物类综艺节目以及相关文创产品的走红，文物和博物馆开始受到更多人的关注，博物馆也不断寻找新的路径来实现"通俗化"和"年轻化"的转型，其中博物馆在抖音平台上的出现就加快了自身转型的步伐，同时博物馆账号在抖音上注册也有利于抖音平台塑造形象[②]。

公民的科学文化素养被认为是衡量社会公众整体认知水平的一个重要指标，博物馆作为陈列历史文物、展现人类文明进步的场所，也是国家优秀文化的载体，拥有展示人类灿烂文明和科研等文化功能，同时也

---

① 湖南省博物馆官网介绍，http://www.hnmuseum.com/。
② 邵学达、张思梦：《呈现与传播：从抖音看文物类短视频的实践与发展》，《新闻论坛》2018年第11期。

承担着文化教育与提升公众涵养的公共功能。相较于专门的特色博物馆，省级博物馆之类的综合性博物馆，除了拥有展示本省最具影响力的文物资格外，同时还具有官方认证的可信地位。随着科学技术的发展，一般的省级博物馆均配备图、文结合的方式进行知识的普及，且部分的省级博物馆还配有视频和VR虚拟技术、AR增强现实技术等设备来帮助公众身临其境地接受知识，进行有效的科普传播。

随着社会的发展，博物馆的定位也越来越需要贴合群众的想法，致力营造群众喜闻乐见的文化状态，争取公众与社会的认同。"过去，博物馆高高在上，是文化殿堂、历史宗庙，但在这个时代，博物馆不能继续高傲"。上海博物馆教育部主任陈曾路如是说①。抖音平台与七大博物馆所举办的博物馆奇妙夜的活动，以新奇的短视频形式让文物与受众互动，受到网友们的关注。近期因为疫情原因，抖音平台与各大省级博物馆所推出的"在家云游博物馆"的活动，也吸引了一部分新的抖音用户去关注博物馆账号。

（二）省级博物馆可以借用抖音的传播优势

抖音短视频自面世以来以时尚、新奇和趣味性来吸引受众，遵循UGC②+PGC③的内容生产模式，获得用户数量的持续性增加，大量的用户聚集显示它越来越成为一个企业推广的有力平台。大量企业号官方号在抖音平台上出现，将抖音作为新媒体时代的一个极具效益的推广渠道，省级博物馆也期待通过抖音平台现存流量来带动公众对于博物馆的关注。

抖音在近两年发展成为一个流量与口碑都渐渐好转的平台，一方面在于抖音平台以新奇时尚的定位吸引一大批乐于接受新事物的青年受众，同时又借用社交属性来增加作品的传播；另一方面在当前"一图胜千言，一频胜千图"的传播时代，抖音以短视频的形式更易于让受众接受，声画结合以及特效的搭配帮助受众记忆，同时短视频具有体积小且易于理解的传播优势。

三、抖音平台上湖南省博物馆账号运营特点

新媒体时代，各大博物馆均面临定位的转型和利用新媒体技术进行推广的问题。湖南省博物馆自2018年4月在抖音平台上注册官方账号，期望通过抖音平台所拥有的流量来获得更多关注，同时借助抖音年轻、潮流的定位来实现博物馆的转型，积攒数量从日50个到日1万不等。可见湖南省博物馆将抖音作为一个重要的线上推广平台，在两者进行合作时，积极配合把握时机，借助抖音后台向用户的计划性推送来增加曝光率，运用优秀作品来吸引更多的关注度。

（一）作品发布善于结合线下活动热点

湖南省博物馆抖音账号所公开发布的50条短视频作品（表3）中，为活动宣传所制作的作品占所有作品的26%。湖南省博物馆作为省内馆藏资源和知名度首位的博物馆，线下会承办多种活动，而基本上大型的活动都会在抖音平台上发布现场的视频。说明其发布的作品能够有效结合博物馆线下的热点活动，通过短视频作品的呈现和及时的发布，让账号的关注用户能够快速了解博物馆线下举办各种活动的场景，进行有效的宣传。

---

① 杨一顺：《七大博物馆：这些千年"戏精"在抖音玩嗨了！》，《销售与市场》2018年第7期。
② UGC，用户生产内容，网络内容创作中的一种形式。
③ PGC，专业生产内容，网络内容创作中的一种形式。

表3 "湖南省博物馆"抖音账号发布作品类型（截至2020.2.21）

作品类型①	场馆宣传	文物特色专题			活动宣传	专家讲解
		汉代穿越指南	文物重生秘籍	在家云游博物馆		
作品数量	8	17	5	5	13	2
所占比例	16%	34%	10%	10%	26%	4%②①

① 作品类型分类划分与表格2作品类型之间关系：场馆宣传：场馆介绍、场馆工作人员工作展示；文物特色专题：专题内文物介绍；活动宣传：线下活动展示、线上活动宣传、专题外文物介绍；专家讲解：专家讲解。

（二）作品发布注重打造特色专题

"湖南省博物馆"官方抖音账号作品（表3）的发布注重专题性，善于对馆藏文物特点的展示来制作专题的作品，其中所制作的专题作品占总作品数的54%，远超于其他三种类型。截至目前账号共发布三个专题，一个是"汉代穿越指南"，即贴合"穿越"的字眼，来用现代人的思维阐述汉代的民俗习惯，包括食物、服装等，短视频全程采用用笔作画的记录手法，通过娴熟的画技与幽默的配音来展示汉代人的生活方式。一个专题即"文物重生秘籍"同样采用笔画和配音的方式结合当代人思考的方式来讲述文物修复的技巧。另一个专题的作品是近期配合抖音平台与各大博物馆联合推出的"在家云游博物馆"活动，即通过动画制作等技术将静态的具有特色的馆藏文物以动画的方式展示出来，同时配上解释性的配音和文字，以精湛的动画技术和趣味的叙事方式吸引关注。

四、湖南省博物馆抖音账号运营中的问题

（一）受众定位不明确、互动少

一直以来博物馆都不被当作是全民化的场所，湖南省博物馆进驻抖音平台后并没有非常有效地转变定位，依旧无法与一般的公众产生紧密的联系与互动。据相关数据显示，参观博物馆的受众主要年龄分布在22-40岁之间，职业大多数是以学生和公司职员为主①，其中大学生和研究生的排名位居前列，由此可见博物馆的主要粉丝趋于年轻化。但湖南省博物馆在抖音上发布的作品部分仅简单的画面堆砌，并无明确针对的人群，也没有充分展示文博爱好者所能够被吸引的兴趣点，在对于活动宣传和场馆宣传中也是仅仅拍摄画面，使得受众无法产生与自己有关的想法，也无法体会到博物馆本身的特色，无法有效吸引受众的互动与关注，尤其是快节奏社会下生活的年轻群体②。

（二）作品内容单一、无鲜明特色

通过对所选取的湖南省博物馆官方账号所发布的作品进行样本分析，发现在其所公开发布的50个作品中，类型大致可以分为场馆宣传、活动宣传和特色专题、专家讲解四个部分。

在场馆宣传方面，湖南省博物馆官方抖音账号所发布的作品，只是拍摄展馆一两件展品配上抖音热门背景音乐而形成的，在一般的抖音用户看来，视频仅仅定格几个画面很难让人领会其中的韵味，让人产生想要关注和实地参观的想法。

---

① 小豹研究中心：《2019年博物馆参观人群研究》，https://tech.sina.com.cn/roll/2019-12-12/doc-iihnzahi7124030.shtml，2019年12月12日。
② 孔令月：《基于社交媒体平台的博物馆形象传播研究》，郑州大学2018年硕士学位论文，第42页。

在活动宣传方面，博物馆所举办的展览和其他活动会在微信公众平台和官网上进行预先通知，在抖音平台上呈现的除了预先活动的宣传片同时还有活动举办时的现场实景视频画面，但所制作的短视频同样存在着无法吸引人想要进一步了解的不足，主要因为在 15 秒的视频中无法丰富地展示活动的内涵，因此只能截取几个间断的画面，而这样的作品根本无法表现出本场馆的活动的特色，并且内容的堆砌而肤浅也是文化作品最忌讳的存在。

湖南省博物馆在专题制作的内容方面，紧紧把握住场馆所拥有的"马王堆汉墓"的特色，打造"汉代穿越指南""文物重生秘籍"和"在家云游博物馆"三个系列关于馆藏文物的宣传作品，取得一定的成效，但由于综合作品的整体特色无法显露，无法在受众心目中形成一个极具特色而且容易记忆的存在，就会大概率地出现遗忘的可能。

（三）运营欠缺规律性、作品发布时间不固定

抖音平台上现存的省级博物馆官方账号都存在一个共同的问题，即发布作品数量少且发布不及时（表4）。湖南省博物馆于 2018 年 4 月登陆抖音平台，一年半的时间发布作品为 50 条，即约每 21 天发布一条作品。同时作品实际发布的频率也不规律，表现为多则每两个月发布 10 多条，主要集中在每年的 4、5 和 6 月份，少则两个月不发布任何关于场馆的信息。

除了短视频作品发布的时间存在不规律性，湖南省博物馆抖音账号作为一个场馆的官方账号，并没有有效运营抖音平台上的官方账号，通过账号来丰富和加深博物馆在公众心目中的内涵和形象。主要表现在抖音界面中的"喜欢"的栏目，即主要记录博主点赞的短视频作品，湖南省博物馆作为一个拥有 9.8 万粉丝的官方账号，在点赞的视频中所显示的完全是一个私人号的喜好记录，例如记录中有做菜的视频、卷头发的视频以及 office 技巧的视频等。虽然在账号的前期点赞为文物的介绍视频，但发展到后期类型逐渐多样，且内容也逐渐与博物馆失去关系，这也会影响有机会接触到账号的受众对湖南省博物馆的印象。

表 4 "湖南省博物馆"抖音账号各月发布条数（截至 2020.2.21）

年月	2018.4－5	2018.6－7	2018.8－9	2018.10－11	2018.12	2019.1－2
条数	11	10	0	1	1	3
年月	2019.3－4	2019.5－6	2019.7－8	2019.9－10	2019.11－12	2010.1－2
条数	0	11	0	0	2	11

五、对抖音平台上省博物馆账号运营的建议

（一）抓住抖音平台特点，提升用户互动体验

抖音作为一个备受欢迎的短视频产品，在不断发展中形成了自己的特点。首先用户注册后均可发布 15 秒或者 60 秒时长的短视频作品，随着粉丝数量的增加，用户可以获得更长时间的作品权限[①]。短视频加上抖音平台上热门音乐或者自己精心挑选的配乐进行发布，一个基础抖音作品就诞生了。对于省级博物馆的宣传来说，馆中所藏展品均为历史的沉淀，背后都有一段历史的阐述需要针对文物是历史的记录者，博物

---

① 抖音平台对普通用户开放 15 秒和 60 秒的视频权限；对 "Dou 知计划" 中优秀创作者和其他领域优质内容生产者给予 5 分钟和 15 分钟的长视频权限。

馆是历史的阐述者的特点,在发布关于文物短视频的时候可以采用文物配合解释性的文字,以深沉的嗓音幽默的语句来简单讲述一个文物背后的故事,科普知识同时,能激发受众感官协调,浸没式地感受历史的沉淀,更能够加深记忆。

进入网络时代,博物馆的官方网站开始成为用户与博物馆之间进行有效互动的重要平台,在新媒体还未如此发达之前博物馆的官方网站仅仅提供场馆门票、开放时间以及到达路线等信息①,随着时代和人们生活习惯的变化,博物馆丰富了官方网站提供给受众的信息,同时借助其他的社交平台来构建与用户之间更加紧密的联系。同时在短视频社交的基础上,抖音发展了直播的功能,在关注用户后能够收到关于用户发布作品的通知以及直播的通知同时可以查看关注用户的点赞作品。湖南省博物馆等省级博物馆账号在抖音平台的发展过程中可以抓住抖音平台互动性强的特点,加大与用户互动的力度,增强用户粘性。

抖音短视频坚持算法为王,通过收集用户数据进行计划性地作品推送,充分知悉用户画像,保证用户刷到自己所感兴趣的视频。因此湖南省博物馆等省级博物馆官方账号在运营中可以基于原有用户的关注,产出优质作品,使得原有用户通过算法刷到博物馆相关的作品时不反感。同时账号可以与平台合作,通过协同过滤等方式,让博物馆之间的作品得到更大范围、更有效地传播,让不同博物馆账号之间的粉丝能够流动性增加。

(二)重视作品发布时机,争取曝光全面有效

古语"酒香不怕巷子深",但在当今社会优秀作品泛滥,这种逻辑渐渐开始不适。博物馆虽然作为官方账号,有一定的粉丝量,但从点赞数看,也会出现点赞数仅两位数的情况。

抖音第一次与博物馆大规模的合作是2018年的国际博物馆日,其间,湖南省博物馆、浙江省博物馆、山西博物院、辽宁省博物馆四家博物馆账号的最赞作品(表5)均出现在2018年5月18日,也就是国际博物馆日当天。抖音第二次与博物馆大规模合作是在2020年2月19日前后,推出"在家云游博物馆"的活动,其间,辽宁省博物馆、山东省博物馆与广东省博物馆的最赞作品诞生。由此可见,博物馆账号作品的发布需要牢牢把握时机,在抖音官方与博物馆合作期间,抖音后台会进行相应的调整来保证活动的顺利进行。

贵州省博物馆账号的最赞作品发布在2019年国庆期间,同时作品标题中"我和我的祖国"属于当时热门词汇,因此也引起一定量的关注。甘肃省博物馆账号的最赞作品的名称中带"兰州"的话题,这有利于用户搜索"兰州"的时候,有增加作品的曝光的可能。因此博物馆账号在发布作品时还可以把握节庆的时间点,通过节庆相关的热门词汇或话题,增加用户观看的可能性,这也是有效增加曝光度的一种方式。除了节庆性的词汇与话题,地域习俗等话题也可以增加用户搜索到的可能性,同时还有可能激发地域认同感,使用户自发进行关注和宣传。

表5 "湖南省博物馆"抖音账号发布作品点赞情况(截至2020.2.21)

博物馆名称	湖南省博物馆	山西博物院	浙江省博物馆	甘肃省博物馆	贵州省博物馆	辽宁博物馆	山东博物馆	广东省博物馆
单个作品最高点赞数	31.6万	5.4万	3.3万	5969	32	3.5万	1.2万	3513
最赞作品发布时间	2018.5.1	2018.5.16	2018.5.16	2018.5.22	2019.9.29	2020.2.19	2020.2.19	2020.2.19
最赞作品内容	#奇妙博物馆西汉保健操	#奇妙博物馆场馆介绍	#奇妙博物馆省博介绍	#兰州兰州省博介绍	"我和我的祖国"展览活动	#在家云游博物馆活动宣传	#在家云游博物馆活动宣传	#在家云游博物

---

① 胡芳:《现代博物馆面向观众的展示技术变革(英文)》,《科学教育与博物馆》2015年第6期。

（三）发掘省博物馆特色，打造优质独特内容

在罗瑟瑞夫斯的USP理论中，首先强调的就是U，即unique，强调独特的重要性[①]。湖南省博物馆特色展品不少，其中马王堆汉墓所开采的藏品为湖南省博物馆一大特色，因此不管是馆内藏品摆设还是线上抖音短视频的发布均会侧重于汉朝的文化，比如在平台上推出的三个专题"汉代穿越指南""文物重生秘籍"以及"在家云游博物馆"中所展示的文物和科普的知识均与汉朝有关，这三者的诞生也对塑造博物馆的形象起着重要作用。因此必须因地制宜找寻特色，将这种特色贯穿线上线下的各种活动宣传中，使受众对博物馆形成独特的垂直记忆。

在抖音平台上作品呈现方式大多数为短视频，而一个优质的短视频作品诞生大致包括创意、视觉呈现以及推广三者之间的完美配合。首先是创意，广告学之父大卫奥格威曾说，创意如果与产品没有关系，那么就不是好创意，因此必须发现馆藏文物特色或者博物馆整体特点进行创意的基础上进行创意的衍生。视觉呈现方面，抖音上有些视频属于纪实性拍摄，有些属于技巧性拍摄，也有运用动画制作等手法来生成作品，恰当的选择贴合创意和文物本身的手法可以为视频的呈现增加好感度。共享经济时代，知识同样共享，博物馆所发布的视频一方面有宣传效果一方面也可以起着科普功能，因此可以充分利用用户本身对于知识的需要来进行推广，通过带热门话题等方式在社交平台上进行二次传播，口口相传更易于受众接受，这就必须保证视频的画质能够经得起用户多次传播。

（四）整合省博物馆资源，线上线下有机联动

省级博物馆作为省内最大的综合性博物馆，往往拥有配比较高的资源，因此首先是对于馆藏文物价值的深层次挖掘。一般情况下博物馆所拥有的文物往往多于所展示出的文物，因此在考虑文化保护的前提下，应该重视如何在所拥有的文物中进行挑选和展览来进行科普和宣传。博物馆往往会承接一些特色的展览或者节日活动的筹办，博物馆相关的两微一端线上平台也会推出相应的宣传短片或者文案，为活动的举办造势，而抖音作为一个拥有巨量用户的平台同样值得投入宣发。

省级博物馆的发展往往与整个省的整体公共规划密切相关，因此可以有效结合省内其他资源，比如湖南省博物馆在线上的推广可以结合湖南省广播电视台，借鉴综艺制作手法，或者合制文物推广节目，同时在抖音平台上实时更新。或者运用金鹰卡通频道在广播电视制作中的动画制作的手法将馆藏内文物拟人化、活泼化、生动化。还可以借鉴湖南省广播电视台的主持人增强推广度，比如湖南省博物馆与汪涵老师合作，推出"名人讲解"的活动，借汪涵老师的知名度来提高公众对博物馆的关注与喜爱。

（五）进行偏程序化运营，保持账号日常活力

省级博物馆账号在抖音平台上的发展首先要重视对于账号的认证，账户一旦认证不仅会对作品发布者进行一定程度的约束，同时也会增加用户对账号的信任度从而引起关注。与此同时认证也会保障账号所发布内容的权威性和真实性，把握宣传作品和舆论的主动性。

在日常的运营中，需注重培养专业型人才进行账号的管理，同时要重视短视频作品发布的规律性，一般的个人营销号内容发布至少每天一条内容，但作为馆藏官方账号，不一定内容必须发布得很频繁，但必须保持一定的规律性，比如两天一个作品或者以固定的频率生产作品。除了日常的作品，制作专题作品是塑造在受众心目中独特形象的有用措施，一系列专题作品的出现不仅可以让人保持学习的热情同样可以显示出内容发布者的用心。

---

① ［美］罗瑟·瑞夫斯，张冰梅译：《实效的广告——达彼思广告公司的经营哲学USP》，内蒙古人民出版社，1999年，第79—84页。

运营中除了保证一定质量和数量内容的发布外，还需要与用户保持互动，即及时回复有价值的评论和答疑解惑，以及满足用户有利于自身发展的需求．同时要注重自身账号形象的立体全方位的塑造，在个人资料的界面里的"喜欢"那一栏也可以有效利用，通过点赞相关的作品来深化博物馆形象。账号运营者在与其他的账号互动中也可以刷高曝光率，与同类博物馆账号之间的评论点赞可以适当引流，与相关社会事件进行互动可以塑造更加饱满的形象，让自身更加走进群众走进基层，以亲和活泼的状态进入人们视野。

六、结语

省级博物馆作为涵养公众素质的有力场所，自登陆抖音平台后新增加一批关注，但账号在运营过程中普遍出现了关注度低、运营不规律等问题。对此笔者通过将湖南省博物馆抖音官方账号作为样本进行详细分析，发现账号还存在发布作品风格不显著、视频质量不高等问题。因此博物馆账号为了争取更好地在抖音平台上发展，需要有效把握自身定位和受众定位，发掘馆内特色增加与受众之间的互动，利用抖音平台新奇、时尚和大众化的特点让博物馆走向基层，进行更广泛地传播。

新媒体时代，新技术的进步推动了文物资源新展示形式的出现，新平台的存在更加扩大了博物馆的传播范围，抖音作为一个拥有日活跃用户 4 亿的平台[①]。对博物馆的发展具有强有力的帮助作用，短视频的展示形式和碎片化的传播模式更贴合当代人的生活节奏，因此抖音作为打开博物馆与大众的一个新的窗口，需要更加扶持省级博物馆账号的发展，同时更重要的是省级博物馆账号需要将自身建设成大众喜闻乐见的状态，借助抖音平台进行推广，更好地发掘传统文物的新时尚。

---

① 抖音小助手：《抖音短视频 2019 年度数据报告》，抖音短视频 APP，2020 年 1 月 6 日。

全国博物馆陶瓷展陈述评

——以历年获十大精品奖古陶瓷陈列展览为中心

浙江大学艺术与考古学院 赵桂玲

摘要："全国博物馆十大陈列展览精品评选活动"是我国博物馆界最具权威性的评选活动，旨在选出精品博物馆陈列以优化博物馆展陈设计，推动我国博物馆事业的持续健康发展。其评选出的全国古陶瓷陈列展览都是在当时具有广泛影响力并在一定时间内引领了同类展览的办展方向。本文对历年获奖古陶瓷陈列展览进行梳理和总结，从展览选题、地域特色、学术支撑、传统意蕴等方面来探讨博物馆古陶瓷陈列的内容设计提升战略，以期能推动我国博物馆古陶瓷陈列展览的改进优化。

关键词：十大精品；古陶瓷陈列；内容设计；示范效应；办展方向

"全国博物馆十大陈列展览精品评选活动"（以下简称"十大精品"）自1997年启动[①]，已成功举办了十七届。"十大精品"充分发挥示范效应，激发了博物馆的进取、创新意识，在加快博物馆展览推陈出新方面起到了积极的推动作用。2020年评选出的十大精品陈列展览无论是内容设计还是形式设计都给人耳目一新之感，对其他博物馆陈列展览起到了正向的引导作用。景德镇中国陶瓷博物馆的《瓷业高峰是此都——景德镇瓷器、瓷业与城市发展史陈列》更是克服了传统博物馆古陶瓷陈列千展一面、重展品轻文本、底蕴不足等问题，再现了瓷器往来、舟帆蔽江的中华瓷都盛景。这也为同类陈列展览提供了新的模式与思路，激励博物馆古陶瓷陈列展览不断创新、提升，打造为人民服务、满足社会需要的精品展览。除《瓷业高峰是此都——景德镇瓷器、瓷业与城市发展史陈列》之外，还曾先后有10个博物馆古陶瓷陈列展览当选过"十大精品"（详见表1）。纵观这些获奖陈列，它们都是在内容设计方面有着本馆的特色与创新：展览主题新颖、地域文化突出、学术支撑扎实并融合中华文化传统意蕴，成功地为古代文化做好当代阐释。本文也将从以上几点结合获奖古陶瓷陈列，来探讨博物馆古陶瓷陈列展览的内容设计提升战略。

表1 历年获"十大精品"博物馆古陶瓷陈列

届别	奖项	展览名称	举办单位
第二届（1998年度）	提名奖	龙泉窑精品特展	浙江省博物馆
	精品奖	古瓷真品仿品对比及重要标本展	故宫博物院

---

① 吕军、郝静、马苗：《"全国博物馆十大陈列展览精品"评选标准的完善》，《东南文化》2018年第1期。

续表

届别	奖项	展览名称	举办单位
第四届（2000年度）	最佳安全奖/提名奖	江西古代陶瓷器	江西省博物馆
	提名奖	大明王朝极盛期官窑展	江西景德镇官窑博物馆
第五届（2001—2002年度）	精品奖	磁州窑陈列	河北省邯郸市博物馆
第十届（2011—2012年度）	精品奖	幽蓝神采——元代青花瓷器大展	上海博物馆
第十一届（2013年度）	优胜奖	瓷美如花——馆藏瓷器精品展	广西壮族自治区博物馆
第十四届（2016年度）	优胜奖	首届中原国际陶瓷双年展	河南博物院
第十五届（2017年度）	优胜奖	靖江遗韵——桂林出土明代梅瓶系列	桂林博物馆
	优胜奖	CHINA与世界——海上丝绸之路沉船与贸易瓷器大展	南京市博物总馆
第十七届（2019年度）	精品奖	瓷业高峰是此都——景德镇瓷器、瓷业与城市发展史陈列	景德镇中国陶瓷博物馆

一、创新展览选题

全国古陶瓷陈列展览大致可以分为三种主题：精品类陶瓷陈列展览、历史类陶瓷陈列展览以及艺术类陶瓷陈列展览[①]。

精品类陶瓷陈列展览是以展示精品陶瓷为主题，重点突出展品的胎、釉、彩、纹饰、造型等内容。第二届（1998年度）的提名奖《龙泉窑精品特展》选取龙泉窑的精品瓷器[②]，以陶瓷展品为核心，弱化文字解读和形式设计，让观众充分感受龙泉窑瓷器的独特魅力。

历史类陶瓷陈列展览是指博物馆向观众展示某一地区陶瓷的发展史或者某一窑口发展过程的陈列展览。获得第四届（2000年度）十大精品提名奖的《江西古代陶瓷器》[③]展览便是向观众展示了江西省悠久的古陶瓷发展史：从八千年前的万年仙人洞早期陶器到清江县的商代原始青瓷再到汉、晋的快速发展，盛唐的繁荣以及宋元明清景德镇瓷业的"我花开尽百花杀"，千年的陶瓷历史浓缩在展览中向观众娓娓道来。获得第五届（2001—2002年度）的精品奖《磁州窑陈列》则将视线聚焦于北方特色民窑体系——磁州窑的兴衰荣辱[④]，以历史为纲，叙述了磁州窑从北朝隋唐到今的千年发展历程，深刻展现了磁州窑的窑系特点和文化内涵。

艺术类陶瓷陈列展览主要是将展品工艺与当时人们的文化生活、审美情趣等相结合进行展示，突出表现古人对社会生活的认知、文化修养、民族特性以及时代特色。第十届（2011—2012年度）的精品奖《幽蓝神采——元代青花瓷器大展》[⑤]云集土耳其、英国、美国、中国文博机构90余件展品，从料色、纹饰、器型、传承等方面入手，以元代青花瓷器为媒介，使得观众能够一窥气势宏大、民族融合大一统帝国下的

---

① 石小鹏：《博物馆陶瓷陈列展览设计的初步研究》，中国社会科学院2017年博士学位论文。
② 展览信息来自中国博物馆协会官网1998年度十大精品信息推介。
③ 范凤妹：《〈江西古代陶瓷陈列〉在南昌展出》，《江西历史文物》1982年第3期。
④ 刘天英、赵建朝：《荟萃历史文物 尽展邯郸风采——记邯郸市博物馆》，《文物世界》2002年第2期。
⑤ 上海博物馆：《幽蓝神采——元代青花瓷器大展》，《上海艺术家》2012年第6期。

文化生活与审美情趣。

以上三种选题很长时间内在我国博物馆古陶瓷陈列展览中占据主流地位，逐渐发展成了千篇一律、特色缺失的僵化模式，缺乏吸引力，古陶瓷陈列展览选题创新势在必行。近些年来，博物馆行业的有识之士也做出了众多有益的探索。拓宽办展视野，陈列叙事不再局限于区域和本国的历史视角，将古陶瓷的发展演变放置于更广阔的世界背景下，使得观众获得全球化的参展体验。如第十四届（2016年度）优胜奖《首届中原国际陶瓷双年展》[1]将中国古陶瓷放置于世界视野下进行横向的比较与联系，并与当下人们的现实生活相结合，展览集艺术性、学术性、教育性、趣味性于一体，成功打造出了联系中外，贯通古今，延伸未来的国际陶瓷双年展品牌。

紧跟社会热点话题，以某一特定历史事件为背景进行选题，满足人民大众猎奇心理也是近些年来选题创新的重要方向之一。第十五届（2017年度）优胜奖《CHINA与世界——海上丝绸之路沉船与贸易瓷器大展》[2]重点围绕文化交流这一主题，在世界历史的框架之下，尝试以全球视角对海上丝绸之路进行相对客观的解读，着眼互通互鉴，强调文化交流的双向性。选择以跨越千年（唐至清代）的沉船（15艘）和贸易瓷器（300余件组）为重点展示对象，辅以20余幅地图和数十块补充知识展板，以航海造船与瓷器贸易为双主线，根据印度洋贸易圈发展三大阶段和中国瓷器贸易的发展变化，把展览分为"华风西尚跨越重洋"（唐代），"东方神瓷行销世界"（宋元），"牵星过洋铸创辉煌"（郑和下西洋），"中国风情舞动西方"（明晚期至清代），"华夏智慧共享全球"（清末至今）五大主体单元，辅以对商品贸易、人群往来、使节通好、文化交流方面的深入阐释，透物见人，讲述了一场关于海上丝绸之路的生动故事，把古今有机结合，最终向观众阐释人类文化的交流互鉴以及智慧成果的共享。

纵观获奖陈列，展览选题的创新离不开对馆藏资源的整体把握，地域文化的深入了解，展品信息的微观透视以及对社会民生、时事热点的宏观考虑。在选题之前应对本馆馆藏有清晰的认识，了解藏品资源的优势与不足，在内容设计时扬长避短，突出重点。立足地域文化，了解地区的历史发展进程，并将其凝练概括与展品微观信息相结合，也将会使得展览选题具有特殊的记忆点并依托深厚的地域文化土壤，内容设计言之有物，选题具有天然的观众基础。博物馆是处在社会发展变革之中的公共机构，展览选题应适当考虑与时事热点相结合，缓解观众的信息焦虑并激发观众对于民族文化的自信心与自豪感，为建设文化强国贡献博物馆的力量。

二、立足地域文化

中国古陶瓷的发展具有浓烈的地域性色彩。在生产力并不发达的古代社会，陶瓷原料不易运输，大多就地取材，加之各地审美情趣和民风民俗的差异，给古陶瓷的生产打上了深深的地域烙印。将古陶瓷与地域文化相结合，深挖古陶瓷对于其生产地区人民的影响和意义，以古陶瓷为媒介，透视当时某一地区的风土民情，从而建构起观众对于古陶瓷的认知体验以及对古代社会的情感联系，是提升博物馆古陶瓷陈列展览内容设计的必由之路。

---

[1] 田凯：《博物馆的潜力——"首届中原国际陶瓷双年展"带来的思考》，《博物院》2017年第1期。
[2] 展览信息来自《在线文博》公众号《2017年度十大精品推送项目九：CHINA与世界——海上丝绸之路沉船与贸易瓷器大展》推文。

第十七届（2019年度）精品奖《瓷业高峰是此都——景德镇瓷器、瓷业与城市发展史陈列》[1]着眼于中华瓷都——景德镇的历史演变进程。展现了景德镇由瓷器形成瓷业，以瓷业成就瓷都的历史发展脉络。"水土宜陶 天赐景德"论证了景德镇发展成中华瓷都得天独厚的自然条件以及人文因素；"工序繁复 体系完备"阐明了景德镇如何凭着完备的产业体系和严谨细致的工序，独步世界制瓷业巅峰；"陶瓷之源 日臻精进""晶莹如玉 引领天下""锐意创新 独领风骚""官民并进 瓷都华章""异彩纷呈 瓷业鼎盛""困境求变 跨越传承"六大单元以时间为线索，层层递进，结合朝代和城市的变迁深挖每个时期景德镇瓷业的特点，向观众呈现了恢宏、立体的景德镇陶瓷历史。展览内容设计采取总分式结构，前两单元总论景德镇发展成瓷都的众多条件，使得观众对景德镇的地域特色以及陶瓷历史有了基本的了解，后六单元分论各个时期景德镇的瓷业特点，结合当时的社会民情，加深了观众对景德镇及其瓷业、瓷器的认识与感悟，从而充分领略到中华瓷都的卓越成就。

立足地域文化不仅要对某一地区的风土民情的各方面资料进行收集、整理工作，还要弄清该地区古陶瓷发展的概况、文化内涵、个性和特点等，进行全面系统的研究。应把握"地域性"原则、"优势性"原则以及"文化多样性"原则[2]。抓住某一地区的地域个性和差异性以展示其独特价值。从地区发展史中概括凝练出最具优势性的自然或人文条件加以提炼、突出说明，使得观众能形成最直观深刻的兴趣点，从而建构起与展品相关的情感联系。突出展示地域文化，承认和尊重文化的多样性，并把它作为提升某一地区文化自信的重要精神力量加以利用，也是博物馆古陶瓷陈列展览的重要使命之一。

三、深挖学术内涵

优质的博物馆陶瓷陈列展览的内容设计应是建立在强大的科学研究基础之上，深度挖掘展品背后的学术内涵，最大程度发挥博物馆陈列展览社会教育职能。只有充分研究考古出土文物或传世文物的历史信息、艺术价值和科学价值，才能为搭建展览主体框架提供强大的学术支撑，最大程度传递展品信息以服务社会。

第二届（1998年度）的精品奖《古瓷真品仿品对比及重要标本展》[3]将古瓷科研成果与陈列展览有机结合起来，满足大众对于学习古陶瓷鉴定真伪的切实需求，收获了多方好评。故宫博物院几代陶瓷专家、学者亲赴全国各地窑址调查采集古代窑址标本并进行分析、对照研究，为展览的成功举办贡献了强大的学术支撑。第十五届（2017年度）优胜奖《靖江遗韵——桂林出土明代梅瓶系列》[4]深入发掘特色馆藏文物——桂林靖江王陵出土明代梅瓶的历史信息与文化内涵，将梅瓶与明代历史、政治、经济、文化，特别是"靖江藩王"及景德镇瓷器文化相联系，力图反映统治者的信仰和墓主人的身份、地位、精神追求和审美取向以及当时社会政治、经济、文化面貌。桂林博物馆通过扎实的学术研究，将文物展品的生命历程和时代联系起来，置之与其相关的"人""自然"和"社会"之中，让观众充分领悟到梅瓶所承载的文化内核与精神价值。

古陶瓷陈列展览固然应以展品为中心进行阐释和传播，但仅靠实物是远远不够的，需要相关从业人员

---

[1] 赵纲景：《瓷业高峰是此都》，《中国文物报》2016年3月8日。
[2] 陆建松：《博物馆展览策划：理念与实物》，复旦大学出版社，2015年，第54页。
[3] 吕成龙：《科研成果与陈列展览的有机结合——〈古瓷真品仿品对比及重要窑址标本展〉的探索》，《中国博物馆》1999年第3期。
[4] 谭小荣：《策划是一种生产力——"靖江遗韵——桂林出土明代梅瓶陈列"运营思考》，《中国博物馆》2017年第4期。

的二次解读为观众和展品之间搭建起沟通的桥梁。做好科学研究工作，深挖学术内涵，将学术语言转化为展陈语言是博物馆二次解读的题中之义。博物馆的相关从业人员应将与展览主题相关的学说理论、研究成果、历史文献资料、档案资料和调查资料以及其他故事情节资料等进行整理，形成一套完备的学术研究资料以服务展陈的内容设计。

四、融合传统意蕴

中华文明是世界古文明中唯一没有中断、传承至今的伟大文明，中华民族五千年文明历史孕育出的中华优秀传统文化，是中华民族最深沉的精神追求。融合优秀传统文化中的传统意蕴，发挥传统文化的现当代价值，借鉴古代设计思想与美学观念，一直是博物馆古陶瓷陈列展览内容设计提升的重点。

第十一届（2013年度）优胜奖《瓷美如花——馆藏瓷器精品展》[①]内容设计融汇传统美学"师法自然"设计思想，以花的开放过程来隐喻瓷器从简单到复杂、从粗糙到精致、从萌芽到巅峰的历史发展进程。展览依托馆藏资源分为出土瓷器和传世瓷器两个部分。第一部分为"质朴如素——出土瓷器"，下含"蓓蕾初开——广西早期瓷器""朴实无华——广西魏晋至隋唐瓷器""暗香浮动——广西宋代瓷器"。第二部分为"繁华似锦——传世瓷器"，下分"争奇斗艳——宋元瓷器""花红柳绿——明代瓷器""群芳荟萃——清代瓷器"。展览总标题、部分标题以及单元标题都巧妙地以花喻瓷，富有古典韵律美，逐层对展览内容进行具体、深化阐释。

中华传统文化应是古陶瓷陈列展览内容设计最重要的智慧宝库之一，其中的众多传统意蕴会为古陶瓷陈列增添无限的朦胧美感。在内容设计方面，可借鉴如"师法自然""天人合一""禅宗隐逸"等中国古代设计思想为陈列文本搭建框架。也可直接化用古诗词为展览题目，如"九秋风露越窑开，夺得千峰翠色来"，提取"九秋风露"或"千峰翠色"为越窑青瓷或秘色瓷展览的题目，既文采斐然，又具朦胧意蕴美。在阐释时适当引用史书典籍也会增添展览的趣味性和知识性，使观众不仅得到了审美上的满足，也收获了学习体验。内容设计融合中华传统文化意蕴不仅使展陈设计富有文学性、趣味性、创新性，也能更好地展现民族文化，是增强民族自信，提升国家文化软实力的重要举措。

中国是古陶瓷大国，民众对古陶瓷有着特殊的民族记忆。博物馆古陶瓷陈列担负着以古陶瓷为载体，传播中华优秀传统文化，提升文化自信和文化自强，建设文化强国的重要使命。内容设计在其中发挥着举足轻重的作用，笔者虽结合"十大精品"历年获奖陈列对内容设计的提升做了些许建议，但并不能囊括所有的博物馆古陶瓷陈列，这也是本文的遗憾之处。望更多有识之士能在此方面做出有益的探索，推动博物馆古陶瓷陈列展览的良性发展。

---

① 朱圣林：《关于"瓷美如花——馆藏瓷器精品展"获奖的几点思考》，《广西博物馆文集》2014年第2期。

自贡井盐深钻汲制技艺的保护现状与传承探析

——基于非遗传承人的口述调研

南京师范大学社会发展学院 宋珂欣

摘要：盐都自贡在千年的发展历程中形成了独具特色的井盐钻探汲制技艺，该技艺融合了古代先民的劳动智慧，于2006年成为第一批国家级非物质文化遗产。然而通过对省级非遗传承人的口述调研，作者发现随着工业化大生产时代的到来，机器钻井以其高效率的显著优势逐渐取代了传统的人畜力顿钻，古老的井盐钻探汲制技艺传承形势不容乐观。如何通过合理有效的多方协作实现非遗精髓的活化传承，成为亟待解决的难题。

关键词：自贡；井盐；深钻汲制；非遗；传承

四川深居内陆，远离海洋，盐业资源多来源于地下。自贡号为千年盐都，据崔骃《博徒论》和常璩《华阳国志·蜀志》载，自贡地区盐业生产始于东汉章帝年间（57—88）。魏晋南北朝时期此地因盐建置，唐宋以来进一步发展，明清更加繁荣，清同治末至光绪初年，年征税银约占全川盐税收入的40%以上。两千多年来，此地累积开凿了13000多口盐井，孕育了丰富的盐文化遗产，这其中最为基础而重要，凝聚着自贡劳动者千百年来智慧成果的便是2006年6月获国务院批准列入第一批国家级非物质文化遗产的"自贡井盐深钻汲制技艺"，

图一　老自贡天车林立

它在井盐生产上的广泛运用使自贡在清朝就获得了"富甲全川"的美誉，民国二十八年（1939）自贡"因盐设市"，到今天已经发展成为一个拥有320万人口的历史文化名城[①]。（图一）

---

① 程龙刚：《自贡盐文化遗产保护与利用研究》，《中国名城》2011年第8期。

一、顿钻凿井

1. 历史沿革

中国开采井盐有 2200 多年历史。自战国末年至北宋中期，四川已进入人力开凿大口浅盐井时期，此阶段为技术孕育期。《华阳国志·蜀志》卷三载："周灭后，秦孝文王以李冰为蜀守。冰能知天文、地理……识齐水脉，穿广都盐井诸陂池，蜀于是盛有养生之饶焉。"[1] 在成都和邛崃的一些东汉墓中，出土的井盐生产画像砖图像亦可见证此时期的井盐初步发展。

北宋中期至清代中期进入小口深井阶段，此阶段为技术转型期。此时开始使用铁制钻头借绳式冲击钻进法钻井，并开始大量使用器械凿井汲卤。北宋文同在《文渊集》卷三十四收入的《奏为乞差京朝官知井研县事》中提及此山中小邑多见"卓筒井"，能取卤水炼盐[2]。其表兄苏轼又在《苏文忠公全集》卷十三《蜀盐说》中记载卓筒井技术开始于北宋仁宗庆历年间（1041—1048）的蜀地，深数十丈，直径碗口大小，"以巨竹去节，牝牡相衔为井，以隔横入淡水，则咸泉自上。又以竹之差小者，出入井中为桶，无底而窍其上，悬熟皮数寸，出入水中，气自呼吸而启闭之，一筒致水数斗。凡筒井皆用机械，利之所在，人无不知。"[3]

清代后期则进一步改进钻井工具，进入技术成熟期。井深和产量不断增加，如现存道光十三年（1835）所钻燊海井，深 1001.42 米，井径在 11 厘米左右，可日产天然气 8500 立方米。它是中国顿钻技术成熟的重要标志，对世界钻井技术的发展起到了推动作用[4]。

2. 顿钻工艺

顿钻技术发源于北宋时期，包括凿井、测井及纠斜、补腔、打捞、修治木柱等工序，传承近千年，流程至今仍保存完整，在明代马骥编写的《盐井图说》、清代丁宝桢总纂的《四川盐法志》等书中均有较为详细的工艺分段操作叙述。顿钻技术的主要工序是——确定盐井位置、开井口立石圈、钻大口井并排除井内杂物、下木制套筒、钻小口径井、吸取盐水、井下事故处理。顿钻工艺的难点在于开井的不同阶段需要使用不同重量形制的钻井工具，由于岩层深厚坚硬，一口井开凿时间长达四五年乃至十余年不等。同时由于盐井深、口径小，遇到井打歪、井壁坍塌、杂物坠落等事故时需要盐工在看不见摸不着的情况下熟练运用各类工具灵活处理。据统计，至清代，钻进、打捞工具已达 70 种，处理井下事故的工具亦有几十种[5]。（图二，取自林振翰编著的《川

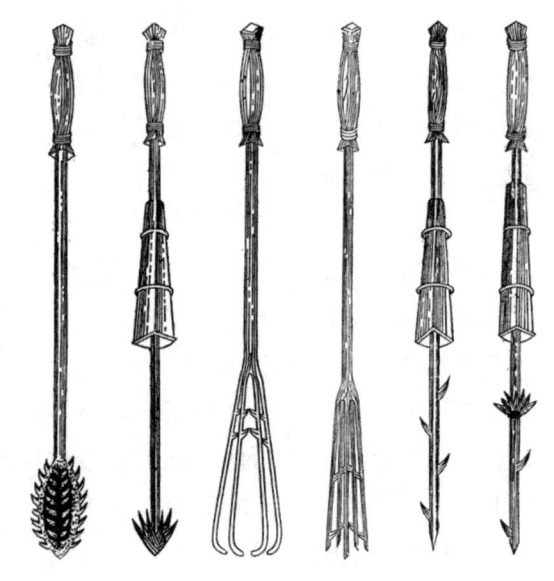

四楞子　平头提须　抱爪　五股须　提须刀　提须子

图二　四川盐井区使用的部分打捞工具

---

[1] （晋）常璩：《华阳国志》卷三《蜀志》，重庆出版社，2008 年，第 313 页。
[2] （宋）文同：《全宋文》第 51 册《奏为乞差京朝官知井研县事》，上海辞书出版社，2006 年，第 38 页。
[3] （宋）苏轼：《东坡志林》，华东师范大学出版社，1983 年，第 123 页。
[4] 潘吉星：《中国深井钻探技术的起源、发展和西传》，《盐业史研究》2009 年第 4 期。
[5] 潘吉星：《中国深井钻探技术的起源、发展和西传》，《盐业史研究》2009 年第 4 期。

盐纪要》)

3. 盐工工种介绍

盐业的发展离不开盐工的辛勤。自汉代以来,根据制盐劳动者所在地域和是否拥有盐业生产资料以及所使用的工具等差异,盐业劳动者逐渐有了不同的称谓,唐代有"亭户"和"盐井役",宋代有"盐亭户""井户""灶户",元代有"灶户",明代有"灶户""井户""灶丁""灶夫"以及"山匠",清代有"盐工""灶丁",近代又有晒户(福建)、板户(浙江)、滩户(辽宁)等等。直至民国二十八年(1939),川康盐务管理局才明文规定全川从事制盐生产的人,一律称为"盐工"[①]。

明代以前,盐工工种并无明确划分。随着制盐工场形成以及盐业工序的复杂化、专业化和体系化,盐工的种类进一步细化至清代固定下来。仅钻凿卤井的就分为管事、山匠、15班碓工、30班碓工、拭篾匠和牛牌子、辊子匠、白水客、炊事等若干工种门类[②]。(图三,取自《四川盐法志》)民国二十八年(1939),自贡盐场有记载的有工种就多达73种,根据将其与井盐生产的关系又划分为直接盐工和间接盐工两类,每类又分若干工种;由此可见当时盐业发展之繁荣,工艺之精细,产业之规模[③]。

图三　钻小口深井图

这些盐工多为世代沿袭者。两千多年来,他们守着一口口城市的"命运之窍",不断总结经验,传承记忆,创造出了无数工巧,最终沉淀为蕴含着广博智慧的、有着完整体系的"自贡井盐深钻汲制技艺"。

二、非遗人的自述

刘汉朝,自贡人,四川省文化厅公布的第一批国家级非物质文化遗产——"自贡井盐深钻汲制技艺"

---

① 潘玉虹,陈建华:《国内近三十年来近代盐工研究评述》,《盐业史研究》2020年第4期。
② 自贡市地方志编纂委员会:《自贡市志》,方志出版社,1997年,第437-438页。
③ 潘玉虹,陈建华:《国内近三十年来近代盐工研究评述》,《盐业史研究》2020年第4期。

的省级传承人,自贡市盐业历史博物馆的"博物馆之友"①。他的从业经历不仅是四川井盐工人生活的缩影,也代表着一项传统技艺在不同时代背景下的沉浮之路。2021年6月,笔者专访了刘汉朝,通过对刘汉朝的口述历史的记录和整理,我们能更好了解"自贡井盐深钻汲制技艺"的过去、现在和未来。

1. 习艺之始

刘汉朝出生于1952年,爷爷、父亲都从事着与井盐相关的工作,因此他的童年就是在一口口盐井、一架架天车边度过。1966年小学毕业时正好碰上"文革",就做了知青下乡当农民,他说:"直到1972年我19岁时,父亲退休。我才有机会顶替父亲工位回到城里参加工作。"

他说,虽然他们祖孙三代都是盐工,但是关于顿钻技术父亲和爷爷并没教过他半点,都是到了单位上一步步跟着师傅学起来的。从最基础的钻工、副钻师、钻师再到技术师,从打杂和普通的肩挑背磨的体力活再到技术工作,在漫长的学习中刘汉朝不断积累经验,写了一本本厚厚的工作笔记,如今这些笔记连同那些年轻的记忆都被保存在了自贡盐业历史博物馆里。(图四、图五,自贡盐业历史博物馆提供)"老一辈人常说,这个行业很辛苦,是'吃阳间饭干阴间事'。一千多米深的井上作业全靠手上的绳丝和千奇百怪的钻具,但是我从来没想过放弃。"

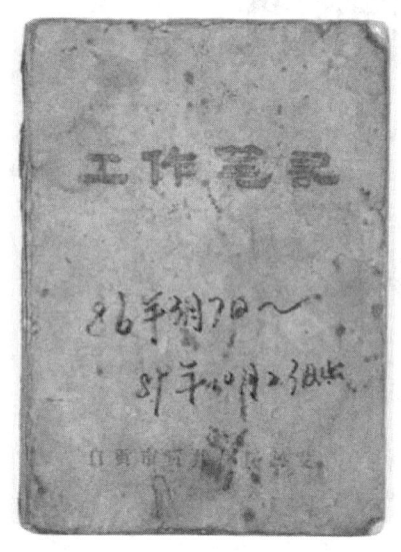
图四　刘汉朝捐赠工作笔记封面

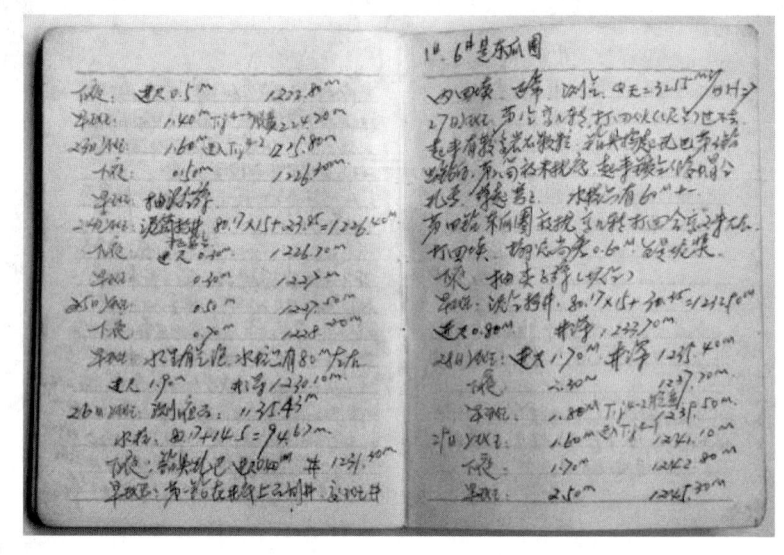
图五　刘汉朝笔记内页

1976年到1978年正是"七·二一工业大学"②开办时期,刘汉朝说他赶上了好时候。他前往了四川原液钻井大队学习钻井工艺,掌握了一些地质、钻井等理论知识,1989年又参加了全省技师培训。他们这一代应当是为数不多的从理论到实践都经过系统学习的顿钻盐工。

---

① "博物馆之友":指博物馆事业爱好者的非学术性团体。中国的博物馆之友具有广泛的社会代表性,凡是热爱博物馆事业、愿意为博物馆工作的人,均可申请参加博物馆之友组织。其具体作用是:1. 加强与社会的联系,培养博物馆爱好者和博物馆事业后备力量;2. 依靠馆外的人力、物力,协助博物馆开展科学研究、社会教育等项工作,并及时引进社会科学、自然科学的最新观点和最新成就,应用于博物馆的工作实践;3. 通过博物馆之友的媒介作用,向更多的人宣传辩证唯物主义、历史唯物主义和爱国主义,普及科学文化知识。(参考《中国大百科全书》第一版《文物·博物馆》卷)

② 七·二一大学:"文革"时期的一种职工大学。1968年7月21日,毛泽东对《上海机床厂工程技术人员队伍的情况和问题》一文作出批语,同年9月该厂创办一所职工大学。随后全国各地效仿,1976年全国共有此类学校33374所,在校生148.5万人。1976年后开始减少,1979年后改为职工大学或职工业余大学。

2. 壮年之时

在四十年的工作时间里，刘汉朝临危受命、披衣挂帅，共修治矿井263次，其中成功修治重大事故矿井35次。谈起一次次挑战，他神采奕奕。"比如现在是文保单位、刘少奇都来参观过的那口东源井，有一次工人不小心掉了钻具和钢丝绳到井底导致生产停工。我和钻队、科室领导们开了好几次会研究，又从早到晚现场执行，很不容易才成功将钻具取出。"据了解，这口东源井一天就能产两万多吨天然气以供应军工制盐，同时所产卤水影响着整个供碱厂的半壁河山。可见，刘汉朝所掌握的井盐顿钻技艺影响的不仅仅是一口盐井和一个企业的生产，更是保障守护着整个工业链乃至一方水土的安宁的关键。（图六，刘汉朝提供）

3. 传承之事

随着工业化大生产时代的到来，机器钻井以其高效率的显著优势逐渐取代了传统的人畜力顿钻，成为井盐生产主力军。但事实上，机器钻井的钻头和工具样式仍然是传统顿钻工艺的延续。如今要开一口新井，虽说是以机器钻井为主，但是仍然需要传统技术来修治和深挖。同时那些老井的维护也依然需要传统技艺的支持。

图六　刘汉朝工作照片

即便如此，"自贡井盐深钻汲制技艺"的未来仍然充满困境。刘汉朝那一辈的盐工早已进入养老生活。他带过三个徒弟，最小的一个也在2017年到了工龄退休，这之后几乎很难找到年轻人传承手艺。如今企业都在发展着机器钻井，给传统钻井队工人的工资往往只有一两千。有一些老井，原本一天能产几千方天然气和大量卤水，因为找不到工人用顿钻技术维护，机器施工又无法从根本上解决问题，井底垮塌后也都只能废弃。

作为非遗传承人，刘汉朝能做的只是工地上遇到技术难题去把把关；平时盐业博物馆有活动就去帮帮忙做做公益宣传、当志愿讲解员向公众传递技术知识和设计展览所需的工具模型等等。（图七，刘汉朝提供）但刘汉朝坦言，博物馆能保存和传播的也就只有工具和原理这些最表层皮毛而已。真正最重要的井下技术，这其中就包括顿钻技术核心的"静电反应"规律——钻具在地下碰撞岩层后形成静电，静电通过手中握的绳丝传递信息到手上，工人根据不同的静电信号判断井下情况、计算距离数据、选择工具

图七　刘汉朝在博物馆

进行施工——是"自贡井盐深钻汲制技艺"的精髓所在，需要依靠手感和经验，却是最难传承的。没有长期的传统钻井实践，是很难再传承下去的。

三、博物馆使命：传统非遗的当代保护

通过对非遗传承人的访谈和实地调研，笔者了解到，在钢筋水泥搭建起的城市丛林里，工业和科技不断创造和更新着生产方式和生活方式，传统农耕社会下孕育出的非物质文化遗产逐渐失去了其生存和发展的空间，面临着无数困境和挑战。在此背景下，笔者认为作为保存人类共同记忆的文化空间，博物馆应当承担起传统非遗保护的职责，具体措施有如下建议：

1. 努力搜集和保护非遗基本资料

博物馆作为"记忆的仓库"，应当对传统非遗资料进行全面搜集和整理。对于"自贡井盐深钻汲制技艺"这类专业性、操作性较强的非遗，除了对从古到今的相关文献资料进行梳理，更需要对生产过程进行图像化、影像化记录保存，以便使对象信息得到更加直观全面的保存。同时，对制盐工厂管理人员、各工种盐工的口述史记录也同样不容忽视，由此才能完整存留制盐产业链上的"每一颗螺丝钉"。与此同时，也要鼓励当地居民和行业工作者捐献与制盐生产相关的器械工具和老物件。这样才能逐步在博物馆构建起文献与多媒体资料多维一体、直接信息与间接信息交融的非遗记忆数据库，以期实现对非遗的综合性保护和复原。

2. 对传统"非遗"开展学术研究

中国传统非遗大多是在人民日常生产生活中孕育、在历史进程中发展的。博物馆对其进行学术研究有利于理清发展脉络、掌握演变规律，从而进一步发掘其内在价值和现实意义，这是对非遗进行保护和当代展示的基础一步和关键环节。也正是在博物馆领导下开展了一系列课题研讨之后，我们才较为完整的理清了"自贡井盐深钻汲制技艺"的工序流程、操作原理、工具类型及使用等一系列问题。自贡盐业历史博物馆还创立了学术期刊，定期举办学术研讨会，促进盐业史研究的不断拓宽拓深。知来路、明去路，非遗的研究不仅是对中国传统鲜明认知思维发展的一次再认知，还能探寻到非遗表层行为下或许被我们遗忘的重要知识信息，唤醒岁月尘埃下掩埋的历史记忆，以资重塑地方文化乃至民族精神。

3. 促进非遗的活化利用与展示

博物馆是使非物质文化遗产具象化呈现的重要空间。在工业化背景下，盐业遗址类博物馆和盐业历史博物馆逐渐成为"自贡井盐深钻汲制技艺"所依附生存的主要载体。博物馆应当肩负起使命，着力打造复原传统井盐生产的生态博物馆，将井盐遗址、传统生产方式、食盐成品等完整工艺元素与观众的参观体验建立有机连接。通过科学而艺术的独特展览语言，让观众走进盐工的工作场景，参与多感官体验，对井盐生产制作工艺产生感官与认知交融的全面理解，站在今天的视角重新回望正在消失的传统非遗技艺[①]。（图八，自贡盐业历史博物馆提供）

---

① 黄健：《关于保护与开发自贡井盐文化遗产的一些设想》，《盐业史研究》2011 年第 3 期。

图八　博物馆中的演示模型

4. 促进非遗的传承教育

博物馆应成为"非遗"传承人技艺的展示与传习平台。杰出人才在非物质文化遗产的形成和延续中起着重要作用。但是如果社会经济基础没有为其提供发挥作用的机会，那传承人的作用只能在历史发展中无声无息归于湮灭。《国家级非物质文化遗产保护与管理暂行办法》中明确指出，要为非遗传承人提供必要的传习活动场所，而博物馆作为保护公众记忆的重要文化机构，有必要为非遗传承提供空间和平台。因此自贡盐业博物馆积极吸纳了刘汉朝等非遗传承人或相关技术人员作为"博物馆之友"，鼓励他们为观众开展专家导览、进行展览道具设计、捐赠相关工作生活用品和资料，使其充分发挥传承人的作用[①]。

博物馆应为社会观众提供深入学习的机会。博物馆应当重视观众的参与性，重视对观众的教育。定期开展制盐工艺相关社会教育活动和体验活动，并为观众提供与非遗传承人对话的机会，有利于横向扩大非遗的传播普及面，纵向吸引一批深入学习者，甚至培养一些掌握基础非遗技艺的初级传承人。（图九，自贡盐业历史博物馆提供）

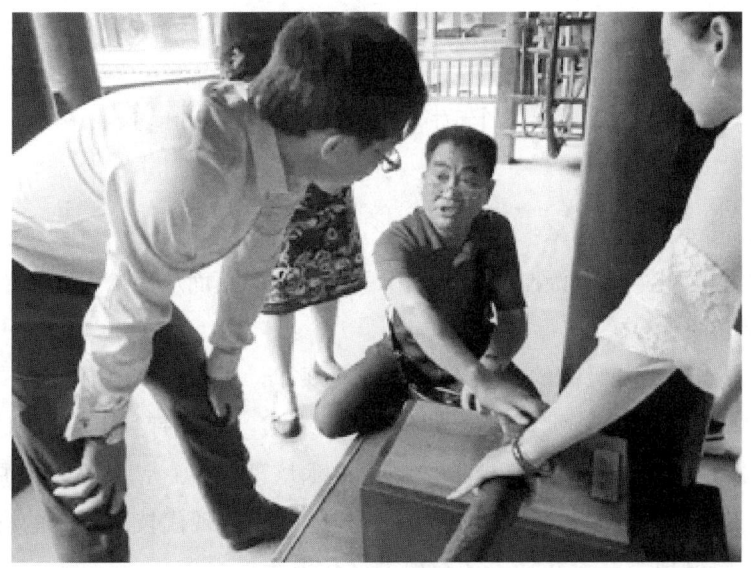

图九　非遗传承人刘汉朝为游客讲解

---

① 刘锡诚：《论"非遗"传承人的保护方式》，《河南教育学院学报》（哲学社会科学版）2011年第1期。

四、盐业"非遗"保护的难点与困境

即便如此，由于受到工业化城市化的冲击，非物质文化遗产所处的传统原生环境已经发生了显著变化且难以复原，非遗的保存和发展面临着许多危机和挑战；"自贡井盐深钻汲制技艺"的传承与保护尤为困难，原因如下：

1. 原生环境遭破坏

"自贡井盐深钻汲制技艺"技艺发端于需要依靠人力或畜力的深井开凿，成熟发展于盐井遍地的老自贡。而随着高效率机器钻井的出现，从前需要能工巧匠依靠复杂精细工具和手艺的各项凿井难题迎刃而解。同时，随着城市化进程的加快，井盐的开采也有了节制。如此一来，传统顿钻技艺的需求量便急速下滑，以至于传统手艺工人工资水平低下，从业人员骤减。

2. 新传承途径中的信息流失

虽然博物馆在努力成为非遗生存的新型载体，为非遗传承人和公众搭建起信息交流的平台，但是我们不能忽视此类不同于传统的技艺传承过程造成了部分非遗信息的流失。正如刘汉朝老师所言，博物馆能为观众提供的仅仅是浮于表面利于理解的工具使用方法和顿钻基本原理，但是盐工们在工地上常年劳作积累起的"静电原理"经验作为顿钻实操的核心却难以真正传承下去。更为棘手的是，此类非遗记忆大多难以用文字和影音资料记录，必须以新一代传承人为载体，在规范的训练和长期的实践中才能保存和发展。

3. 当代价值挖掘难

非物质文化遗产从传统农耕百姓生活中走来，其原生价值中往往带有特定区域和时代的局限性。如若不做改变停滞不前，不与新型社会建立连接、不与新时代的价值体系接轨，再博大精深的非遗也只能作为过去的记忆固化在博物馆中，无法与当代文化建立连接，难以继续为社会创造价值，非遗技艺自然容易被遗忘和被抛弃。

五、多元传承方案的思考与探求

面对上述难题，创新传承途径、有效整合盐都文化遗产，通过城市各方合作共同打造具有深度、温度的"盐业博物馆之城"，将井盐文化与深钻汲制技术融入市民生活方方面面从而扩大非遗传承面或许是可行方案。

1. 单位、团体传承负责制

虽然在现代化企业中传统钻井汲制的恢复不符合市场规律，难以真正实施。但是转换思路考虑，突破孤立的"代表性项目传承人"，建立或承认单位或团体传承方式，或许有利于传统制盐企业担负起非遗传承的荣誉和责任。鼓励机器钻井工人上岗前开展传统顿钻技术培训、了解钻井技术发展历程，由此提升灵活处理井下问题的能力，提高钻井汲制水平，不失为传统技艺传承与现代技术发展的有机平衡。

2. 打造井盐劳动实践基地、开设井盐工艺与地方文化课程

基于目前的传承困境，地方教育和文化等相关部门可尝试开展合作，在自贡某传统井盐遗址设立中小学生劳动实践基地。或直接划定一小块区域复原传统井盐厂，聘请老盐工和相关领域专家为技术指导，有

计划地定期安排当地中小学生前往基地开展自贡井盐史学习和井盐生产劳动实践课程，将其划入地方文化课程或与劳动实践课程学分挂钩，既让非遗技艺得以正式传承，又能激发起学生们的劳动热情和找到地方文化归属感。

3. 与市场接轨的文创产品开发

"自贡井盐深钻汲制技艺"原生价值离不开自贡的井盐生产，然而深挖顿钻技术对于普通群众的吸引力更在于花样繁多、功能各异的钻具。这些工具作为两千多年劳动人民的实践经验结晶，综合运用了多种科学原理和奇思妙想，是中国先民逻辑思维和分析能力的突出成果体现。如果考虑将不同工具进行儿童益智玩具包装，打造成与"七巧板""九连环"相类似的手工玩具IP，定能打开市场、塑造品牌、迎接新机遇。

综上所述，自贡井盐深钻汲制技术虽然在现代化城市转型过程中面临着原生环境破坏、宝贵经验不易物化保存、效率过低竞争力不足以及从业者减少等传承难题，但通过博物馆多元信息采集、工艺记忆加工复原的责任担当，以及"盐都"地域文明保护塑造的意识增强、策略拓展，这项千年绝技必然会形成一定的当代价值，以全新的面貌讲述自贡井盐的历史故事。

纪念与致敬

编者按：

　　四川博物院，成立于1941年，是我国早期创建的省级博物馆之一，至2021年，已经走过八十年的风雨历程。在这一重要的历史节点，《博物馆学刊》（第八辑）特辟专栏，以示纪念。

　　专栏以冯汉骥、谢无量、徐中舒三位先生为代表，选取他们的学术论文，或其纪念性文章，以缅怀先贤。三位先生均为国内著名学者，学术造诣极高，且在四川博物院发展的不同历史时期出任馆长，是川博人的杰出代表，借此向每一位为四川博物院事业发展做出过贡献的人致敬！

　　回望是为了更好地面向未来。筚路蓝缕，艰苦奋斗，八十年的历史昭示着前辈们的奠基与业绩；奋楫笃行，踵事增华，前辈们创建并孜孜追求的事业，召唤着我们赓续前行……

四川彭县出土的铜器

冯汉骥

1960年彭县濛阳镇竹瓦街所出的一批铜器，包括兵器和容器，共二十一件，多为精美的巨器，以其数量及制作言，实为近年来四川出土的一批最重要的青铜器。其报道已见于《文物》1961年第11期。

从发现的情况看，这批铜器大概系一窖藏。八件容器和十三件兵器同贮于一陶缸中。缸在筑路时已被挖碎，形状已不能见，自残片观之，高度及直径均当在一米以上；质料为灰褐色粗陶，外布粗绳纹，与广汉中兴公社古遗址[①]所出的粗灰陶颇为相似。而这一批铜器出土的地点，距该遗址中心地带月亮湾亦不过十五公里左右。

我们研究这一批铜器，首先须探索它们的时代；其次既认为系一窖藏，当考察是何时所藏。我们可先从兵器，特别是勾兵入手，因为可资对比的材料近年来发现得比较多。兵器中，计有勾兵即戈八件，戟一件，矛一件，钺二件，斤一件。

戈八件，按其形式可以分三式。

I式（两件）。长援，方内，无胡，一穿，内上有一小圆穿（图一，1、2；图一五）。此式戈与新繁水观音遗址墓葬中出土的戈[②]几完全相同，而水观音的墓葬被认为属于殷周之际，是在四川发现的最早的青铜时期的墓葬。这种戈和晚殷及西周初期的一些戈大体上相似，除阑有上下齿外，一般尚有一长形穿。它们在四川的时代，最晚的可到西周中叶。

II式（三件）。援稍变短而后部加宽，因此中部往往有一显著的脊，援后部有一圆孔。阑不再有上下凸出的齿，有的后部作弧形。无胡，两穿。长方形内，中部有一圆穿（图一，3—5；图一五）。

这种戈虽然因宽援有穿而可以视为一种蜀式戈，但晚殷和西周初期的墓葬中亦偶有出土，仅形制略有不同而已[③]。其在四川的时代大概为西周初期以至中期。

[①] 广汉中兴公社古遗址自发现以来，虽经多次调查，但未经发掘。其最近一次的调查报道，见四川大学历史系考古教研组：《广汉中兴公社古遗址调查简报》，《文物》1961年第11期。该简报断定此一遗址的时代为西周。

[②] 四川省博物馆：《四川新繁水观音遗址试掘简报》，《考古》1959年第8期。

[③] 马得志、周永珍、张云鹏：《一九五三年安阳大司空村发掘报告》，《考古学报》第9期（1955年）图版拾壹之3，I式戈中有一种直内戈，此种直内戈援宽而短，中部有脊，后部有圆穿，阑上下出齿而无穿，当较"蜀戈"II式为早，也可能是"蜀戈"III式所自出。郭宝钧氏称殷墟出土的这种蜀戈为"三角形戈"（见《殷周的青铜武器》，《考古》1961年第2期），据其统计，小屯出土三十五、武官村十四、四盘墓六、大司空村三十九戈（共九十四戈）中，此种戈仅有两柄。

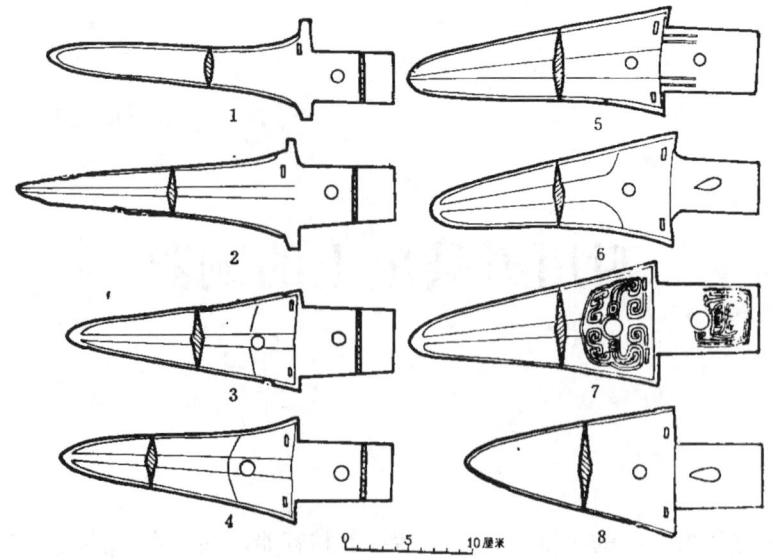

图一　1、2. Ⅰ式戈　3、4、5. Ⅱ式戈　6、7、8. Ⅲ式戈

Ⅱ式（三件）。援部愈变宽短，中有脊直通于后部之穿，穿有时甚大。无胡，多三穿，一般为两穿。阑作弧形。方内，有的内上之穿变为一端钝圆、一端尖锐的形状，尖锐的一端距阑甚近。此种特征，对于装柲是一种进步的演变。因柲将内上之穿掩去一半（尖锐的一端）系戈之绳绕过前后之穿直接着力于柲上，使系着更紧。再则阑为弧形，上下之尖锐处可以嵌入柲内，使装置更为稳紧。此类戈的援上往往铸有花纹，如此次出土的饕餮纹戈，其援的后部阑外铸一饕餮纹，援后的圆穿很自然地构成饕餮的鼻孔，设计颇巧。殷周青铜武器原见有饰饕餮纹者，如《善斋吉金录》《周金文存》《邺中片羽》等所收的殷戈（援的后部近阑处）和钺上即有之，但其纹样不及此戈上之匀称和自然（图一，6—8；图一五）。

这类戈大致属于西周中叶一直到春秋末或战国初；愈晚者，援上之穿愈变大，援上往往有圆斑，而内上之穿多作两端尖锐之斜长方形。今此两例，尚系属于此式戈的早期形式。此式戈在若干收藏家的图谱中有称之为"戣"或"瞿"者。

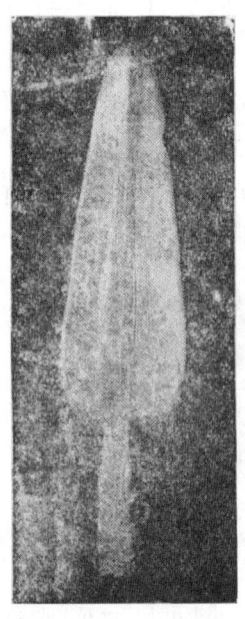

图二　矛

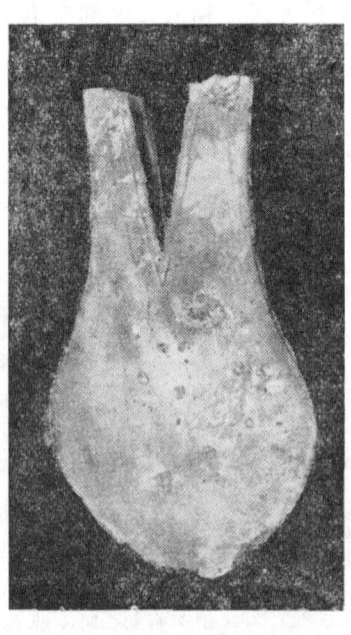

图三　钺

图四　斤

鸟纹戟（一件）。刺与戈分铸。戈如上述Ⅱ式，内与本上各有一小圆穿，本后沿有二方形穿。援上铸鸟纹，狭长的鸟身与翼构成援脊，鸟首反转回顾，构图精巧。刺作戈援形而中空，中空部分近器长的三分之二。后部收缩成椭圆形短骹，骹的两边各伸出约一厘米长的方形小舌，舌端有凸出的矮脊，大概是便于系绳于柲而免滑脱的。銎亦作椭圆形。刺身铸鸟纹与戈相同，两边不对称，后部一边随鸟首反顾之形而凹入（图五，1；图一六）。

刺与戈二者本不知其原来的装置，不过以其上的花纹完全相同，又刺的形状似戈而非戈，似不能单独作为一种兵器，而可能为早期戟上的刺。按中原最初的戟，谓为一种戈、矛混合器，但矛骹形圆，而戈柲的横断面则为卵形的椭圆，二者装置实为不合。戈柲必须作卵形的椭圆者，因戈为勾兵，执柲于手中时必须能凭触觉知道援的方向，以便勾击。矛则为刺兵，执于手中时不必考虑旋转方向，故矜形浑圆。《考工记·庐人》说：凡兵，勾兵欲无弹，刺兵欲无蜎，是故勾兵椑，刺兵搏。"椑"即是椭圆，"搏"即是浑圆。所以发现的戈鐏（一般属战国时期）均为扁圆，而矛镦（多出于东周墓葬，西周罕见）则浑圆，这是与戈柲、矛矜的形状相合的。今此刺上的銎作椭圆形，适装置于戈柲之顶，故将其与鸟纹戈合而为戟。但实际上是否原来如此，因其为四川出土的唯一的标本，尚不得而知。

矛（一件）。全长达 32 厘米，叶最宽处约 8 厘米弱。骹约长 9 厘米。骹上两边各铸一蜥蜴类爬形动物，两后足踏于骹纽上，两前足攀于骹上，嘴则压于鸟纹的首上，口吐舌。鸟纹背脊凸出，构成矛的中脊。此为四川发现的最大和最精美的铜矛（图二；图五，2）。

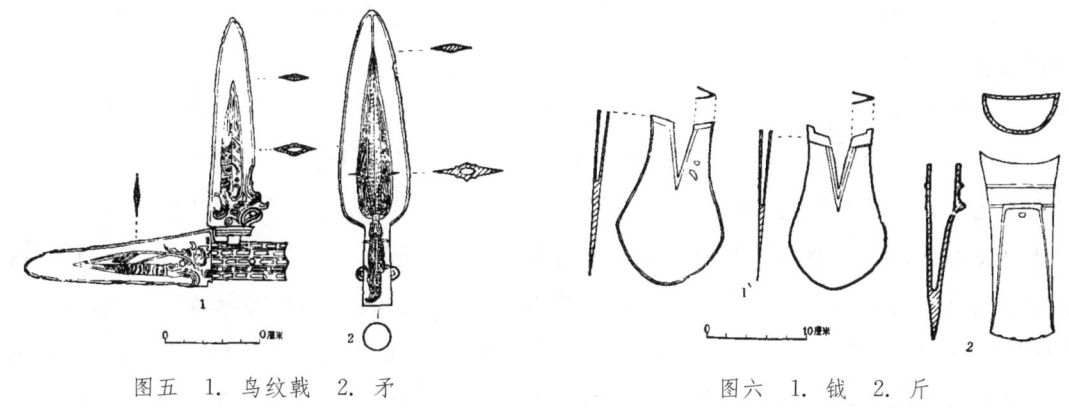

图五 1. 鸟纹戟　2. 矛　　　图六 1. 钺　2. 斤

从矛的一般形制来说，早期如殷墟出土的矛多巨制。有的骹长几与锋刃部相等，骹端有箍，箍上有双纽，刃作尖叶形而中部有脊。有的叶末向銎端延长，于其末留两小孔，以备系绳。西周的矛出土不多。后期如春秋、战国时的矛形制多小，刃部厚重而骹短，大概都是与戈合装而成戟的。今此矛刃部作尖叶形而长大，骹短而端无箍，论形制既不同于康侯矛，亦与越王矛异[①]；从其上的鸟纹看，与戟大约属于同一时期。

铜钺（两件）。同为一式，形制大而质薄，显然是仪仗之类。刃部作半圆形，中空，刃的后部出 V 形槽以受楔，尚未形成真正的銎。钺身正中有小孔一，通于两面，大概是便于系着钺于楔而免其脱落的（图三；图六：1）。按川西地区最早的钺仅为一半圆形的刃部，其后，刃后中空部分逐渐延长而成为椭圆形銎。所以此两件钺从形制看，时代当不致过晚，但亦非早期的钺。

斤（一件）。与西周时期的一般铜斤同，不具论（图四；图六，2）。

[①] 康侯矛见《考古学报》1956 年第 4 期图版捌右；越王矛见《周汉遗宝》图版五四金错矛。

这一批兵器，所属时代早晚并不一致，其中以戈的发展痕迹比较显著。蜀地早期的戈，形制略同于殷、周，后来虽同是勾兵，逐渐演变为地方的特有形式，由此亦可以看出早期"蜀人"与中原文化的关系。这一批兵器中没有我们认为属于晚期的勾兵，例如无长胡带翼和长胡有牙式的戈，所以它们最晚不能晚于西周末季[①]。矛、戟从花纹和形制看，当较晚，但亦当不晚于春秋初期。这些兵器均系巨制——戈长均在25厘米以上，其上有纹缋的均制作精美，可能是仪仗中的武器，而非实用之具。特别是钺，质薄而大，绝非可以用于斩伐者。这些兵器，从形制和纹饰看，大概均为四川本地所铸。

出土容器共八件，尊一、觯二、罍五，均为酒器。其中尊、觯的来源与罍的来源显然不同。兹为分述如后。

饕餮纹尊。制作与殷、周时期一般圆柱形尊相同。腹未鼓，腹上饕餮纹裂口巨眉，目鼻悉具；填以雷纹，上下各有弦纹两道。通高27厘米（图一三，1；图一七1）。

牧正父己觯。器身矮粗，通高15.3厘米。颈腹之交两面各饰一饕餮纹，圈足上部饰目雷纹一周（共四）。器内底上有铭曰"牧正父己"（图一二；图一三，2）。

覃父癸觯。形同父己觯而略小，通高13.3厘米。颈腹之交饰云纹一周，其他全素。器内底上铭曰"覃父癸"（图一四）。

两觯制作甚精，锈色翠绿中带青，苍润欲滴。以形制、花纹及铭文款式而论，上述三器可能为晚商殷人之器[②]，其非蜀地所铸是很显然的。其来源可能为交换、赐予或掳掠。由觯内底上铸有器主的氏族及名号的铭文看，来自掳掠的可能性最大。值得注意的是，这是四川出土的最早的中原青铜器，可以说明早期蜀人与殷周的关系。

罍五件，一大而四略小。四略小者中，每两只的大小、形制、纹缋大体上相似，故可视为两对。

此五件罍，亦可视之为列罍。列罍在川西出土已非第一次。在抗日战争时期，曾出过一套，亦为一大四小，成都之古玩家至今犹能忆之；惜当时即遭散失，今下落不明，出土地及情况亦不详[③]。

盘羊首耳涡纹大罍，为五罍中最大的一件，通高68厘米。圆形，广肩，盘羊首耳。盖和器身均有四立棱，盖上每棱之间有一凸出的大圆涡纹，肩上有同样的圆涡纹六。腹下部有兽形鼻（图九；图一八）。

蟠龙盖饕餮纹罍之一，通高50厘米、身高34厘米。盖上一龙昂首蟠踞，角上出而三歧，两前足踞于盖顶，不见后足；身具鳞甲，背项有棱脊，尾尖细。盖边饰云雷纹一周。盖上龙首下正中饰蝉纹一，外饰云雷纹。器口微侈，颈肩之间有弦带纹。兽耳带环，兽为蜥蜴类，首有冠。两耳之间近颈部各有盘羊兽小耳。耳下有牛首纹。两耳之间肩部各饰象纹二，而以雷纹填之。象口突出两尖钉以作象牙。象前后各有鸟纹一。肩腹之间有宽弦带纹一道。腹部两面各饰饕餮纹二，大口巨目，眉上翘。器腹下部有鼻。圈足上饰雷纹及夔纹，每面两夔纹之间有一小牛首纹（图一〇，1；图一九）。

蟠龙盖饕餮纹罍之二，形状与罍之一相同，略矮，通高48厘米、身高31厘米。龙盖亦与罍之一相似，惟龙角中歧作扇形。盖顶龙首下铸蝉纹和雷纹，兽耳亦作蜥蜴形，无环。与罍之一相较，似亦应有环，是否断落，不得而知。肩部两耳之间饰象纹二，象口中出二尖柱以象征象牙。象首之间饰牛首纹，象首上部饰犀纹，两犀之首同合于矮钉柱之下，以象犀角。象后部各有鸟纹。肩、腹之间以宽带纹分隔。腹部每面

---

① 关于川西地区戈的演变和时代，参看拙著《关于"楚公鲎戈"的真伪略论四川"巴蜀"时期的兵器》一文，《文物》1962年第11期。

② 参见徐中舒教授对铭文及器的考证。

③ 上海市博物馆藏有铜器定名为"兽纹壶"者，可能是此五件罍中小者中的一件。

各铸饕餮纹二，舌尖外吐，舌两边有夔纹倒置。每面两饕餮纹之间有兽形鼻。圈足上部饰夔纹一周，每面各二。全器花纹均以雷纹为地（图一〇，2；图二〇）。

此两罍的形状，与殷周时期的圆罍略异。按殷周时期的罍一般为广肩而锐下。此则肩部与腹部几相等，有类乎圆壶。花纹多摹自殷周时期的簋，或若因同为圆形易于模拟之故。花纹繁缛而颇觉堆嵌。如腹部周圈饰四饕餮纹，实感拥挤。又在一器之上，几乎将殷、周时期铜容器上一般常用的纹样——蟠龙纹、夔龙纹、雷纹等都行用上，兽耳尚不在内，大有有空即填，而不考虑其效果之感。甚有将纹样倒置者，如罍之二饕餮下之夔纹即是，此虽可能为模拟不纯熟所致，但似乎其用意主要在于"填空白"。

兽耳涡纹罍之一，通高36厘米、身高29.5厘米。盖上饰四凸出的圆涡纹。肩、腹之间有素带纹一道。兽耳无环，两耳之间饰羊首，肩上周圈凸出圆涡纹四。器腹下部有兽首形鼻（图七；图一一，1）。

兽耳涡纹罍之二，通高37.5厘米、身高30厘米。盖上饰凸出圆涡纹六。兽耳无环，腹下有兽首形鼻。肩部周圈饰浮凸圆涡纹六。肩、腹之间饰带纹一道（图八；图一一，2）。

这五件列罍，形状和花纹虽大体上同于晚殷和早周的同类器皿，但骤视之则颇具有独特的地方风格，所以可以视为蜀土本地所铸。其样式和花纹虽取诸当时的中原铜器，但组合意趣不同，故而显出地方的色彩。例如饕餮纹罍的蟠龙盖上的立体蟠龙，骤然看来，是最为特异的，但细察之，其头、角、身躯、鳞甲等，几无一不同于一般殷周时期的蟠龙。所异者，殷周时期的蟠龙均用浅浮雕铸于盘、盂类器的底内[1]，盘、盂为水器，龙为水栖动物，想是有一定的联系意义的；此则立体而昂首高踞于器盖之顶，功用实等于盖的把手，可视为一种装饰而兼实用的设计了。

这五件器上的花纹都是殷代晚期和西周早期青铜器上所常见，没有西周中叶以后所盛行的窃曲纹、蟠螭纹等。花纹本身又颇显触突而带原始风格（如饕餮纹、象纹、夔纹等），是这类花纹在早期的特征。所以若仅从花纹看，铸器当不晚于西周初期；但在蜀土，特别是从当地冶铸发展历史看来，可以晚到西周末，或春秋初。

以蟠龙盖饕餮纹罍为例，蟠龙盖器形很复杂，但是完全看不出合范的痕迹，是出于一次铸成——浑铸，其浑铸铸法尚不能断定。罍身的外范为四合范，每范上花纹大致相同，合范留下的铸缝非常清晰。内范（内型）是一整块，故器内完全无铸缝痕迹。底范亦是一整块。耳由两合范铸成，有清晰的铸缝可见，耳内中空处尚保存范土，大概耳、环等是分铸后插入器范中的。这种器、耳分铸的铸法，一般认为开始于春秋战国之际[2]，但事实上或者要稍早一些。例如上村岭虢国墓中所出的铜壶上带环耳，都是分开铸造，中空处亦保留有范土[3]。而虢国墓群则被认为是西周晚期到东周早期的墓群[4]。所以从铸法上看，这一批铜器当不晚于西周末叶或东周初叶。

现在再从出土地点以及有关蜀人早期的传说，考察这批铜器入土的时代。

按铜器所发现的地方濛阳镇，位于现在的彭县、什邡、广汉、新繁、新都等县交界处，这一地带在唐为濛阳县。《太平寰宇记》（卷73）濛阳县条下说：

---

[1] 如容庚《殷周彝器通考》图八二三蟠龙纹盘；又图八二五·六鸟盘龙纹盘等。又考古研究所编著《上村岭虢国墓地》图版拾捌（Ⅰ式铜盘1761：2）拾玖（Ⅰ式铜盘1744：1）等盘内底的蟠龙亦全同。又如康公盂底外蟠龙亦如此。

[2] 考古研究所编著《洛阳中州路》第87页说："第二种（按谓"先铸附件，附件铸成后，把附件嵌入范中，灌注铜液后使附件与器身熔铸在一起"）大约出现在春秋战国之际，应用也比较普遍。"

[3] 参见考古研究所编著《上村岭虢国墓地》第12页。

[4] 同上，第49页。按环耳在晚殷及早周的铜器如簋、壶、罍等有时即已有之，其环、耳应是分铸的，因不如此，其环则无由套入耳中。容庚、张维持在《殷周青铜器通论》中亦有这推测，见128页。

唐仪凤二年割九陇、雒、新都、新繁、什邡等县，于九陇县界濛江之北置，故曰濛阳，属益州。

图七　兽耳涡纹罍之一　　　　　　　图八　兽耳涡纹罍之二

此地处于川西平原的西北部，地势较高，河流纵横，最宜于早期农业部落居住，是蜀人早期活动的主要区域。《华阳国志》说：

周失纲纪，蜀先称王。有蜀侯蚕丛，其目纵，始称王，死作石棺、石椁，国人从之，故俗以石棺、石椁为纵目人冢也。次王曰柏灌，次王曰鱼凫，田于湔山，忽得仙道，蜀人思之，为立祠。后有王曰杜宇，教民务农，一号杜主。时朱提有梁氏女利，游江源，宇悦之，纳以为妃。移治郫邑，或治瞿上。

《华阳国志》这一段记载，是综合了其前关于蜀人的传说而写的，取舍虽不一定恰当，但说明了蜀人最早的活动是在川西平原西北部靠山麓地带，逐渐向平原发展。光绪四年重修《彭县志》卷十《沿革志》认为彭县在东周时期为"蜀王柏灌、鱼凫、杜宇所居"。其说颇多附会，但言蜀族的早期活动区域在故濛阳县一带，则是可信的。按铜器发现的地方濛阳镇竹瓦街五显庙附近，东距广汉县中兴乡古遗址于20世纪二十年代发现玉器的地方燕家院子，直线距离不过十公里左右；南距新繁水观音古遗址亦不过六七公里。水观音遗址，我们推测它的时代当在殷代中期以前。其中出土少量黑陶和鬶形器，所以它可能受到陕西龙山文化的影响。至于遗址中的墓葬，从所出的铜兵器看，大概相当于晚殷或西周初期。广汉中兴乡遗址未经发掘，历次调查中所采集的陶片与水观音的陶器有很多共同之处，但时代当较水观音为晚，因其中出土的有雷纹陶片以及玉、石的璋、圭、璧等，时代大概属于西周。而它又与成都北郊羊子山土台基下地层中的遗址有共同关系，因两处出土的陶片、石璧等完全为同式，不过羊子山所出者应属于广汉的后期。濛阳镇的铜器群与中兴乡的玉器群应该是同时代的东西，也可能同是窖藏①。关于蜀人早期历史的传说，西汉时虽保存不少，但留存至今者，仅扬雄《蜀王本纪》中的断片，《太平御览》卷888《妖异部四·变化下》引《蜀王本纪》说：

蜀王之先名蚕丛，后代名曰柏护，后者名鱼凫。此三代各数百岁，皆神化不死，其民亦随王去。王猎至湔山，便仙去。今庙祀之于湔。时蜀民稀少。后有一男子曰杜宇，从天堕，止朱提；有一女子

---

① 按燕家院子出土的玉器，为20世纪二十年代末年燕家于其舍傍掏堰沟时偶尔发现。据传说，当时共出土约三、四百件，当初并不知珍惜，时时以之赠人，后为古玩商所套购，方始秘不示人。至解放后尚保存五、六件（为圭、璋和璧等），举以赠四川省博物馆。此外惟四川大学历史博物馆在解放前有十数件，其余均散失。

名利，从江源地井中出，为杜宇妻。宇自立为蜀王，号曰望帝，治汶山下，邑曰郫。化民往往复出。①

这一段传说的比较现实的解释，即在杜宇以前，蜀人的生产状况尚停留在畜牧和极粗放的农业阶段，大概需要时时迁徙，故传为"皆神化不死，其民亦随王去"的想象境界。至杜宇时在农业生产上有了较大的发展。《华阳国志》说："后有王曰杜宇，教民农务，一号杜主。"又说："巴亦化其教而力务农，迄今巴蜀民农时先祀杜主。"是杜宇之于蜀人，亦犹后稷之于周人。因农业上的发展，以前所迁去的"化民"，现在又迁徙回来，"往往复出"了。再者因为农业发展的需要，必下迁至比较潮湿的地带如郫县、成都地区（亦为最膏腴的农业理想地带），但卑湿则易有水患，故《蜀王本纪》又说：

> 望帝积百余岁，荆有一人名鳖灵，其尸亡去，荆人求之不得。鳖灵尸随江上至郫，遂活，与望帝相见，望帝以鳖灵为相。时玉山出水，若尧之洪水，望帝不能治，使鳖灵决玉山，民得陆处。鳖灵治水出后，望帝与其妻通，惭愧。自以德薄不如鳖灵，乃委国授之而去，如尧之禅舜。鳖灵即位号曰开明帝，帝生卢保，亦号开明。②

若从鳖灵"尸随江上至郫，遂活"的传说来看，鳖灵大概是属于川西南部习知水性的部落③，也可能是与杜宇族为极近似的部落。《水经注·江水》下说："县治（南安）青衣江会，衿带二水矣。即蜀王开明故治也。"郦氏之言，当有所本。据此说，开明故治则当在今乐山、夹江一带，这与传说也可视为相合。鳖灵既习水性④，故知道当时治水主要在于疏导。《水经注》谓"江水又东别为沱，开明之所凿也"，亦或者有所据。此即谓将一部分江水导之东北流，使其下入于成都平原，以减轻水患，而人民得以陆处。开明既疏导了成都平原的水患，大部分地区为其部落所占据，而杜宇的部落不得不"委国授之而去"，退入他们原来所处的较高的山岳地带，所以又幻出杜宇升西山而隐并化为杜鹃的神话⑤。所谓"禅让"不过是后来根据汉族传说而作的美化，此中不会没有严重的斗争。此批铜器（也可能包括中兴乡的玉器）的入土，可能是在此时。

望、丛"禅让"的时代，据开明氏的世系来推断，当在西周末或东周初。按开明氏（鳖灵族）据蜀共传十二世而亡，其亡年在公元前329年（秦举巴、蜀之年）⑥。由此上推十二世（以25年为一世），约当公元前7世纪中叶，这与我们所断定的这一批铜器中最晚的时代也是相合的。

或者有人以为这一批铜器的入土，当在秦灭巴、蜀之时。《华阳国志》卷3《蜀志》说：

> 周慎王五年秋，秦大夫张仪、司马错、都尉墨等从石牛道伐蜀，蜀王自于葭萌拒之，败绩，王遯走至武阳，为秦兵所害。其相傅及太子退至逢乡，死于白鹿山。开明氏遂亡，凡王蜀十二世。

此处言蜀王"遯走至武阳"，武阳在今彭山县境，接近于鳖灵部落旧统治的地方（乐山、夹江等地）。

---

① 按《蜀王本纪》的此一段记载，《文选·蜀都赋》注、《魏都赋》注、王元长《三月三日曲水诗》序注、《初学记》《艺文类聚》等均曾引之，《太平御览》亦有两处引之（卷168、888），各有详略不同，往往差异甚大，惟《太平御览》卷888所引较全，今以之为主。

② 《后汉书·张衡传》注、《文选·思玄赋》注等曾引之，惟《太平御览》卷888所引较全今从《御览》。

③ 荆人鳖灵的"荆"历来皆解释为古九州之一的"荆州"，即今湖北湖南地。按此与传说的地带相去过远，似与实际不合。"荆"可能是指南方湿热荆棘丛生之地。如《史记·吴世家》："太王欲立季历以及昌，于是太伯、仲雍二人乃奔荆蛮。"太伯、仲雍所奔者乃吴地，为古扬州之域，不得称"荆"；《史记》所称之"荆蛮"也可能是泛指南方而言。

④ 鳖为水族，可能与其族徽有关。

⑤ 前面所举出的鸟纹戟、鸟纹矛上的鸟纹，也可能是杜鹃的图案化。按杜鹃全身（连尾）细长，体上面灰黑色，脑腹部有黑色横条纹；尾羽颇长，有白色横斑；上嘴末端稍曲，爪亦尖利（杜鹃属家禽类）。铜器上的鸟纹虽经过高度的图案化和美化，但主要特征还是与杜鹃相似的。蜀器的花纹中突出杜鹃，也或者与巴人之于虎纹一样，含有神话及族徽的性质。

⑥ 秦举巴蜀之年，据《史记·秦本纪》及六国年表，在惠文王后元九年（前316），不过近人根据《张仪列传》及其他材料，证明本纪及六国年表之文显然有误，"后元"当为"初元"，故秦灭巴蜀之年当提早十三年，即在公元前329年，今从之。

"逢乡"一般以为在今彭县白鹿山麓,距濛阳镇亦不远[①]。"白鹿山"即彭县西山的诸山之一,《元和郡县志》说"白鹿山在县(九陇)西北六十一里",《太平寰宇记》亦说"在县北五十里",是蜀太子及其相傅等为秦兵所败时向彭县的西山一带退却之处。或者,此一宝藏即为此时所埋乎?不过这一批铜器中无一件可以认为是春秋后期及战国之器,故此种可能性似乎是很小的。虽然不能摒除在秦灭蜀时入土的可能,但总以"望、丛禅让"之际的可能性为最大。

最后,我们虽然可以认为这一批铜器是早期的蜀器,骤视之亦颇具一些地方风格,但细察之,实是与西周的铜器分不开的。尊、觯因是外来器,可置不论。前面认为是本地所铸造的五件罍,其形式、花纹等几无一非殷、周铜器中所常见者,其规抚的痕迹是极其显然的。以兵器而论,Ⅰ式戈完全是殷、周时期的主要兵器——勾兵的类型。所以,如果认为它们是西周青铜器在边缘地区的发展,如安徽屯溪所出土西周铜器一样,亦无不可。由此也可以证明古代蜀人与周人的关系是很密切的。据《尚书·牧誓》,武王伐商,有蜀人武装参加,于此也可以得到一些征验。

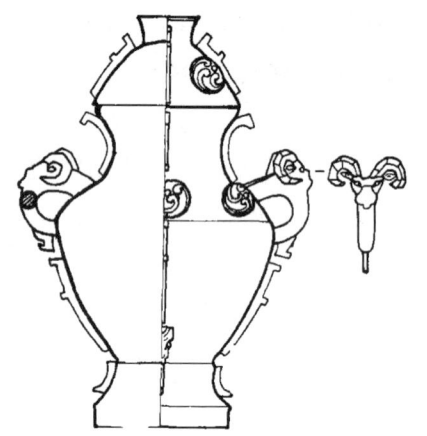

图九　盘羊首耳涡纹大罍

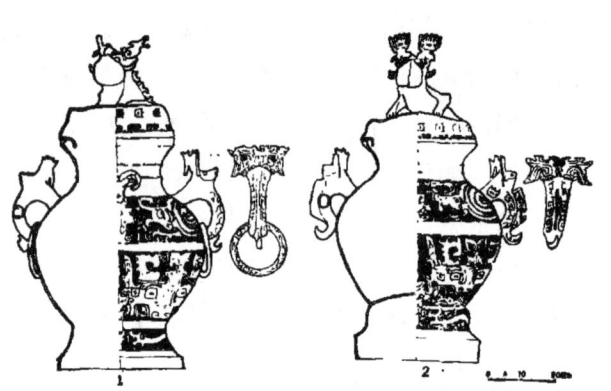

图一〇　1. 蟠龙盖饕餮纹罍之一、2. 蟠龙盖饕餮纹罍之二

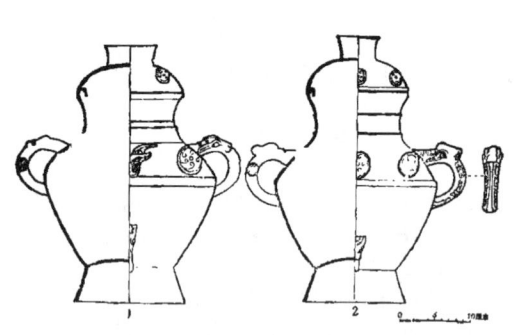

图一一　1. 兽耳涡纹罍之一、2. 兽耳涡纹罍之二

图一二　牧正父己觯

---

① 《彭县志》古迹类说:"逢乡,今崇德寺,地旧多岩蜜。"是以其地旧多野蜂蜜,因以得名。崇德寺在今白鹿山东麓。

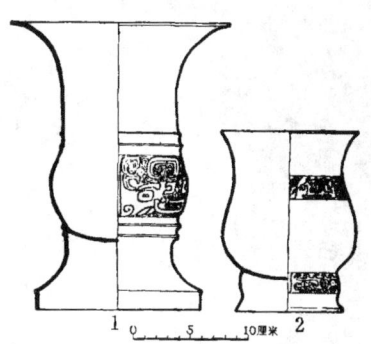
图一三 1.饕餮纹尊 2.牧正父已觯

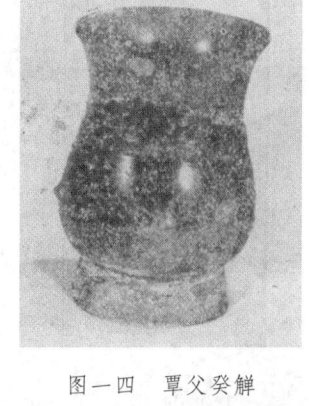
图一四 覃父癸觯

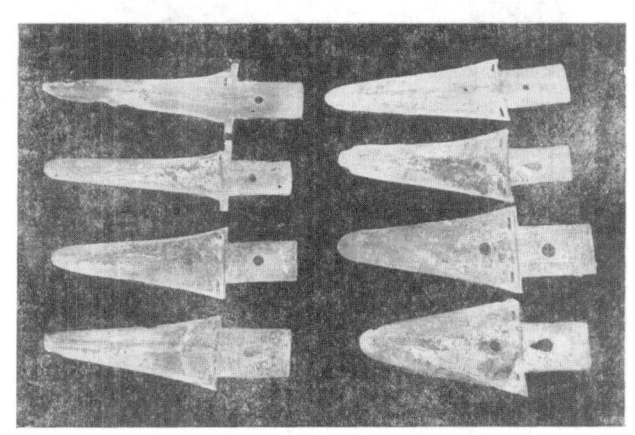
图一五 戈Ⅰ式：左上二件 Ⅱ式：左下二件 右上一件 Ⅲ式：右下三件

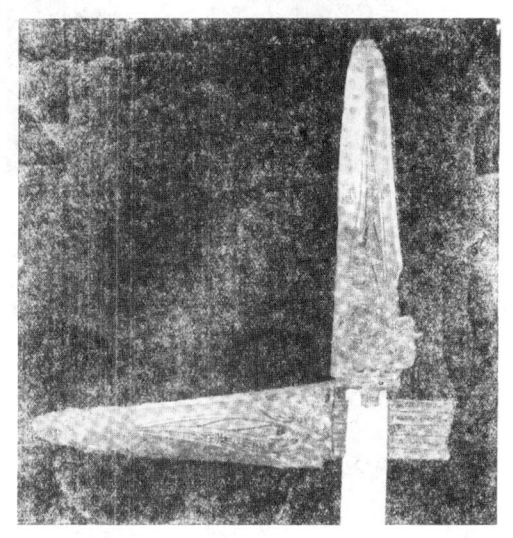
图一六 鸟纹戟

图一七 饕餮纹尊

图一八 盘羊首耳涡纹大罍

图一九　蟠龙盖饕餮纹罍之一　　　　　图二〇　蟠龙盖饕餮纹罍之二

附记：此文是冯汉骥先生1962年所撰，现由四川省博物馆将遗稿整理发表。整理中得到四川大学童恩正同志的帮助。王有鹏整理，刘瑛绘图，陈振戈摄影。

本文原载于《文物》1980年12期

悼念冯汉骥先生

童恩正

冯汉骥先生，字伯良，湖北省宜昌县小溪塔冯家湾人，生于1899年。五岁时在家乡私塾中发蒙。十岁入宜昌美华书院学习。1917年春入安庆圣保罗高等中学，1919年以第一名成绩毕业。因先生学习优异，按规定免费进入武昌文华大学，1923年毕业，经老师介绍到厦门大学任图书馆襄理，1924年升任主任。1931年夏，先生赴美留学，入哈佛大学研究院人类学系。1936年夏，获得人类学哲学博士学位。

1937年春，先生应当时中央博物院筹备主任李济的邀请，由欧洲返国，准备参加中央博物院筹备处的工作，但适逢"八·一三"事变发生，被迫在香港上岸，经广州去武汉。同年十一月到达成都，任四川大学史学系教授。

1938年暑假，先生只身往松、理、茂、汶等岷江上游地区考察羌族现状，对川西高原石棺墓葬作了研究。

1939年，当时教育部组织川康科学考察团，先生任社会组组长。这次考察的结果，对于西康地区民族的分类和社会情况，颇多收获。

1941年，四川博物馆开始筹备，先生被推荐为筹备主任（先生作为四川省博物馆第一任馆长，后长期位职于此，期间偶有中断）。从1943年开始，先生又应邀在原华西大学社会学系兼课，1944年代理该系系主任。

在这一时期中，先生的著述，主要集中在民族学和社会学方面，尤其是将这两种科学的内容和方法，运用于中国古代典籍的研究，解释某些民族学和民俗学的现象，立论新颖，推理精确，引起了国内外广泛的注意。这时的重要著作有《中国亲属制》《作为中国亲属制构成部份的从子女称》《玉皇的起源》《傈傈之历史起源》《以蛊著称之中国巫术》《由中国亲属名称上所见之中国古代婚姻制》等篇。

1942—1943年，先生参加发掘前蜀王建墓。像这种规模较大的陵墓发掘，在西南地区是首次。此外，还在成都平原做过一些考古调查，所著《王建陵墓的发现和发掘》《成都平原的大石遗迹》等文，反映了先生在这一方面的成就。

解放以后，先生衷心拥护党的领导，积极将自己的学识贡献给新中国的文化教育事业。1950年，人民政府刚刚建立，事理纷繁，百废待举，困难很多，但为了保护历史文物，仍决定立即在重庆成立西南博物院，以徐中舒先生任院长，先生任副院长。消息传来，先生十分振奋，将家属留在成都，只身就任。在上级党委的正确领导之下，两位老友通力合作，配合当时大规模开展的基本建设，数年之间，使四川考古事业得到迅速发展，其最著者，如在成渝铁路修建期间发现的"资阳人"头骨化石，是当时长江以南第一次发现的旧石器时代人类遗迹，意义十分重大。宝成铁路修建过程中，发掘昭化宝轮院和巴县冬笋坝的船棺葬，为研究古代巴蜀的历史，提供了新的依据。配合成都市政建设，在羊子山发掘战国土台遗址和大量墓葬。在这些工作中，先生均栉风沐雨，亲临现场，不辞劳苦，给田野工作者以具体的帮助和指导，以后发表的《四川古代的船棺葬》，即为当时成果之一。

1955年，西南博物院撤销，先生又回到成都，任四川省博物馆馆长，兼四川大学历史系考古教研室主任。这个时期，先生除关心这两个单位的人才培养外，主要从事研究四川考古并整理解放以前即着手撰写的王建墓发掘报告。此时发表的论文有《关于"楚公豪"戈的真伪并略论四川"巴蜀"时期的兵器》《四川的画像砖墓及画像砖》《王建墓内出土"大带"考》《前蜀王建墓出土的平脱漆器及银铅胎漆器》等。对于巴蜀兵器的分类断代、四川汉墓的特点和分期、唐至五代典章制度的考证，都提出了很有参考价值的意见。

1959年，先生应云南省少数民族社会历史研究所及云南省博物馆之约，从事云南晋宁石寨山滇王族墓出土遗物的研究，所写的《云南晋宁石寨山出土文物的族属问题试探》《云南晋宁石寨山出土铜器研究——若干主要人物活动图像试释》《云南晋宁出土铜鼓研究》等文，综合考古材料与民族学材料，对古代滇族的历史、族属、风俗等进行了全面分析，学术价值很高，在研究方法上亦有新的突破。

1964年，《前蜀王建墓发掘报告》出版。此书可视为先生二十年辛勤劳动之总结。与此同时，先生还在前人工作的基础上，重译了摩尔根的《古代社会》，显示出先生在民族学方面的深湛修养。

从六十年代开始，先生基于对历史记载和地下发掘资料的综合研究，逐步形成一种看法，即我国早期新石器的文化可能要到长江流域去寻找，而不一定局限在黄河流域。并希望以此作为自己一生中最后一项主要的科研项目，但自1964年以后，由于政治运动的不断开展，先生的工作受到很大影响。1973年，浙江省余姚县河姆渡终于发现一种距今六七千年以前的原始文化，证明了先生预见的科学性。

在"文化大革命"中，先生身心备受摧残，终于抑郁成疾。1975年11月，先生身体已很衰弱，但仍为从湖南、贵州等地来四川参观的文物考古工作者作了有关夜郎研究的学术报告，会后即感不支，进入医院。以后先生的病情时有反复。1976年10月，先生在病床上听到党中央粉碎"四人帮"的消息，万分兴奋，希望自己能早日恢复健康，再做几年学术工作，终以年高体弱，医治无效，延至1977年3月7日逝世，享年七十八岁。

先生平日治学谨严，十分注意联系实际，故多次参加民族调查和考古发掘，并谆谆教导后学"不要做沙发椅上的考古学家"。先生受过人类学的训练，能将人类学中的某些研究方法，运用到民族和历史的研究中去，故能突破前人窠臼，取得新的进展。在这些方面，至今仍然是值得我们学习的。

先生主持四川省博物馆工作三十余年，该馆之有今日规模，先生筚路蓝缕，功不可灭。与此同时，先生又在四川大学、华西大学执教近四十年，满园桃李，遍植滇池蜀道间。今西南地区之民族、考古工作者，很多出自先生门下，流风余韵，绵绵不绝。先生有知，亦当自慰于九泉。

先生为人，豁达大度，待人宽而克己严，与之共事者，凡有一技之长，必尽量发挥其作用，故深受同志及学生爱戴。一生除读书外无他嗜好，对生人不善交际，言讷讷不能出口；但与朋友后学相处则推心置腹，肝胆照人。生前除计划探索长江流域远古文化之源流外，还想编写羊子山发掘报告，并系统地研究西南民族历史。惜壮志未酬，而哲人已逝。念及先生一生劳绩，吾侪后学，徒增丧失良师之痛，而感所负重担之艰。书此短文，以表哀悼之忱。

原载《中国史研究动态》1980年第5期

选自《考古》1981年3期，本刊有删节。

冯汉骥先生与我国图书馆学

四川省文物考古研究院　黄家祥

冯汉骥（图一），湖北宜昌人，生于清光绪二十五年（1899），1977年3月病故。先生不仅在考古学、博物馆学等方面成就斐然，而且在图书馆学方面也颇具建树。我们梳理先生学术思想的发端，理应从图书馆学开始。

1919年，先生从安庆圣保罗高级学堂毕业，入武昌文华大学学习。武昌文华大学的前身，是1871年由美国圣公会在湖北武昌创办的文华书院（图二），校址在武昌昙华林街111号，书院以西方教育体系进行教学，除汉语课程外，其他课程都用英语教学。1903年文华书院成立了大学部。1909年，文华大学部在美国哥伦比亚特区注册，并定名为"文华大学校"，由此正式开始了大学本科教育，学制升格为四年。

图一　冯汉骥先生像

图二　1906年武昌文华书院全景

1920年，美国学者韦棣华[①]（Mary Elizabeth Wood）和中国学者沈祖荣[②]等在文华大学创办文华图书科，开启我国图书馆学高等教育之先河。冯汉骥先生入文华大学所学专业就是图书科，是我国图书馆学专业最早的学生之一。

1923年，冯汉骥先生大学毕业，经裘开明[③]先生（文华大学图书科第一届毕业生，时任厦门大学图书馆主任）举荐到厦门大学图书馆任襄理。1924年夏季，裘开明由厦门大学选派赴美深造，据《厦大图书馆报》第1卷第2期刊载："暑假后，裘君因赴美更图深造，由襄理冯汉骥接任代理主任职务，另聘孙述万为襄理。"[④]裘开明赴美之后，厦门大学图书馆基本由冯汉骥先生主持工作，期间偶有中断，1928年晋升为代理主任，至1929年离校，冯汉骥先生在厦门大学图书馆任职达五年之久。据冯士美先生记述："时逢鲁迅先生在厦大执教，两人过从甚密，先父在图书馆安排一间寝室作为鲁迅先生考订中国典籍之用，先父对文物考古之兴趣即始于此。"[⑤]厦门大学图书馆的任职，对先生后来的学术方向转变产生了影响。

冯汉骥先生在厦门大学期间，为厦门大学图书馆建设倾注了大量心血，取得了卓有成效的工作。朱立文记述："冯汉骥先生原攻读图书专业，来厦大图书馆后又专心致力于工作实践……他就独当一面，肩负重担，不断改进馆务，提高工作质量。"[⑥]到1928年时，厦门大学图书馆藏书量达到5万册（其中中文图书3.6万册，西文图书1.4万册，中西文杂志百余种），是1924年的1.5倍。冯汉骥先生尤为重视社会知名人士与华侨的图书捐赠工作。1927年8月华侨黄奕柱先生捐赠图书设备费国币3万元，先生积极组织人员采购，获购中文图书6120册，西文图书1814册，后将所获购的图书，编制成捐助图书目录。

冯汉骥先生在主持工作期间，不断扩大馆舍。1926年间，在原集美楼分设了学生阅览室、教员研究室、阅报室，以及成绩、教材陈列室，还购置装订设备，聘请装订师，增设装订室，后图书馆舍扩大至群贤楼楼下。同时，冯汉骥先生积极参与筹建厦大图书馆新馆舍，新馆曾于1924年预算动工，后因故停工。到1929年初，华侨曾江水先生捐助资金兴建新馆，当时捐助者在来函中提及："惟念东方阁楼庄严华丽，故为提高中国学术，发扬中国文化起见，大学图书馆亦以东方式建筑为宜。"冯汉骥先生获悉后即行筹划并聘请专家设计图纸，寄往新加坡呈陈嘉庚校董审阅，并与已赴美的裘开明先生商榷。[⑦]

离开厦门大学之后，冯汉骥先生出任湖北省立图书馆馆长。据《湖北省图书馆百年纪事》，冯汉骥先生任湖北省立图书馆馆长的时限是"1928年9月~1929年6月"；1929年《文华图专季刊》刊录冯汉骥先生《藏书绝句诗》，中有"民国十七年秋，余返鄂。长湖北省立图书馆"，可知1928年先生曾返回湖北；据《湖北省立图书馆目录》序言所记："九月，孙君去职，冯君汉骥继任"；1935年卢希圣在《厦大图书馆报》发表的《本馆之过去》一文中记述："十八年（1929年，笔者注）冯先生辞职，孙君（笔者注：孙述万）

---

① 韦棣华（1861-1931，Mary Elizabeth Wood），美国图书馆学家。早年毕业于波斯顿西蒙斯大学图书馆学院。1900年来华，1910年创设武昌文华公书林。1920年创立武昌文华大学图书科，为中国图书馆学教育和图书馆事业的发展做出了一定的贡献。
② 沈祖荣（1883-1977），字绍期，出生于四川云阳。1911年毕业于武昌文华大学，获学士学位，并留校在文华大学公书林担任练习生；1914年赴美留学，获哥伦比亚大学理学士学位，是我国获得图书馆学专业学位的第一人。归国后，一直从事图书馆学教育工作，1920年与韦棣华等创立武昌文华大学图书科，被誉为"中国图书馆学教育之父"，是20世纪我国，杰出的图书馆学家、图书馆学教育家之一，我国近代图书馆事业和图书馆学的奠基人之一。
③ 裘开明（1898—1977），字闇辉，浙江镇海人。1922年毕业于武昌文华大学图书科，1924年赴美深造，先在纽约市公共图书馆附属图书馆学院研习图书馆学，后进入哈佛大学文理学研究生院攻读经济学，1927年获得经济学硕士学位，1933年获得哲学博士学位。主持编撰《汉和图书分类法》，1931年被聘为哈佛大学汉和图书馆首任馆长。
④ 卢希圣：《本馆之过去》，《厦大图书馆报》1935年第1卷第2期。
⑤ 冯士美：《忆先父冯汉骥》，《图书情报知识》2007年第2期。
⑥ 朱立文：《冯汉骥先生与厦门大学图书馆结缘》，《上海高校图书情报工作研究》2010年第1期。
⑦ 朱立文：《冯汉骥先生与厦门大学图书馆结缘》，《上海高校图书情报工作研究》2010年第1期。

接任主任……"相关资料记述有相抵之处。经综合考证，冯汉骥先生任湖北省立图书馆馆长的时间应在 1929 年 1 月。[①] 先生在湖北省立图书馆馆长任内主持完成《湖北省立图书馆图书目录·第一期》（图三）编撰出版。

图三　湖北省立图书馆旧址与《湖北省立图书馆图书目录》

此后不久，冯汉骥先生受聘为浙江大学文理图书馆主任。在此期间，结识了同为武昌文华大学图书馆科毕业、时任浙江大学工学院图书馆主任陆秀女士（从文华图专时期校友名录得知：陆秀女士系文华图专图书馆学第七届本科毕业生），二人于 1934 年结为伉俪。

1931 年夏，冯汉骥先生赴美留学，入哈佛大学研究院人类学系，1936 年夏，获得人类学哲学博士学位。在美留学期间，先生参与了《汉和图书分类法》（图四）的编撰工作。

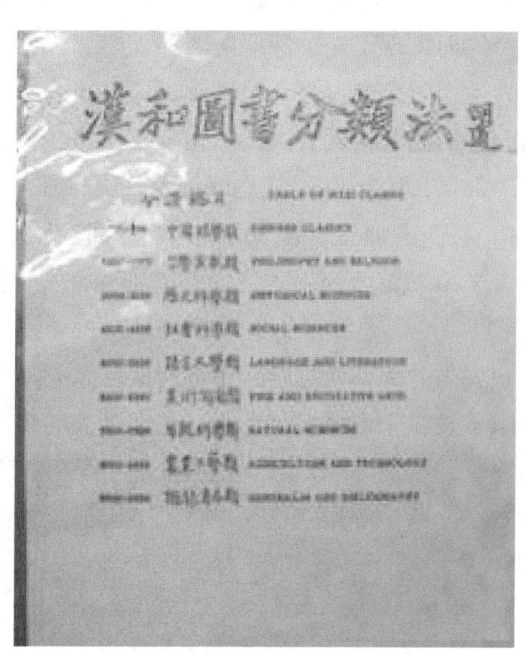

图四《汉和图书分类法》书影

---

① 王可万：《易均室任职湖北省图书馆辨考——兼论孙述万、冯汉骥任职时限》，《图书情报论坛》2012 年第 6 期。

前述，1924 年赴美留学的裘开明先生，先在纽约市公共图书馆附属图书馆学院继续研习图书馆学，1925 年进入哈佛大学研究生院攻读经济学，1927 年受哈佛大学图书馆馆长柯立奇的委托，开始负责整理该校图书馆中的中日文藏书；1931 年，开明先生被聘为哈佛大学汉和图书馆首任馆长，这是首位在美国担任的图书馆馆长的华人。

裘开明先生在《汉和图书分类法》自序中指出："综计此法在孕育中十有五年，蒙前后友人同事襄助者不下十余人，仆虽订其大纲并始终其事，但本法能得稍有优点者，皆益友前贤之赐。"随后列出如冯汉骥、于震寰、赵元任、梁思永、顾廷龙、杨联陞、汤吉禾丰等多名相助者，特别指出冯汉骥、于震寰二位与之共事最久，贡献亦最大。①《汉和图书分类法》融合中国的传统学术成就、西方的近现代学术精华于一体，开创了与中西图书馆学术既迥异又兼容并蓄，具有独特风格的"东亚图书馆学术"体系。这一体系差不多影响了整个 20 世纪西方东亚图书馆的发展，极大地推动了西方的亚洲区域研究工作。

1937 年，冯汉骥先生应时任中央博物院筹备主任李济之邀，回国筹建中央博物院人类学研究所，时逢抗日战争爆发，筹建人类学研究所计划落空。是年，先生赴四川大学任教，此后再也没有离开四川，其主要研究转向考古学、人类学、社会学、博物馆学等，长期任教于四川大学，长期主持四川省博物馆（现四川博物院）工作，是西南地区考古学和博物馆事业的奠基人。

但是，冯汉骥先生多年的图书馆学学习与实际工作历练，为先生之后的学术成就奠定了扎实的基础，促进了先生学术方法、学术思想的形成与学术体系的建立；作为四川大学考古学专业主要创办人之一，冯汉骥先生重视文献资料，将之与人类学、民族学、考古学等相结合的研究方法，也成为四川大学考古学的特点之一；先生对图书馆学、图书保护始终充满情怀，在先生日后的工作、研究中得到了深刻体现。

《四部丛刊》是民国时期商务印书馆辑印的一部大型综合性丛书，收书内容以常见古籍为主，版本全用稀见善本，用照相影印的方式出版，共出版三编。受日本侵华战争影响，《四部丛刊》完整者十分珍贵。

20 世纪 50 年代，冯汉骥先生慧眼独具，搜集四川地区民间散藏的《四部丛刊》，先后整理出七套完整者，从一个侧面体现了先生深厚的图书馆学素养。"1950 年，四川地区开展了清匪、反霸、减租、退押运动，一些大地主收藏的古籍开始流散，先父知道这些情况后便联系成都地区的书商请他们到各地去收购商务印书馆刊印的涵芬楼版《四部丛刊》。当时我们家里的客厅和走廊堆满图书，先父指导书商进行配套，每配套完成一部（1 万余册），就立即装箱，历时月余，共配齐了七部。其中三部运往重庆由西南图书馆（今重庆图书馆）、西南师范大学图书馆各存一部，另外一部的归属笔者不太清楚，余下的四部由四川大学图书馆、华西大学图书馆、四川省图书馆各存一部，先父自己留下一部（在先父去世后，已由笔者捐献给国家）。"②

冯汉骥先生并无其他嗜好，偶与同道友人或师生相聚，在相谈愉悦甚欢之时，也仅浅杯薄饮。由于先生早期之学术发端于图书馆学专业，先生最大的嗜好就是惜书、购书、读书、藏书，对图书文献资料的情怀相伴始终。1977 年 3 月冯汉骥先生仙逝，先生家属接受我国著名历史学家、四川大学历史系教授、先生一生的挚友——徐中舒先生建议，将先生生前藏书捐赠给四川省文物考古研究所（现四川省文物考古研究

---

① 转引自周余姣《〈汉和图书馆分类法〉研究》注 8，（A. Kai-ming Chiu. A Classified Catalogue of Chinese Books in the Chinese-Japanese Library of Harvard-Yenching Instute at Harvard University（M），Camdridge，Massachusetts：Harvard-Yenching Institute，1938—1940.），《国家图书馆学刊》2016 年第 3 期。

② 冯士美：《忆先父冯汉骥》，《图书情报知识》2007 年第 2 期。

院，笔者注）。当时四川省文物考古研究所刚从四川省博物馆单独划分成立[①]，正在组建的资料室，图书资料亟待补充完善，冯汉骥先生藏书的入藏，极大地丰富了四川省文物考古研究所的图书文献资料，对四川省文物考古研究所业务发展意义深远。

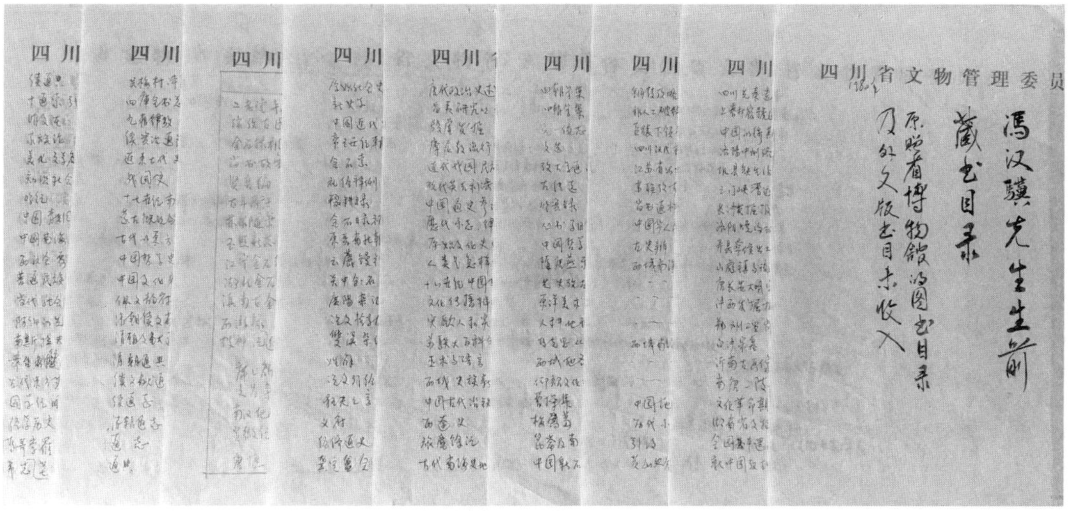

图五 冯汉骥先生生前藏书目录清单

冯先生藏书近二万册，主要存放在成都市九眼桥老马路八号，四川省文物考古研究所沈仲常先生，具体负责组织捐赠图书的清点、造册、捐赠移交等具体工作。1982年10月下旬，沈仲常先生组织本所图书资料、考古、办公室等部门的专业人员韦润琴、胡昌钰、陈德安、黄家祥、沈小兵等前往藏书地点，将先生藏书清点、造册、装箱，搬运至四川省文物考古研究所图书资料室。笔者当时主要负责记录造册，文内的《冯汉骥先生生前藏书目录》即是1982年藏书捐赠移交时的清单。当时这份清单注明：原赠省博物馆的图书目录及外文版书目未收入（图五）。

欣悉四川博物院建馆八十周年，《博物馆学刊》开辟纪念专栏，笔者草就小文，并把当年记录冯先生藏书书目的清单附内，仅以此纪念冯汉骥先生，同时感怀先生藏书捐赠的善举。先生在我国图书馆学、文物、博物馆事业上的成就与贡献，值得我们永远铭记！

[①] 1981年12月，原属四川省博物馆的地面文物工作队、田野考古工作队、化学实验室、文物修复室等部门从四川省博物馆划分出来，成立独立的法人单位：四川省文物考古研究所，与四川省文物管理委员会办公室合署办公，即一套人马两块牌子，2006年正式挂牌。地面文物工作队负责全省地面文物如古建筑、石窟寺等古代文化遗产调查、勘查、测绘、方案设计和维修审核等，田野考古工作队负责全省古遗址、古墓葬等文化遗址的考古调查与发掘，也配合全省农田基本建设、改田改土的劳作中发现文物遗存的抢救性发掘与文物保护，大型基本建设工程中如：水库、公路、铁路、机场、发电厂等施工工程范围的文物调查、勘探和抢救性发掘与文物保护。化学实验室，文物修复划分出来后与摄影室组建技术室，负责石质文物和石窟寺维修、加固和抢险、出土文物的修复和各类文物的拍摄。

一代名流谢无量

——生平志业、学术成就与蜀学因缘

四川大学古籍整理研究所 彭 华

摘要：谢无量的一生，"一直是站在时代的前沿"，是具有重要影响的社会活动家，曾经得到孙中山、毛泽东"两位伟大领袖的优礼相待"。谢无量不但是"历史的先驱"，而且是"传统文化系统研究的先驱"，在经学、史学、哲学（含佛学）、文学、书法等领域都卓有成就，并且留下了累累硕果，"在学术界声望很高"。谢无量在生前虽然曾经一度声名满天下，但其身后际遇则不免过于冷清、过于寂寞。因此，笔者殷切期望世人多多关注谢无量，学人多多研究谢无量！

关键词：谢无量；生平；学术；蜀学；期望

谢无量（1884—1964），**谱名谢锡清**；原名蒙，字大澄，号希范；后易名沉，字无量，别字仲清，别署啬庵。祖籍四川梓潼，生于四川乐至，长于安徽芜湖。谢无量一生经历了清王朝、中华民国、中华人民共和国三个大时代，是近百年中国最好的见证人之一。

谢无量是中国近现代著名的社会活动家、诗人、书法家、学者，是富有成就、颇有影响的一代名流与著名学人。谢无量学识渊博，举凡文学、史学、哲学（含佛学）以及西学等，均有研究和论撰。谢无量著作等身，生前成书二十八种（卒后成书四种），另有大量诗词歌赋、政论时文等，"卓然成为一代宗匠"[①]。

谢无量曾经一度声名满天下，近则人间寂寞罕问津。有鉴于此，本文将择要论述谢无量的生平志业、学术成就及蜀学因缘[②]。

一、冠盖满京华——生平志业

清人赵翼（1727-1814）云："江山代有才人出，各领风骚数百年。"（《论诗》）有识者又云：世之天才，往往成群结队，纷至沓来。谢无量所生活的那个年代，便是天才辈出、人才涌现的年代。

---

① 陈雪湄：《漫谈谢无量的书法及其他》，《文史杂志》1986年第1期。本文引用时，改动了部分标点（如增加书名号）。

② 关于谢无量的基本情况（生平事迹与学术著述），除了特别注明者外，主要采自以下文献：(1) 陈恩林、舒大刚、康学伟主编：《谢无量先生传略》，《金景芳学案》（上），线装书局，2003年，第436－444页。(2) 刘长荣、何兴明：《国学大师谢无量》，中国文史出版社，2006年。(3) 彭华：《谢无量年谱》，《儒藏论坛》第三辑，四川大学出版社，2009年，第132－163页。(4) 彭华：《〈谢无量年谱〉订补》，《儒藏论坛》第十辑，四川大学出版社，2015年，第310－323页。(3)(4) 二文如果有与本文表述不一致者，请以本文的表述为准。

谢无量启蒙甚早，在儿童时期即表现出过人的天赋，被人称为"神童"。谢无量四岁随父母至安徽芜湖，六岁学习作诗并习书法，八岁学习作文。谢无量爱读史书、古散文和五七言诗，尤好史书，喜论古今成败史事；但不喜八股文，鄙视科举而不屑应试。十岁之时，谢无量写出《咏风筝》诗："儿童心怀巧，剪纸作飞鸢。不是麻绳系，乘风直上天。"

1898年，谢无量在芜湖拜父执汤寿潜（1856—1927）为师。谢无量喜欢汤寿潜的治学精神和政治态度，是为谢无量接受新思想的开始。与此同时，谢无量又结识了汤寿潜女婿马一浮（1883—1967），二人义结金兰，是肝胆相照的终生至交。

1900年7月，谢无量取道上海，北上京津，再经张家口转太原，一路目睹慈禧、光绪仓皇出奔时沿途的骚然情况及北方的民生疾苦，革命意识为之激发。谢无量后来回忆说，这次远行"第一次启发我革命意识，是为我少年时代的一件大事"①。

1901年，谢无量考入南洋公学特班（今上海交通大学前身），与李叔同（弘一法师，1880—1942）、胡仁源（1883—1942）、黄炎培（1878—1965）、邵力子（1881—1967）等为同学。南洋公学中文系主任蔡元培（1868—1940）振兴民族的言行，使谢无量很感动。课余，谢无量与马一浮、马君武（1881—1940）等在上海创建"支那翻译会社"，创办《翻译世界》杂志（马君武主编）②，介绍西洋文学和新思潮。同时，谢无量与章太炎（1869—1936）、邹容（1885—1905）、章士钊（1881—1973）等交游，为名重一时的《苏报》《国民日日报》等撰稿。1903年7月（闰五月），《苏报》案发，章太炎、邹容、章士钊被捕，谢无量积极撰文并想方设法营救③。在章士钊出狱后，谢无量与之逃亡日本，在东京补习日文、英文、德文。

1904年5月，马一浮自美国转赴日本留学，并带回两部《资本论》，将一部赠送好友谢无量。谢无量在获赠《资本论》后，即细心阅读。（马一浮、谢无量阅读《资本论》的时间，较陈寅恪早了七个年头④）1905年，马一浮与谢无量携手回国，并同至杭州翻阅文澜阁《四库全书》，并博览社会科学名著，学问因之精进。

1907年1月，谢无量赴京任《京报》主笔，撰写社论和评论时事。其时，东三省改设巡抚，直隶候补道段芝贵（1869—1925）署黑龙江巡抚之职。御史赵启霖（1859—1935）上书光绪，检举段芝贵以贿赂"夤缘得官"⑤。谢无量撰文揭露这一丑闻，一时舆论哗然。段芝贵被撤职，但《京报》也被查封，并勒令停刊。

1910年，存古学堂在成都开办。经华阳乔树楠（1849—1917，学部左丞、法政学堂首创者）、彭山周紫庭（1860—1927，名凤翔，四川高等学堂总理）等推荐，谢无量任四川存古学堂首任监督（校长），其时年仅27岁（虚岁）。学堂分经学、史学、词章三门（科）。课程有理学、经学、史学、词章、声韵、小学（文字学）等主课，后增设地理、算学、篆刻、书画等。主要教员有张森楷（1858—1928）（经学）、曾学传（1858—1930）（经学）、杨赞襄（约1858—1918）（史学）、吴之英（1857—1918）（词章）、罗时宪（声韵、小学）以及徐炯（1852—1936）等，均属名家宿儒。谢无量自知根基尚浅，谦逊地拜名山吴之英为师，并

---

① 谢无量：《自传》（手稿本），陈雪湄藏。转引自杨伟立、马宣伟《谢无量》，严如军、宗志文主编，《民国人物传》第九卷，中华书局，1997年，第380页。
② 丁守和主编：《辛亥革命时期期刊介绍》（第三集），人民出版社，1983年，第43—46页。
③ 彭华：《章太炎与巴蜀学人的交往及其影响》，《淮阴师范学院学报》2013年第4期。
④ 陈寅恪（1890—1969）阅读《资本论》的时间是1911年，地点是瑞士。"十月，先生闻国内武昌起义，急从图书馆借《资本论》阅之。"（卞僧慧纂，卞学洛整理：《陈寅恪先生年谱长编（初稿）》，中华书局，2010年，第57页。）
⑤ 段芝贵上年以万二千金鬻名歌妓杨翠喜以行贿农工商部尚书贝子载振（奕劻之子），"又以十万金为奕劻寿，夤缘得官"（事见《清史稿》卷二二一）。

与井研廖平（1852—1932）等厚相友善。谢无量后来回忆说："廖吴把臂谈经学，齐鲁风流嗣古人。"①

1909年10月，四川咨议局成立，蒲殿俊（1875—1934）为议长、罗纶（1876—1930）为副议长。谢无量与张澜（1872—1955）等一起参加立宪运动，并受托撰写《国会请愿书》。谢无量在请愿书中呼吁当局，"亟盼速定大计而开国会，以顺人心。宗社安危，在此一举"②。1911年6月17日，四川保路同志会在成都成立，谢无量与张澜等人参加保路运动，堪称辛亥革命的元老。

1912年2月，存古学堂改名为四川国学馆，仍由谢无量任校长。6月，国学院迁入存古学堂内，并与之合并，称"四川国学院"。吴之英任四川国学院院正，谢无量、刘师培（1884—1919）任院副。9月，刘师培、谢无量、廖平、吴虞（1872—1949）等共同发起成立"四川国学会"，附设于国学馆。

1917年，经杨庶堪（1881—1942）、熊克武（1885—1970）介绍，谢无量在上海结识孙中山（1866—1925），"这是他一生的转折点"③。7月，孙中山函约谢无量至寓所见面，相谈极欢洽。当时，孙中山正写《建国方略》，亦向谢无量征求意见，谢无量也大胆提出自己的想法。陈雪湄（1911—1994，谢无量续弦）回忆说，谢无量的"许多意见都被采纳"④。

1923年3月，孙中山在广州成立大元帅府，谢无量被聘为大元帅府大本营参议。1924年5月，孙中山又任命谢无量为大元帅府特务秘书（机要秘书）。是年秋，谢无量跟随孙中山北上。1925年3月12日，孙中山病逝于北京。谢无量悲痛不已，作诗、联痛悼。孙中山去世后，蒋介石（1887—1975）、汪精卫（1883—1944）执掌大权，谢无量对时局颇为失望。从1926年起，谢无量潜心改志，将大部分精力用于教育、学术和艺术。

1930年初，谢无量应国民政府监察院长于右任（1879—1964）之邀，出任国民政府监察院监察委员。1931年"九一八"事变后，谢无量、阿英（1900—1977）等在上海创办《国难月刊》，主张改组政府，抗击日寇。1932年"一二八"事变后，谢无量与蔡元培、宋庆龄（1883—1981）、鲁迅（1881—1936）、杨杏佛（1893—1933）、李公朴（1900—1946）等发起组织"中国民权保障同盟"。1936年5月，谢无量又参加沈钧儒（1875—1963）等在上海组建的"全国各界救国联合会"。

1937年"七七"事变后，抗日战争全面爆发。1938年春，谢无量应邀赴澳门、香港讲学。谢无量曾讲"屈原精神"，受到热烈欢迎，亦被地方当局监视。1940年，谢无量返回重庆、成都。期间，生活清苦，靠鬻文卖字为生，但仍不忘讲学和教育。1940年12月和1941年6月，谢无量曾经两次至乐山复性书院，"由学生自由提问，随机讲学"⑤。1943年，经蒙文通（1894—1968，谢无量执掌存古学堂时期的学生）向四川大学学校当局推荐，谢无量任四川大学（城内部）中文系主任。除主讲《庄子》外，谢无量还开出一门特别课程《汉以后学术思想变迁史》，对玄学、佛学、道学、理学融会贯通，作类比综合评述。

1948年，谢无量至南京参加国民代表大会。选举总统时，谢无量只投居正（1876—1951）一票，未选蒋介石。会议未结束，谢无量以病假去上海。

中华人民共和国成立后，谢无量历任川西文物管理委员会委员、川西行署参事、川西博物馆馆长、四川省博物馆馆长、四川省文史研究馆馆员、四川省政协委员等职。

1956年1月，谢无量以特约委员身份，入京参加全国政协第二届第二次会议。期间，谢无量受到毛泽

---

① 郭君穆：《一代才人谢无量》，《四川近现代文化人物》，四川人民出版社，1989年，第195页。
② 引文见中央文史研究馆编：《中央文史研究馆馆员传略》，中华书局，2001年，第204页。
③ 陈雪湄：《漫谈谢无量的书法及其他》，《国学大师谢无量》附录，中国文史出版社，2006年，第319页。
④ 陈雪湄：《漫谈谢无量的书法及其他》，《国学大师谢无量》附录，中国文史出版社，2006年，第320页。
⑤ 丁敬涵：《马一浮与复性书院》，《四川近现代文化人物续编》，四川人民出版社，1989年，第398页。

东主席（1893—1976）接见，并邀请合影留念。合影在画报刊布，举国崇仰，叹为不世之荣。

1956年8月，由周恩来总理（1898—1976）提名，中国人民大学校长吴玉章（1878—1966）聘请谢无量为特约教授和顾问，在大学讲授《文心雕龙》、中国哲学史等。谢无量主讲《文心雕龙》之时，"其他教授、讲师也乐于聆听"[1]。1960年8月6日，谢无量被聘为中央文史研究馆副馆长（馆长章士钊）[2]。士林同声称善，认为这是一个最为恰当的安排。

1964年12月10日，谢无量病逝，享年80岁。《人民日报》《光明日报》《四川日报》以及英、美报纸（如《泰晤士报》）都有报道。周恩来总理还专门派人送来花圈，以示哀悼。随后，谢无量被安葬于八宝山革命公墓。

谢无量曾经对朋友说："我早年能见到孙中山先生，晚年又能有机会同毛主席在一起，平生得两位伟大领袖的优礼相待，我很幸运。""毛主席问我做诗学的哪一家，写字学的哪一派？我一时就答不出来，今后真得好好学习。"[3]此非虚语，足以自豪！

冯其庸（1924—2017）曾经这样评价谢无量："综观谢无量的一生，他一直是时代的先驱。从光绪十年到民国元年（一岁至二十九岁），他反对科举，崇尚实学，在二十岁前，他就读到了《资本论》，产生了对马克思主义的向往。在辛亥革命前后，他始终站在历史进步的前沿，反对封建，宣传民主，宣传革命，最后受到了孙中山的知遇，追随孙中山先生，直到孙中山先生不幸逝世。在孙中山先生逝世后，他又能清醒地认识到蒋介石等人的虚伪面目，不与同流，以致受到秘密监视。中华人民共和国成立后，他最早受到毛泽东主席的礼遇和高度的评价，并为人民的教学事业尽力。所以，谢无量先生可以毫不夸张地说，他的一生，一直是站在时代的前沿，是历史的先驱。"[4]此非虚誉，足以服人！

由中央文史研究馆组织编写的《中央文史研究馆馆员传略》，如此评价谢无量："他的诗古雅含蓄，声情并茂，有感而发，寓意深远，亦独具风范。""他是一位正直的爱国人士，是一位传统文化系统研究的先驱，也是一位在诗词、书法、文史研究、文物鉴赏等方面卓有成就的方家。在学术界声望很高。"[5]平实客观，恰如其分！

二、累累硕果存——学术成就

谢无量聪慧过人而又读书勤奋，"天资加上勤奋，使他的功力不断提高"[6]。谢无量不但学识渊博，而且学问精深，并且勤于笔耕，给世人留下了累累硕果。初步统计，其著述超过2000万字。除大量诗词歌赋、政论时文（文）外，结集出版的著述（书）共计有三十二种（含卒后成书四种）之巨[7]。谢无量的著述，集中出版于1914—1932年，其中尤以20世纪初最为密集。为直观起见，谨将其著述列表如下：

---

[1] 邓穆卿：《名流谢无量》，《成都旧闻》，成都时代出版社，2005年，第106页。
[2] 《国务院秘书厅关于聘任徐森玉、陈寅恪、沈尹默、谢无量、邢赞亭、商衍鎏为文史研究馆副馆长的通知》，《中华人民共和国国务院公报》1960年8月5日。
[3] 郭君穆：《一代才人谢无量》，《四川近现代文化人物》，四川人民出版社，1989年，第195页。
[4] 冯其庸：《怀念国学大师谢无量先生——谢无量先生文集序》，《冯其庸文集》卷五《剪烛集》，青岛出版社，2014年，第44页。
[5] 中央文史研究馆：《中央文史研究馆馆员传略》，中华书局，2001年，第206页。
[6] 郭君穆：《一代才人谢无量》，《四川近现代文化人物》，四川人民出版社，1989年，第196页。
[7] 关于这些著作提要性质的介绍，请参看彭华《谢无量年谱》，《儒藏论坛》第三辑，四川大学出版社，2009年，第157—163页。

序号	书名	署名	出版社	出版时间	备注
1	（新制）哲学大要（师范学校适用）	谢蒙	上海：中华书局	1914年5月初版	50页，25开
2	（新制）哲学大要参考书	谢蒙	上海：中华书局	1914年5月初版，1915年再版	136页，25开
3	新制国文教本	谢无量	上海：中华书局	1914年8月初版。第一册，1919年6月8版	全四册
4	伦理学精义	谢蒙	上海：中华书局	1914年9月初版	148页，25开
5	阳明学派	谢无量	上海：中华书局	1915年11月初版，1920年10月4版，1925年1月7版，1928年4月9版，1934年8月11版	"学生丛书"之一。196页，32开
6	孔子	谢蒙	上海：中华书局	1915年12月初版，1918年11月再版，1924年4月6版，1926年4月6版，1928年4月9版，1928年10月10版	"学生丛书"之一。228页，32开
7	韩非	谢蒙	上海：中华书局	1916年8月初版，1923年12月4版，1928年4月6版，1932年12月7版	"学生丛书"之一。208页，32开
8	朱子学派	谢无量	上海：中华书局	1916年8月初版，1919年9月3版，1927年6月7版，1932年12月9版	"学生丛书"之一。262页，32开
9	佛学大纲	谢蒙	上海：中华书局	1916年8月初版，1923年6月6版，1930年2月9版，1936年8月11版	472页，25开
10	中国哲学史	谢无量	上海：中华书局	1916年10月初版，1923年3月5版，1930年4月10版，1940年香港12版	458页，22开
11	中国妇女文学史	谢无量	上海：中华书局	1916年初版（9月印刷、10月发行），1931年6月8版，1933年版	353页，22开
12	中国六大文豪	谢无量	上海：中华书局	1916年12月初版，1927年6月4版，1929年10月5版，1933年9月6版	"学生丛书"之一。440页，25开
13	国民立身训	谢无量	上海：中华书局	1917年1月初版，1930年5月6版，1933年2月7版	222页，32开
14	新制国文教本评注	谢无量编、朱宝瑜评注	上海：中华书局	1917年1月—1922年2月初版。第三册，1917年1月初版，1919年11月6版。第四册，1922年2月初版	《中华书局图书总目（1912—1949）》云："全书4册，1、2册未见。内容包括论著、序录、书牍、诗赋等。文言体。"①
15	实用文章义法	谢无量	上海：中华书局	1917年1月初版，1928年10月7版	上下册
16	实用美文指南	谢无量	上海：中华书局	1917年4月初版	上、中、下卷。302页，32开
17	妇女修养谈	谢无量	上海：中华书局	1917年4月初版，1919年4月再版，1930年4月7版	"女学丛书"之一。206页，32开
18	王充哲学	谢无量	上海：中华书局	1917年5月初版，1918年11月再版，1922年3月4版，1928年10月8版	"学生丛书"之一。230页，32开
19	中国大文学史	谢无量	上海：中华书局	1918年10月初版，1919年3月再版，1926年10月，1928年8月13版，1931年16版，1932年9月17版，1940年2月昆明18版	大32开，636页
20	诗学指南	谢无量	上海：中华书局	①1918年11月初版，1922年3月6版，1930年5月14版，1933年12月15版，1934年4月16版。112页，32开。②后收入"初中学生文库"，1935年10月初版，1940年6月3版，1941年7月4版。108页，32开	

---

① 中华书局编辑部：《中华书局图书总目（1912—1949）》，中华书局，1987年，第252—253页。

续表

序号	书名	署名	出版社	出版时间	备注
21	词学指南	谢无量	上海：中华书局	①1918年11月初版，1921年4月4版，1922年3月5版，1933年9月14版。98页，32开。②后收入"初中学生文库"，1935年10月初版，1941年7月4版。94页，32开	
22	骈文指南	谢无量	上海：中华书局	1918年11月初版，1919年9月3版，1922年8月5版，1925年10月7版，1931年3月10版	92页，32开
23	诗经研究	谢无量	上海：商务印书馆	1923年5月初版，1923年10月再版，1924年9月4版，1931年10月6版，1933年3月国难后1版	"国学小丛书"之一。148页，32开
24	楚词新论	谢无量	上海：商务印书馆	1923年5月初版，1924年，1925年4月3版，1930年9月5版，1933年1月国难后1版，1935年5月国难后2版	"国学小丛书"之一。76页，32开
25	古代政治思想研究	谢无量	上海：商务印书馆	1923年6月初版，1927年1月3版	"国学小丛书"之一
26	平民文学之两大文豪	谢无量	上海：商务印书馆	1923年6月初版，1926年11月3版，1930年5月4版，1935年7月国难后1版（改名为《罗贯中与马致远》）	114页，32开
27	李白	谢无量	上海：三通书局	1932年	"三通小丛书"之一
28	中国古田制考	谢无量	上海：商务印书馆	1932年12月初版	95页
29	谢无量自写诗卷	谢无量	北京：中国文联出版公司	1987年1月	55页，16开
30	谢无量书法	谢无量	成都：四川美术出版社	1988年3月	上下册
31	二十世纪书法经典·谢无量卷	王镛主编	石家庄·广州：河北教育出版社·广东教育出版社	1996年	121页，8开
32	谢无量书风	程重庚、袁融主编	重庆：重庆出版社	1999年5月	"中国历代书风系列"之一。16页

以上三十二种著述，显示了谢无量治学领域的广博与精深，展示了谢无量学术精神的魅力与特色，昭示了谢无量的文化关怀与人文风貌。"仁者见仁，智者见智"，不同学科、不同专业的读者与学人，对谢无量著述的评述自然亦就言人人殊。在此，笔者将着眼于"通"（会通）、"艺"（文艺）两端，略述管见一二。

（一）打通文史哲，会通中西印

前几年，笔者在考察以眉山三苏（苏洵、苏轼、苏辙）杰出代表的巴蜀文化和巴蜀学术时，曾经指出：三苏父子之学思，辉煌展示蜀学之形神与风骨；苏氏蜀学立意"打通古今"，注重"融通百家"，力求"会通三教"，集历史文化之大成，有百科全书之气度①。其后，笔者又广泛考察儒释道三教、经史子集四部、文史哲三科，对古往今来的蜀学之形神与风骨进行宏观论述，认为蜀学特别注重"打通古今""融通三教""会通中西"；而巴蜀文苑的超迈之士，往往能够开创一代风气，引领时代风尚，并且表仪一时②。现在，笔者又将指出：在谢无量身上，蜀学之形神与风骨得到了良好而经典地展示。换句话说，谢无量其实也是蜀学之杰出代表。

---

① 彭华：《博求"三通"：苏氏蜀学的形神与风骨》，《孔子研究》2012年第4期。
② 彭华：《蜀学之形神与风骨综论——以文史哲或经史子集为考察对象》，《殷都学刊》2014年第3期。

谢氏学识渊博，其治学领域与研究范围，淹贯经、史、子、集四部，覆盖文学、史学、哲学、经学等多个领域，函括中（国学）、西（西学）、印（佛学）三大学术体系，甚至对马克思主义（辩证法、《资本论》等）亦有涉历与探究，而且具有非凡的开创性、良好的代表性、可贵的前瞻性，堪称"好学深思，心知其意"的一代学问大家。

为节省篇幅，兹谨枚举谢无量各学科领域著作数种以及诸人之相关评价，以此管窥一斑，并引以为实证。

1. 《楚词新论》

在中国文学史上尤其是在楚辞学史上，谢无量的《楚词新论》是一部具有重要意义的著作①。20世纪初叶，疑古成为风行一时思潮，胡适（1891-1962）、廖平等人都曾经怀疑，以致否定屈原及《楚辞》，而谢无量的《楚词新论》、游国恩的《楚辞概论》起到过扭转风气的作用。中国屈原学会会长（第五届）方铭说："1923年出版的著名的文学史和哲学史家谢无量先生的《楚词新论》（商务印书馆）是反击解构屈原及其《楚辞》的一部极为重要的著作"，"应该说，谢无量先生《楚词新论》在反击胡适等人的屈原解构观点的同时，已经开始建构新的楚辞学，并能从思想传统、文化背景、艺术特点的差别诸方面入手，探讨屈原作品的特点，从楚国的地理、音乐、屈原的政治抱负三方面入手，探讨屈原的爱国思想和超人间思想的来源。这些都是全新的认识和见解"②。方铭后来又说："谢无量1923年出版的《楚词新论》，特别是游国恩先生于1926年出版的《楚辞概论》，把对楚辞的综合研究提升到了一个新的高度。"③

2. 《中国大文学史》

一般认为，林传甲（1877-1922）的《中国文学史》（1910年6月校正再版，1914年6版），是"清末问世的我国第一部以'中国文学史'为题名的著作"④。实际上，黄摩西（1866-1913）的《中国文学史》要早于林传甲的《中国文学史》，"黄人（摩西）《中国文学史》，其编撰时间比林传甲《中国文学史》的出版年代（1910年）整整要早六年，应属国人所著第一部本国文学史"⑤。但就体系、体例、内容与影响而言，黄摩西与林传甲的《中国文学史》实则不可与谢无量的《中国大文学史》同日而语。

谢无量的《中国大文学史》于1918年10月初版，较黄摩西与林传甲的《中国文学史》分别晚了14年、8年，但自其出版问世以来，可谓好评如潮。陈玉堂指出，谢无量的《中国大文学史》是"早年较有影响的一部文学史"，"唯范围扩及经学、文字学、诸子哲学，乃至史学及理学，反不若作者前此的另一部著作《中国妇女文学史》"⑥。吉平平、黄晓静高度评价谢无量的《中国大文学史》，该书"是早年较有影响的第一部由上古至清代的系统文学史专著"，"是我国率先出现的一部体制庞大、内容广博的文学史，具有开创意义。至今，不仅有丰富珍贵的资料价值，而且具有较高的学术价值"⑦。董乃斌亦高度评价此书，"谢无量的《中国大文学史》比林、黄二书晚出，是本世纪20年代之前出版的体系最严整的一部文学通史"⑧。袁行霈对《中国大文学史》的评价非常全面、非常到位，"二三十年代编写文学史的风气很盛，共

---

① 笔者所见今人论著，多将此书名误作"楚辞新论"。敬请读者留意。
② 方铭：《20世纪新楚辞学建立的过程考察》，《淮阴师范学院学报》2000年第4期。
③ 方铭：《楚辞文本研究对楚辞研究的重要性——以楚辞研究史为视点看周秉高先生〈楚辞解析〉》，2004年楚辞学国际学术研讨会暨中国屈原学会第十届年会，四川·成都，2004年10月15日至18日。
④ 北京图书馆编：《民国时期总书目（1911-1949）》（文学理论·世界文学·中国文学），书目文献出版社，1992年，第197页。
⑤ 徐斯年：《黄摩西的〈中国文学史〉》，《鲁迅研究月刊》2005年第12期。
⑥ 陈玉堂：《中国文学史书目提要》，黄山书社，1986年，第11页。
⑦ 吉平平、黄晓静编著：《中国文学史著版本概览》，辽宁大学出版社，1992年。按：此处所谓"第一部"云云，有误。
⑧ 董乃斌：《论文学史范型的新变——兼评傅璇琮主编的〈唐五代文学编年史〉》，《文学遗产》2000年第5期。

有二十多部。其中谢无量的《中国大文学史》（中华书局，1918年）影响最大，可以作为这个时期文学史著作的代表。就这部书而言，已经建立了比较完整的文学史著作的体系。此书共分十卷五编，五编为绪论、上古文学史（先秦及秦）、中古文学史（汉至隋）、近古文学史（唐至明）、近世文学史（清）。既包括正统诗文，也包括戏曲、小说，既包括重要作家的评介，也包括一些主要文学流派的说明，已经具备了后来文学史著作的规模。其所谓大文学史，是广义的文学史，既包括纯文学，也包括学术，以及与文学相关的文章。联系整个学术文化来研究文学史，这在当时是具有前瞻性的。近十几年来，我们许多学术界的朋友正是朝着这个方向努力，并取得了可喜的成果"[1]。所谓"前瞻性"云云，预示着《中国大文学史》在未来还将继续放射光芒。

3.《中国哲学史》

谢无量的《中国哲学史》，初版于1916年10月，至1940年时共发行了12版。《中国哲学史》论述从先秦到清末各时期哲学的渊源、发展、变迁及各时期哲学家的主要观点。全书分三编：《上古哲学史》（包括古代及儒、道、墨诸家及秦代），《中古哲学史》（包括两汉、魏晋六朝、隋唐），《近代哲学史》（主要为宋、元、明、清）。这是近代中国的第一部《中国哲学史》，早于胡适（1891-1962）的《中国哲学史大纲》（卷上）和冯友兰（1895-1990）的《中国哲学史》（上下册）。

谢无量的《中国哲学史》系统梳理了传统哲学思想，并凝炼出"并存异学，求其会通""因世论人，述变推原""时代为经，学派为纬""分类述之，条纪贯串""约其精蕴，无取繁词"的哲学史方法论。在形式和体例方面，谢无量虽然未能将自己的想法完全贯彻实施，"但是为后人重写中国哲学史奠定了基础，也树立了参照，其重要贡献不可磨灭"[2]。

4.《王充哲学》

《王充哲学》初版于1917年5月，至今已有将近百年的历史。但在今天看来，这部著作依然具有可观的参考价值和重要的借鉴意义。以体例与内容而言，《王充哲学》便与时下的著述若合符节。《王充哲学》全书分为两编，第一编是《序论》，有《王充生平事迹》《王充学术之渊源及其著作之旨趣》两章；第二编是《本论》，第一章是《形而上学说》（宇宙原理论、命论、感应论、祸福论、死与鬼、妖祥、卜筮），第二章《伦理学说》（性善论、道德与时势、儒生与文吏、成功与善心、人格标准论），第三章是《评论哲学》（对物理、文学、历史、礼俗之评论）等

相关资料显示，毛泽东曾经高度称赞《王充哲学》。谢无量的女儿谢祖仪在回忆文章中说："此书（引者按：即《王充哲学》）在全国解放后，曾受到毛主席的称赞。"[3] 毛泽东在评价谢无量时，特意提到《王充哲学》并且赞扬《王充哲学》，"谢无量先生是很有学问的，对中国古典文学和哲学都很有研究，思想也很进步，在苏联十月革命以前就写了《王充哲学》。这本书是提倡唯物史观的"[4]。

5.《佛学大纲》

谢无量一生著作颇富，但佛学著作却只有这一本《佛学大纲》。在当时，这是第一部系统介绍佛教理论的书籍。该书1916年8月初版，1923年6月发行至6版，1930年2月发行至9版，1936年8月发行至11版。《佛学大纲》得到广大读者的广泛喜爱，由此可见一斑。

---

[1] 袁行霈：《守正出新及其他——关于中国文学史的编写与教学》，《中国大学教学》1999年第6期。
[2] 覃江华：《"兼总百家，必归于儒"——谢无量的中国哲学史研究》，《理论月刊》2013年第12期。
[3] 谢祖仪：《回忆父亲谢无量》，《重庆文史资料》第23辑，1984年。后作为附录，收入《国学大师谢无量》，中国文史出版社，2006年，第331页。
[4] 徐鲁：《世间已无谢无量》，《中华读书报》2015年5月20日第14版。

谢无量之于佛学，是有正宗的、地道的师承渊源的。1909年，谢无量至南京，和太虚（1889－1947）同入杨文会（1837－1911）门下，在金陵刻经处"祇园精舍"学佛。谢无量此次学佛，为其后来撰写《佛学大纲》打下了良好的基础。《佛学大纲》出版后，"曾经受到太虚法师的高度赞扬"①。

6. 其他（时贤的推挹）

淹博、精深、纯粹如马一浮者，对谢无量是刮目相看、青睐有加。1916年12月，蔡元培出任北京大学校长。蔡元培诚邀马一浮至北京大学任教，马一浮辞而不往。12月24日，马一浮在答书中举荐谢无量。书云："谢无量淹贯众学，理无不融，浮不能及。先生若为诸生择师，此其人也。"②在与友朋交谈中，马一浮又平心而论谢无量："平生所遇友朋之间，天才之高，莫能先之。对人从不作庄语，其教书门类甚广，马克思辩证法之类，夕披览而朝讲授。其著书信笔写去，而文字工整，少有能及之者。尝言孙中山得力惟在 Henry George：*Progress and Poverty* 一书。"③

众所周知，鲁迅心比天高、心高气傲，并世俊彦少所嘉许，但对谢无量却有些另眼相看。鲁迅在写作《汉文学史纲要》时，仅胪列少数参考书，而谢无量的《诗经研究》《楚词新论》以及《中国大文学史》均榜上有名④。鲁迅在其《中国小说史略》印讫后，以事先未见谢无量的《平民文学之两大文豪》为憾，特于《后记》中补充说明，"于谢无量《平民文学之两大文豪》第一编知《说唐传》旧本题庐陵罗本撰，《粉妆楼》相传亦罗贯中作，惜得见在后，不及增修"⑤。1933年12月20日，鲁迅致信曹靖华（1897－1987），在谈及中国文学研究的参考书目时，又专门提到谢无量的《中国大文学史》，并且是首先提到的一本，"至于史，则我以为可看（一）谢无量：《中国大文学史》，（二）郑振铎：《插图本中国文学史》（已出四本，未完），（三）陆侃如、冯沅君：《中国诗史》（共三本），（四）王国维：《宋元词曲史》，（五）鲁迅：《中国小说史略》"⑥。

（二）诗文与书法，才情共飞扬

十多年前，笔者曾经以史学为例，就史学功能的发挥表达过一些浅见，其中之一即关涉学术语言。笔者当时指出，"重视文字技巧和语言风格，在中外都有其传统"，"学术自有其规范，但这并不排斥学术语言的个性化、风格化"，"个性化的风格，是写作者成熟的表现，也是著作的魅力之所在"⑦。谢无量的语言文字，富有个性，具有魅力。尤其难能可贵的是，谢无量不但诗词文兼工，而且是卓越的大书法家，使其作品赏心悦目，极富艺术价值和收藏价值，这是绝大多数学人与作家不能具备的优势。

郑逸梅（1895－1992）说，"无量诗文瑰诡渊古，别饶奇气"；"他工书法，往往纵其笔势，气充神旺。有时故作稚拙，如出孩儿之手，但是别有一种风格"⑧。郭君穆（1915－1994）说，谢无量是"近代史上一位才华横溢的诗人，著述等身的学者，自成一体的卓越书法家。他的诗，古体与近体兼工；他的文，散文和骈文并妙；他的书法，素为海内名家推重"，"他的古体诗往往峭拔雄奇，近体诗大都渊雅清丽"，"而抗战中的一些作品，又复沉郁顿挫"，"几乎篇篇蕴蓄着忧国忧民之念"⑨。郑逸梅和郭君穆的感受，兼及谢无

---

① 陈雪湄：《漫谈谢无量的书法及其他》，《国学大师谢无量》附录，中国文史出版社，2006年，第320页。
② 马一浮：《答蔡鹤庼（元培）书》，《中国现代学术经典：马一浮卷》，河北教育出版社，1996年，第713页。
③ 王培德等编次：《马一浮先生语录类编》，《马一浮集》第三册，浙江古籍出版社·浙江教育出版社，1996年，第1086页。
④ 鲁迅：《汉文学史纲要》，人民文学出版社，2006年，第14、27、38、44、49、54、63、74、85页。
⑤ 鲁迅：《中国小说史略》，人民文学出版社，2006年，第304、305页。
⑥ 鲁迅：《鲁迅书信集》上卷，人民文学出版社，1976年，第463页。
⑦ 彭华、张波：《重视学术规范 发挥史学功能》，《淮阴师范学院学报》2002年第4期。
⑧ 郑逸梅：《南社丛谈》，《郑逸梅选集》第一卷，黑龙江人民出版社，1991年，第285页。
⑨ 郭君穆：《一代才人谢无量》，《四川近现代文化人物》，成都：四川人民出版社，1989年，第191、196－197页。

量之诗文与书法,这是比较全面、比较深刻的感受与评价。

谢无量是杰出的大书法家,已然进入一代书法大家的行列。谢无量的字结体听其自然,不受拘束,运笔如行云流水,天趣盎然,世人誉之为返璞归真的"孩儿体"。谢无量的书法,"师法二王,游心篆隶和南北朝碑刻",已经达到了"绚丽至极,归于平淡"的境界。世纪之交,谢无量被人推为二十世纪十大书法家之一[①]。这是实至名归,谢无量当之无愧。(图一)

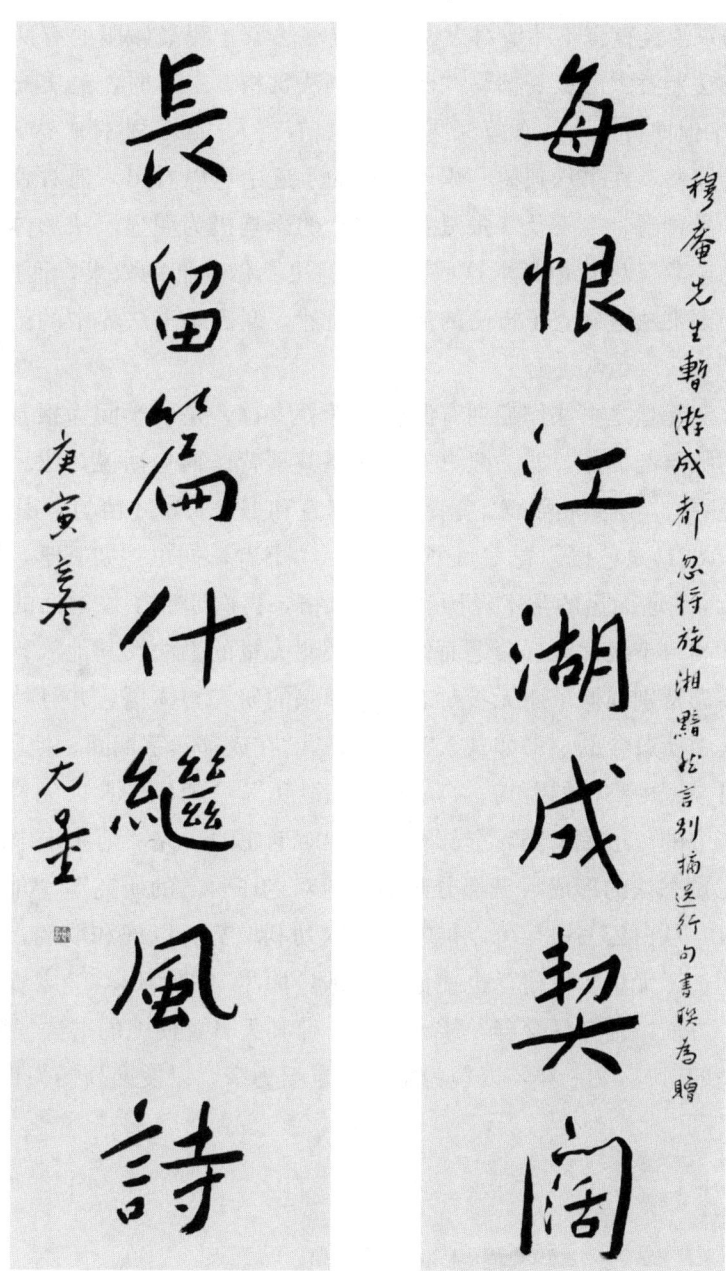

图一 谢无量楷书七言联(四川博物院藏)

---

① 2000年8月,经过当代35位书法专家的投票评选,"中国20世纪十大杰出书法家"揭晓(依得票多少为序):吴昌硕(35票)、林散之(35票)、康有为(35票)、于右任(35票)、毛泽东(26票)、沈尹默(26票)、沙孟海(25票)、谢无量(22票)、齐白石(19票)、李叔同(15票)。

于右任曾说，谢无量的书法"笔挟元气，风骨苍润，韵余于笔，我自愧弗如"①。沈尹默（1883—1971）也说："无量书法，上溯魏晋之雅健，下启一代之雄风，笔力扛鼎，奇丽清新。"②书法家余中英（1899—1983）是谢无量故交，对谢无量知之颇深。他对谢无量书法的评价甚是中肯，"无量之字，好就好在随意挥毫，无意求工，纯任自然。一经落墨，便涉笔成趣，别有风致，不能以点画苛求之"③。在林思进（1873—1953）看来，谢无量是康有为（1858—1927）后第一人，"近代书法，以康南海为第一；南海而后，断推无量"④。

吴丈蜀（1919—2006）曾经直言不讳地对人说：当代书法家，我最佩服的有两个人，一是于右任，一是谢无量。在为《中国书法鉴赏大辞典》撰写"谢无量书法赏析"一节时，吴丈蜀对谢无量的书法艺术成就作了精当的评述，"由于他博古通今，含蕴深厚，兼之具有诗人气质，襟怀旷达，所以表现在书法上就超逸不凡，形成了他独特的风格，在书坛独树一帜。从他的手迹中可以看出，他对魏晋六朝的碑帖曾下过相当的功夫。从行笔来看，受钟繇、二王及《张黑女墓志》的影响极为明显。从形体来看，则可窥见《瘗鹤铭》以及其他六朝造像的迹象。尽管他师承这些碑帖，但决不做他们的奴隶，而能融会贯通，博采众长，创造出自己的书体，在中国书法上确立了自己的流派。显然，谢氏是书法界中的革新派，是书法创新的先驱"⑤。

特别难能可贵的是，谢无量之书法作品拥有深厚的学养支撑，是以学问为根基、以学术为底蕴，远远超越了单纯的技巧层面的临摹与创作，非一般书家所能望其项背。换句话说，谢无量已然超越"匠人"层次，跃然而入"大家"境界。"长哦挥洒，以为真乐"（《宣和书谱》），才情与学识同挥洒、共飞扬。

清人刘熙载（1813—1881）《艺概》卷六《书概》云："书者，如也：如其学，如其才，如其志，总之曰如其人而已。"⑥ 今人云，"谢无量的学术经历和书法风格，再次印证了这句话的合理性"⑦。谢无量续弦陈雪湄假其升堂入室、耳濡目染之优势，命笔而作《漫谈谢无量的书法及其他》⑧，鞭辟入里地揭示了这一层面的意蕴。文中，陈雪湄特别强调了谢无量对老庄与禅宗的研究与体悟，并且特意点明谢无量书法与老庄、禅宗的关系，以及其中所蕴含的"书如其人"的真谛。"在成都卖字期间，他研究禅宗，和贾题韬往还甚密。我俩时常用《指月录》中高僧的警句，打机锋以赌胜负"，"道家经典，无量更是爱不释手了。在青城山疗养期间，我俩将庙中的《道藏辑要》全部看完。他对老庄的研究，则从未中断"，"老庄哲学已深深地印入他的脑海了"。"无量书法的形成，一部分归功于他对老庄哲学的研究"，"他写的条幅，在法度端严中，洋溢着虚澹萧散气氛。从白云书诀，可以推断，书以劲利取势，以虚和取韵，方能妙造深微，外柔而内刚，这一特点，不仅塑造了无量的性格，也使他的书法，曲尽'神实形空'之妙。老庄哲学对他影响的深远，于此可见"。"另一方面，他知恬交养，柔和淡泊，葆其天真，使他的书法气扬采飞，卓立千古"。总之，谢无量的书法，"也和其诗、文一样，以气为主，以自然为宗，以俊逸高畅为贵"。

---

① 转引自马宣伟：《谢无量及其书法艺术》，《文史杂志》2002年第2期。
② 转引自李行百：《天葩吐奇芬——谢无量和他的书法艺术》，《中国书法》1986年第9期。
③ 邓穆卿：《名流谢无量》，《成都旧闻》，成都时代出版社，2005年，第103页。
④ 刘君惠：《谢无量先生自写诗卷引言》，转引自刘长荣、何兴明《国学大师谢无量》，中国文史出版社，2006年，第43页。
⑤ 刘正成主编：《中国书法鉴赏大辞典》，天地出版社，1989年。
⑥ [清]刘熙载撰，袁津琥校注：《艺概注稿》，中华书局，2009年，第810页。
⑦ 李林：《谢无量学术研究倾向对其书法艺术风格的影响》，《商丘师范学院学报》2014年第8期。
⑧ 陈雪湄：《漫谈谢无量的书法及其他》，《文史杂志》1986年第1期，第56—60页。

三、巴蜀不了情——蜀学因缘

对于家乡四川，谢无量抱有一种浓厚的桑梓情怀，这一情怀伴随其一生，挥之不去，割舍不下，是为"巴蜀不了情"。

谢无量与巴蜀的情缘，除投身文教、作育人才外（见上文），还团结同好组织"蜀学会"（机构）、呼吁学人编纂《蜀藏》（文献），并从学理层面梳理与总结蜀学（学术）。

1. 蜀学会

在近代史上，曾经存在过三个蜀学会，分别成立于北京、成都、上海。三个蜀学会各有千秋，而谢无量组织的蜀学会更富有学术意义和建设意义。

1898年3月，刘光第（1859—1898）、杨锐（1857—1898）联合在京川籍官绅，在北京四川会馆观善堂旧址成立"蜀学会"。参加蜀学会的有73人，如骆成骧（1865—1926）、王乃徵（1861—1933）等。该"蜀学会"以讲新学、开风气为宗旨，并办有"蜀学堂"，培养通晓西学的人才。

1898年4月，由宋育仁、廖平、吴之英等人发起，在四川成都成立"蜀学会"，同时创办《蜀学报》。该蜀学会"以通经致用为主，以扶圣教而济时艰"，"发扬圣道，讲求实学"。《蜀学报》"为蜀中开风气而设"，积极宣传变法维新，推动四川维新变法运动的发展[①]。北京与成都的蜀学会，都成立于维新变法时期，自然带有强烈的时代特色与政治诉求。这两个蜀学会互相支持，可谓志同道合。戊戌变法失败后，蜀学会、《蜀学报》均被禁斥。

1907年，谢无量秘密离京至沪，与四川籍进步人士周紫庭等恢复"蜀学会"，与成都"蜀学会"遥相呼应。三年后，谢无量翩然回川。1910年，谢无量出任四川存古学堂首任监督（校长）。1912年，谢无量就任四川国学院院副。在此期间，将蜀学会料理得井井有条，焕发出勃勃生机。兹以《蜀学会叙》所述为例[②]。

根据《蜀学会叙·叙礼》的陈述，蜀学会是"蜀人公创论学之会"（第一条），"蜀学会在佐蜀人兴起于学，修其所有者，以达其所未有者。无关于学，则一切不论"（第二条），这两条表明蜀学会是一个学术性的专业性的学会，一切以学术为尚。"蜀学会以[推]进全蜀智识学问为旨，凡吾乡荐绅先生、硕士、秀民，于义皆当赞成。凡得本会会员介绍，即可入会。如在远方，而愿为本会会员者，亦可投书讲论，提名会籍"（第四条），"外省人有志蜀学者，亦可由本会会员介绍入会"（第二十三条），这两条一则继续强调蜀学会的学术性，二则突出蜀学会的开放性——立足四川而又放眼全国，立足蜀人而又吸纳国人。蜀学会还有谋建"大藏书楼"（第十三条）、订购图书报章（第十二条）、筹建"完全之大学校于成都"（第十四条）、出版《蜀学报》（第十五条）等构想与计划。

在当今的四川、重庆以及全国其他各地，以"巴蜀""四川""重庆"等为名的机构、学会及其会刊、辑刊等，其数字已然不在少数之列，有的已经形成规模、产生影响，这是可喜可贺的事情。追根溯源，今人的构思、计划与工作，与100多年前的三个蜀学会，实又不无共同之处。唯因如此，我们还得向宋育仁、

[①] 彭华：《宋育仁与近代蜀学略论》，《历史教学问题》2011年第2期。
[②] 《蜀学会叙》，谢无量撰，民国间油印本，中国国家图书馆藏。《蜀学会叙》分为三部分，第一部分是《叙捷》，第二部分是《叙通》，第三部分是《叙礼》。

廖平、谢无量等巴蜀先贤致敬。

2.《蜀藏》

笔者曾经指出，蜀地有注重"文献之传"的传统。巴蜀大地的学人，往往能自觉担当"文献之家"，尤其注重"文献之传"。就川籍对巴蜀文献的收集与整理而言，可谓代有其人。比如，明人杨慎（1488—1559）编有《全蜀艺文志》，清人张邦伸（1737—1803）编有《全蜀诗汇》《锦里新编》，清人孙桐生（1824—1904）编有《国朝全蜀诗钞》，近人傅增湘（1872—1949）编有《宋代蜀文辑存》《明蜀中十二家诗钞》[①]，今人李谊编有《历代蜀词全辑》《历代蜀词全辑续编》，等等。目前正在紧锣密鼓进行中的《巴蜀全书》[②]，是收录现今四川和重庆两省市古文献的大型丛书，将对周秦两汉至1949年历代汉文文献中的巴蜀文献，进行系统的调查、收集、整理和研究，将实现对巴蜀文献有史以来规模最大、体例最新、使用最方便的编录和出版。

回到本题。晚清民初，宋育仁、谢无量等巴蜀士人即着手编纂巴蜀文献。1898年，宋育仁由渝入蜀，在成都主持尊经书院，当时即致意于"蜀学丛书"的印行。谢无量撰写的《蜀学会叙》，其《叙礼》部分之十六云："本会拟渐次刊行蜀乡先辈遗书，名曰《蜀藏》。并广征蜀中私家著述，为之表章。""名曰《蜀藏》"，可见其气度之大、计划之宏。虽然最终未克蒇事，但着实令后人肃然起敬！

3. 蜀学

谢无量热爱巴山蜀水，对巴蜀文化情有独钟，曾经从学理层面梳理与总结蜀学（学术）。1912年10月至1913年1月，谢无量在《四川国学杂志》第2—5号连载《蜀易系传（蜀学系传之一）》（第3号改名为《易学系传》）。1912年，《蜀学会叙》刊于《独立周报》第8号。1913年2月，《蜀学原始论》刊于《四川国学杂志》第6号。1914年，《蜀学发微》刊于《蜀风报》第4、5期。上文所引中国国家图书馆藏民国间油印本《蜀学会叙》，内容最为完整，也最能代表谢无量对蜀学的见解。

谢无量对于蜀学的见解，集中于《蜀学会叙》的第一部分《叙捷》。谢无量考察的类别有四，即儒、释、道三教与文章。（1）儒教。"儒之学，蜀人所创"，即由大禹创立"原始儒学"（儒家学派）；"《三易》者，《连山》蜀人所作，已灭不见；而《归藏》《周易》不坠于地，唯蜀人之功"，其后又有"《周易》自汉盛至今，亦惟蜀人能传之"，如商瞿（成都人）传《易》学。（2）道教。"道者，蜀人所创"，道有"三宗"（原始之道、养生之道、符咒之道），"三宗亦自蜀始"，"蜀道之大别惟三宗，三宗所繇兴以蜀"。（3）释教。"释家者，异邦之学，蜀所传者二宗"，一为马祖道一所传禅宗，一为宗密所传华严宗。（4）文章。"文章，惟蜀士独盛"，计有"四始"，一为南音（"涂山氏创，《离骚》所出"），二为赋（"或曰赋始荀卿，然《汉志》录赋实首屈原，原所生即今巫山地"），三为古文（"陈子昂复兴"），四为词曲（"李白创"）。由此，谢无量得出结论，"蜀有学，先于中国"，"惟儒惟道，其实皆蜀人所创"，"若夫其学，不自蜀出，得蜀人始大；及蜀人治之独胜者，并著以为型，而衍众人遗说"。谢无量打了个比方，"蜀之于中国，其犹埃及之于欧洲乎（欧洲学术出于埃及）"。

数年前，笔者乍读此文，惊愕不已，舌拆不下。近年来，学者研究发现，谢无量此文此论，其实是自足自洽的，并且是可以自圆其说的。从阐释谢无量《蜀学会叙》入手，可以初步总结出"蜀学"的一些特征：比如，大禹所创《洪范》"五行"、《连山》"阴阳"等观念，为后世儒家奠定了哲学基础；再比如，在

---

① 彭华：《文献大家傅增湘》，《巴蜀文献》第二辑，四川大学出版社，2015年。
② 《巴蜀全书》是国家社会科学基金重大委托项目（批准号：10@ZH005）、四川省社科规划重大委托项目（SC10Z001）、四川省重大文化工程（川宣〔2012〕110号）。

孔子"六经"、汉人"五经"和唐人"九经"的构架上，蜀学率先构建起"七经"和"十三经"的经典体系，并为正统儒学所接受；又比如，蜀中自古流传的"皇人"信印、仙道传统，造成了老子入蜀修仙的传说，也成就了张道陵入蜀创教的功绩[①]。

本文原载于《关东学刊》（长春）2016年第7期。收入本书时，略有删削。

附记：本文系国家社会科学基金一般项目"民国时期巴蜀学术研究"（批准号：12BZS014）的阶段性成果。

[①] 李冬梅、舒大刚：《"蜀学"五事论稿——读谢无量先生〈蜀学会叙〉札记》，《湖南大学学报》2015年第6期。

谢无量与四川博物院文物保护工作

国家文物出境鉴定四川站　刘振宇

摘要：谢无量先生是中国近现代杰出的学者，所著《佛学大纲》《中国哲学史》《中国大文学史》开中国现代专门史研究之先河。中华人民共和国成立后，谢无量先生被川西人民行政公署文教厅任命为川西文物保管委员会主任委员、川西人民博物馆（现四川博物院）馆长。他和李劼人、蒙文通、徐中舒等动员收藏家捐献文物给国家，开展民间文物的征集和抢救，举行川西区文物展览会，引进文物修复专家，积极推动张大千敦煌壁画摹本入藏四川省博物馆，为四川文博事业做出了巨大贡献。

关键词：谢无量；四川博物院；张大千敦煌壁画摹本；文物保护

前　言

谢无量先生（1884—1964）是中国近现代杰出的学者，毕生致力于中国文化之研究，以世界之眼光、大同之理想，奋笔为之，议论奇伟，颇多独见，所著《佛学大纲》《中国哲学史》《中国大文学史》开中国现代专门史研究之先河，获得鲁迅、胡适、太虚法师等赞许。后追随孙中山先生，致力于国家之独立、民族之解放，目睹横流，厌鄙政争，遂隐于闹市，卖文鬻书。晚年执教于中国人民大学。

中华人民共和国成立后，谢无量先生（图一）被川西人民行政公署文教厅任命为川西文物保管委员会主任委员、川西人民博物馆（现四川博物院）馆长。他和李劼人、蒙文通、徐中舒等动员收藏家捐献文物给国家，开展民间文物的征集和抢救，举行川西区文物展览会，宣传文物知识和法规，引进书画修复专家刘绍侯先生，积极推动张大千敦煌壁画摹本入藏博物馆，为四川博物院奠定了坚实的事业基础。正是谢无量、冯汉骥、徐中舒等著名

图一　谢无量小像（1953年拍摄于成都）

学者的开拓和耕耘，加上一代又一代文博人的奋斗和坚守，才有了今日四川博物院的发展壮大。

一、民间文物的征集和抢救

中华人民共和国成立初期，川西人民政府非常重视文物古迹的保护，根据文化部关于对历史文物作有效保护的指示，川西人民行政公署文教厅于 1950 年 12 月 15 日核准成立"川西文物保管委员会"，聘请谢无量、李劼人、蒙文通、徐中舒、闻宥、冯汉骥、芮敬于、陈翔鹤等九人为委员，推选谢无量为主任委员。1951 年 2 月 25 日，川西人民行政公署公布《川西区保护历代古迹文物暂行办法》。1951 年 5 月 28 日，西南军政委员会公布《西南区土地改革期间保护民族文物暂行条例》。

按照川西人民行政公署文教厅的部署，川西人民博物馆协助西南人民监察委员会调查了成都名胜古迹的破坏情况及保存现状，对文殊院、昭觉寺、大慈寺、草堂寺、青羊宫、二仙庵、武侯祠、人民公园等处收藏的重要文物进行了登记。

根据《川西区保护历代古迹文物暂行办法》的规定，川西文物保管委员会组织人员对成都重要收藏家的珍贵文物进行了初步调查，邀请收藏家、书画家、民主人士参加文化座谈会。针对征粮、减租、退押运动中，收藏家愿意捐献、出售金石书画给人民政府的情况，谢无量与川西文物保管委员会的李劼人、蒙文通、徐中舒、闻宥等积极响应，做好联络沟通工作，并致函相关部门，请求酌情照顾，如 1951 年 5 月 10 日，就著名收藏家陈益廷减租退押事，谢无量与钟体乾、李劼人、杨啸谷、芮敬予联名致函"七联"① 负责同志，他在信中写道："七联负责同志：陈益廷因协助慈惠堂退押，他已将家中全部文物供献与川西文教厅，请求照顾。最近他本人每天向各方面设法，陆续的都在缴款，我们是希望他早日克服困难的，同时也希望贵工作同志多可怜，他年过七十，照顾于他，使他每天能够安心地去设法借款，顺利地完成任务。②" 面对大量私人文物的捐献、出售行为，为了确保川西人民博物馆入藏文物的真实和价格的合理，确保公平、公正、公开、有序地开展工作，谢无量先生先后组织了八次文物评估活动，邀请周新甫、沈渻庵、林君墨、芮敬于、邓只淳、徐中舒、向楚、冯汉骥、杨啸谷、蒙文通等著名学者、鉴定家、书画家担任委员，对捐献、征集的文物进行鉴定评估。

截至 1951 年 10 月，川西人民博物馆共接受捐献 7214 件，其中书画 916 件、碑帖 162 件、善本 3593 本、地方志 300 本、古砚 105 件、陶瓷 702 件、玉器 252 件、铜器 288 件、印章 310 件、雕刻 62 件、古墨 28 件、古砖 46 件、其他 450 件，其中不乏精品，如广汉出土西周玉器、蒋琬带钩（杨茂如藏）、六朝鎏金铜佛（苏琢章藏）、《吐鲁番魏晋写经残卷》（陈益廷藏）、敦煌藏经洞唐画一幅（苏兆祥藏）、北宋建隆二年敦煌《水月观音像》（张存孝藏）、北宋开宝二年敦煌《千手千眼观音像》（张存孝藏）、宋画册页八开（张毅崛藏）、宋马远《得梅图》（张存孝藏）、宋释巨然《夏山深翠图》（李任甫藏）、宋乾道本《梦溪笔谈》（陈少兴藏）、宋绍兴本《临川集》（陈少兴藏）、宋拓淳熙《修内司法帖》（任望南藏）、宋拓《怀仁集王羲之书圣教序》（张毅崛藏）、宋拓《玉版十三行》（陈少兴藏）、宋龙泉窑竹节瓶（陈少兴藏）、宋官窑东青笔洗（朱良辅藏）、宋永和窑玳瑁釉碗（朱良辅藏）、宋汝窑投壶尊（朱良辅藏）、宋钧窑笔洗（陈瑞园藏）、

---

① 1950 年 10 月，成都市委发出《关于减租退押清匪反霸向成都市地主进行退传通知》，成立了成都、华阳、双流、温江、郫县、新繁、新都七县农民协公驻成都联合办事处，简称"七联"。负责办理川西 7 县居住在成都市区的土地出租者退押等事宜。

② 书信原件藏李劼人文物管理所。

《谭帖》（陈益廷藏）、元代内府玉押章（陈益廷藏）、明代张路《望云图》（张存孝藏）、王觉斯《行书诗文卷》（张毅崛藏）、八大山人《山水画册》等。① 以上文物精品中，宋拓《怀仁集王羲之书圣教序》（图二）的入藏与谢无量密不可分。谢无量先生与黄宾虹、周新甫、曾默躬、江鹤笙等书画碑帖藏家交往密切，加之天才卓越，雅好书画，喜临《洛神赋》和《圣教序》，神采清新，俊丽清腴，字如其人。民国三十一年（1942）春，谢无量在张毅崛家中鉴赏了宋拓《怀仁集王羲之书圣教序》，赞不绝口，作诗三首，曰："右军风格最清真，貌似如何领得神。浪比俗笔趋姿媚，古今皮相几多人。味道浈风十七霜，显扬真见转轮王。搜罗墨钞寰区遍，铁石休教混夜光。珠联璧合似生成，郑氏收来藻鉴精。楮墨流传诧宋代，板桥三度自题名。"1951年3月收藏家张毅崛通过他人表达愿将文物捐献给国家的愿望，谢无量先生获得消息后，马上安排相关工作，特意向经办人员介绍了宋代拓片和宋代绘画的珍稀性，正式办理手续是1951年11月4日，地点在成都市奎星楼街3号，接收人为川西人民博物馆的郭立中，至此宋拓《怀仁集王羲之书圣教序》进入国有博物馆收藏体系。1983年4月，北京故宫博物院著名金石学家马子云先生赴成都，对四川省博物馆收藏的碑帖类文物进行了拣选鉴定，认定一级文物5件、二级文物212件、三级文物476件，发现宋拓《九成宫醴泉铭》、宋拓《谭帖》等一批珍稀碑帖。宋拓《怀仁集王羲之书圣教序》（郑板桥私藏本）是该次鉴定活动的重要发现之一，马子云先生认为该作品的拓制时间为北宋，流传有序，名家题跋，内涵丰富，具有非常重要的历史、艺术和科学价值。

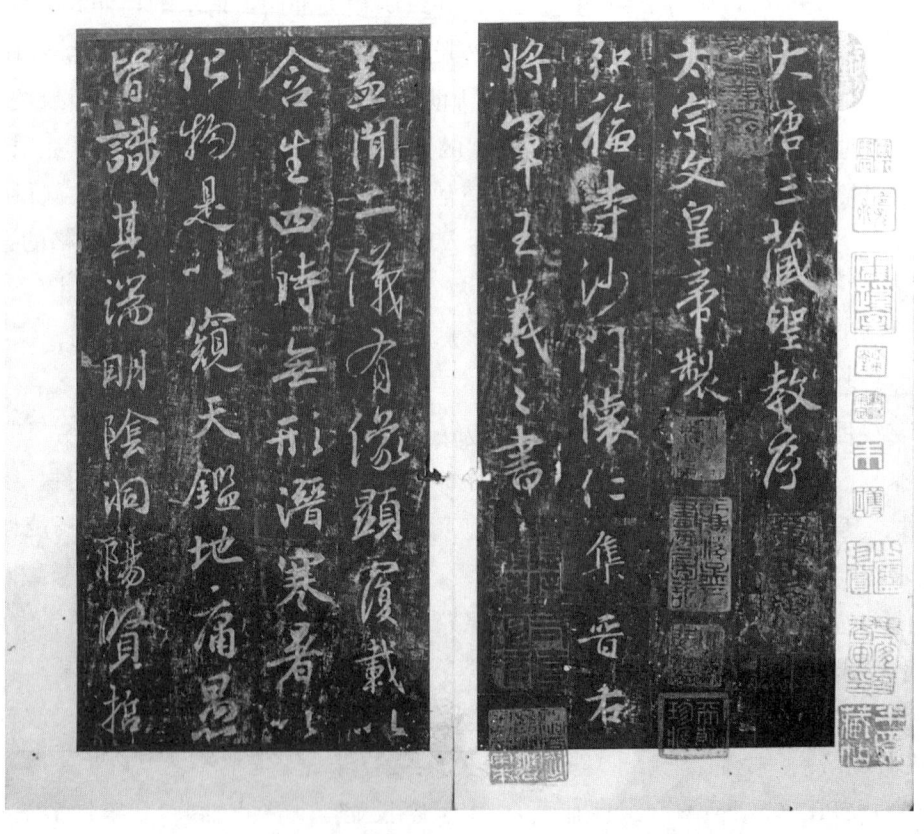

图二　宋拓《怀仁集王羲之书圣教序》（四川博物院藏）

---

① 详见1951年11月《川西人民博物馆一九五一年三月至十月工作总结》，原件藏四川省档案馆。

二、举行川西区文物展览会

1951年4月,为了宣传西南军政委员会文物保护法规,提高广大群众对文物的认识,避免在反霸、减租、退押、土地改革运动中发生文物破坏和散失,川西文物保管委员会决定会在成都市布后街举办"川西区文物展览会"。

此次展览会共有五个陈列主题:(一)社会发展史陈列室;(二)陶瓷发展史陈列室;(三)书画发展史陈列室;(四)善本书籍陈列室;(五)川西劳动人民创作陈列室。4月4日至4月16日,谢无量邀请周新甫、沈渻庵、林君墨、芮敬于、邓只淳、徐中舒、向楚、冯汉骥、杨啸谷、蒙文通评议展览大纲和拣选展品。

谢无量先生撰写《书画总说》作为书画发展史陈列室序言,他写道:

> 益州名画,古今艳称。自寺庙画壁,唐代存者极少,偶有宋明补画,沿嘉陵江寺庙中尚偶见之。佛像以外,唯黄荃父子的花鸟,承唐启宋。此次收得《水禽图》有黄居寀题,惜剥蚀太甚,未能展出。此外,仅有敦煌绢画一本,人物庄严典重,似非唐以后笔。至于夏圭、马远山水,亦有两幅,马远之《缉熙殿侍宴图》与故宫所藏之本,略有异同,此本上有"缉熙殿"印一方,为故宫所无。如易元吉之《双猿图》、无款之《双鹅图》《关山行旅图》皆属宋画的精品。元画有吴仲圭《墨竹》、赵子昂山水、王若水花鸟。明清画较多,文、沈、仇、唐并称,惟无沈画,其余明末清初诸老,放笔奇恣,以八大之《山水册》,陈白阳、龚半千、毛西河、王石谷之画尤为精妙,乾隆以后所收最少。书法颇少,蜀贤之作,东坡墨迹,海内犹多藏者,此间乃不得一幅。古书法惟有敦煌写经数卷,其余仅元金湜之临朱书、明李梦阳、康海山之所书,王恕寿册、文衡山字卷、要至明末,黄石斋、张二水,王觉斯诸人始著笔超妙。清人书法,远逊明代,只取张照等数家。碑帖旧拓,极为难得,亦附数种于书画之末,宋拓以《修内司帖》《潭帖》为最,自余金石拓片,并未展出,因佳者不多,姑俟将来,搜集渐广,再行公开展览。①

在这篇序言中,谢无量对四川书画发展历史作了简洁凝练的梳理,文笔清新优美,通俗易懂,便于观众参观,同时又兼顾展品特色,画龙点睛,突出重点和亮点。正式展览时间为4月19日至5月5日,共展出历代文物精品二千九百余件,参观人数达二万六千人。展览期间,谢无量还邀请著名学者、书画家蒙文通、徐仁甫、杨啸谷、周新甫、林君墨、戴执礼、沈渻庵等名家担任展览引导讲解员,很好地宣传了四川近代革命史和传统文化艺术,让广大群众认识到历史是人民创造,更加热爱祖国,积极参与文物保护事业。同时这次展览对于博物馆展示、宣传、教育功能的发挥也起到了开创性作用。博物院工作人员以此展览为基础加以调整、提升,相继推出了四川汉代雕塑展、四川历代文物陈列、四川省出土文物展览等,其中汉代雕塑展成为博物馆固定陈列。

三、引进书画类文物修复专家

川西人民博物馆成立初期,工作人员共计15人,馆长谢无量,主任郭立中,工作人员12人,分别是

---

① 徐铭鋆:《神霄真逸——谢无量诗书文稿》,上海书画出版社,2017年,第164页。

刘廷璧、何域藩、濮子谦、周桂荣（会计）、王必慰、陈光明、刘绍和、刘复章、王子云、李少清、梁伯康、吴朴之、唐建平。以上人员以文史类、绘画类专业居多，没有博物馆运营、文物修复类专业人才。

面对大量新入藏的书画文物，如何规范管理、如何抢救修复成为川西人民博物馆的当务之急。谢无量首先想到了刘绍侯先生。他是中国现代书画装裱史上的巨匠级人物，也是国画大师张大千的裱画师，长期修复大风堂珍藏古书画。

刘绍侯原名刘汉泽（图三，廖定一提供），字少侯，清光绪二十三年（1897）出生于河北省冀县（今冀州市）刘家庄。冀县在古代是上古九州之一，今隶属河北省衡水市。民国时期，衡水、冀县人开设的书店、装裱铺占据了北京琉璃厂的半壁河山。孙殿起《贩书传薪记》中记载琉璃厂经营古玩字画的店铺共146处，其中衡水、冀县籍人士开设的有60处。书画装裱铺共19处，其中衡水、冀县籍人士开设的就有11处。勤劳质朴、聪明好学的冀县人通过与文人雅士交往，学习古典文化，加之刻苦钻研，日久天长，终成大器，古陶瓷鉴定家孙瀛洲、书画鉴定家刘九庵、版本学家孙殿起都是冀县人，都是从琉璃厂走出来的闻名海内外的文博大家。刘绍侯九岁在王家道口读私塾，后为生计所迫，十六岁辍学务农。十八岁的他和同乡前往琉璃厂谋生，最初在"竹林斋"当学徒，师从刘其茂学习书画装裱。后又到"二酉山房"工作，不久在新华街创办"松友山房"。刘绍侯与张大千交往始于民国二十五年（1936）。张大千在北京购得元代唐棣《携琴访友图》（现藏四川博物院）真迹，美中不足的是画中山石、寒林处有墨污。经朋友介绍，张大千将画送到"松友山房"装裱铺，刘绍侯仰慕大千居士，今日又能为其装裱古画，故不遗余力。张大千展画良久，只觉古意盎然，光彩照人，反复观察，未发现修补痕迹，叹为神工，聘请其为大风堂古画修复师。抗战胜利后，通过宝华堂刘金涛的联系，刘绍侯与张大千重逢，随后入川。1950年因张大千远走海外，刘绍侯返回北京。

图三　刘绍侯与邓少琴、冯汉骥等同事合影
第三排左起：沈仲常、席鉴益、何锡福、廖定一
第二排左起：女子为冯先生家属、康建国、郝纯彪、胡占平、秦学圣、杨有润
第一排左起：谢雁翔、吴希贤、邓少琴、刘绍侯、冯汉骥、彭长登、王国源

谢无量在成都昭觉寺见过刘绍侯将断裂糟朽古画起死回生、重显光彩的过程，深知其珍稀性，专门委托张大千弟子刘力上联系。就刘绍侯来川西人民博物馆工作，谢无量多次致函上级主管部门，如1951年10月9日，谢无量致谢雁翔函中写道："雁翔宗先生：晨间奉教为快，图书馆两同志终日未来，明早请嘱其必到，不可误事，或另派两人来亦可。北京刘绍侯（即前次邀请之装裱专家）又有信与刘力上兄，盼望速决，即汇旅费及购物费。又严谷声来信说崇庆县白马乡发现汉墓，汉砖甚多。前次运龚家藏书未及多量选运，其中亦有汉画砖。昨楚部长谈及中央对此甚珍贵，能否即日派人前往查勘并运来蓉展览，请酌示。原两（刘、严）函并附阅。文委会编制亦希日内确定如何。"[①] 细读此信，隐约可见中华人民共和国成立初期，四川文博事业百废待兴，谢无量先生积极探索川西人民博物馆发展道路的急迫心情，从人员配置到经费使用、从文物征集到考古发掘，事无巨细，无不关切。1951年冬，刘绍侯受聘川西人民博物馆，创建书画修复工作室，抢救修复馆藏古代名迹（明人《荷塘聚禽图》、唐寅《虚阁晚凉图》等），为年轻人讲授书画装裱常识，培养出廖定一、康建国等著名修复专家。

四、推动张大千敦煌壁画摹本的入藏

四川博物院收藏的张大千作品文献享誉海内外，其中张大千敦煌壁画摹本尤具特色，是研究张大千绘画艺术的珍贵资料。这批摹本的入藏与谢无量密不可分。由于谢无量早期文献的散失，目前没有找到张大千与谢无量交往的最早文字记录，但最晚在民国十九年（1930）冬，两人既已相识。该年十月二十四日（12月13日），张大千母亲七十寿辰，张善孖在大风堂设宴，海上同仁前往祝福者甚多，谢无量赠行书八言联为贺，谢玉岑有《魏塘宾筵小记》述其盛况。两人之后的相遇是在民国二十四年（1935）秋，张大千夫妇游览华山归来，两人相遇于西安，畅谈往事，谢无量赠十七言长联给张大千，联文曰"曾登落雁，又到骑驴，一芥子中藏大千世界；画里齐眉，云端携手，太华峰头作重九归来。"款署"大千先生于乙亥重九与畹君夫人同登太华绝顶，归途相遇于长安逆旅，书此以赠。"此联书法精，联语佳，故事雅，现存四川博物院(图四)。

民国二十七年（1938），张大千从北平脱险，只身回到成都，著名藏书家严谷声知道后将贲园客厅改装成画室，定制巨型楠木画案，邀请大千及其家属、弟子居住。张大千西去敦煌临摹壁画全靠萧藩（翼之）、严谷声、杨孝慈的大力支持，启程之准备，中途之补给，归来之整理，常在贲园进行。借居贲园的谢无量看在眼里，记在心中，深知大千敦煌之行的艰辛，有诗记其感怀，曰："白接离下须髯古，鸣沙风里雪皑皑。真看北地生张八，貌得西天万佛回。人间粉本从煨烬，石壁丹青尚俨然。胡汉宫装凭认取，醉鸥浮颊贴花钿。玄释纷纭道岂殊，峥嵘八卦倚龟趺。伽蓝断碣西来意，不共藏缣付贾胡。方圆规矩寸铢同，摄取天龙一掌中。名画益州原不乏，草堂人日见禅风。"（图五）民国三十三年正月初一（1944年1月25日），由四川美术协会主办的"张大千临摹敦煌壁画展览"在成都提督西街豫康银行大楼隆重开幕，轰动文化界、艺术界。谢无量先生应张大千之邀，为《大风堂临摹敦煌壁画第一集》题写书名。在严谷声的协助下，该书于民国三十三年（1944）由西南印书局出版，内容精、装帧美，广受好评。

---

① 书信原件藏四川省档案馆。

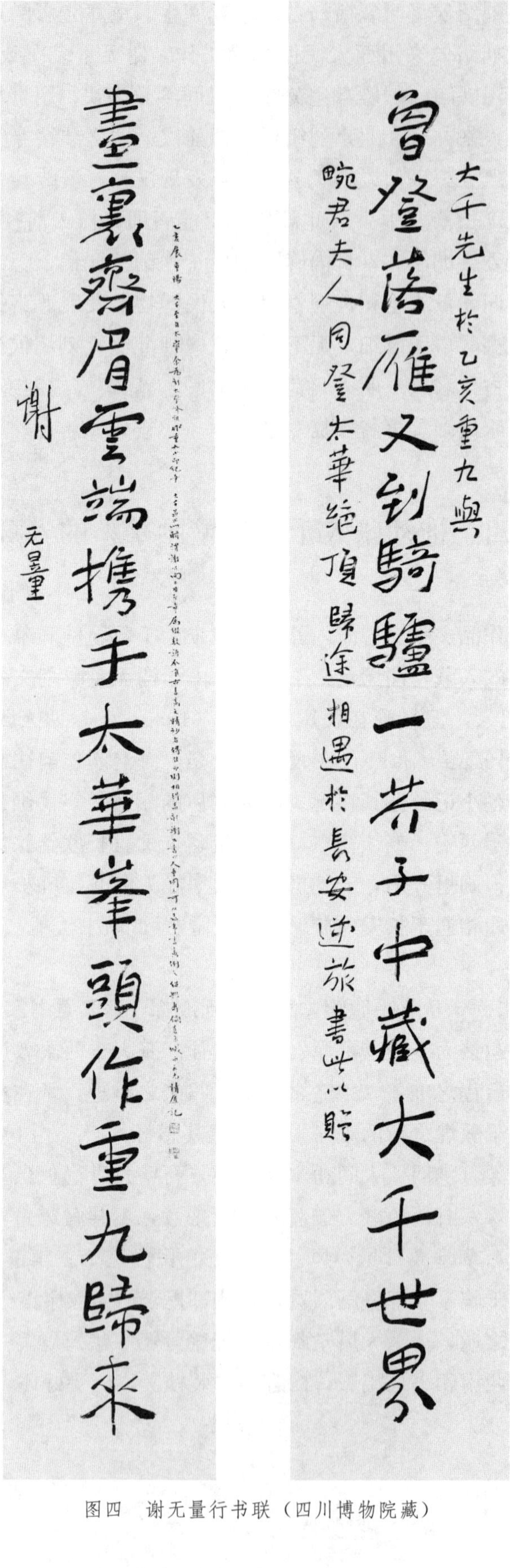

图四 谢无量行书联（四川博物院藏）

1950 年，张大千远赴海外，张大千家属失去经济来源，成都古玩市场不时有大风堂藏画出现。谢无量得知这一消息后，委派川西人民博物馆职工刘廷璧前往联系书画收藏事宜。2009 年 11 月 15 日，刘廷璧先生接受笔者采访时回忆说："张大千的女婿肖建初、学生刘力上和我关系很好，他们二人跟我说张大千走后在金牛坝的房子被没收，没有地方堆画。我给谢无量说了，他就让我去张家动员捐画。房子很窄，曾正蓉和杨宛君住在一起，生活很困难。……我们反复去了几次才把这件事办成。六十年代政府拿了四万元奖金给张家买断。二万元给儿女，另外二万元留给张大千回国用。当时的四万元还是非常值价。在这批书画捐献上，肖建初作用最大。后来曾正蓉又断断续续将张大千的许多东西都捐给了博物馆。"①

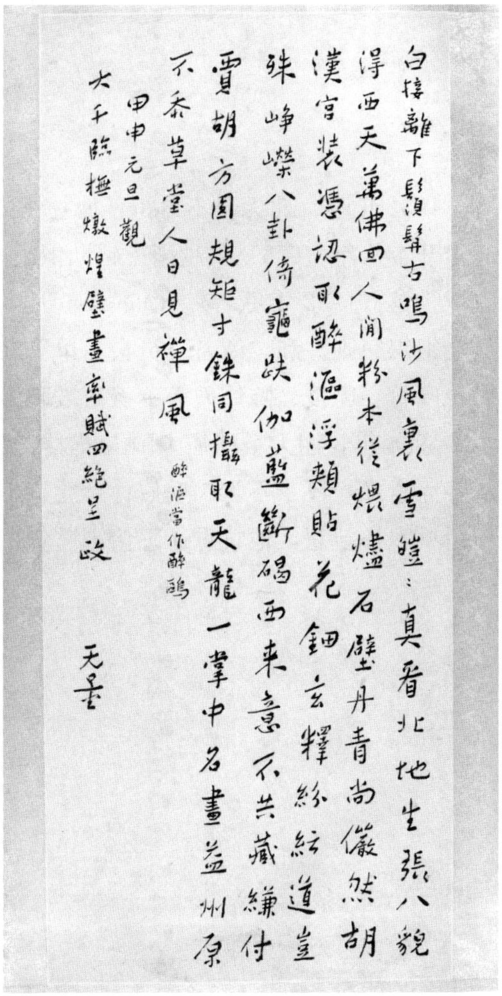

　　根据四川省档案馆保存的原始档案，张大千家属捐献敦煌壁画摹本共两次，每次数量不等，至 1953 年清点共计 183 件。其中第一次是 1951 年 12 月 30 日，博物馆工作人员韦润琴在曾正蓉住处点收敦煌壁画摹本一百三十一件，以寄存名义存放在博物馆库房。1952 年 1 月 4 日，受张大千家属委托，就 1951 年 12 月 30 日曾正蓉寄存川西人民博物馆的张大千临摹敦煌画作，谢无量致函川西文教厅文化科谢雁翔科长，曰："画一百卅一件，画稿七十七件。张大千敦煌画收条（注明系代管）请交方同志带回。"② 1952 年 1 月，因生活困难，家住成都市中西顺城街 67 号的曾敬贤、杨宛君（张大千夫人）将家中珐琅彩花瓶一个、张大千临摹敦煌壁画画册一百本、大风堂藏赵仲穆沙苑图卷一百本、西康游履七本、荷花杂册七十九页送交川西行署文教厅文化科谢雁翔，请谢科长代为出售给博物馆。

图五　谢无量观张大千临摹敦煌壁画诗
（四川博物院藏）

受张大千家属委托，1 月 6 日，谢无量先生致谢雁翔函，曰："兹送上张大千先生所藏珐琅大瓶一件外，珂罗版印画册百种，请察收并由厅中评价，以资照顾，如何，烦卓裁办理。"③ 从这些书信可见，谢无量与张大千家属关系良好，深受信任。为了解决张大千家属遇到的临时困难，谢无量先生也是不遗余力。在社会各界共同努力下，张大千敦煌壁画摹本顺利入藏国有文博体系，成为四川博物院最有特色的藏品之一，先后前往北京、上海、台北、香港、澳门等地展出，很好地宣传展示了张大千绚丽多彩的艺术人生和博大精深的敦煌历史文化。

---

① 2009 年 11 月 15 日，刘振宇在成都采访了四川博物院老专家刘廷璧先生，采访内容包括华西边疆研究学会、民国时期阿坝地区民族学调查、万佛寺石刻考古清理工作、张大千临摹敦煌壁画摹本入藏博物馆等事宜。2009 年 12 月 1 日和 2011 年 3 月 26 日，刘振宇又电话采访二次，补充核对部分内容。
② 书信原件藏四川省档案馆。
③ 书信原件藏四川省档案馆。

结 语

  1952年春，谢无量不再担任博物馆的领导职务，但先生仍心系四川文博事业的发展。1953年，先生将北宋开宝八年（975）吴越国王钱弘俶施印《一切如来心秘密全身舍利宝箧印陀罗尼经》经卷捐赠给时四川省博物馆（1952年更名）。1954年6月3日，成都市人民政府批复同意成都市文化局《杜甫纪念馆筹备委员会组织简则》和"筹备委员会名单"。谢无量与李劼人、吴汉家、林如稷、陈翔鹤、刘孟伉、向楚、伍非白、闻宥、庞俊、陈炜谟等十五人被聘为筹备委员会委员。

  1956年，谢无量前往中国人民大学任教，回望如烟往事，临行前书《留别成都诸友》诗，内有"杯酒从容悭素襟，还乡不觉二毛侵。余生尚有观周日，远别难为去鲁心。邛竹一枝扶蹇步，秋光千里送微吟。山川草木怀新意，他日重逢感倍深"句。

殷人服象及象之南迁

徐中舒

曩者余友余永梁先生在《甲骨文例后记》中,谓商代文化颇受外来影响。其所持之理由,多本于安特生先生之《甘肃考古记》。更由安氏之言,推及甲骨文字,认为:

> 最初似从索米特克。索米特克为东方文字之源,巴比伦、埃及、阿利安、希伯来、阿拉伯文字,均自此来。甲骨文与索米特克相似者颇多,如鸟、人、山、水、囯等,均似,与甘肃辛店期彩色陶瓷花纹之鸟、人,亦复相似;而上帝之帝,与甲骨文帝字,绝无二致,形谊全同,然则疑中国文字外来,亦非绝无理也。

余先生所举诸证,以余观之,适得其反。代表甘肃辛店期者,为彩色陶瓷,而在安阳出土者则绝无著色之器(此文草成时,适李济之先生由安阳来平,携有殷墟出土之唯一的彩色陶片一块。疑非殷墟所产,当由他处携来者,或即东西两地已有交通之证。李先生于此陶片,将著为论文,谨先介绍于此),其形式亦复不类。而《甘肃考古记》中之鸟、人等,又与铜器、甲骨中,字形迥殊。其最显著易见者,即铜器、甲骨中画鸟兽形,多作侧式,两足之鸟,皆作一足,四足之兽,皆作两足。此不但与《甘肃考古记》之鸟,作两足者不同,即求之巴比伦、埃及古物中,亦罕见此形。即此一端,已可证明东西风尚之不同,而甲骨文字,尤不得与辛店、仰韶之文化,混为一谈。

余疑古代环渤海湾而居之民族,即为中原文化之创始者,而商民族即起于此。史称商代建都之地,前八而后五。就其迁徙之迹观之,似有由东西渐之势。与周人之由西东渐者,适处于相反之地位。盖辛店、仰韶之文化,本为西方民族之遗迹。及商民族西渐时,此文化在东方遂失传播之机会。周兴西方,其文化本在商民族之下,及入据中原以后,挟其新兴民族之势力,承用商人旧文化,而稍加改革,如王先生《殷周制度论》所云者,自为意中之事。后来辽、金、元、清四代,与此若出一辙。当此时商民族经周人追逐,离析为数部。

其留居故都朝歌者则周人徙之洛邑,及分与卫侯七族,鲁侯六族(见《左传》定四年)。其东徙者,或留居于宋,或随箕子逊居朝鲜。其最后与周人抵抗者,则驱其所服之象,迁于江南。

余作此说,有简短之理由数则:

(一)殷、周显然为两种民族。(说详拙著《殷周民族之推测》,载《国学论丛》第一卷第一号)

(二)铜器中之周器不见周成王以前之物。传世"周公作文王尊彝"诸器,皆伪作。故周初有无文字,实为一至有趣味之问题。

(三)文化之进展,应有一定之次第,层累而上。春秋、战国间,邹、鲁、宋、齐文化,必有历史上之凭借，绝非骤然兴起者。

兹再就殷人服象，及象之南迁，详述如次：

一、殷代河南实为产象之区

殷墟甲骨文"获象""来象"之文凡三见：

今月其雨只（获）象——《殷虚书契前编》卷三，第三十一页。

（缺）出象（缺）只（获）象——《殷虚书契前编》卷四，第四十四页。

□□其来象三——《殷虚书契后编》下，第五页。

此获象、来象之象，必殷墟产物，与后来驯象之由他处贡献者不同，罗振玉先生《殷虚书契考释》云：

象为南越大兽，此后世事。古代则黄河南北亦有之。为字从手牵象（说详后），则象为寻常服御之物。今殷虚遗物，有镂象牙礼器，又有象齿，甚多，卜用之骨，有绝大者，殆亦象骨，又卜辞卜田猎有"获象"之语，知古者中原象，至殷世尚盛也。王徵君（静安先生）曰："《吕氏春秋·古乐》篇：'商人服象，为虐于东夷，周公以师逐之，至于江南'；此殷代有象之确证矣。"（王先生说见《观堂别集敦卣跋》）

古代传说，本多缘饰之词，但亦当有若干事实，为其素地。此若干事实，如在传说中澄滤而出，即与信史无二。而传说之可信与否，即视此澄滤而出之事实之多寡而定。殷墟产象，既由甲骨文为之证明，则殷人服象之说，经此次澄滤，实已取得信史之价值。而殷代河南产象之说，又因此传说，为两重之证明。

《禹贡》豫州之豫，为象、邑二字之合文。《说文》"豫从象予声"，从予乃从邑之讹。予为晚出之字，不见于甲骨、铜器，及较古之书籍。

（一）训我之予，甲骨、铜器，皆作㞷，作余；三体石经予，古文作舍。

（二）经典虽余、予并用，而《仪礼》《礼记》《左传》皆作余，不作予。

（三）铜器羌鼎之㞷，阮氏释为序，未确；此字又见格仲尊，作㞷，乃舄字。

（四）《尚书》中从予之字，如《金縢》"王不豫"，《说文》引作悆；《多方》"洪舒于民"，《困学纪闻》云"古文作洪荼"；《顾命》东序西序之序，《大传》作杼，《一切经音义》九云"序古文阼同"，疑即除字之讹，除为阶除，序为东西墙，义实相近。

邑，铜器作：

两足布则变为：

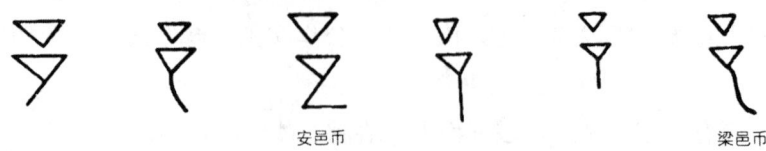

与予字形极相似。汉碑中豫作：

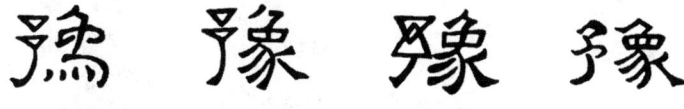

郭旻碑　　校官碑　　陈寔残碑　　韩勑碑阴

《郭旻》《校官》两碑，豫之偏旁予，直与梁邑币之邑字无别。再征之铜器中从邑诸字，如邦、鄎：

陈侯午敦　封敦　晋公盦　齐遣邦刀

鄎侯戈　鄎王戈　鄎王𦉥戈　古玺文

其偏旁邑均与予形相近。盖予字之得形，即由邑字讹变而成。其得音，与义，则由舒字为之介。《春秋》隐三年，"徐人取舒"，舒《玉篇》引作郐。《说文》"郐，从邑舍声"，形声至为明显。自后人误郐为舒，于是此偏旁予，遂成一新字，而夺其左旁舍之音义，为其音义。《墨子·耕柱》篇云："见人之作饼，则还然窃之，曰：'舍余食。'"舍余食，即予余食，舍当读予。铜器《居道敦》，"君舍余三镬"；舍作舍，与《三字石经》中予之古文舍同，是其证。颜师古《匡谬正俗》谓予无余音，强为分别，徒增疑谬。

豫为象、邑二字合文，不但予、邑二字字形相同，并与古代地名从邑之例相合。《说文》中从邑之字，如郜、邠、郁、扈、鄂、郑……十，九为地名。《禹贡》之徐州字亦从邑，从彳乃误字。铜器徐作：

沇儿钟　徐王鼎　徐王义楚耑　徐王耑　宽桐盂　余𠂤鉦　郐口句鑃

其邑旁均在左，故讹为彳。《禹贡》豫州、徐州二地，字均从邑。其命名之义，徐为国名，豫当以产象得名，与秦时之象郡以产象得名者相同。此又为古代河南产象之一证。

二、甲骨文为字从又牵象为殷人服象之证

甲骨文为字作：

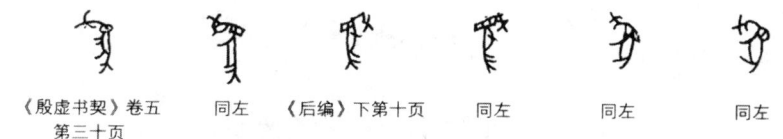

《殷虚书契》卷五　同左　《后编》下第十页　同左　同左　同左
第三十页

从又（即手形）牵象，罗振玉先生说：

　　意古者役象以助劳，其事或尚在服牛乘马以前？——《殷虚书契考释》

殷人以牵象为作为，更可证象为其日常服用之物。入周以后，服象之事，虽渐次绝迹于中原，但文字相承，如铜器及石鼓中之为字，仍作牵象之形。

从爪与从又同意。暨战国时，黄河流域居民，已不见生象。

  白骨疑象。——《战国策·魏策》

  人希见生象也，而得死象之骨，按其图以想其生也，故诸人之所以意想者，皆谓之象也。——《韩非子·解老篇》

生象既非其所习见，服象之事当更非其所知。观铜器中时代较后之器，其为字形多讹失。

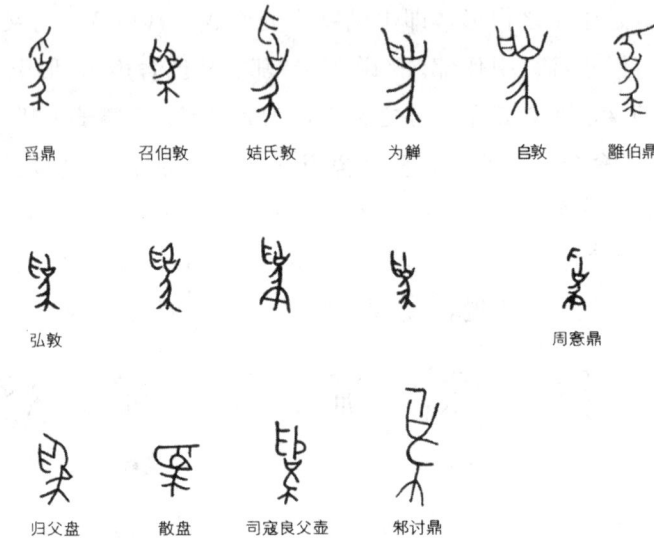

《邾讨鼎》并将偏旁爪省去，全失作为之意。《说文》至以"爲"为母猴，云："其为禽好爪，……古文为，象两母猴相对形。"时代愈后，则讹谬愈甚。吾人于此，更得一消极之论证，即《吕氏春秋·古乐》篇所载，殷人服象之事，及《孟子》卷三所云：

  周公相武王，诛纣伐奄，三年，讨其君，驱飞廉于海隅而戮之，灭国者五十，驱虎豹犀象而远之，天下大悦。

必为古代相传之信史。《吕氏春秋》与《孟子》并为战国末年之书，其时服象之事，早已轶出黄河流域居民记忆之外，必不能臆造此种传说也。

三、陈民族与象之传说

  殷人服象之事，疑亦受他民族之影响。史称陈为舜后，妫姓。妫字从为，显为服象之民族。传说中有象为舜耕之事：

  舜葬苍梧下，群象常为之耕。——皇甫谧《帝王世纪》

> 传书言舜葬苍梧下，象为之耕；禹葬会稽，鸟为之田。盖以圣德所致，天使鸟兽报佑之也，世莫不然。考实之，殆虚言也。……实者，苍梧多象之地，会稽众鸟所居，……象自蹈土，鸟自食草，土蹶草尽，若耕田状，壤靡泥易，人随种之，世俗则谓为舜、禹田。海陵麋田，若象耕状，何尝帝王葬海陵者邪？——《论衡·书虚篇》

《帝王世纪》似即本于《论衡》。《论衡》之说，其误有二：（一）舜耕历山，不在苍梧。（二）古代服象，象为舜耕不必即如海陵麋田之状。陆龟蒙《象耕鸟耘辨》云：

> 世谓舜之在下也，田于历山，象为之耕，鸟为之耘。

正谓象为舜耕于历山。《史记·五帝本纪》云：

> 舜冀州之人也，舜耕历山，渔雷泽，陶河滨，作什器于寿邱，就时于负夏。

此为极古之传说，又见于《韩非子·难解》《淮南子·原道训》《说苑》《杂言》《反质》等篇，均言舜耕于历山。《史记集解》引郑玄说："历山在河东，雷夏、兖州泽，今属济阴，负夏卫地。"又引皇甫谧说："济阴定陶西南陶邱亭是也，寿邱在鲁东门之北。"此诸地皆在黄河流域，而历山在河东，即春秋时之虞地。《尚书·尧典》云："釐降二女于妫汭。"《伪孔传》云："于所居妫水之汭。"而不言其所在。《汉书·律历志》云："帝舜处虞之妫汭。"孔颖达《尚书疏》云："虞与妫汭为一地。……妫水在河东虞乡县历山西，西流至蒲阪县南入于河。"《史记》张守节《正义》云："《括地志》云：'妫州有妫水，源出城中，（《耆旧传》云："即舜釐降二女于汭汭之所。"）外城中有舜井，城北有历山，山上有舜庙，未详。'按妫州亦冀州城是也。"此皆以春秋之虞，隐度虞舜之虞所在。在各说中，如《史记正义》所引《括地志》云，历山舜井所在多有者：

> 越州馀姚有历山舜井，濮州雷泽县有历山舜井二所，又有姚墟，云生舜处也；又妫州历山舜井，皆云舜所耕处，未详也。

则吾人毋宁认历山在河东为可靠。河东产象，在殷商以前，或为事实。瑞典学者阿尔纳（Arne）在其所著《河南石器时代之着色陶器》中，述1923年法国教士桑志华及德日进氏所组织之科学探险队，曾游华北及蒙古等地，在宁夏东部黄中之黏土层，检出旧石器时代之器物多件，其化石有马、犀牛、鬣狗、驼鸟及数种家畜之骨，在斯加拉阿梭果尔河成层之最下部，又发现旧石器时代遗物多种。此层与黄土中之黏土层相当，器物之形式与宁夏无甚差异，其化石有犀、象、羚羊、卷角羚羊、水鹿、野牛、狼、鬣狗、野豕、骆驼、驼鸟之属，在油坊头亦获旧石器时代之器物数种，及犀、野牛、驼鸟之化石。凡此新发现之事实，已明告吾人旧石器时代，中国北部，曾为犀、象长养之地。此种生长中国北部之犀、象。如环境无激烈之变迁，决不能骤然绝迹。如是，则由旧石器时代绵延至于殷商以前（或虞、夏时），仍生息于黄河流域，实为意中之事。

传说又有舜弟象封于有庳，或作有鼻。庳、鼻，古实一字。象与鼻有显著之联想关系，疑此传说，即由服象之事附会而起。

有鼻之封，事既玄虚，而注家务欲质实其地。顾炎武《日知录》云："舜都蒲阪而封象于道州鼻亭。"自注云：

> 《水经注》王隐曰："应阳县本泉陵之北部东五里，有鼻墟，象所封也，山下有象庙"；《后汉书·东平王苍传》注："有鼻国名，在今永州营道县北。"《袁谭传》注："今犹谓之鼻亭。"

又引阎若璩《释地续》云：

> 《孟子》："欲常常而见之，故源源而来。"兄居蒲阪，弟居零陵，陆阻太行，水绝洞庭，往返万里，

亲爱弟者，固如是乎？有庳之封，必近于帝都，而今不可考尔。零陵之传有是名者，《括地志》云"鼻亭神在营道县北六十里"，故老传言，舜葬九疑，象来至此后人之祠，名为鼻亭神此为得之矣。

凡此云云，适足证明舜弟象之传说，实由服象之事附会而起。《水经注》卷三十八：

> 溱水出桂阳临武县……又西邪阶水注之，水出县东南邪阶山，水有别源曰巢头，重岭衿泷，湍奔相属，祖源双注，合为一川，水侧有鼻天子城，所未闻也。

鼻天子城，郦道元之所未闻，而梁玉绳《古今人表考》卷八，则以为象之封地。路史又以钜鹿郡之象城当之：

> 象城汉县，属钜鹿今赵之临城昭庆镇西北，古象城，舜弟象居。

象城《汉书·地理志》作象氏。总之，凡地名之以象、鼻等为名者，疑皆象曾经栖息之地。如秦之象郡，《明一统志》思明州（即厦门）东之逐象山，汀州府武平县南之象洞，其尤著者。

舜居妫汭，当亦以服象得名。春秋时陈国于宛丘，在禹贡豫州东部，而郑有芳、邟两地。《左传》隐十一年，"王取邬、刘、芳、芊之田于郑"；又襄七年"公会晋侯……于邟"；杜注："邟郑地。"郑地正当河东与宛丘之间，此两地似即陈民族由妫汭东南迁中曾经寄顿之遗迹。传说中陈民族立国于东方者，《左传》昭八年云："舜重之以明德，置德于遂，遂世守之，及胡公不淫，故周赐之姓，使祀虞帝。"杜注："遂舜之后，国在济北蛇丘东北。"（见庄二十三年注）其地正在齐、鲁之间，此与传说中舜渔雷泽，陶河滨，作什器于寿邱，就时于负夏诸地，合而观之，其渐次东南迁之趋势，尤为显然。

以上由姓氏、地名、传说各方面，推测陈民族与象之关系如此。所可疑者，即春秋以来，史之所载，陈民族绝无服象之遗迹。此或陈迁宛丘以后，地方逼隘，不足以资其蕃息，如《吕氏春秋·古乐》篇所云，"商人服象，为虐于东夷"，盖此时象之蕃息，足以为虐于人，象之绝迹于陈，或以此欤？

四、周代象之南迁

周起西方，挟其新兴民族之势力，牧野之役，一战胜殷，立武庚置三监而去，未能抚有东土也。武庚未叛以前，不但据有殷土，即王之虚号，亦未贬损。《尚书·多士》云："惟三月，周公初于新邑洛，用告商王士。"此商王即指武庚而言。盖商之享国，自成汤以来，已六百余年，汤以前之世次可考者，如相土、季、王亥、王恒、上甲、报丁、报丙、报乙、主壬、主癸等（见《观堂集林殷先王先公考》），皆无年代可纪，其不可考者，尚不知凡几。其民族之历史，悠远如此，而论其末世之政，如何紊乱，决不能因一战之故，遂亡其国。如春秋时齐之灭纪，宋之灭曹，郑之灭许，楚之县陈、蔡，皆经营累世，而后始有其地。而郑之入许，既使许大夫百里奉许叔以处许东偏，又使公孙获处许西偏，以为之监，其事与武王立武庚、置三监，绝相似。史又称武王追思先圣王，乃褒封神农之后于焦，黄帝之后于祝，帝尧之后于蓟，帝舜之后于陈，大禹之后于杞（见《史记·周本纪》《乐记》，与此大致相同），此自新王之怀柔政策。但诸侯亦当各有其土，以是武王从而封之。焦、祝、蓟、杞入春秋后，皆微甚，其事不彰，陈或较大，武王以元女大姬妻之，厚结之，以分殷人之势，其事载于《左传》《国语》。

> 昔虞阏父为周陶正，以服事我先王，我先王赖其利器，与其神明之后也，庸以元女大姬，配胡公而封之陈，以备三恪，则我周之自出，至于今是赖。——《左传》襄二十五年

> 陈，我大姬之后也。——《周语》

> 昔武王克商，……肃慎氏贡楛矢石砮……以分大姬，配虞胡公而封诸陈。——《鲁语》

所谓赖其利器与其神明之胄，全为后来掩饰之词。

武庚既灭，殷民族遂分崩离析，一蹶不振。周人更经营洛邑以迁殷民，封建齐、鲁、卫，以镇抚东方。《竹书纪年》载："成王八年春正月，王初莅阼，亲政，命鲁侯禽父、齐侯伋迁庶殷于鲁。"《竹书》之八年，乃成王莅阼亲政改元之年，今文家说，即以此为成王元年，《汉书·律历志》引《三统历》云："成王元年正月乙巳朔，此命伯禽俾侯于鲁之岁也。"其事明在武庚既灭，成王亲政之后。象之南迁，当自此始。

春秋、战国之时，象尚生息于长江流域，其可征者：

> 巴浦之犀、犛、兕、象，其可尽乎？——《楚语》
>
> 楚昭王奔随，使子期执燧象以奔吴师。——《左传》定四年
>
> 楚之所宝者……又有薮曰云连徒州，金木竹箭之所生，龟、珠、角、齿、皮革、羽毛，所以备赋以戒不虞者也。——《楚语》

巴浦当即汉益州地。《山海经·海内南经》云："巴蛇吞象，三岁而出其骨。"《中山经》云："岷山，江水出焉……其兽多犀、象，多夔牛。"此皆益州产象之证。楚王奔随，使子期执燧象，此必随地产象，不然仓促之间，何从得此？云连徒州，据韦《注》即楚之云梦。《诗·泮水》："憬彼淮夷，来献其琛，元龟、象齿，大赂南金。"淮夷所献为象齿，其地必产象。《楚语》之齿，当亦为象齿。淮夷与云梦所产，并在江、淮流域。禹贡荆、扬之贡，羽旄、齿革。《禹贡》荆、扬之地，最南部分，仍去长江流域不远。

其时黄河流域仍为犀生息之地。《唐书·地理志》载澧、郎、道、邵、黔、锦、施、叙、夷、溪诸州（今鄂、川、湘、黔诸地），皆贡犀角，而岭南道（今两粤）则贡象、犀，日南郡（两粤及越南）则贡象齿、犀角。《宋史·地理志》载衡州（今湖南）贡犀，宝庆府（今湖南）贡犀角，而广南路则有犀、象、玳瑁、珠玑之产。其情形正与此同。

章鸿钊先生曾撰《中国北方有史后无犀象考》，载于1926年北京大学研究所《国学门周刊》第二卷第八期。章先生述所以作此文之缘起云：

> 农商部顾问安特生博士（Dr. J. G. Andersson），一日录示《大亚细亚杂志》（*Journal of the North China Branch of the Royal Asiatic Society*, 1877, P. 20）所载，《中国北方古产犀象说》云："西元前六百年，中国河南实产犀、象。《左传》宣二年称其物尚多，皮可为甲，且用之者非利其皮，乃假其威也（见僖十三年）。时楚国（今湖广）亦甚产象齿、犀皮，晋居黄河以北，乃由他处得之。《禹贡》称扬州、荆州（江北、湖广）贡象齿及犀，梁州黄狐皮，及熊，孟子称周公驱虎豹犀象，是当在鲁（今山东），然则西历纪元以前数百年之间，中国北方，固尚有犀、象也。"安氏以此质予所见，乃书此答之。

章先生谓："《左传》宣二年（公元前606年）宋城城者讴'弃甲而复'，华元使其骖乘谓之曰：'牛则有皮，犀兕尚多，弃甲则那？'案此当从杜注，言时尚多犀兕皮，可为甲，非谓宋产犀兕也。"章先生欲建立其中国北方有史后无犀象说，故曲解《左传》之犀兕为犀兕皮；其实古代黄河流域产犀，尚有其他证据：

> 发彼小豝，殪此大兕。——《诗·吉日》
>
> 匪兕匪虎，率彼旷野。——《诗·何草不黄》
>
> 陆行不遇兕虎。——《老子》
>
> 两虎不斗于伏兕之旁。……《淮南子》
>
> 故记曰："杀随兕者不出三月。"——《吕氏春秋》

昔我先君唐叔射兕于徒林，殪以为大甲，以封于晋。——《晋语》

嶓冢之山，其兽多兕。——《说文》

《说文》："兕如野牛，青色，皮坚厚，可以为铠。"《本草》陈藏器曰："兕是犀之雌者。"并称曰犀兕，单称曰兕，仍是一物。通观上列诸证之兕，决不能释为兕皮，《老子》《淮南》作者在淮水流域，《吕氏春秋》之随兕在汉水流域，均可认为黄河流域以南之事。《晋语》及《说文》所载则为黄河流域北部之事。《诗·吉日》《何草不黄》为西周镐京之诗，正在黄河流域。由此可见古代北方产兕区域之广。

《说文》："犀徼外牛……从牛尾声。"案犀从尾声，兼从其义。许氏说："尾微也，从倒毛在尸后，古人或饰系尾，西南夷皆然。"从倒毛在尸后，语殊难解。铜器犀作：

犀伯鼎

其尾形所从之尸正作人形。古尸与人互通。屑古文作佾，犀铜器作倅。

競卣　　伯頵父鼎　　犀尊　　郜公盂　　王孙钟

《说文》："尸陈也，象卧之形。"亦谓人卧。尾从人，则人下所从之木，即象人所饰系尾之形。甲骨文马、豕、象诸字，其尾形分张，正与此形相似。《说文》谓为毛字倒文者误。《后汉书·西南夷传》："衣服制裁，皆有尾形。"尾所以从人者，盖人饰系尾，则尾意显然。疑古代系尾之人，必与犀共同生存于同一地域，故犀即从尾得声，得义。

上述古代犀既生存于黄河流域，则此西南夷，或即黄河流域之民族，而役属于殷人者？

五、秦象郡之位置

秦、汉以来，中原民族渐次向南开拓，象于是益有南迁之势。《史记·秦始皇本纪》云：

三十三年发诸尝逋亡人、赘婿、贾人，略取陆梁地，为桂林、象郡、南海，以适遣戍。

象郡即以产象得名。韦昭云："今日南。"（汉日南即今安南）《晋书·地理志》谓："日南郡秦置象郡，汉武帝改名焉，卢容（县名）象郡所居。"说较详而其误与韦昭同。秦、汉时之象郡，不得远至安南。《淮南子·泰族训》云："赵政……留戍五岭以备越，筑修城（即长城）以备胡。"其《人间训》更详述此留戍五岭之军：

秦皇……又利越之犀角、象齿、翡翠、珠玑；仍使尉屠睢发卒五十万，为五军：一军塞镡成之岭，一军守九嶷之塞，一军处番禺之都，一军守南野之界，一军结余干之水，三年不解甲弛弩。

高诱注："镡成在武陵西，南接郁林，九嶷在零陵，番禺在南海，南野在豫章，余干在豫章。"南海以南之日南，实非秦皇兵力所及。日本人佐伯义明先生有《考秦象郡之位置》一文，载于1928年之《史学杂志》。其论象郡之位置云：

向以为汉以后之日南，此则欲以今广西省宾阳县为中心，而比拟其地域。（见《史林》第十四卷第

四号《昨年之史学考古学地理学界》及《北海图书馆月刊》第二卷，第六号，《去年度之东瀛史界》）

此说亦未确。考秦、汉时之象郡，其地尚在宾阳县之北。《汉书·昭帝纪》："元凤五年，秋，罢象郡，分属郁林、牂牁。"《通鉴地理通释》云：

> 按武帝初置无象郡，《昭纪》元凤五年罢象郡，而史不书建置之始，盖阙文也。

考象郡之建置，当在武帝初平南粤之时，《史记·南越尉佗列传》云："南越已平，遂以其地为九郡。"《汉书·两粤列传》举此九郡之名云："儋耳、珠崖、南海、苍梧、郁林、合浦、交趾、九真、日南，亦无象郡之名，盖象郡建置，为时甚暂，故班氏于武帝建置之初，不列其名，即以元凤五年以后改置之九郡当之。"《史记·南越尉佗列传》又云："立佗为南越王……与长沙接境。"《汉书·两粤列传》亦云："高皇帝所以介长沙地，朕不得擅变焉。"汉与南粤以长沙为界，而班氏所举之九郡，则无与长沙接境者。故知此九郡，已非汉武建置之旧，观汉昭罢象郡分属郁林、牂牁，则象郡之地，必与郁林、牂牁为近。《山海经·海内东经》云："沅水出象郡镡城西。"镡城《汉书·地理志》作镡成，属武陵郡。《晋书·地理志》同。郝懿行《山海经》疏云："此经言象郡镡城，则知秦时镡城属象郡矣。"《海内东经》又云："郁水出象郡而西南注南海。"郝氏疏云："案即豚水也，《地理志》云：'牂牁郡夜郎豚水东至广郁入郁。'"考象郡为南粤故地，不得远至牂牁、夜郎，疑象郡之郁水，即镡成之潭水。《汉书·地理志·镡成县下》注云："玉山潭水所出，东至阿林入随，过郡二，行七百二十里，入海。"由此可知秦、汉时之象郡，必在长沙以南，牂牁以东，郁林以北，其地在今湖南之西南。《论衡·书虚》篇云："苍梧多象之地。"苍梧在零陵之南，去武陵不远。东汉时之象，既生息于湘、桂之间，东汉以前之象，何至遽迁日南？《水经·浪水》篇："浪水出武陵镡城县北界沅水谷。"注云："《山海经》曰，祷过之山，浪水出焉，而南流注于海是也，下入郁林潭中。"浪水，钱坫、吴卓信并云即镡成之康谷水。是祷过之山，亦当在镡城。《山海经·南山经》云："祷过之山……其下多犀、兕，多象。"是其地产象之证。

六、南迁后中国之象

五世纪至十世纪之间，象仍生息于荆南、闽、粤各地。群书所载如：

> 伊水口（今广东曲江）有洲，洲广十里，平林蔚然，有野象群生。——王韶之《始兴记》

> 广之属郡潮、循州多野象，潮、循人或捕得象，争食其鼻，云肥脆，尤堪作炙。……楚、越之间象皆青黑，惟西方拂林、大食国即多白象，余有亲旧曾奉使云南，见彼中豪族，各家养象，负重致远，若中夏之畜牛马也。——刘恂《岭表录异》（以上见《太平御览》引）

> 广之属城循州、雷州皆产黑象，牙小而红，土人捕之，争食其鼻，云肥脆，堪为炙。——段公路《北户录》

> 今荆地象，色黑，两牙，江猪也。——段成式《酉阳杂俎》

> 漳州漳浦县地连潮阳，素多象，往往十数为群，然不为害。惟独象，遇之逐人，踩践至骨肉糜碎乃去。盖独象乃众象中最犷悍者，不为群象所容，故遇之则踩而害人。——彭乘《墨客挥犀》

> 昌龄（知广州）淳化二年代还，……为枢密直学士。昌龄上言："雷、化、新、白、惠、恩等州，山林有群象，民能取其牙，官禁不得卖，自今宜令送官，以半价偿之，有敢隐匿及私市人者，论如法。"诏皆从之。——《宋史·李昌龄传》

乾道七年，潮州野象数百，食稼；农设穽田间，象不得食，率其群围行道车马，敛谷食之，乃去。——《宋史·五行志》

野象多至数百（《宋史·五行志》），可见其繁殖之盛。云南服象，或即西南夷旧俗。

此时之象，虽生息于荆南、闽、粤诸地，但仍不时出现于江、淮流域，踯躅于其祖先之故居：

宋顺帝升明元年（477）象三头渡蔡州，暴稻谷及园野。——《宋书·五行志》

攸之为镇西将军、荆州刺史，……时有象三头至江陵城北数里，攸之自出格杀之。——《南史·沈攸之传》

永明十一年（493）白象九头见武昌。——《南齐·书祥瑞志》

天平四年（537）八月，有巨象至于南兖州，砀郡民陈天爱以告，送京师，大赦改元。——《魏书·灵征志》[《孝静纪》：元象元年（583）春正月，有巨象自至砀郡陂，南兖州获送于邺，丁卯大赦改元；当系一事，而所传略异]

承圣元年（552），吴郡、淮南有野象百，坏人室庐。——《南史·梁元纪》

建隆三年（962），有象至黄陂县，匿林中，食民苗稼，又至安、复、襄、唐州践民田，遣使捕之，明年十二月，于南阳县获之，献其齿革。——《宋史·五行志》

乾德二年（964）春正月，有象入南阳，虞人杀之，以齿革来献。——《宋史·太祖纪》

乾德二年五月，有象至澧阳、安乡等县；又有涉江入华容县，直过阊阖门；又有象至澧州澧阳县城北。——《宋史·五行志》

此自象南迁中应有之过程。

象绝迹于中国（指自然生存之象言），似为最近二百年来之事。清初永历帝、吴三桂均有象军。"中央研究院历史语言研究所"清理明、清内阁大库档案，有顺治十二年李栖凤揭帖云：

旧年征剿西逆（案即指永历帝言），阵获象只。

刘献廷《广阳杂记》亦云：

吴三桂之来湖南有象军焉，有四十五只，曾一用之，故长沙人多曾见之。

永历帝及吴三桂相继用象军，象自为其所在地黔、滇、桂、粤之产，李栖凤揭帖又云：

随查前后塘报，一在新会城获象十三只，除伤毙二只，实存十一只；又在广西横州获象二只；又据巡海道副使徐炟呈报，外海被风打来香山澳彝人解到小象一只，前后共大小象十四只。

此清初桂、粤产象之明征。自后海禁大开，广州、香港、澳门为南方委输之总汇，生齿日繁，土地益辟，野生之象，即幸而不为人所捕杀，亦无以资其生存。于是此三千年来由北而南辗转迁徙之象，除我云南省西双版纳地区尚有遗存外，就中国全域说实已趋于绝灭。

原载《国立中央研究院历史语言研究所集刊》第二本第一分，一九三〇年五月。

高山仰止

——徐中舒先生百年诞辰纪念

四川大学历史文化学院 彭裕商

徐中舒先生是我国著名的历史学家和古文字学家，早在20世纪30年代，他就以一个"学术水平很高的专家"[1]扬名于学术界。他一生勤勤恳恳，自强不息，从事学术研究和教学工作达70年之久，撰写学术论文100多篇，专著数册，为国家培养出一批又一批优秀的专业人才，硕果累累，桃李满园，为学术研究的进步做出了不可磨灭的贡献。

1998年是先生100诞辰周年纪念，四川大学与中国古文字研究会在成都四川大学联合举办纪念先生百年诞辰暨国际古文字学学术研讨会，众多海内外知名学者云集川大。值此之际，学界同仁无不深切缅怀先生。笔者作为先生晚年的学生，师从先生敬承教诲近10年，特撰此小文，以作为对先生的纪念。

一、生平梗概

徐中舒先生，安徽省怀宁县（今安庆市）人，生于1898年10月15日。上代务农，世居安庆城北的月山。祖父徐振庆家境贫困，生有3子，长子徐家文，即先生之父。徐家文自幼学木工，有一手精湛的雕花技艺，称道于乡里。不幸于先生3岁时因意外事故逝世。

先生的母亲姓金，先生父殁后，于1902年带着5岁的儿子进了当时的慈善机构——清节堂。堂内附设织布厂和义学（育正小学），使堂内受救济的妇女能通过劳动补助收益，孤儿也能有读书的机会。先生7岁入育正小学读书。母子生活极为艰苦，后来先生在《先妣事略》中谈及当时的光景说：

> 每日辨色而兴，则使不肖起，不肖东行入学，则吾母西行入织。及薄暮，不肖归自学，则吾母归自织。入夜则一灯荧然。凡日间未竟之事，如不肖母子衣服缝治与浣濯，皆于此时为之。往往刀剪声与碓杵声相杂下。或至凌晨鸡鸣，入息片刻时即兴。吾母织作之勤，恒倍他人，每当盛暑，汗出如渖，机旁恒置水一盆，巾一方，汗下则出巾自拭，闲时绞之，则若小雨渐沥自檐溜间下注于盆。及今思之，其艰辛之状，不禁为泪涔涔下也。

这段艰辛的经历，对先生今后的立志立德无疑都产生了非常重要的影响。

---

[1] 《古史辨》第一册第16页顾颉刚语，上海古籍出版社1982年版。

1914年先生考入安庆第一师范学校。在该校他接触到桐城派古文，学习兴趣很浓。1916年毕业，在该校附小任教。1918年后又曾在武昌高等师范及南京海河工程学校读书。1921年经人介绍，到桐城方家任家庭教师。1922年又到上海李家任教，均讲授《左传》。1925年考入清华大学国学研究院，师从王国维、梁启超等著名学者。一年后从清华毕业回到安庆，在合肥六中任教半年，旋又受聘于上海立达学园。其间，曾在《立达》第一期上发表了《古诗十九首考》，引起复旦大学中文系主任刘大白的注意，1928年即被聘为该系教授。不久又被聘为暨南大学中文系教授。1930年因陈寅恪先生推荐，到北平中央研究院历史语言研究所任专任编辑员，两年后升为研究员。1931年兼任北京大学历史系教授。"九·一八"事变后，史语所南迁上海，后又辗转至长沙，先生在长沙应中英庚款与四川大学的协聘，辞去史语所职务，到四川大学历史系任教。1939年暑期，四川大学为避空袭，迁往峨嵋山。其间先生又受武汉大学之聘兼该校教授（当时武大迁在乐山）。1943年四川大学迁回成都，他又到华西大学和迁到成都的燕京大学兼课。1946年秋应聘到南京中央大学任教，次年返回川大，任历史系主任直至80年代（中有短期间断）。

先生于1952年被任命为西南博物院院长，1956年经教育部审定为一级教授，又当选为全国人大代表、全国政协委员。粉碎"四人帮"后，又当选为五届人大代表，还被推举为四川省历史学会会长、中国先秦史学会理事长。

二、学术贡献

1925年，徐先生考入清华大学国学研究院，师从王国维、梁启超等著名学者。王、梁等人为学界巨子，学贯古今，涉猎甚广。先生承其学风，学路宽广，在先秦史、古文字学、考古学、地方史、民族学等方面都有很高造诣，撰写论文100多篇，专著数册，多有独到之处。本文择要介绍史学、古文字学和文献学三个方面的成就。

（一）史学

先秦史是徐先生的主攻方向，撰文达四五十篇之多。早年的重要论著有著名的《耒耜考》，该文将出土古文字材料与古代典籍及实物相互对照，作了周密的考证，阐明了古农具耒和耜的形制及其功用。关于耒和耜，虽两千年来有不少学者作过研究，但他们大多仅仅根据文献典籍来考察，故而始终众说纷纭，似是而非。该文的发表，一举廓清了这学术上的迷雾。文章首先从考释甲骨文的"藉"字入手，此字字形奇诡，不易认识。以前罗振玉先生曾释为"扫"字，但验之卜辞，字形与辞例均不相合。先生该文联系与此字形相近的金文，探索其发展变化的踪迹，发现甲骨文"藉"字是"象人侧立推耒，举足刺地之形"。此字既明，"耒"字之形以及由耒字省变的"力"字、从力的"男""协""加"等字的字形均随之而明。一些有关字的本义与引申义也可从而钩稽出来。如金文中的"丽"字，从两耒，古时两耒并耕为耦耕，故而"丽"有匹偶之意，引申之，夫妇二人称为伉俪。这一系列与耒字相关的字，不仅可以证明藉、耒二字考释的正确，并可从金文耒字像秉耒之形而知耒的形制是"上端钩曲，下端分歧"的木制农具。

徐先生对古代生产工具的考察，最终目的是为了揭开古代社会发展的奥秘。他在文中指出："虽是一两件农具的演进，有时影响所及，也足以改变社会的经济状况，解决历史上的困难问题。"该文发表后，得到了国内外学者很高的评价，在学术界产生了重大影响。

该文的另一重大收获，是古文字研究方法的重要进展。早期的古文字研究，方法很不完善，很多人轻出臆说，不讲究科学的方法，更无周详的考证，务在释出别人所不识的新字，而结果往往是一无所获。而徐先生则是将出土的古文字材料与古代典籍充分结合起来进行古史研究，使文字的考释与古史研究紧密结合，其结果不仅使古史的研究取得重要突破，而且在古文字的考释上也大有创获。陈梦家先生就曾对这种方法给予了充分的肯定，他在谈到《耒耜考》的时候指出："用这种方法处理文字是很正确的。"①

为了论证殷商文化绝非受西方外来文化之影响而产生，徐先生发表了若干论著，其中《殷人服象及象之南迁》一文，对商及先商农业之悠久历史进行了全面深入的讨论，论证了甲骨文的"为"字是"从又（手）牵象"，表示役象助劳之意。并从《禹贡》豫州之得名，进一步证实古代河南产象之说，指出"豫"字乃"象""邑"二字之合文，"予"字乃"邑"字之讹。联系到古时姓名字多从女，表示以"女生为姓"，从而得知舜后为妫姓，乃服象之族；春秋时郑有芎、邥之地，也不外因服象而得名。传说舜弟象封于有庳，庳、鼻古音相近通假，鼻为象之特征，有庳盖附会服象之事而出现。

后世传说的古史，多荒诞不经。由于象之南迁，到战国末年，韩非说人们很少看到活象。中原既无象，这就使人们无法理解"象为舜耕""商人服象"以及周公"驱虎豹犀象而远之"的传说，这些传说经过徐先生的研究，所谓荒诞也就成为信实了。

徐先生在先秦史研究方面的重要论著还有《殷周文化之蠡测》，该文打破一般学者把我国古代王朝视为同一个民族的传统见解，指出殷周本属两个不同的民族，周人承受殷人文化而有所革新，故而殷周在文字、生活习俗等方面大体相同，而在姓氏、历法等方面则有异，这体现了民族习惯之间的差异。《殷周之际史迹之检讨》，认为太王居岐以后，即以经营南土为其一贯之政策，所谓文王受命，乃是周人国力膨胀已臻极限，舍伐纣而无他途之时的国势，旧史所言文王积德行义之说实不值一辩。《黄河流域穴居遗俗考》，根据考古发掘材料，指出黄河流域有大批竖穴和窦窖，其中有的有足窝可以上下，有的有台阶可以出入，并用古文字材料与上述情况相印证，说明古时黄河流域以穴居为主，这一地区地面建筑的出现，乃是受淮河流域地面建筑的影响所致。《井田制度探源》，认为田的初义为田猎，为战阵，"田之所象，实与田猎之阵营相符"，"井田之形方，实由田猎社会演变而来"；并对周人的"爰田制"作了新的探索和解释，指出殷周之际，荒土颇多，周人在农业上实行粗耕，地力既竭，便转徙他处。其后空地渐少，不能供转徙之用，则须与他人换土易居，这就是爰田制，所谓"爰田"，就是"交换其田"。《论东亚大陆牛耕的起源》，阐明春秋以前牛耕说之不可靠，指出牛耕始于战国时的三晋，而普遍推广则始于西汉赵过。《论周代田制及其社会性质》《论西周是封建社会——兼论殷代社会性质》两文，从田制入手对周代社会性质作了详细考察，并将殷周社会进行对比研究，指出两者性质不同，殷代是奴隶社会，而周代则属封建社会。这些论文方法新颖，论据充实，创获颇多，此不能一一详述。

徐先生执教于四川大学，居蜀以来，又致力于四川地方史的研究。记述著名特产，作《蜀锦》。考证出土文物的特点及其与中原的关系，作《四川彭县濛阳镇出土的殷代二觯》《四川涪陵小田溪出土的虎钮錞于》《青川木牍简论》等文。探索四川古时与邻接地区的相互关系，撰有《论〈蜀王本纪〉成书年代及其作者》《试论岷山庄王与滇王庄蹻》《宋代斗夷源于楚国令尹子文说》《川甘边区的白马人为古氐族说》《〈交州外域记〉蜀王子安阳王史迹笺证》《古代蜀楚的关系》（与唐嘉弘合作）、《古代都江堰情况探源》等文。晚年出版的《论巴蜀文化》，是他研究四川地方史的代表著作，该书涉及广泛，见解深透，对四川地方史的研究具有不可磨灭的开拓之功。此外，在研究四川地方史的同时，徐先生还把视野扩展到整个西南地区，

---

① 《殷墟卜辞综述》，科学出版社1956年版，第67页。

《论商于中、楚黔中和唐宋以后的洞》一文，对历来认识模糊的所谓"洞"的概念作了新的解释，指出"洞"乃是西南少数民族地区的农村公社，从古代一直延续到明清。这些研究成果都受到学术界的普遍重视。

（二）古文字学

古文字学与古史研究互为表里，徐先生在研究古史的同时，在古文字学上也做出了重要贡献。

徐先生亲自主持编纂的《甲骨文字典》，是甲骨学划时代的巨著。该书兼采各书之长，独创最先进的编纂体例，对甲骨文字的解释，分为字形、解字、释义三部分，所收甲骨文字形，按时代先后分五期排列，使读者能通过该书对甲骨文有一个较为全面深入的了解。书中既广泛吸收了最新研究成果，又融入了徐先生数十年研究甲骨文的重要收获。对甲骨文字的解释，充分体现了徐先生的研究方法，强调字与字之间的相互联系和文字与历史背景的密切关系，释出许多新字，纠正了许多以往考释工作中的谬误，代表了20世纪甲骨学研究的新水平。由于《甲骨文字典》的这些长处，所以该书一出版，就饮誉中外，受到学术界一致的高度评价。

《金文嘏辞释例》是徐先生研究金文的重要论著。该文全面系统地对铜器铭文的祝嘏之辞作了比较归纳研究，充分结合古代典籍，考释了金文中各种嘏辞的含义，解决了许多前人未曾弄清的问题，并对各种嘏辞的时代进行了探索，许多成果今天看来仍然准确无误。如指出"万年无疆""万年眉寿""眉寿无疆"等嘏辞主要盛行于西周厉、宣之世；而凡言"无期"者，如"眉寿无期""万年无期""寿老无期""男女无期"等，均为春秋时成周偏东地区之器，结合《诗·鲁颂》"思无期"之语，可知"无期"语春秋时盛行于东方。由此推论，《小雅·南山有台》有"万寿无期"，《小雅·白驹》有"逸豫无期"，或即东周之作。又如金文时常提到"永命""灵命""嘉命"，以前多误解命为性命之命，该文结合古代典籍指出：命并非性命之命，乃天命。这反映了古人以人世兴衰系于天的思想。在时代上，"永命"主要流行于西周，而"灵命""嘉命"则是春秋时的常用嘏辞。由于该文考释精到，论证翔实，因而饮誉学界，成为治金文者的必读参考资料。徐先生在金文方面的重要论著还有：《鼏氏编钟图释》，对鼏氏编钟铭文中不常见的疑难怪字作了详细的考释，释出了许多前人不曾认得的难字，并考定该编钟为春秋时晋器。《陈侯四器考释》，综合考察战国时期田齐国君之器，提出了许多新见解。该文在学术界有广泛影响，郭沫若先生就曾根据该文所取得的成果对其所著《两周金文辞大系》作过修改。《禹鼎的年代及相关问题》，联系大量金文材料，对禹鼎的年代作了全面的考察，将该器年代考定在厉王时期。文中并对金文材料所记载的西周时期周王朝与南方淮夷的战争，广泛结合文献记载，作了全面系统的研究，指出西周时期，周王朝与淮夷的战事主要发生在穆、厉、宣三世，使文献记载与金文材料相吻合，在铜器断代和西周史的研究上做出了重要贡献。徐先生在甲骨文研究方面除上举《甲骨文字典》之外，重要的论著还有《甲骨文中所见的儒》，对甲骨文的儒字作了全面的考察研究，指出该字的多种形体，论证了殷商时期儒为巫师一类人物及其对后世的影响。《周原甲骨初论》，对与殷周史实有关的周原甲骨文作了详细的考释，指出了周原甲骨文在字体结构和词汇上的特点，并论证了周原文化的两个来源以及周文王时期的殷周关系，这些成果都在学术界产生了重要影响。

（三）文献学

古代典籍是赖以研究古代历史文化的宝贵材料，对典籍的整理研究直接关系到古史研究的质量，所以自古即有不少学者致力于此。但只有学臻高深、实事求是的学者，其研究成果方能经得起时间的检验。徐先生的《战国策的编写及有关苏秦诸问题》一文，对《战国策》作了深入的研究。战国时期的苏秦和张仪，传统说法一直认为二人是同时的敌对人物。该文广泛结合其他有关典籍，对此作了详细的考证，指出《战国策》中有关苏秦事迹的记载与史实不符，苏、张二人并不同时，张仪早于苏秦。张仪在秦惠王时期（前377—前311年）仕于秦，与之敌对的同时人物是公孙衍和陈轸；而苏秦乃是齐闵王时期（前300—前284年）的风云人物，与之同时的人物是田文。苏秦因替燕国在齐国进行反间活动，被齐国发觉而致死。该文的这些研究成果，竟然为10年后地下出土的考古材料所证实，1974年长沙马王堆汉墓出土帛书《战国纵横家书》，其有关记载与先生所论基本一致。

徐先生在这方面的成果还有：《豳风说》，该文根据《诗·豳风》所反映的风俗习惯和物候农产，指出《豳风》并非如传统所说，产生于高寒干燥的豳地，而应是春秋时期东方鲁国之诗。《〈左传〉的作者及其成书年代》一文，指出《左传》记事虽有夸张失实之处，不必尽信，但其成书充分利用了当时的文献材料，保存了许多古史传说，仍不失为研究古史的必读书籍，并将其成书年代考定在公元前375—前351年之间。《九歌九辩考》一文，论证了《九歌》《九辩》并非作于战国末期，而是西汉人所作。另外，徐先生在这方面还有不少研究成果并未公之于世，如他在讲课中多次谈到《尚书·盘庚》应为西周时宋国人所作，不过，文中的记载仍然符合殷代的实际情况，所据材料是可信的。如篇中讲到盘庚对殷庶民说，如果我做得不对，我的祖先要惩罚我；但如果你们不听我的话而带来了恶果，我的祖先也要惩罚你们，并且还要告诉你们的祖先，你们的祖先也不会来搭救你们。这种祸福由祖先而不由上天的思想，就是典型的殷人思想，等等。这些古文献经过了徐先生的深入研究，将会在学术研究上发挥更加重要的作用。

三、治学方法

徐先生在长期的学术研究中，在继承前人治学方法的基础上，逐渐形成了自己的一套较有特色的科学的治学方法。

（一）"古史二重证"的继承和发展

自王国维先生提出"古史二重证"的研究方法以来，传统的史学研究发展到了一个新的阶段。徐先生在古史研究中充分继承并发展了这种方法，他发表的百数十篇论文，都无一不是运用这种方法的良好范例。如上文提到的《耒耜考》《殷人服象及象之南迁》等文，都是将出土古文字材料与古代典籍充分结合来进行古史研究，其结果不仅使古史研究取得突破，而且在古文字研究上也大有创获。由于时代的局限，王国维先生的"古史二重证"依据的地下材料主要只是出土的古文字资料，而徐先生除古文字材料而外，还充分吸取了考古学成果。他早年撰写的《再论小屯与仰韶》，根据当时的考古发掘材料，参以文献记载，探讨了仰韶文化的性质及分布地域。中华人民共和国以来，考古工作有了很大发展，徐先生充分汲取最新考古学成果，于1979年写成《夏史初曙》，放弃了他以前主张仰韶文化为夏文化的观点，同意龙山文化和二里头文化为夏文化，并结合典籍记载，对夏史作了新的探索。此外，如上文提到的《黄河流域穴居遗俗考》等文，在古文字材料以外，也充分结合了当时的考古发掘资料。

考古学离不开对古器物的研究，徐先生在这方面也有很深的功底，撰有《论古铜器之鉴别》《说尊彝》《殷代铜器足征说兼论〈邺中片羽〉》《福氏所藏中国古铜器》《寿县出土楚铜器补述》《关于铜器之艺术》等论著，为我国考古学的发展作出了贡献。上文提及的《四川彭县濛阳镇出土的殷代二觯》和《四川涪陵小田溪出土的虎钮錞于》，也都是通过对考古器物的研究，揭示出古代四川与外界联系的史实。

不过，需要指出的是，徐先生对"古史二重证"的发展并不止此，重要的还在于他进一步将对照范围扩大到边裔的少数民族，包括民族史、民族学、民俗学、人类学等各个方面。这就是他时常提到的"古史三重证"的研究方法。例如他认为，研究殷代史，如果只从有关殷代的史料去考察，还是不容易弄清楚。如果通过对四方边裔各种族历史的考察，再结合古史去研究，就容易弄清真相。如中国古史关于"五服""九服"之制，两千年来迄无定论。徐先生根据对三国时期夫余族和辽代契丹族的研究，指出"汉代的夫余，乃殷亡以后北迁的蒲姑之后，因此夫余部族中，保存了不少的殷商旧制"，"殷商的奴隶制度和契丹的奴隶制颇为相似"。具体说来，契丹人的部族制类似殷"侯"服，乃防守边境的部族；契丹人的"捺钵"相当于殷之"甸"服，献纳皮革及农产品；辽之"南面官"相当于殷之"男"服，任一切人力物力之徭役；辽之"斡鲁朵"相当于殷之"卫"服，是担任保卫工作的近卫军。这是殷之"四服"，是指定服役制。而《禹贡》的"五服"和《周礼》的"九服"，则是后世根据殷制改编而成的。这种指定分工服役制甚至在前半个世纪的中国境内的傣族、贵州洞崽苗族中还可以看到①。徐先生的"古史三重证"，使中国古史的研究方法更臻完善。

（二）科学的古文字考释方法

考释古文字是古文字学最基本最重要的工作，而掌握正确的考释方法，乃是该项工作的核心。徐先生根据多年来研究古文字的心得体会，逐渐总结出了自己的一套科学的考释古文字的方法，后来写成《怎样考释古文字》一文，系统地向学术界介绍这种方法。文中说："古人造字，绝不是孤立的一个一个地造，每个字的形音义，都有它自己的发展历史。因此考释古文字，一个字讲清楚了，还要联系一系列相关的字，考察其相互关系。同时还要深入了解古人的生产、生活情况，根据考古资料、民俗学、社会学及历史记载的原始民族的情况，和现在一些文化落后的民族的生活情况，来探索古代文字发生时期的社会生产力和生产关系。根据这些东西，探索每个字的字源和语源。这样考释古文字，才有根据，也才比较正确。"如古代黄河流域普遍是穴居或半穴居，即所谓的"陶复陶穴"。反映在文字上，就有一系列与此相关的文字，如：

"穴"字，甲骨文像以土覆盖梁木之上，为穴居的窑洞。

"复"字，甲骨文像半穴居有前后两道出入之形，引申之，则有覆盖、复杂、反复诸义。

"良"字，重在描绘半穴居的两道走廊，为廊之初文，两道走廊，空气流通，生活条件改善，故引申之有良好、明朗诸义。

"丘"字，像半穴居地上有两个门洞之形，与"复"字同是半穴居，只是"丘"字描绘地上的门洞，"复"字则是地下的平面图。

"京"字，甲骨文、金文均像地面上有小屋顶，深穴居下面有木柱支撑之形。此字与丘字同是穴居，丘像半穴居，京则像深穴居。《说文》云："京，人所为绝高丘也。"《后汉书·东夷传》说挹娄"土地极寒，常为穴居，以深为贵，大家至接九梯。"这种深穴居就是京。周人居豳时所居的深窑洞也叫京，周人迁居周原后，虽有宫室宗庙等地上建筑，但周人仍称他们所居的地方为京。《诗·大雅·大明》歌颂王季之妇太任，说"自彼殷商，来嫁于周，曰嫔于京"。周人初居周原时，还是周京并称。

"享"字，甲骨文、金文并像穴居上有小屋顶，下有火塘之形，一家人饮食睡眠皆在其中，今边区少数民族还保存有这种风俗。人们只要看到这个小屋顶上有炊烟上升，就知道这家人正在烹调食物饱飨盛馔，故享字往后在楷书中就分化为烹、亨、享三个字。

以上这些字，如果只了解其一面，就很难全面地探索其字源和语源。

---

① 《傣族社会调查报告》，《人民日报》1957 年 11 月 19 日。

穴居时代没有木梯，人只能从土阶上下。在穴居外挖一个窨穴储藏食物，其大小约在一米宽、二至三米深。在一米宽的两边，用小刀挖成上下对称的足窝，其形如 ▨，人就踏在这仅有一米宽的足窝上下。《说文》还存在一个 ▨ 部，就是这种窨穴中足窝的象形字。后来有了独木梯，其形如 ▨，还是仿足窝制成的。金文中偏旁从𣂑诸字，如折（克鼎、毛公鼎）、悊（师望鼎、克鼎、叔家父鼎）、誓（番生簋）等，都是从斤，像以斤断独木梯之形，《说文》以为断草，明显是错误的。金文中偏旁𨸏，都是像独木梯形。《说文》中偏旁从𨸏之字，多与从土旁之字通用，如阮坑，都应是用足窝升降普遍存在时所造的形声字。独木梯盛行以后，《说文》中偏旁从𨸏之字，如陟、降，就明显地像其从独木梯上下陟降之形。其他从𨸏之字，如阶、坠、陆、陨等，都有升降陨坠陆危不安的意义。用这一系列的字来解释一个𨸏字，就比较全面了。

四、人师风范

先生作为一代学术大师，不仅于学术有重大贡献，而且品德高尚。他有强烈的爱国热情，自强不息，诲人不倦，提携后学，诚以待人。其较为突出者，略举以下数事。

先生为人正直，威武不屈。十年动乱中，"四人帮"疯狂地迫害知识分子，先生受到极不公正的对待，被打成"反动学术权威"。劫难中，有人示意要他写一篇"西南女国"的文章，会有好处。但先生抱定"临难毋苟免"的信念，断然拒绝，终不充当"四人帮"的御用文人，正气凛然，堪称楷模。

"人之有德慧术知者，恒存乎疢疾"，早年的艰苦生活造就了先生高尚的品格。先生是从艰难困苦中走过来的，深知物力维艰，终身极为节俭，在生活上衣取蔽寒，食取果腹而已。记得我们刚入学时去拜见先生，见先生作为一代知名大学者，竟然居住在总面积不到 30 平方米的两间旧房里，大家都深为他抱不平，而先生却处之泰然，反而勉励我们说："'士志于道'，搞学术研究的人重要的是要在学术上做出贡献，生活上的一切都是小事。你们以后一定要把精力集中在学业上，千万不要在生活琐事上花费太多的时间和精力。"后来学校退还给了先生原来的旧居，先生又把最大的一间会客室拿来作为古文字研究室，作为授课、编写《甲骨文字典》等工作的场所。

先生诲人不倦，为培养后学倾注了大量心血，但却从不收受学生的任何礼物。大家都深知先生的为人，节假日去看望先生，都从不敢买任何东西。记得一个同学报考先生的研究生，考前的春节，去给先生拜年，同时也向先生请教一些学习上的问题。先生详细解答了他的问题，并勉励他认真备考。临走时他拿出了礼物，先生的态度一下就变了，坚持要他把东西拿走，最后他只得把礼物提走。他回去后惴惴不安了好多天，觉得对他报考研究生肯定会产生极其不利的影响。其实先生待人极为宽厚，也很理解学生的心情，并未因此对他产生什么成见，后来他通过考试，终以优秀的成绩录取为先生的研究生。

先生本性谦虚朴实，就是对他的学生也一样。记得毕业后我们在他家编写《甲骨文字典》，有一次适逢成都古籍书店翻印《说文解字段注》，来请先生题写书名，我们也乘机求先生的墨宝以作永久之纪念，先生欣然应允，而在落款的时候竟称我们为"先生"，我们作为他晚年的学生，实在不敢承命。

"高山仰止，景行行止"，先生仙逝了，但他留给了后人不朽的学术成果和高尚的人师风范，为后人所景仰。作为一代学术大师，先生德业长存。

原载《历史研究》1998 年第 6 期

征稿启事

《博物馆学刊》由四川博物院主办，是一本具有鲜明特点的全国性学术出版物，旨在为全国文博界搭建一个相互交流、相互借鉴的高端平台。热忱欢迎各位专家、学者、同仁赐稿。《博物馆学刊》定为一年一辑。

一、本刊常设专栏

1. 历史文化研究
2. 民族民俗研究
3. 文物研究
4. 考古与文物
5. 文物保护研究
6. 博物馆学
7. 博物馆管理
8. 陈列展览
9. 文旅融合研究

二、稿件要求

1. 每篇文章以5000字左右为宜，最长不超过10000字，并提供100－300字的摘要和3－8个关键词。

2. 文章所用图片请注明绘图者、摄影者，如引自其他书刊，请详细注明其来源，保证拥有图片的使用权。如因作者标注不明而引起的版权纠纷，责任由作者自行负责。图片资料要求清晰，JPG格式，请保证图片分辨率达到300×300DPI以上，标明编号、名称、出处、时代等。图表需标明编号、名称、出处。

3. 本刊仅接收Word格式的电子文本。来稿时请详细注明作者姓名、工作单位、职务职称、详细通讯地址、邮政编码、联系电话、电子邮箱。

4. 文章注释统一要求为脚注，引文请核对准确；引用图书资料，请详注作者、书名、出版社、出版年份、页码；期刊详注作者、文章标题、刊物名、年度、刊期、页码；报纸请详注作者、文章标题、报纸名、日期、版次。

5. 请作者自留底稿，本刊恕不退稿。如被采用，将及时通知作者。若截稿日期 3 个月后未收到用稿通知，作者可将稿件自行处理。切勿一稿多投。

6. 稿件一经采用出版，即酌致稿酬（以后若电子刊物及数据库收录，不另付稿酬）。同时本刊即获得稿件文本的专有使用权。

7. 本刊刊出论文稍后亦以电子文件形式在网络上发行，若仅同意以纸本形式发表者，来稿时请特别注明。

8. 来稿文责自负。稿件若涉及侵犯他人版权和相关权利的事，由作者负完全责任，本刊概不承担连带责任。

三、联系方式

四川博物院《博物馆学刊》编辑部
地址：四川省成都市青羊区浣花南路 251 号
邮编：610071
电话：028-65521511
收稿邮箱：scbwyxk@163.com